AF866196

Xpert.press

Springer-Verlag Berlin Heidelberg GmbH

Die Reihe Xpert.press des Springer-Verlags vermittelt Professionals im Projektmanagement sowie in den Bereichen Betriebs- und Informationssysteme, Software Engineering und Programmiersprachen aktuell und kompetent relevantes Fachwissen über Methoden, Technologien und Produkte zur Entwicklung und Anwendung moderner Informationstechnologien.

Schahram Dustdar
Harald Gall
Manfred Hauswirth

Software-Architekturen für Verteilte Systeme

Prinzipien, Bausteine und Standardarchitekturen für moderne Software

Mit 91 Abbildungen und 22 Tabellen

Springer

Prof. Dr. Schahram Dustdar
Technische Universität Wien
Institut für Informationssysteme
E-Mail: dustdar@infosys.tuwien.ac.at

Prof. Dr. Harald Gall
Technische Universität Wien
Institut für Informationssysteme
E-Mail: gall@infosys.tuwien.ac.at

Dr. Manfred Hauswirth
École Polytechnique Fédérale de Lausanne (EPFL)
Laboratoire de Systèmes d'Information Répartis
E-Mail: manfred.hauswirth@epfl.ch

ISSN 1439-5428

ISBN 978-3-540-43088-9 ISBN 978-3-642-555989-2 (eBook)
DOI 10.1007/978-3-642-55599-2

Bibliografische Information Der Deutschen Bibliothek
Die Deutsche Bibliothek verzeichnet diese Publikation in der Deutschen Nationalbibliografie; detaillierte bibliografische Daten sind im Internet über <http://dnb.ddb.de> abrufbar.

Dieses Werk ist urheberrechtlich geschützt. Die dadurch begründeten Rechte, insbesondere die der Übersetzung, des Nachdrucks, des Vortrags, der Entnahme von Abbildungen und Tabellen, der Funksendung, der Mikroverfilmung oder der Vervielfältigung auf anderen Wegen und der Speicherung in Datenverarbeitungsanlagen, bleiben, auch bei nur auszugsweiser Verwertung, vorbehalten. Eine Vervielfältigung dieses Werkes oder von Teilen dieses Werkes ist auch im Einzelfall nur in den Grenzen der gesetzlichen Bestimmungen des Urheberrechtsgesetzes der Bundesrepublik Deutschland vom 9. September 1965 in der jeweils geltenden Fassung zulässig. Sie ist grundsätzlich vergütungspflichtig. Zuwiderhandlungen unterliegen den Strafbestimmungen des Urheberrechtsgesetzes.

http://www.springer.de

© Springer-Verlag Berlin Heidelberg 2003
Ursprünglich erschienen bei Springer-Verlag Berlin Heidelberg New York 2003

Die Wiedergabe von Gebrauchsnamen, Handelsnamen, Warenbezeichnungen usw. in diesem Werk berechtigt auch ohne besondere Kennzeichnung nicht zu der Annahme, dass solche Namen im Sinne der Warenzeichen- und Markenschutzgesetzgebung als frei zu betrachten wären und daher von jedermann benutzt werden dürften.

Umschlaggestaltung: KünkelLopka, Heidelberg
Texterfassung durch die Autoren
Datenaufbereitung: PTP-Berlin Protago-TeX-Production GmbH, Berlin
Gedruckt auf säurefreiem Papier 33/3142 ud 543210

Vorwort

Software-Architektur ist ein aktuelles und wichtiges Gebiet sowohl in der Industrie als auch in der Forschung. Neue Technologien, Software-Plattformen oder *Open-Source*-Software bewirken zunehmende Komplexität der zu entwickelnden Software-Systeme, sodass eine wohl durchdachte Architektur immer bedeutender wird. Es gibt wenige – hauptsächlich englischsprachige – Bücher zum Thema Software-Architektur, die diese Fragen in klarer und komprimierter Weise behandeln, aber unseres Wissens nach kein einziges, das sich auf Software-Architekturen für verteilte Systeme spezialisiert hat. Diese Lücke zu füllen, und Wissen aus der Forschung zum Anwender zu transportieren, stellt die Motivation dieses Buch dar.

Aber wie erhält man die beste Architektur für ein konkretes Software-Projekt? Gibt es überhaupt „die beste" Architektur für ein Problem? Welche Bestandteile haben Software-Architekturen und was sind die *wirklich* wichtigen Dinge, die man als Software-Architekt bedenken muss? Ein erster wesentlicher Aspekt, den wir in diesem Buch behandeln, ist, welche Fragen im Zusammenhang mit Software-Architekturen wichtig sind.

Das Ziel der meisten Software-Projekte ist es, moderne und tragfähige Software zu entwickeln. Idealerweise sollte man mittels Komposition und Aggregation von Bausteinen in der Lage sein, sowohl Strukturen als auch Prozesse in Software zu gießen, und der Software-Architekt muss viele Entscheidungen bezüglich der Beschaffenheit zukünftiger Software treffen. Der zweite wesentliche Aspekt, den wir behandeln, ist, Merkmale und Konsequenzen der Technologien und Bausteine kritisch zu beleuchten, um Software-Architekten ein besseres Fundament für die zu treffenden Entscheidungen zu bieten.

Des Weiteren sind wir der Ansicht, dass Fragen nach benötigter Kommunikation und Koordination sich in Entscheidungen bezüglich der verwendeten Bausteine einer Software-Architektur manifestieren. Bausteine, die uns besonders wichtig erscheinen, wie Peer-to-Peer, Web-Services, Workflow, Push-Systeme, Event-basierte Systeme, Payment und andere, sind in den bisherigen Büchern viel zu kurz gekommen und werden von uns in der notwendigen Tiefe behandelt, was wiederum zur Folge hat, dass wir notwendigerweise einige Details weglassen mussten – die Experten in den jeweiligen Bereichen mögen uns verzeihen. Als Ausgleich gibt es zu jedem einzelnen Teilbereich vertiefendes Material, auf das wir verweisen. Unser Ziel ist es, die Zusammenhänge und Merkmale von Bausteinen und Technologien für moderne und zukunftsfähige Software in *einem* Buch zu behandeln und miteinander in Beziehung zu setzen, sodass Sie als Software-Architekt in einem kompakten Buch die wichtigsten Aspekte vorfinden.

Eine realistische Fallstudie zu Beginn des Buches erläutert den Bezugsrahmen für Software-Architekturen. Weitere grundlagenorientierte Kapitel vertiefen die nötigen Kenntnisse, um moderne Software-Architekturen zu entwerfen. Schließlich analysieren die „technisch"orientierten Kapitel die möglichen Umsetzungen des zuvor Behandelten.

Abschließend möchten wir uns noch bei einigen Menschen bedanken: Hermann Engesser (Springer-Verlag) für seinen Enthusiasmus in Bezug auf dieses Buchprojekt sowie seine organisatorische Unterstützung. Frau Beate Pannewig (Springer-Verlag) sei für ihre organisatorische Hilfe in der Planung und Umsetzung des Buches herzlich gedankt. Des Weiteren möchten wir uns bei unseren Kollegen für die vielen interessanten Diskussionen (in alphabetischer Reihenfolge) bedanken: Karl Aberer, Pascal Fenkam, Michael Fischer, Mehdi Jazayeri, Clemens Kerer, Engin Kirda, Roman Kurmanowytsch, Joe Oberleitner, Martin Pinzger, Roman Schmidt und Gerald Reif.

Einen wesentlichen Beitrag zum musikalischen Wohlbefinden der Autoren während der Stunden des Schreibens haben die vielen Musiksender im Internet geleistet.

Unser besonderer Dank gebührt Anja, Birgit und Sabrina für ihre Geduld und ihre moralische Unterstützung, die wir für die (oftmals späten) Arbeitsstunden dringend benötigten, sowie ihre Toleranz einen großen Teil unserer Zeit diesem Buch widmen zu können.

Wien und Lausanne, Mai 2003

Schahram Dustdar
Harald Gall
Manfred Hauswirth

Inhalt

1 Was ist Software-Architektur?

Software-Architektur hat sich in den letzten Jahren als eine wesentliche Teildisziplin in der Software-Entwicklung herausgebildet. Es hat zwar seit jeher gute Designer und Analytiker von Software-Systemen gegeben, die hervorragende Software-Architekturen entworfen haben, die Richtlinien und Werkzeuge für gutes architekturelles Design wurden aber erst in jüngster Zeit konkretisiert. So hat sich – beeinflusst von den zahlreichen Methoden, Techniken und Werkzeugen für den architekturellen Entwurf – im Abgleich mit den Vorgehensweisen zur Erstellung von Software eine eigene Teildisziplin entwickelt, die sich explizit mit der Architektur von Software-Systemen befasst.

Die zunehmende Komplexität in der Erstellung von Software-Systemen erfordert heute einen geordneten und expliziten Zugang zur Modellierung von Software, um die neuen technologischen Möglichkeiten und die damit einhergehenden wachsenden Anforderungen an ein Software-System zu bewältigen und Lösungen zu schaffen, die flexibel und erweiterbar für künftige Anforderungen sind.

Es genügt nicht mehr, eine Lösung für bestimmte Anforderungen zu schaffen, sondern die Bausteine einer guten Lösung müssen erweiterbar, wartbar und auch im Kontext von System-Familien einsetzbar sein. Um solche Anforderungen umzusetzen, müssen Technologien für den architekturellen Entwurf von Software-Systemen entwickelt, in den Entwicklungsprozess integriert und stets aktualisiert werden.

Faktoren wie Kosten und Zeit sind für Software-Entwicklungen kritischer und enger denn je, und dies ist darüber hinaus in Verbindung mit einer neuen Dimension von Komplexität im Zusammenwirken von vielen Software-Teilen (z.B. Subsystemen) umzusetzen. Es ist daher erforderlich, sich mehr denn je über den Entwurf und die Weiterentwicklung (d.h. Evolution) eines Software-Systems von Anbeginn Gedanken zu machen.

Die Architektur eines Software-Systems dient als wesentliche Beschreibung, um ein System zu verstehen. Dabei geht es nicht nur um das Verständnis der Einzelteile, sondern um deren Zusammenwirken hinsichtlich Kontroll- und Datenfluss sowie die damit verbundenen Einschränkungen oder geltenden Bedingungen (d.h. *constraints*). Das Verständnis vom System erstreckt sich von den beteiligten Personen (vom Kunden bis zum Entwickler) hin zum Entwicklungsteam selbst sowie den Personen, die das System nach Inbetriebnahme warten, pflegen und weiterentwickeln sollen.

Ähnlich zu anderen Ingenieurdisziplinen wie Bauingenieurwesen oder Architektur sollte es auch für Software eigene „Baupläne" geben, welche die wesentlichen statischen und dynamischen Eigenschaften eines Systems wohldefiniert darlegen. Werden Komponenten geändert oder gar ersetzt, soll dieser Bauplan für die

Abschätzung der erforderlichen Änderungen und der einzusetzenden Ressourcen dienen.

Trotzdem bedingt eine gute Architektur noch lange nicht automatisch ein gutes Software-System. Ein Abgleich der technologischen Möglichkeiten mit den Benutzeranforderungen stellt nach wie vor einen kritischen Faktor in der Software-Entwicklung dar und wird durch das Erstellen einer Software-Architektur nicht ersetzt. Unterschiedliche Arten von Lösungen und Technologien bieten eine Vielfalt an Auswahlmöglichkeiten für den architekturellen Entwurf und in zahlreichen Fällen werden dabei die inhärenten Rahmenbedingungen, die mit der Entscheidung für eine bestimmte Ausprägung einer Architektur einhergehen, nicht oder nicht ausreichend berücksichtigt. Dies bedeutet, dass nur dann eine gute Architektur erreicht werden kann, wenn die Lösung und deren Charakteristik hinsichtlich Qualitätsattribute des Systems ausreichend analysiert wird.

Zu den architekturellen Überlegungen sind noch weitere Aspekte hinzuzunehmen: Ist das Ergebnis der Entwicklung ein einzelnes Software-System oder ist darüber hinaus geplant (oder absehbar), dass eine Menge von ähnlichen Systemen – eine so genannte System-Familie – entstehen soll? Dies bringt eine zusätzliche Dimension an Komplexität für die Modellierungsphase, da plötzlich für eine Klasse von Systemen eine Architektur entworfen werden soll.

Die Teildisziplin der Software-Architektur als solche ist noch eine sehr junge Disziplin, die sich erst Mitte der 90er-Jahre herausgebildet hat und die dann erst Ende der 90er-Jahre zu anerkannten Techniken, Methoden und Werkzeugen geführt hat. Das Gebiet ist weiterhin in steter Fortentwicklung, sodass Software-Architekten und -Designer stets neue Erkenntnisse und Methoden in ihre Vorgangsweise zu integrieren haben. Fragen der Repräsentation einer Software-Architektur, Bewertungs- und Validierungsmethoden für einen möglichen Entwurf sowie Fragen der software-technischen Umsetzung unterliegen noch immer großen Schwankungen und kurzen Erneuerungszyklen.

Ziel dieses Buches ist es, dem Leser die aktuellen Methoden, Techniken und Vorgangsweisen für den architekturellen Entwurf von verteilten Software-Systemen zu vermitteln und konkrete Architekturen und Komponenten samt deren Charakteristiken und inhärenten Annahmen anschaulich darzustellen und zu diskutieren. Dazu werden die aktuellen Software-Technologien wie z.B. architekturelle Stile und Muster herangezogen und im Kontext konkreter Software-Architekturen wie z.B. Web-Services oder Peer-to-Peer-Systeme erläutert.

1.1 Software-Architektur als Abstraktion

Ein wichtiger Aspekt von Software-Architektur ist, dass sie eine Abstraktion darstellt, die zur Reduktion der Komplexität in der Veranschaulichung eines Software-Systems wesentlich beiträgt. Dabei werden Mechanismen der Dekomposition und Transparenz verwendet, wie sie beispielsweise aus dem OSI-Modell der Rechnernetze oder dem ODP-Referenzmodell (Bair u. Stefani 1998; Putmann 2001) bekannt sind.

Details werden gruppiert, abstrahiert und in abstrakten Teilen gekapselt. Eine Software-Architektur soll die Teile eines Systems möglichst abstrakt festlegen und beschreiben und dabei die Details verbergen. Die Architektur soll beschreiben, wie diese Software-Teile die Anforderungen des Kunden erfüllen, welche Verantwortlichkeiten die einzelnen Teile haben und wie diese Teile für die Umsetzung der Anforderungen zusammenwirken.

Dabei gilt es neben den funktionalen und nichtfunktionalen Anforderungen auch weitere Einflussgrößen, die nicht notwendigerweise von Kundenseite eingebracht oder festgelegt werden – wie z.B. Portabilität, Testbarkeit oder Änderbarkeit – zu berücksichtigen. Die Software-Architektur ist letztendlich Ausdruck all jener Anforderungen und Einflussgrößen, die im Zuge des architekturellen Entwurfs beachtet und umgesetzt worden sind. Absehbare technologische Entwicklungen und Innovationen sind wesentliche Aspekte im Entwurf und der Beschreibung einer Software-Architektur und lassen somit auch eine Unterscheidung in bessere oder schlechtere architekturelle Entwürfe zu.

Gibt es wesentliche Algorithmen oder Klassenstrukturen zu beachten (z.B. an den Schnittstellen zu externen Systemen oder anderen Subsystemen), so sind diese zwar in die entsprechenden Teile der Architektur aufzunehmen, aber von der detaillierten Betrachtung vorerst auszublenden. Ihnen wird man sich erst im Detailentwurf zuwenden und sie realisierungstechnisch konkretisieren. Somit kann man sich im architekturellen Entwurf auf die Charakteristiken des Systems und seine Ausprägungen konzentrieren, ohne bereits von den programmtechnischen Details und deren Komplexität vereinnahmt zu werden.

Klassische Prinzipien der Abstraktion, Kapselung sowie *information hiding* (Parnas 1972) finden sich somit auch auf der Ebene der Software-Architektur wieder und tragen auch hier stark zu einem guten architekturellen Entwurf bei.

Die Herausforderung im architekturellen Entwurf ist es, sowohl für andere Beteiligte (vom Kunden bis zum Entwickler) eine geeignete und verständliche Definition und Beschreibung der Software-Architektur zu finden als auch für den Architekten und dessen Team selbst eine derartige Form der Architektur zur Verfügung zu haben, die es erlaubt, den Entwurf zu evaluieren und zu bewerten, sodass eine möglichst optimale Lösung für die Anforderungen erarbeitet werden kann.

1.2 Software-Architektur als Bauplan

Software-Architektur wird oft als Bauplan für ein Software-System gesehen. Diese Betrachtung wurde aus anderen Ingenieurdisziplinen herangezogen und bietet einige interessante Aspekte für die Software-Entwicklung.

Die Software-Architektur als Bauplan beschreibt nicht die Aktivitäten und Ressourcen für die System-Entwicklung, sondern die Elemente und Teile der Software sowie deren wesentliche Interaktionen. In diesem Sinn ist ein solcher Bauplan wohl mehr im bautechnischen oder architekturellen Blickwinkel zu sehen, der vorgibt, welche (Bau-)Elemente mit welchen anderen (Bau-)Elementen direkt verbunden werden, welche Verbindungselemente zu verwenden sind, welche (bau)technischen Charakteristiken die einzelnen Elemente haben, sodass letztendlich durch das systematische Zusammenfügen der Einzelteile eine (statisch) tragfähige Lösung entsteht. Ähnlich einem Gebäude oder einem anderen Bauwerk werden durch den Bauplan die technischen Vorgaben und damit die entstehende Charakteristik des Bauwerks definiert.

Ferner gibt es auch bei Bauwerken nicht genau einen Bauplan, sondern unterschiedliche (An-)Sichten oder perspektivische Simulationen für die Einbettung in die Landschaft bis hin zu detaillierten technischen Plänen zur Ausführung konkreter Aspekte wie z.B. Verbindungen, Verkabelungen, Raumgestaltung etc.

Ähnlich den Geschossplänen können auch im software-technischen Sinn Pläne für Schichten oder Komponenten erstellt werden, die unterschiedliche Detailgrade aufweisen können. D.h., um ein Software-System erfolgreich zu erstellen, ist es wichtig, stets das gesamte System im Auge zu behalten, um nicht durch die Menge und Komplexität der Details verwirrt oder gar negativ beeinflusst zu werden.

Aus dem Gesagten folgt, dass es nicht eine einzige Darstellung oder Dokumentation einer Software-Architektur geben kann, sondern dass bestimmte Aspekte in eigenen Plänen beschrieben werden, um nicht das Wesen des zu erstellenden Software-Systems aus den Augen zu verlieren. Solche Aspekte können beispielsweise die Art der Kommunikation, Synchronisation, Kontrolle oder des Datenaustauschs zwischen Komponenten, Schichten, Subsystemen oder Modulen sein. Je nach Aspekt wird man also einen eigenen Bauplan entwerfen, der näher auf einen software-technischen Aspekt eingeht.

Weiters ist es essenziell, ob ein Bauplan für ein einzelnes Software-System erstellt wird, oder ob es sich um mehrere ähnliche Systeme im Rahmen einer so genannten System-Familie handelt. Baupläne für System-Familien weisen andere Charakteristiken als solche für Einzelsysteme auf, da sie sowohl die Gemeinsamkeiten der System-Familie als auch die Variabilitäten der einzelnen Familien-Mitglieder beschreiben müssen. Solche Baupläne stellen hohe Herausforderungen an die Software-Architekten dar. Ein Beispiel für eine solche System-Familie ist die Software für Mobiltelefone, die für eine Reihe von Produkten sehr ähnlich ist (z.B. Anruferlisten, Kurzwahl, *short message service*), sich aber in der Integration oder Aktivierung von bestimmten Features unterscheidet. Wesentliche Teile dieser Software wären allerdings gleich und daher in einem Bauplan als solche Gemeinsamkeiten explizit darzustellen und zu beschreiben.

Noch einen Schritt weiter geht der Ansatz, eine so genannte Referenzarchitektur für eine Generation von ähnlichen Software-Produkten innerhalb einer System-Familie zu definieren. Eine solche Referenzarchitektur fasst die Gemeinsamkeiten mehrerer ähnlicher System-Familien zusammen und beschreibt diese in einer allgemeinen Software-Architektur. Diese Referenzarchitekturen bilden beispielsweise bei Software in der Mobiltelefonie Baupläne für eine Generation von Software-Produkten; diese Software-Produkte leiten sich von der Referenzarchitektur ab, bilden selbst aber noch keine produktspezifische Einzelarchitektur, sondern beschreiben die Architektur für eine Menge sehr ähnlicher Produkte. Im Beispiel der Mobiltelefonie gibt es somit eine Referenzarchitektur für eine Generation von Mobiltelefonie-Software mit einem Zyklus von ca. 6 Monaten und eine System-Familien-Architektur für eine Produktreihe (wie z.B. Mobiltelefon X, Produktreihe 300, mit einzelnen Modellen 310, 320, 330 etc.). D.h., alle 300er Modelle bilden eine System-Familie und werden nach deren System-Familien-Architektur gebaut; die Architektur der 300er sowie weiterer anderer System-Familien folgen der Referenzarchitektur einer konkreten Generation (und deren Features).

Geht man nun noch einen Abstraktionsschritt weiter, so könnte man noch beschreiben, wie Software für Mobiltelefone herstellerunabhängig funktioniert. In diesem Fall beschreibt man den Anwendungsbereich, die so genannte Domäne. Jede spezifische Mobiltelefonie-Software hätte dieselben Elemente und Verbindungen zwischen den Elementen. Ein solches Domänenmodell beschreibt somit sehr allgemein eine Klasse von Software-Systemen.

Software-Architektur als Bauplan ist daher stets mit dem Ziel, für das eine solche erstellt wird (vom Einzelsystem über eine Referenzarchitektur bis hin zu einem Domänenmodell), eng gekoppelt und hat unterschiedliche Ausprägungen. Die Prinzipien der Definition und Beschreibung einer Software-Architektur bleiben aber dieselben.

In den nachfolgenden Kapiteln werden die hier nur kurz eingeführten Begriffe genauer definiert.

1.3 Software-Architektur-Terminologie

Wann immer wir über Software-Architektur sprechen, ist damit das zuvor diskutierte Bauplan-Konzept für ein Software-System gemeint. Eine wesentliche Unterscheidung ist darüber hinaus vorab zu treffen: *System-Architektur* beschreibt einen komplett anderen Bereich von Architekturen, der sich mit dem Arrangement und der Integration von diversen Systemen beschäftigt. Dabei ist die Betrachtungsweise auf Systeme als Bauteile gerichtet und nicht auf die Software-Bauteile für ein oder mehrere Systeme. Komponenten einer System-Architektur sind daher anders zu diskutieren als Komponenten und Beziehungen einer Software-Architektur.

Architekturelle Entwürfe lassen sich aufgrund ihrer Charakteristik in der Anordnung von Software-Komponenten und deren Kommunikationsverbindungen gruppieren. Daraus resultieren bestimmte *architekturelle Stile*, die konkrete Eigenschaften hinsichtlich Kommunikation, Verhalten, Erweiterbarkeit etc. haben. In späteren Kapiteln werden einige dieser Stile näher vorgestellt.

Arrangements von Komponenten und deren Interaktionen, die häufig für dieselben Anforderungen verwendet werden, kann man – ähnlich wie im Design oder der Codierung – in so genannten *architekturellen Mustern* zusammenfassen. Ähnlich wie architekturelle Stile definieren diese architekturellen Muster konkrete Teillösungen samt vorgeschlagenen Komponenten und Interaktionsmöglichkeiten. Während architekturelle Stile wesentlich allgemeiner die Charakteristik einer Software-Architektur prägen, sind architekturelle Muster mehr auf der Teile-Integrations- und Teile-Interaktionsebene angesiedelt.

Die Vorgehensweise, um eine Software-Architektur zu erstellen, auf die Anforderungen abzustimmen und zu dokumentieren, wird als *architektureller Entwurf* angesehen. Diese Aktivität ist nunmehr ein eigenständiger Teilprozess der Software-Entwicklung geworden (ähnlich wie Anforderungsanalyse oder Design).

Die Modellierung und Beschreibung einer Architektur wird mit so genannten architekturellen Beschreibungssprachen (ADLs, *architecture description languages*) durchgeführt. Diese ADLs wurden teilweise speziell für den architekturellen Entwurf designed bzw. als bereits existierende Beschreibungssprachen (z.B. Petri-Netze, Blockdiagramme etc.) für den architekturellen Entwurf herangezogen. Den ADLs werden wir uns in einem nachfolgenden Kapitel näher widmen.

Versucht man nicht bloß für ein einzelnes Software-System eine Architektur zu erstellen, sondern für eine Klasse von ähnlichen Systemen, so spricht man von einer Software-Architektur für eine *System-Familie*. Es entsteht in diesem Prozess eine *Referenzarchitektur*, der die einzelnen Mitglieder der System-Familie folgen. Naturgemäß ist eine Referenzarchitektur allgemeiner und abstrakter als eine Software-Architektur für ein einzelnes Software-System. Oft sind die Mitglieder einer System-Familie auf eine Produktlinie eines Unternehmens fokussiert; in diesem Fall spricht man von einer Architektur für eine Produktfamilie (*product line*). Verwenden beispielsweise alle Produkte einer Produktfamilie dieselbe Fehlerroutine, so wird diese Komponente einmal entworfen und entwickelt und dann in allen Produkten verwendet.

Erstellt man über eine System- oder Produktfamilie hinaus eine Architektur, die für einen ganzen Anwendungsbereich (i.e. eine so genannte Domäne) gelten soll, so ist die Architektur für diese Kategorie von Systemen noch wesentlich allgemeiner festgelegt. Software-Komponenten und Interaktionen werden für eine Domäne definiert und beschrieben; diese können dann auf konkrete Software-Systeme in dieser Domäne umgelegt werden, sodass für jedes dieser Software-Systeme die wesentlichen Elemente und Interaktionen festgelegt sind. Man spricht in diesem Zusammenhang von einer domänenspezifischen Software-Architektur (*domain-specific software architecture*).

Nach dieser kompakten Kurzvorstellung der Begriffe im Bereich Software-Architektur ist es wichtig, diese auch im Vergleich zueinander zu sehen. Dazu haben Hofmeister et al. eine Übersicht erstellt, die nachfolgend in Tabelle 1.1 dargestellt ist. Einer der wesentlichen Unterschiede besteht demnach darin, ob jeweils Instanzen von architekturellen Elementen definiert werden: Stile und Muster sind genauso wie Referenzarchitekturen und domänenspezifische Architekturen derart allgemein und definieren keinerlei Instanzen von Komponenten. Produktlinien sowie Software-Architekturen für Systeme oder Produkte sind da schon wesentlich spezieller und definieren auch Instanzen von den architekturellen Bauplänen. Die restlichen Einträge in der Tabelle folgen direkt den obigen Ausführungen zur inhaltlichen Abgrenzung der einzelnen Begriffe.

Eine Software-Architektur fokussiert demzufolge auf ein einzelnes System und beschreibt dessen Komponenten (Elemente bzw. Elementtypen), die Interaktionen zwischen den Komponenten, die Abbildung von Funktionalität auf Komponenten und Interaktionen sowie die Instanzen des architekturellen Bauplans, die im Software-System dann existieren.

Tabelle 1.1. Ein Vergleich von Software-Architektur-Begriffen (Hofmeister et al. 2000)

Begriff	**Bereich**	**definiert Elementtypen und deren Interaktion**	**definiert Abbildung von Funktionalität auf Architektur-Elemente**	**definiert Instanzen von Architektur-Elementen**
Architektureller Stil oder architekturelles Muster	domänenunabhängig	Ja	manchmal	Nein
Referenzarchitektur oder domänenspezifische Software-Architektur	domänenspezifisch	Ja	ja	Nein
Produkt-Linien-Architektur	Produktmenge einer Organisation	Ja	ja	Manchmal
Software-Architektur	System oder Produkt	Ja	ja	Ja

1.4 Was ist Software-Architektur?

Die softwaretechnischen Grundlagen von Software-Architekturen wurden schon früh im Software-Engineering selbst gelegt: David Parnas, Frederick Brooks, Edsger Dijkstra und andere haben beginnend in den 60er-Jahren über Prinzipien der Entwicklung von sehr großen Systemen wesentliche Erkenntnisse gewonnen: modulare Struktur, Dekompositionsprinzipien, Datenkapselung, Dokumentation oder auch Änderbarkeitsaspekte großer Software-Systeme wurden erforscht und in Industrieprojekten ermittelt.

Ein bedeutender Faktor in der heutigen Software-Entwicklung ist die Größe und Komplexität der zu entwickelnden Software-Systeme, sodass es nicht nur guter Programmierkenntnisse, sondern vielmehr guter Dekompositions-, Strukturierungs- und Kapselungskenntnissen sowie viel Erfahrung bedarf, um qualitativ gute Software-Systeme zu bauen.

Clements et al. 2002 führen drei Gründe an, warum die Software-Architektur für große, komplexe, softwareintensive Systeme so wichtig ist:

1. *Software-Architektur ist ein Kommunikationsvehikel für alle am System Beteiligten*: Als gemeinsame Abstraktion eines Software-Systems dient es nahezu allen System-Beteiligten als Basis für ein wechselseitiges Verstehen, zur Festlegung von Entscheidungen sowie zur Kommunikation über das System selbst.

2. *Software-Architektur ist die Explizitmachung der frühen Design-Entscheidungen*: Als früheste Dokumentation des zu erstellenden Software-Systems dient sie zur Reihung der einzelnen technischen Interessen und Wichtigkeiten und sie hat somit maßgeblichen Einfluss auf die späteren Qualitätsattribute des Systems. Die Kompromisse zwischen Performance und Sicherheit, Wartbarkeit

und Zuverlässigkeit oder den Kosten der Entwicklung und den Kosten der Erweiterung und Evolution sind darin begründet.

3. *Software-Architektur ist eine wieder verwendbare, übertragbare Abstraktion eines Software-Systems*: Die Software-Architektur stellt ein einfaches Modell der Komponenten und ihrer Interaktionen dar, das leicht zu verstehen sein soll. Ein solches Modell kann unter ähnlichen Anforderungen wiederum teilweise oder vollständig verwendet werden und somit Wiederverwendung im größeren Umfang sowie Produktlinien-Entwicklung ermöglichen.

All diese Aspekte sind wesentlich in der Betrachtung einer Software-Architektur und für die Herangehensweise in ihrer Erstellung. Zu beachten ist dabei jedoch, dass mit dem Begriff „Architektur" zahlreiche abweichende Bedeutungen in Verbindung gebracht werden: Informations-Architektur, Prozess-Architektur, System-Architektur, Geschäftsfeld-Architektur, Informationssystem-Architektur u.v.a.m. Gemeinsam ist diesen Begriffen die Verwendung von Architektur als Strukturierung und Organisationsprinzip von Information, Prozessen etc. und die Abbildung auf Komponenten und deren Zusammenspiel. Viele Informationssystem-Architekturen bestehen beispielsweise aus Benutzerschnittstelle, Geschäftslogik und Datenbank(en), die auf dreiteilige (*3-tier*) Client-Server abgebildet werden. Eine genauere Definition der Terminologie folgt in einem späteren Kapitel.

1.5 Was ist eine „gute" Software-Architektur?

Betrachtet man die Entwürfe mehrerer Software-Architekten, die unter den gleichen Anforderungen erstellt worden sind, so stellt sich die Frage nach der Bewertung und Qualifizierung einzelner Entwürfe von Software-Architekturen: Gibt es *gute* Software-Architekturen und was zeichnet solche aus? Welcher Entwurf ist der *richtige* unter den gegebenen Anforderungen und Rahmenbedingungen?

Es gibt keine für sich gute oder schlechte Architektur, sondern nur Architekturen, die ihren Zweck mehr oder weniger gut erfüllen. Dies zu bewerten, ist die Kunst. Mit der Festlegung einer Software-Architektur sowie deren Dokumentation ist es nunmehr explizit möglich, eine Evaluierung von Entwürfen durchzuführen und sich danach für den besseren Entwurf zu entscheiden. Zahlreiche Methoden und Techniken wurden für die Evaluation von Software-Architekturen in den letzten Jahren entwickelt, z.B. ATAM – *Architecture Tradeoff Analysis Method* (Kazman et al. 2000; Kazman et al. 1998), SAAM – *Software Architecture Analysis Method* (Kazman et al. 1994) oder ARID – *Active Reviews for Intermediate Designs* (Clements 2000).

Ein Buch, das sich speziell auf die Evaluation von Software-Architekturen konzentriert, ist (Clements et al. 2002). Darin wird dargelegt, dass eine Architektur tatsächlich in ihrem gegebenen Kontext (Anwendungsbereich und Anforderungen) evaluiert werden kann und welche Qualitätsattribute dafür jeweils herangezogen werden können.

Bass, Clements und Kazman haben in (Bass et al. 1998) eine (naturgemäß unvollständige) Menge von Richtlinien zur Erstellung einer Software-Architektur definiert, die wir hier sinngemäß wiedergeben wollen.

Hinsichtlich der *Vorgehensweise* gibt es folgende Richtlinien:

- Eine Architektur soll das Produkt eines einzelnen Architekten oder einer kleinen Gruppe von Architekten sein.
- Das Team der Software-Architekten sollte klar formulierte technische Anforderungen sowie eine Liste von angestrebten qualitativen Eigenschaften (wie z.B. Portabilität) haben.
- Die Software-Architektur sollte in einer für alle Beteiligten bekannten (verständlichen) Notation dokumentiert sein.
- Die Festlegung der Architektur sollte alle Beteiligten in mehreren Durchläufen aktiv einbinden.
- Die Architektur sollte quantitativ (wie z.B. maximaler Durchsatz) analysiert und auf qualitative Eigenschaften (wie z.B. Portabilität, Änderbarkeit) überprüft werden.
- Die Architektur sollte ein Grundgerüst für die spätere Implementierung festlegen, in dem die Kommunikationspfade vorerst mit minimaler Funktionalität erprobt werden. Dieses Grundgerüst kann dann für eine inkrementelle Entwicklung des Systems verwendet werden.
- Die Architektur sollte etwaige Ressourcenbegrenzungen (z.B. Minimum an Netzwerkbelastung) aufzeigen und deren Lösung sollte ausdrücklich festgehalten, allen Beteiligten weitergegeben und stets aktualisiert werden.

Auch im Bereich der *Struktur* lassen sich Richtlinien definieren:

- Die Architektur sollte wohldefinierte Module aufweisen, deren funktionale Verantwortlichkeiten den Prinzipien des *information hiding* und der Datenkapselung folgen. Jedes Modul sollte eine klar definierte Schnittstelle haben, die veränderliche Teile nach außen verbirgt (wie z.B. spezielle Algorithmen oder Datenstrukturen zur Erbringung der Funktionalität).
- Die Trennung von Zuständigkeiten (*separation of concerns*) in Module sollte eine möglichst lose gekoppelte Entwicklung der einzelnen Teile durch verschiedene Teams ermöglichen.
- Eigenarten der Infrastruktur sollten in Modulen gekapselt sein, sodass eine Änderung der Plattform auf einige wenige Teile des Systems konzentriert bleibt.
- Die Architektur sollte nie von einer bestimmten Version eines Produkts oder eines Tools abhängen. Sollte es dennoch eine unvermeidliche Abhängigkeit geben, so sollten bei einem Wechsel des Produkts oder Tools nur geringfügige Modifikationen erforderlich sein.

- Module, die Daten produzieren, sollten von jenen, die Daten konsumieren, getrennt sein. Dies erhöht die Änderbarkeit, da Modifikationen sich meist auf produzierende oder auf konsumierende Teile konzentrieren.
- Die Architektur sollte wenige und einfache Interaktionsmuster aufweisen. Das System sollte die gleichen Dinge auf dieselbe Art und Weise tun. Dies erhöht die Verständlichkeit, reduziert Entwicklungszeit, erhöht Zuverlässigkeit und steigert die Änderbarkeit. Es zeigt ebenfalls die konzeptuelle Integrität einer Software-Architektur.

Bei der Betrachtung einer konkreten Software-Architektur zeigt sich bald, welchen dieser Kriterien der Entwurf jeweils folgt. Diese einfachen Kriterien eignen sich sehr gut dafür, die Qualitätsattribute einer Software-Architektur zu beurteilen und diese Erfahrungen in den Entwurfsprozess dann einzubringen. Auch sind solche Checklisten besonders gut verwendbar, da sie wesentliche Aspekte einer architekturellen Evaluation abdecken und dem Architekten somit ein wertvolles und doch einfaches Rahmenwerk in die Hand geben.

1.6 Software-Architektur versus System-Architektur

Architekturen für IT-Systeme unterscheiden sich wesentlich von Software-Architekturen; sie bestehen aus einer Menge von Hardware- und Software-Komponenten, die gemeinsam einen Netzwerk- bzw. Internet-Dienst zur Verfügung stellen. Diese Perspektive einer System-Architektur schließt viele Computer, Speichersysteme sowie Netzwerk-Komponenten ein, die durch ihr Zusammenwirken eine Reihe von verfügbaren, sicheren und skalierbaren Diensten aus dem Geschäftsbereich abwickeln.

Dabei konzentriert man sich auf die Modellierung dieser speziellen Komponenten, ohne auf deren interne softwaretechnische Realisierung (i.e. Software-Architektur) einzugehen. Die softwaretechnische Beschreibung werden wir im Rahmen von Web-Services noch in einem späteren Kapitel kennen lernen.

Bei System-Architekturen meint man sehr oft Mehrschichten-Architekturen (*n-tier architectures*), wobei der häufigste Vertreter die 3-Schichten Architektur ist, die aus einer Client-seitigen Präsentationsschicht, einer Applikationsschicht und einer Datenbank-Schicht besteht. Damit werden Daten, Anwendungslogik und Darstellung (i.e. Präsentation) voneinander getrennt betrachtet. Anwendungslogik und Datenschicht können somit wieder verwendet und die Client-seitige Programmierung wesentlich erleichtert werden. Nachstehende Abbildung stellt eine 3-Schichten-Architektur dar.

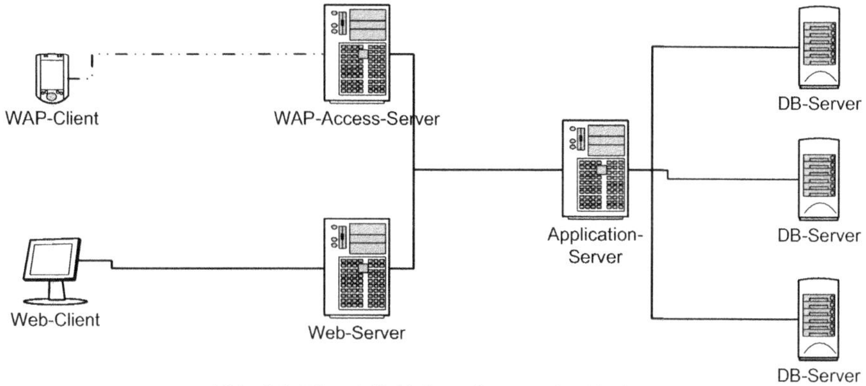

Abb. 1.1. Eine 3-Schichten-System-Architektur

Verissimo u. Rodrigues 2001 beschreiben in ihrem Buch zahlreiche Details von verteilten Systemen für System-Analytiker und beziehen sich dabei auf obige Komponenten von System-Architekturen. In diesem Buch konzentrieren wir uns auf Software-Architekturen und kommen bei den Standardarchitekturen (z.B. Web-Services) nochmals auf die Beschreibung von System-Architekturen zurück.

Literatur

Bass L, Clements P, Kazman R (1998) Software Architecture in Practice. Addison Wesley Longman, Inc.

Blair GS, Stefani JB (1998) Open Distributed Processing and Multimedia. Addison Wesley Longman Ltd.

Clements P (2000) Active Reviews for Intermediate Designs. Technical Note CMU/SEI-2000-TN-009. Software Engineering Institute, Carnegie Mellon University

Clements P, Kazman R, Klein M (2002) Evaluating Software Architectures: Methods and Case Studies. SEI Series in Software Engineering, Addison-Wesley

Kazman R, Klein M, Barbacci M, Lipson H, Longstaff T, Carriere SJ (1998) The Architecture Tradeoff Analysis Method. In Proceedings of the 4th IEEE International Conference on Engineering of Complex Computer Systems (ICECCS 1998), pp 68-78, Monterey, USA, IEEE Computer Society

Kazman R, Klein M, Clements P (2000) ATAM: Method for Architecture Evaluation. Technical Report CMU/SEI-2000-TR-004, Software Engineering Institute, Carnegie Mellon University

Loftus CW, Sherratte EM, Gautier RJ, Grandi PAM, Price DE, Tedd MD (1996) Distributed Software Engineering. Prentice-Hall

Putman JR (2001) Architecting with RM-ODP. Prentice Hall

Verissimo P, Rodrigues L (2001) Distributed Systems for System Architects. Kluwer Academic Publishers

2 MobiTeam: Eine Design-Review-Fallstudie

Wir wollen in diesem Abschnitt das Szenario einer Entwurfsrezension (*Design Review*) eines Software-Designs diskutieren, um die beteiligten Rollen, Dokumente und Ressourcen sowie deren Zusammenspiel zu beschreiben und dabei relevante Software-Architektur-Aspekte zu diskutieren. Dieses Kapitel liefert somit den Denkrahmen für die nachfolgenden Kapitel. Hier werden Software-Architektur-Bausteine, -Stile und -Komponenten von Standardarchitekturen vorgestellt, die im Detail in den späteren Kapiteln präsentiert werden. Gleichzeitig mit den Grundvorstellungen zu Software-Architekturen wird auch die zugehörige Terminologie dem Leser vertraut gemacht.

Entwurfsrezensionen (*Design Reviews*) stellen wichtige Prozesse in Unternehmen dar. Vielerlei Expertisen fließen in einen Entwurf eines Software-Systems ein: Domänenwissen aus dem Anwendungsbereich, Erfahrungen und Expertise aus der Entwicklung ähnlicher Software-Systeme, Standards und Richtlinien des Unternehmens, Industriestandards aus dem Anwendungsbereich, Projektmanagement-Erfahrung oder auch Expertenwissen aus anderen Disziplinen für Software-Systeme mit interdisziplinärem Charakter.

Der Arbeitsablauf für eine Entwurfsrezension in einem Software-Unternehmen lässt sich wie folgt darstellen:

- Rollen von (indirekt, direkt) Beteiligten
- Ressourcen (Dokumente, Schablonen, Vorlagen, Vorgaben, E-Mails)
- Prozesse (Abläufe)
- Verantwortlichkeiten und damit verbunden unterschiedliche Rechte

Wie funktioniert im Allgemeinen ein solcher Design Review?

Zuerst müssen die Beteiligten bzw. die Betroffenen eruiert und in einer Gruppe versammelt werden. Diese Gruppe besteht aus Entwicklern, Designern, Software-Architekten, Domänenexperten sowie u.U. auch Wartungspersonal von Software-Systemen dieser Domäne. D.h., wenn es sich beispielsweise um einen Software-Entwurf einer Telekommunikations-Software für Mobiltelefone handelt, werden entsprechende Personen aus dieser Domäne in den Review-Prozess eingebunden.

Üblicherweise würde nun der Leiter dieser Rezension (wir wollen ihn hier als Arbeitsgruppenleiter bezeichnen) seine Mitarbeiter in der Arbeitsgruppe versammeln und über den Prozess informieren. Dabei wird festgelegt, wer welche Teilaufgaben übernimmt, bis zu welchem Zeitpunkt diese fertig zu stellen sind, wann und in welcher Form die Ergebnisse zu berichten sind, und wie andere Mitarbeiter des Reviews dann von diesen Ergebnissen informiert werden. Für einen solchen Prozess gibt es in Unternehmen meistens bereits bestimmte Formulare oder Dokumentvorlagen, die für die Ergebnisdokumentation heranzuziehen sind. Der Rezensionsprozess würde weiter vorsehen, dass nach Einlangen der einzelnen Rezensionsergebnisse eine Phase der Informationsanalyse beginnt und anschließend eine Diskussion und Besprechung der identifizierten Probleme bzw. offenen Fragen abgehalten wird. Danach würde sich die Arbeitsgruppe über allfällige weitere Vorgangsweisen (je nach Beurteilung des vorliegenden Software-Entwurfs) einigen und u.U. eine weitere Rezension nach einer Überarbeitung des Software-Entwurfs festlegen.

Nun handelt es sich bei obigem Szenario eines Design Reviews von einem Software-Entwurf meist um ein großes Software-Unternehmen, dessen Mitarbeiter sich nicht immer in derselben Organisationseinheit, im selben Standort des Unternehmens oder gar im selben Ort befinden. Dies kann für einen solchen Arbeitsprozess eine wesentliche Erschwernis bedeuten, diese Leute über unterschiedliche Orte, Organisationseinheiten, Zeitzonen und Kommunikationsmedien (Notebook, Mobiltelefon, Web-Terminal etc.) für diese Aufgabenstellung zusammenzuschalten und zu koordinieren.

2.1 Fallstudie: Design Review von Mobiltelefonie-Software

Im Folgenden wollen wir eine konkrete Fallstudie eines Design Review im Telekommunikationsbereich besprechen. Dafür wurden die Prozess-Anforderungen für die verteilte Produktentwicklung von Software für Mobiltelefonie eines großen europäischen Telekom-Unternehmens erhoben, deren Entwicklungsstandorte sich in zahlreichen europäischen und pan-europäischen Ländern befinden. Jeder Entwicklungsstandort hat dabei bestimmte Verantwortlichkeiten für Produkte oder Produktgruppen wahrzunehmen, und die Entwicklungsstandorte kooperieren intensiv während der verschiedenen Software-Entwicklungsphasen.

Die Komplexität der Produktfamilie, die Struktur der Entwicklungsorganisation und die Rahmenbedingungen des Marktes wie Preis, Performanz und die Nachfrage nach neuen Features, sobald es die technologischen Rahmenbedingungen erlauben, machen aus der Software-Entwicklung für Mobiltelefone eine komplexe Aufgabenstellung. Dafür setzt man gerne zwei spezielle Techniken ein, um Produktentwicklungskosten und Entwicklungszeit zu minimieren:

- Software-Architektur für die Produktfamilie: Gemeinsame Hardware- und Software-Teile einer Generation von Mobiltelefon-Software werden für eine Programm-Familie entwickelt und nur produktspezifische Variationen werden in individuellen Produktentwicklungen entworfen.

- Parallelentwicklung (*Concurrent Engineering*): Die Entwicklung von produktspezifischen und gemeinsamen Teilen wird parallel in mehreren Entwicklungszentren durchgeführt, um möglichst gleichzeitige Markteinführung eines Produkts zu unterstützen.

Die Entwicklung von Mobiltelefon-Software umfasst viele unterschiedliche Schritte, zu denen beispielsweise die Plattform-Definition, das Plattform-Management, die Komponenten-Entwicklung oder die Komponenten-Integration zählen. Wir haben für eine solche Produktentwicklung eine detaillierte Untersuchung der Kollaborationsaktivitäten und -technologien durchgeführt, wobei der Fokus auf Konfigurationsmanagement, Software-Entwicklung sowie Design Reviews war. Projektmanager von Einzelstandort- wie Multistandort-Projekten wurden befragt, wie diese ihre Projektziele mittels Kollaboration, Technologien und Prozessen erreichen.

Einer der kritischen Aspekte für die erfolgreiche Produktentwicklung ist der effektive, gezielte und zeitgerechte gemeinsame Zugriff auf Informationen. In den meisten Fällen wird der Informationszugriff noch auf traditionelle Weise bewerkstelligt: Das am weitesten verbreitete Werkzeug ist die E-Mail. Darüber hinaus werden Tools wie Lotus Notes oder informationsaufbereitete Quellen wie das Intranet oder auch das Telefon zur Kommunikation innerhalb und zwischen Projektteams eingesetzt. Dabei wurde immer wieder festgestellt, dass die „klassische" Informationsverteilung in eigenen Kommunikationsbereichen oder durch persönliche Netzwerke am effektivsten funktioniert, um gefilterte und gezielte Informationen rasch zu erhalten. Speziell die begrenzten Suchmöglichkeiten der eingesetzten Tools wurden bemängelt, sodass in manchen Projekten eigens Pläne zur effektiven Informationsverteilung entwickelt worden sind. Diese beschreiben wie und welche Information mit wem geteilt bzw. von wem an wen verteilt wird.

Aber nicht nur die vorhandenen Werkzeuge tragen wesentlich zur effektiven Informationsverteilung bei. Auch Projektgrenzen stellen manchmal Hürden dar, die verhindern sollen, dass (vermeintlich) Unbeteiligte Zugriff auf Projektdaten erhalten. Die Zugehörigkeit zu Teams und Projektgruppen ist in vielen Fällen das Zugriffskriterium für Projektinformation. Damit stellt die Lokalisierung relevanter Information für einen bestimmten Kontext eine schwierige, oft unlösbare Aufgabe dar. Anfragen per E-Mail sind darüber hinaus mühsam und zu langsam für eine effiziente Problemlösung. Produktentwicklungen benötigen jedoch projektübergreifende Information von unterschiedlichen Komponenten, um das Endprodukt zu finalisieren.

E-Mail wird nach wie vor sehr häufig zur Informationsverteilung eingesetzt, obwohl es zahlreiche Nachteile mit sich bringt: Lange Mailing-Listen verbreiten Informationen kettenbriefartig; die Rollen von Prozessteilnehmern werden mit der Zeit verwischt; die Kommunikation innerhalb von Gruppen ist wenig effektiv und lässt Entscheidungsprozesse nicht notwendigerweise konvergieren; die Länge von E-Mails nimmt von Antwort zu Antwort zu und wird bis zur Unkenntlichkeit unübersichtlich oder schwierig zu lesen; aufgrund der stets wachsenden Anzahl von täglich empfangenen E-Mails gehen wichtige E-Mails leicht verloren; Nachrichten werden in Verzeichnissen abgespeichert und Wissen über deren Existenz geht irgendwann verloren; viele Dateien werden als Anlagen außerhalb von Unternehmensdatenbanken gespeichert und sind somit nicht mehr für andere zugreifbar; Diskussionen und Informationsverteilung sind nur für eine kleine Gruppe von Teilnehmern sinnvoll und effektiv. Ein modernes Werkzeug, das diese Informationen in einer Wissensdatenbank integriert, ist beispielsweise Caramba (CarambaLabs 2003; Dustdar 2002).

Das Telefon wird gerne verwendet, um rasch zu Antworten oder Informationen zu gelangen. Solche Situationen treten oft zu Projekt-Ende auf, wenn die Zeit für die Auslieferung des Produkts ansteht.

Asynchrone Groupware wie z.B. Lotus Notes ist ein bedeutendes Werkzeug zur Speicherung von Projektinformation. Die Vielzahl an Datenbanken oder auch die Zugriffsrechte darauf verursachen oft Probleme in der effektiven Verwendung dieser. Speziell das Suchen quer durch die Datenbanken wird von solchen Groupware-Systemen nicht ausreichend allgemein und qualifiziert unterstützt.

Das Intranet ist ein einfach zu verwendendes Medium für Informationsrecherchen. Die gesuchte Information ist jedoch aufgrund fehlender oder ineffektiver Aufbereitung und Verlinkung oft schwierig zu finden. Expertise, Aufenthaltsorte oder Erreichbarkeit von Projektmitarbeitern sind darin kaum zu finden, und es bleibt somit auf die reine Informationsdarstellung reduziert.

Gemeinsame Netzlaufwerke stellen nach wie vor beliebte Informationsbereiche dar. Solche Laufwerke sind für Projektgruppen eingerichtet und auf diese limitiert. Diese Lösung mag zwar für eine kleine Anzahl von Mitarbeitern gut funktionieren, die Such- und Verteilungsmechanismen quer über Projektgruppen hinaus ist nicht gegeben.

Gemeinsame Arbeitsbereiche (so genannte *workspaces* oder *whiteboards*) werden von Werkzeugen wie NetMeeting für Projektteams zur Verfügung gestellt. Diese Tools werden gerne für Rezensionen (*reviews*), Dokument-Edition, Zeichnungen, parallele Entwicklungen oder auch zum gemeinsamen Ausführen von Applikationen verwendet.

Videokonferenzen als synchrones Kommunikationsmedium schränken den Kommunikationsverlauf stärker ein als persönliche Besprechungen, da die Effektivität stark von der Disziplin aller Teilnehmer einer Videokonferenz abhängt. Unterlagen für Konferenzen sind schwierig und meist außerhalb der verwendeten Kommunikationssoftware bereitzustellen. Ad-hoc-Besprechungen sind wegen des hohen Aufwands für Setup und Konfiguration praktisch ausgeschlossen. Eine Integration von synchronen Medien und asynchroner Informationsverteilung wäre insgesamt vorteilhaft.

In der vorliegenden Fallstudie des Telekommunikationsunternehmens wurden Untersuchungen von Projekten in der Größenordnung von mehr als 100 Teilnehmern, verteilt auf über mehr als 7 Standorte in unterschiedlichen Ländern, durchgeführt. Dabei wurden konkrete Arbeitsgewohnheiten in Zusammenarbeit, Teamwork, Wissensmanagement und persönliche Arbeitsstile analysiert, um daraus Anforderungen für eine teamorientierte Software-Plattform herauszulösen. Diese Verteiltheit von Projektmitarbeitern und Daten führte zu weiteren Anforderungen hinsichtlich der Informationsverteilung von Projektstatus, Neuigkeiten, Feedback von Aktivitäten und Arbeitsschritten sowie der Informationsauffindung. Anforderungen von Benutzern kommen vorwiegend aufgrund unzureichender technologischer Fähigkeiten der existierenden Werkzeuge zustande: Information, die in asynchroner Groupware gespeichert ist, lässt sich nur schwer an alle Teammitglieder verteilen; Benachrichtigungen (i.e. Notifikationen) sind kaum bis gar nicht ausgeprägt, Änderungsverfolgung ist nur durch ständiges Nachsehen im Arbeitsbereich möglich und Informationen über Expertise im Unternehmen ist kaum ermittelbar (außer durch persönliche Kontakte).

Zugriff auf verteiltes Wissen und Verteilung dieses Wissens in einem Netz von verteilten Standorten und mobilen Projektmitgliedern ist ein im Wesentlichen noch ungelöstes Problem. Rollen von Projektteilnehmern und deren Expertise ist nicht offenkundig sowie Relevanz und Kontext von Dokumenten sind schwierig zu erfassen oder zu ermitteln. Das Aktuellhalten von Dokumenten über Standorte hinweg erfordert Mechanismen zur Kontrolle von Arbeitsprodukten wie Versionsverwaltung, Änderungsverfolgung sowie Benutzerrechteverwaltung für den geordneten, rollenorientierten Zugriff auf Dokumente.

In der Fallstudie wurden einige Prozesse des Telekommunikationsunternehmens untersucht: Software-Konfigurationsmanagement, Software-Versionsmanagement, sowie Entwurfsrezension von Software-Entwürfen. In diesem Kapitel konzentrieren wir uns auf den Design Review von Software, zeigen die Anforderungen und wie diese im Framework, das im Rahmen des EU-Projekts MOTION[1] entwickelt worden ist, umgesetzt wurden.

2.1.1 Der Design-Review-Prozess

Die Vorgangsweise für Design Reviews für Software wird u.a. im *Software Process Definition Guide* des Software Engineering Institutes (SEI) (Feiler u. Humphrey 1992) sowie durch das SPICE (*Software Process Improvement and Capability dEtermination*) -Prozess-Modell (beschrieben u.a. in El Emam et al. 1997) von der *International Organisation for Standardization* (ISO) standardmäßig (ISO/IEC 15504) definiert.

Im konkreten Fall besteht ein Design-Review-Team aus drei bis 6 Teilnehmern (üblicherweise vom selben Entwicklungsteam), wobei jeder ein oder mehrere Rollen im Design-Review-Prozess einnehmen kann. Das Design-Artefakt (das vorliegende Design Dokument) wird oft im Vorhinein bereits an das Review Team verteilt, bevor noch eine Besprechung über das Artefakt stattfindet. Während der Sitzung präsentieren die Autoren ihr Design-Dokument und das Team geht schrittweise durch das Dokument. Die Kritiker (i.e. *Reviewer*) geben dabei ihre Kommentare zu Fehlern ab und schlagen Änderungen oder Verbesserungen vor. Alle Ergebnisse werden festgehalten und das Design-Artefakt wird daraufhin von den verantwortlichen Autoren verbessert (durch Berichtigungen und Verfeinerungen). Das überarbeitete Dokument wird danach erneut überprüft. Während des Reviews werden unterschiedliche Daten und statistische Werte gesammelt, um den Prozess später einer Analyse unterziehen zu können. Die konkreten Ziele eines Design Reviews sind: (a) Evaluierung und Verbesserung des vorliegenden Entwurfs; (b) so viele Fehler wie möglich zu identifizieren; (c) alternative Lösungen oder Implementierungen zu überlegen; (d) Wissen zwischen den Review-Teilnehmern auszutauschen und (e) Software-Engineering-Daten sowohl über das Produkt als auch den Prozess selbst zu sammeln.

[1] MOTION (Mobile Teamwork Infrastructure for Organization Networks) ist ein von der EU gefördertes IST-Projekt mit folgenden Projektpartnern: Politecnico di Milano, Zanussi Elettromeccanica, Nokia, Softeco Sismat und die Technische Universität Wien.

Aktivitäten, Prozesse und Rollen

Am Beginn wird vom Leiter des Reviews ein so genannter Peer-Review-Plan entwickelt und der Review-Prozess mit einer Vorbereitungsphase gestartet. Dafür werden vorhandene Informationen über das zu entwerfende Software-System aus den Projektarchiven gesammelt und mit Vorlagen und Checklisten für den Review vorbereitet. Prozessteilnehmer wie Experten werden vom Leiter ausgewählt und der Review-Plan sowie das Design-Artefakt an diese verteilt. Dazu kann allenfalls bereits eine Liste von bekannten Fehlern oder Mängeln mit verteilt werden. Der Review-Leiter ist verantwortlich für die Durchführung und die Einhaltung des Review-Plans. Software-Entwickler und andere teilnehmende Reviewer agieren als Experten im Review-Prozess.

Eine wesentliche und schwierige Rahmenbedingung für jeden Design Review ist, dass die einzelnen Reviewer (speziell die zur Entwicklung externen Experten) häufig im Unternehmen, bei Kunden oder auf Tagungen unterwegs und damit schwer zu erreichen und für einen Design Review greifbar sind. Die Festlegung von Personen, Verfügbarkeit und Terminen ist somit eine nicht triviale Herausforderung, die derzeit von Software-Lösungen kaum bis gar nicht unterstützt wird.

Anforderungen für ein Framework zur verteilten Produktentwicklung

Basierend auf obiger Prozessbeschreibung und den festgelegten Regeln für den Ablauf des Design Reviews werden wir nun die speziellen Anforderungen für eine softwaretechnische Unterstützung dieses verteilten Produktentwicklungsprozesses erarbeiten. Dabei sind Anforderungen seitens des Unternehmens, der Arbeitsgruppe und der Mitglieder der Arbeitsgruppe zu berücksichtigen und auf eine mögliche Software-Architektur abzubilden. Als Realisierungsgrundlage ziehen wir das Software-Framework aus dem MOTION-Projekt heran, das solche Teamwork-Services umsetzt und nachfolgend in diesem Kapitel noch näher beleuchtet wird.

Zur Vorbereitung des Design Reviews werden vom Leiter die Reviewer ausgewählt, deren Rollen bestimmt und zeitliche Rahmenbedingungen festgelegt. Danach werden alle Teilnehmer zu einem synchronen Durchgehen des Design-Artefakts eingeladen. Die Vorbereitungen finden circa eine Woche vor der Besprechung statt und die potenziellen Teilnehmer werden aufgefordert ihre Mitwirkung zu bestätigen und ihre zeitliche Verfügbarkeit bekannt zu geben.

Der Leiter des Reviews muss nun alle Informationen und Dokumente in einer verteilten Teamwork-Plattform speichern. Diese Plattform wollen wir *MobiTeam*-Plattform nennen und aus den Anforderungen dann später die architekturelle Realisierung herleiten. Nach der endgültigen Entscheidung über die tatsächliche Zusammensetzung des Review-Teams werden die Teilnehmer wiederum benachrichtigt und ihnen Zugriff zur notwendigen Information via URL, Zugriffsinformation, vom Web herunterladbarer Dokumentation und Design-Artefakte gegeben (wenige Tage vor der Besprechung). Die Reviewer können bis zum Tag der Besprechung ihre Kommentare, offenen Punkte und Fragen sammeln und an die Mitglieder des Teams verteilen (lassen). Dabei ist es wichtig, dass man den Kommentaren und Folgekommentaren anderer Reviewer folgen kann (i.e. roter Faden) und selbst weitere Anmerkungen annotieren kann. All diese Tätigkeiten in der Vorbereitungsphase sollen asynchron ablaufen und durch einen virtuellen Informationsraum (*information space*) effektiv unterstützt werden.

Die Abhaltung der Besprechung selbst findet dann synchron außerhalb eines virtuellen Informationsraums aufgrund der Initiierung des Leiters des Reviews zu einem bestimmten Termin statt. Dabei ist es erforderlich, dass ein Teammitglied (oder eine weitere Person) ein Protokoll führt und das MobiTeam-System den jeweiligen Akteur dabei unterstützt. Die Software-Entwickler (i.e. die Autoren) präsentieren nun ihren Entwurf und die Reviewer berichten über die gefundenen Fehler und weitere Anmerkungen – Informationen, die zu einem Großteil bereits in der Vorbereitungsphase asynchron im virtuellen Informationsraum von MobiTeam zusammengetragen worden sind. Neue zusätzliche Fehler oder Anmerkungen sollen im MobiTeam-System leicht annotierbar oder hinzufügbar sein. Alle Fehlerberichte und deren Autoren müssen vom MobiTeam-System effektiv und ortsunabhängig verwaltet werden. Die synchrone Kommunikation während des Meetings ist von MobiTeam zu initiieren, die Abwicklung obliegt jedoch einem klassischen synchronen Konferenzsystem. Hierbei ist es besonders wichtig, die Schnittstellen zwischen diesen Welten herzustellen und den Benutzern nahtlose Übergänge ohne schwierige Kontextänderungen für ihre Arbeit zu ermöglichen.

Zur Nachbereitung des Design Reviews werden die im Review diskutierten Artefakte von den Verantwortlichen überarbeitet. Der Leiter überprüft, ob alle Fehler korrigiert bzw. alle Mängel nachgebessert worden sind. Sollten die Überarbeitungen nicht zufrieden stellend sein, so wird eine weitere Besprechung zur Aufklärung und Bereinigung offener Punkte einberufen.

2.1.2 Softwaretechnische Unterstützung verteilter Produktentwicklung

Idealerweise könnte man ein solches Szenario mit softwaretechnischen Lösungen unterstützen und in der effektiven Abwicklung damit deutlich verbessern. Dazu wollen wir uns eine mögliche Software-Unterstützung von MobiTeam näher ansehen. MobiTeam soll eine Software-Plattform für mobiles, flexibles Teamwork realisieren und die zuvor beschriebenen Aktivitäten und Rollen für einen Design-Entwurf-Prozess effektiv unterstützen. Ein Design-Review soll aber nur einen möglichen Anwendungsfall von MobiTeam darstellen; weitere Anwendungsfälle sind aus dem Bereich verteilter Produktentwicklung im Allgemeinen zu sehen.

Die funktionalen Anforderungen für eine solche Software-Plattform sind aus den beschriebenen Szenarien heraus vielfältig:

- Benachrichtigung von Mitgliedern der Arbeitsgruppe
- Generelle Informationen an die Arbeitsgruppe
- Benachrichtigung von Statusänderungen von Dokumenten
- Suchen/Finden von Experten aufgrund deren Profil (Expertise)
- Suchen/Finden von Dokumenten aufgrund deren Profil (Expertise)
- Arbeiten ohne Verbindung zum Internet
- Synchronisation der Ergebnisse beim Wiederherstellen der Internet-Verbindung
- Kurze Benachrichtigungen mit URLs

- Einfaches Herunterladen von Dokumenten
- Unterstützung verschiedener Dokumentarten (MIME-Typen)
- Zugriffsrechte und Authentifizierung von Mitgliedern der Arbeitsgruppe
- Dynamische Rechtevergabe für Mitglieder der Arbeitsgruppe sowie Einrichten von Benutzergruppen
- Suchen nach Dokumenten und Experten quer über Arbeitsgruppen hinweg
- Koordination mit synchronen Kommunikationstechnologien
- Einbeziehung unterschiedlicher Endgeräte für die Benachrichtigung, Darstellung von Information sowie die Teilnahme am Prozess selbst

Diese Anforderungen kann man nun als so genannte Services (Dienste) einer Software-Plattform festlegen und beschreiben. Wir leiten aus obigen Beschreibungen die nachstehenden Services S_i für MobiTeam ab:

- S_1: Suche nach Experten
- S_2: Kontaktieren und Einladen von Arbeitsgruppenteilnehmern
- S_3: Informationsverteilung und -aktualisierung in und über Arbeitsgruppen hinaus
- S_4: Informationsrecherchen zu Themen oder nach Dokumenten über Arbeitsgruppen hinweg
- S_5: Asynchrone Informationsverteilung
- S_6: Synchrone Informationsverteilung
- S_7: Benachrichtigungen von Arbeitsgruppenmitgliedern
- S_8: Einrichten und Verwalten von virtuellen Informationsräumen für Arbeitsgruppen
- S_9: Diskussionen in virtuellen Informationsräumen von Arbeitsgruppen
- S_{10}: Archivierung von Informationen einer Arbeitsgruppe

Diese Services sind derzeit noch unabhängig vom aktuellen Ort des Benutzers, seines Netzzugangs (z.B. via ADSL, T1/Kabel, Modem etc.) sowie seines verwendeten Endgeräts (z.B. PDA, SmartPhone, Notebook etc.) angeführt. Diese zusätzlichen Dimensionen werden im Rahmen der Diskussion technischer Lösungsmöglichkeiten näher betrachtet.

Für die Realisierung von Prozessen im Rahmen einer Software-Plattform ist es wesentlich, geeignete Abstraktionen zu finden, um die Services implementierungstechnisch geeignet umsetzen zu können.

Für die Systemunterstützung unterscheiden wir zwei Phasen: Die Aufbau- und Einrichtungsphase (i.e. Setup) für den Arbeitsprozess sowie die operationale Phase. In Abb. 2.1 sehen wir ein Sequenzdiagramm für die Setup-Phase, die einen detaillierten Einblick in die Aktivitäten, Rollen, Akteure, und Artefakten dieses Prozesses liefert.

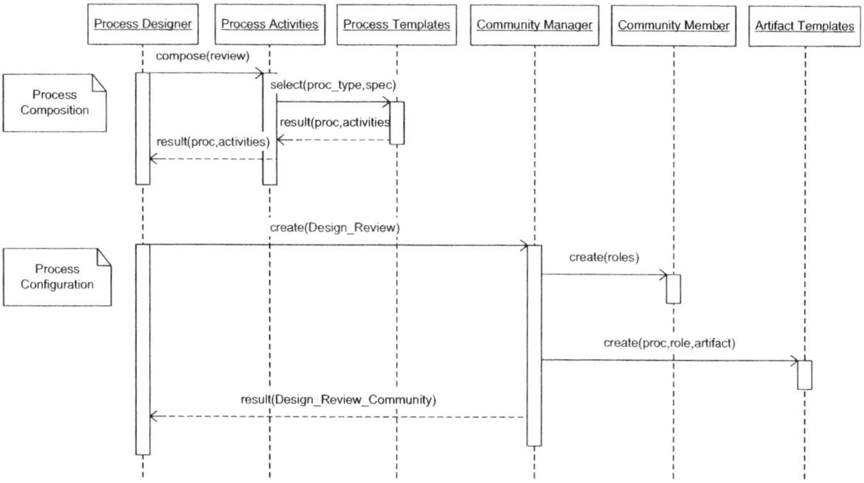

Abb. 2.1. Setup-Phase des Design Reviews

Während der Komposition des Arbeitsprozesses stellt der Prozess-Designer einen Review-Prozess zusammen, der aus zum Teil vormodellierten Prozess-Aktivitäten besteht. Prozess-Typen und -Spezifikationen werden dafür aus einer Datenbank von Prozess-Vorlagen herangezogen und führen zu einer Menge von ausgewählten Vorlagen für den Design-Review-Prozess im Speziellen. Für den Design Review muss es einen Leiter geben, der die Arbeitsgruppe festlegt und auch in der Folge organisiert: Mitarbeiter und deren Rechte auf Informationen bzw. Benachrichtigungen (abhängig von deren aktueller Rolle); Experten, die u.U. einen anderen Status als Projektmitarbeiter haben; allfällig andere Interessierte oder Beteiligte an dem Prozess (z.B. der verantwortliche Leiter des Geschäftsbereichs). Für die Beteiligten und deren Artefakte, Nachrichten und andere Informationen bedarf es eines virtuellen Arbeitsbereichs, in dem sich die Mitglieder des Review-Teams zusammenfinden und Informationen austauschen. Dies wird als *Community* bezeichnet. Weitere notwendige Konzepte und Abstraktionen zur Abbildung auf ein Software-System wie MobiTeam werden wir im nachfolgenden Abschnitt kennen lernen.

In der Konfigurationsphase (siehe Abb. 2.2) eines Arbeitsprozesses konfiguriert der Prozess-Manager einen so genannten Design-Review-Community-Manager (i.e. Leiter des Design-Reviews und somit der Manager dieser Community „Design-Review"). Dieser Review-Community-Manager wiederum kreiert die erforderlichen Rollen der Community-Mitglieder und die Relationen zwischen der zuvor erstellten Prozess-Spezifikation, den erzeugten Rollen und den Artefakt-Vorlagen (z.B. Dokumente, Checklisten, Präsentationen, Fehlerreportformulare etc.). Der Community-Manager liefert diese Relationen dem Prozess-Designer als Abschluss der Prozess-Konfigurationsaktivitäten.

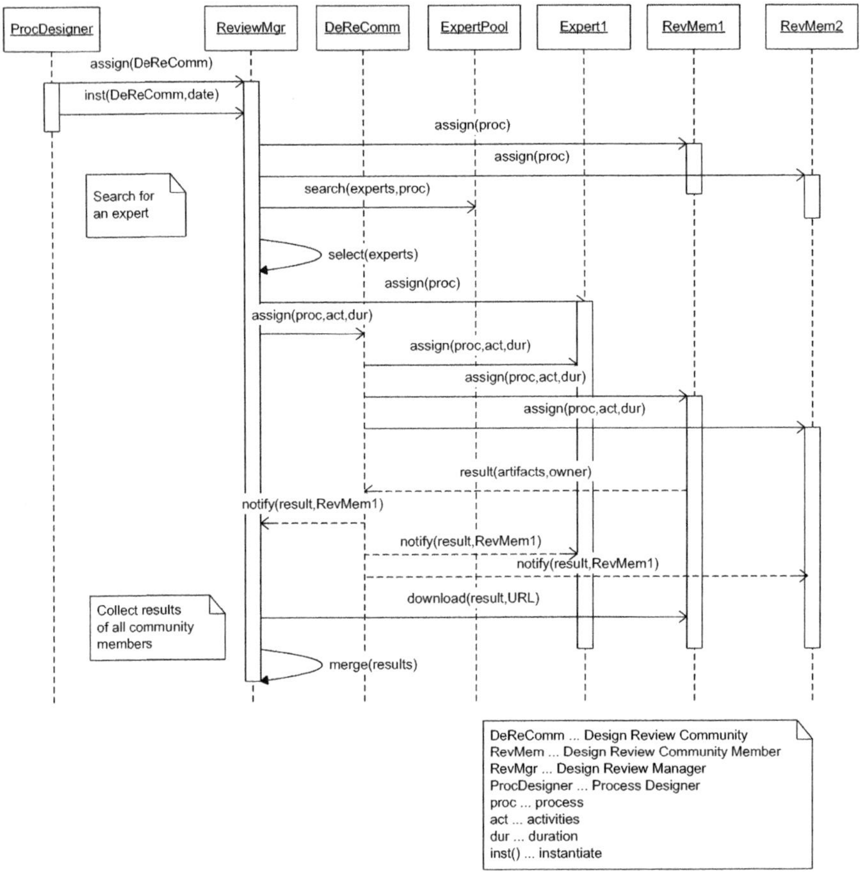

Abb. 2.2. Operationale Phase des Design-Reviews

Virtuelle Projekt-Communities sind dabei die wesentlichen konzeptuellen Abstraktionen, wie in Abb. 2.2 dargestellt ist: Die Design-Review-Community stellt einen virtuellen Informationsraum zur Informationsverteilung von Projekt-Manager, Projekt-Mitarbeitern sowie (externen) Experten zur Verfügung. Die Community fungiert weiters als Kontextplattform für den instanziierten Design-Review-Prozess und stellt die erforderliche Infrastruktur für das Prozess-Team bereit, um ihre Aufgaben und Ziele gemeinsam umsetzen zu können.

Mitteilungen (*messages*) und Benachrichtigungen können genauso in der Community verteilt werden wie Suchanfragen (z.B. für Artefakte zum Thema „Mobiltelefon-Standards"). Das Konzept der Community erlaubt es, nicht jeden Projekt-Mitarbeiter einzeln zu benachrichtigen, sondern dies als Multicast von der Community erledigen zu lassen. Weiters können Benachrichtigungen, wenn neue Fehlerreports oder andere Dokumente von Projekt-Mitarbeitern erstellt worden sind, einfach verteilt werden (z.B. „Dokument X jetzt als in Version 2.1.1 verfügbar" oder „Dokument Y neu eingecheckt"). Werden in diesen kurzen Benachrichtigungen URLs als Referenzen auf das betroffene Dokument mit angegeben, ist es für den Empfänger der Nachricht leicht, das Dokument via Web auf sein Endgerät herunterzuladen.

2.2 Architekturelle Konzepte und Abstraktionen

Für architekturelle Überlegungen, die Anforderungen für mobiles und verteiltes Teamwork durch MobiTeam umsetzen, müssen wir zuerst ein paar konzeptuelle Abstraktionen aufbereiten. Eine Software-Plattform wie MobiTeam wird idealerweise das Konzept eines virtuellen Informationsraums in den Fokus der Betrachtung stellen.

- Eine *Virtuelle Population* ist die Menge aller Nutzer der MobiTeam-Plattform, unabhängig welchem Projekt oder Prozess diese gerade angehören.
- Eine *Virtuelle Community*[2] wird durch eine Zugehörigkeit zu einer bestimmten Arbeitsgruppe oder generell Interessensgemeinschaft charakterisiert. Virtuelle Communities entstehen üblicherweise durch Prozessdefinitionen wie z.B. für einen Design Review. Aber auch bloße gemeinsame Interessen sind Ausgangspunkte für virtuelle Communities (z.B. Interesse an „Mobiltelefonie" oder „Software-Architekturen", ähnlich wie Newsgroups). Einzelne Personen können Mitglieder in beliebig vielen solcher Communities sein, ähnlich zu Projekten, organisatorischen Einheiten, Expertise oder Interesse.
- Da es sich im Falle des Design Reviews um nicht ständig per Netzwerk verbundene Akteure handelt, ist zu einem bestimmten Zeitpunkt nur eine Untermenge der gesamten Community „online" und damit im virtuellen Informationsraum „zusammengeschaltet". Durch die Mobilität der einzelnen Personen ist die jeweils aktuell verbundene Menge von Community-Mitgliedern stets unterschiedlich. Dies wird sich konkret auf die architekturellen Überlegungen zu MobiTeam auswirken.

Eine weitere konzeptuelle Abstraktion betrifft neben dem Verbund von Benutzern in Communities die Ressourcen, deren Verwaltung und Zugreifbarkeit. Immer wenn sich ein Mitarbeiter mit einem System wie MobiTeam verbindet, sollte er umfangreichen Zugriff auf die Wissensdatenbank seiner Communities haben, abhängig nur von seinen Zugriffsrechten entweder in der jeweiligen Community oder als Community-Externer.

Solche Zugriffe sollten unabhängig vom Ort, wo die Ressource gerade ist (*location transparent*), oder davon, ob die Ressource von einem gerade per Netzwerk verbundenen Mitarbeiter ist, oder deren Autor erfolgen. Das Konzept dafür ist durch Informationsteilung (*information sharing*) charakterisiert. Keine zusätzliche Information ist beim Benutzer erforderlich, solange ihm die Vorstellung vermittelt wird, seine Ressourcen direkt mit denen anderer Benutzer und Mitarbeiter in die-

[2] Im Folgenden kurz „Community" genannt.

sem Informationsraum zu teilen und zur Verfügung zu haben. Dazu benötigen wir noch ein paar weitere Konzepte:

- Ein individueller Ressourcen-Raum (*resource space*) ist eine Menge von Dokumenten bzw. Ressourcen. Dieser Raum stellt die notwendigen Dienste zur Speicherung und Ablage von Ressourcen auf individueller Basis zur Verfügung (i.e. individueller Speicherplatz auf einem oder mehreren Rechnern). D.h., jeder Benutzer hat seinen individuellen Ressourcen-Raum, der sich durchaus auf mehrere Rechner erstrecken kann.
- Ein Mitgliedsraum (*member space*) ist die Untermenge eines Ressourcen-Raums, der vom Benutzer für eine bestimmte Community freigegeben wird. Dies können einzelne Dateien, ganze Verzeichnisse oder gar Laufwerke sein. Da ein Benutzer Mitglied von mehreren Communities sein kann, kann er auch einzelne Ressourcen gleichzeitig mehreren Communities zur Verfügung stellen. Somit kann man einen Mitgliedsraum als gefilterte Sicht eines individuellen Ressourcen-Raums sehen.
- Ein Community-Raum (*community space*) ist die Vereinigung aller Mitgliedsräume einer speziellen Community. Dies umfasst im Wesentlichen alle für eine Community von ihren Mitgliedern freigegebenen Ressourcen.

Weiters ist anzumerken, dass es für eine Community sinnvollerweise nur einen Community-Raum geben sollte, um die Abstraktion nicht aufzuweichen. Bisher haben wir die persistente Speicherung von Ressourcen noch außer Acht gelassen; die konzeptuellen Abstraktionen lassen diese Eigenschaft offen und somit flexibel gestaltbar.

Im Falle mobiler und verteilter Zusammenarbeit von Mitgliedern einer Community (z.B. der Community „Design Review") benötigen wir einen eigenen Bereich (oder Raum), der es erlaubt, Ressourcen persistent abzulegen. Damit sind jene Ressourcen für andere zugreifbar, auch wenn der Originator oder Verwalter der Ressource gerade nicht per Netzwerk mit MobiTeam verbunden ist. Dies ist nicht für alle Arten von Ressourcen erforderlich, aber für jene, die dauernd verfügbar und zugreifbar sein sollen. Beispielsweise wäre das für die Prozess- und Rollendefinition sowie die Checklisten, Fehlermeldungen und das Design-Dokument im Design-Review-Prozess sinnvoll. Persönliche Notizen, weitere Dokumente oder Artefakte zum Gegenstand des Review können ohne weiteres lokal im individuellen Mitgliedsbereich verbleiben und nur während der Online-Zeit des Benutzers für andere zugreifbar sein.

Einen solchen Teil des Community-Raums, in dem Ressourcen persistent abgelegt werden können, nennen wir Community-Kabinett (*community cabinet*). Welche Ressourcen persistent gespeichert werden sollen, hängt vom Kontext, der Aufgabenstellung oder dem definierten Prozess ab.

Damit die Benutzer ihre Ressourcen in geeigneter Weise organisieren können, bedarf es einer geeigneten Benutzerschnittstelle: Die Kontrolle des geteilten gemeinsamen Informationsraums (Mitgliedsraum, Community-Raum) sollte über eine grafische Bedienoberfläche laufen, die u.a. eine Sicht auf alle abonnierten und verfügbaren Communities (ähnlich wie bei einem News-Service), die Liste der aktuell freigegebenen Ressourcen sowie die Möglichkeit, Suchanfragen nach Ressourcen abzusetzen, erlaubt. Vor allem haben der Client und die Benutzerschnittstelle die Aufgaben, die Details hinsichtlich tatsächlicher Verteilung der Ressourcen und Rechner und deren Verfügbarkeit auszublenden. So sind auch die unterschiedlichen Arbeitsmodi (verbunden / nicht verbunden per Netzwerk, d.h. online bzw. nicht online) möglichst zu maskieren. Je nach Konfiguration des Systems soll die abstrahierte Sicht auf die Daten persistente und nicht persistente Daten einer Community zusammenfassen; die tatsächliche Art und Weise des Zugriffs (d.h. Ort und Zugriffsart) sollen dem Benutzer dabei verborgen bleiben. Szenarien wie, der Benutzer möge sich mit File Transfer (FTP) von einem Server eine bestimmte Datei holen und diese manipulieren, sollten vom System transparent erledigt werden, sodass sich der Benutzer auf seine tatsächlichen Aufgaben in einem Arbeitsprozess konzentrieren kann. Der Benutzer empfindet somit den Zugriff auf den Community-Raum oder das Community-Kabinett immer in der gleichen Art unabhängig von Netzwerk, Aufenthaltsort oder Endgerät.

2.2.1 Ein erster Blick auf die Architektur von MobiTeam

Die jeweiligen Details seitens Netzwerk und Verteilung sind für die architekturellen Überlegungen jedoch entscheidend, um den Grad der Flexibilität und die Performanz der Plattform zu bestimmen. Angesichts der vielfältigen Anforderungen an eine Software-Plattform wie MobiTeam gilt es eine Software-Architektur zu entwickeln, die Intranet, Internet, fest verdrahtete und drahtlose Verbindungen nahtlos integriert und dabei leicht adaptierbar und für Benutzer wie Unternehmen flexibel konfigurierbar ist. In diesem Abschnitt wollen wir die möglichen Alternativen für eine Software-Architektur des MobiTeam-Systems herausarbeiten. Zuerst wollen wir dabei – den Architektur-Definitionen der vorangegangenen Kapitel folgend – die Komponenten der Architektur diskutieren.

Wesentliche Komponenten der Architektur

Verteilte Datenhaltung. Ein so genanntes Repository soll den Inhalt der individuellen Ressourcen-Räume, der Mitgliedsräume, der Community-Räume und der Community-Kabinette verwalten. Diese Komponente für die verteilte Datenhaltung wird sich auf mehrere Räume auffalten und dabei größtmögliche Verteilungs- und Zugriffstransparenz hinsichtlich der Daten bieten. Eine solche Komponente wird darüber hinaus unterschiedliche Ausprägungen je nach Endgerät haben: während Desktops und Notebooks (oder ähnlich leistungsfähige Geräte) wohl eine voll ausgeprägte Datenhaltungskomponente ausführen, wird dies auf weniger leistungsfähigen Geräten wie Personal Digital Assitants (PDAs), Smartphones oder UMTS-Mobiltelefonen auf eine weniger Speicher- und Rechnerressourcen konsumierende Version reduziert sein. Trotzdem werden wesentliche Funktionalitäten auf allen Hardware-/Software-Plattformen gleich sein. Mögliche Realisierungen berücksichtigen vor allem universelle Datenbanksysteme, die sowohl auf Servern (in voller Ausprägung), auf Notebooks (mit ca. 8 MByte RAM und 30 MByte Festplattenplatz Speicherbedarf) als auch auf PDAs und Handhelds mit Windows

CE oder PalmOS (mit ca. 50 KByte Speicherbedarf) ausführbar und damit plattformübergreifend verwendbar sind.[3]

Die **Kommunikationsplattform** muss unterschiedlichste Server und Endgeräte für den Informationsaustausch berücksichtigen. Hochgeschwindigkeitsverbindungen wie langsamer Netzzugang, beide Varianten müssen durch die Komponenten der Kommunikationsplattform abgedeckt werden. Die Kommunikation selbst kann auf verschiedene Art und Weise realisiert werden: Manche Rechner kommunizieren besser auf klassische Client-Server-Art, andere direkt miteinander auf Peer-to-Peer-Art, weitere wiederum ungekoppelt über bloßen Nachrichtenaustausch zwischen lose verbundenen Komponenten (ereignisgesteuert). Für diesen Teil der Software-Architektur gilt es, die Anforderungen aller Komponenten zu berücksichtigen und für zusammengehörige Gruppen von Komponenten die geeigneten Kommunikationsmechanismen und -techniken einzusetzen.

Die **Benutzerschnittstelle** an sich muss auf allen erwähnten Plattformen laufen und dabei das verteilungs- und lokationstransparente Bild der Informationsteilung für den Benutzer bzw. die Benutzergruppen ermöglichen. Die plattformspezifischen Ausprägungen haben die Leistungsfähigkeit der Geräte hinsichtlich Performanz, Speicher oder Grafik zu berücksichtigen und die Informationen maßgeschneidert aufzubereiten (*information tailoring*).

Aspekte der Authentifizierung, Zugriffskontrolle, Sicherheit des Systems und Schutz der Daten müssen in einer eigenen **Sicherheitskomponente** abgebildet werden. Solche Komponenten folgen idealerweise dem Konzept einer rollenbasierten Zugriffskontrolle und erlauben eine flexible Gestaltung der Rechte Einzelner. Hier gilt es zu berücksichtigen, dass Personen unterschiedliche Rollen in diversen Communities und Arbeitsprozessen haben, die divergent sein können. Weiters ist es erforderlich, Daten von Communities wie beispielsweise „Controlling“ oder „Forschung“ eines Unternehmens sowohl vor unerlaubtem externen als auch internen Zugriff geeignet zu schützen.

Technische Lösungsmöglichkeiten

Hinsichtlich der technischen Lösungsmöglichkeiten bieten sich einige architekturelle Konzepte und Bausteine für diverse Komponenten der Software-Architektur an:

- Informationsteilung (*information sharing*): Hierfür bieten sich beispielsweise Tauschbörsen-Konzepte unterschiedlichster Granularität an: Peer-to-Peer-Systeme oder spezielle Plattformen wie Gnutella, P-Grid oder FreeNet weisen zahlreiche konzeptuelle Vorteile für das Suchen und Auffinden von Informationen in lose gekoppelten Netzen von Rechnern auf. Dieses Prinzip der Informationsteilung ist für eine Software-Plattform für verteilte, mobile Kollaboration vorteilhaft.
- Benachrichtigungen: Informationen über Updates von Dokumenten, neue Communities, Benutzer etc. können beispielsweise durch ereignisgesteuerte

[3] Ein kommerzielles Beispiel für ein solches Datenbanksystem ist IBM's DB2 Universal Database ab Version 6.1.

Kommunikation von lose gekoppelten Komponenten (Rechner wie Benutzer) effektiv verteilt werden. Im Bereich der Message-Oriented Middleware (MOM) gibt es zahlreiche Produkte sowohl im kommerziellen Umfeld (z.B. Tibco/Rendezvous) als auch im forschungsnahen Bereich wie z.B. JEDI (Cugola et al. 2001), Peerware (Cugola et al. 2002) oder Siena (Carzaniga et al. 2001).

- Informationsverteilung kann Konzepte von Push-Systemen integrieren, wo Ressourcen über Push-Infrastrukturen direkt an den interessierten Teilnehmer verteilt werden. Solche Informationsverteilung kann besonders effektiv für Topic-basierte Interessenten eingesetzt werden.
- Mobilität und nomadisches Arbeiten: Zur Informationsanpassung für unterschiedliche Endgeräte (vom Notebook bis hin zum Java-fähigen Mobiltelefon etc.) gibt es ebenfalls zahlreiche Lösungen, die für diese Anforderung eingesetzt werden können.
- Das Herunterladen von Dokumenten verlangt nach einer Web-Infrastruktur mit klassischen Internet-Protokollen wie HTTP, FTP etc.
- Das Suchen und Finden von Ressourcen in einem Netz von verteilt und mobil arbeitenden Benutzern wird durch Konzepte der Metadaten-Modellierung von Ressourcen und durch Metadaten unterstützte Suchmechanismen und Datenbanken unterstützt. Unternehmensweites Suchen und Finden muss durch leicht adaptierbare Konfigurationen der Komponenten für verschiedene Unternehmensbereiche leicht anpassbar sein. Dies gilt natürlich auch für Konfigurierbarkeit über Unternehmensgrenzen hinweg.

Architekturelle Alternativen für MobiTeam

Ob nun alle oder einige der oben angeführten Komponenten in diversen Konfigurationen Client- wie Server-seitig eingesetzt werden, gehört zu den Freiheitsgraden der architekturellen Spezifikation oder gar zur Konfiguration des Software-Systems. Im Folgenden diskutieren wir einige der architekturellen Möglichkeiten für MobiTeam.

All-in-one-Server. Die gesamte beschriebene Funktionalität ist durch einen Server abgebildet, zu dem sich die Clients verbinden (siehe Abb. 2.3). Dieser Server wird einen Ereignisverteiler (*event dispatcher*) und ein Repository für die Datenhaltung von Community-Räumen und auch des Community-Kabinetts realisieren. Dieser Server ist auch Andockstelle für alle Community-Mitglieder, die sich mit deren Clients zum Server verbinden.

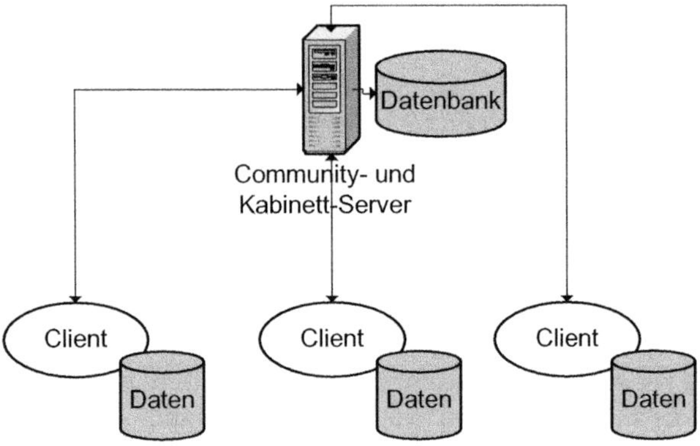

Abb. 2.3. All-in-one-Server-Lösung für MobiTeam

Viele Server. Ein einzelner Server, welcher die Communities und Community-Mitglieder sowie deren Informationen verwaltet und die gesamte Kommunikationsinfrastruktur betreibt ist stets eine singuläre Fehlerquelle und keine gute Ausgangsbasis für eine skalierende Architektur. So ist es auch eine Frage der Anforderungen und der Konfiguration eines Systems wie MobiTeam, wie viele Server und Community-Kabinett-Server eingesetzt werden (siehe Abb. 2.4). Sind die Communities ziemlich stabil und läuft die Kommunikation zumeist über die Community-Kabinette, so ist eine Aufteilung in Community-Server und Kabinett-Server sinnvoll, um die Aufgaben gezielt zu trennen. Wird andererseits das Kabinett eher selten verwendet und die Informationsverteilung funktioniert hauptsächlich über die Mitglieder-Räume und Community-Räume, so kann ein einzelner Kabinett-Server sogar ausreichen, während der Bereich für die Communities von einem eigenen Server verwaltet wird. Klarerweise sind auch Mischformen möglich, die beispielsweise auf mehreren Servern Replikation von Kabinettdaten oder Community-Räumen durchführen, um somit eine bessere Lastverteilung bei Anfragen, Ausfallsicherheit und Antwortzeitoptimierung zu ermöglichen.

Leichtgewichtige Clients stellen darüber hinaus einen wichtigen architekturellen Lösungsansatz dar. Dies gilt speziell für den Einsatz von PDAs und Handhelds und deren Leistungsspektrum hinsichtlich Verarbeitungsgeschwindigkeit, Durchsatz und Speicherkapazität (volatil wie persistent). Hierbei sind die notwendigen Rahmenbedingungen für die minimal verfügbaren Funktionalitäten am Client zu berücksichtigen: Infrastruktur für den Ressourcen- / Mitglieds- / Community-Raum, Informationsverteilung, Nachrichtenverteilung sowie mögliche Unterstützung von Informations-Push. Ein solches Szenario kann auch für jene Clients interessant sein, die nicht in vollem Umfang an den Arbeitsgruppen teilnehmen und somit nur an wesentlichen Ereignissen (Status der Arbeiten und Ergebnisse) interessiert sind.

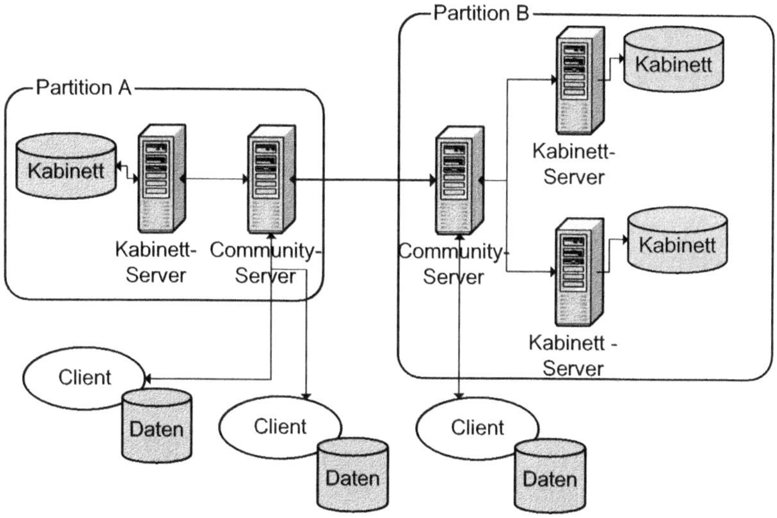

Abb. 2.4. Viele Server und leichtgewichtige Clients für MobiTeam

Drahtlose und Ad-hoc-Verbindungen erlauben zusätzlich Szenarien für Besprechungen oder Informationsverteilung ohne die Notwendigkeit einer Netzwerkumgebung oder verdrahteten Netzwerkzugängen (siehe Abb. 2.5). Solche Konfigurationen werden ad hoc festgelegt, dauern für eine kurze Zeitspanne und dienen vorwiegend Besprechungen (wie z.B. für einen kurzfristigen Review eines Dokuments). Für solche Fälle ist nicht die gesamte Infrastruktur von MobiTeam erforderlich; die Dienste für die Informationsverteilung reichen dafür meist aus.

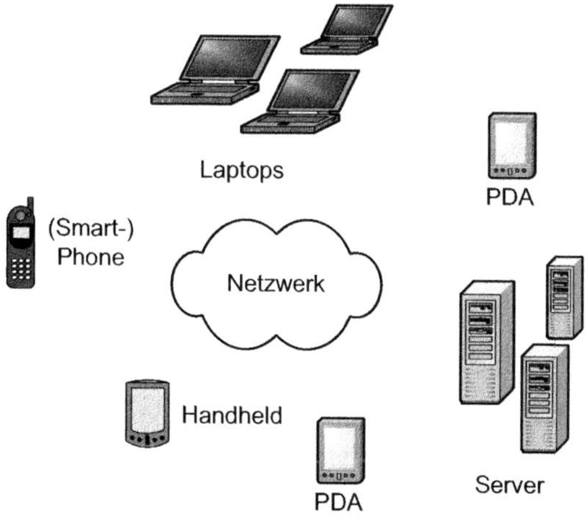

Abb. 2.5. Drahtlose und Ad-hoc-Konfiguration von MobiTeam

2.2.2 Die Software-Architektur von MobiTeam

Obige Szenarien und Architektur-Alternativen haben die Notwendigkeit von Konfigurationsmöglichkeiten eines Software-Systems herausgearbeitet. In den einleitenden Kapiteln dieses Buches wurde darauf verwiesen, dass es bei der Erstellung einer Software-Architektur nicht nur um die Software-Komponenten und deren Zusammenwirken über Verbindungen geht, sondern dass gerade die Konfigurationen einen wesentlichen Input für die architekturelle Ausprägung haben.

Im Falle von MobiTeam handelt es sich um eine Software-Plattform, die mit zumindest drei unterschiedlichen Betriebsmodi umgehen muss: online (verbunden per Netzwerk), ad hoc und offline. Für die Architektur haben wir uns für eine Mischform aus Peer-to-Peer- und Client-Server-Architektur entschieden. Peer-to-Peer (P2P) hat den Vorteil der leichten Konfigurierbarkeit und Skalierbarkeit, um somit unternehmensspezifische Änderungen leichter realisieren zu können. Server werden vorwiegend für das so genannte Backbone eingesetzt, das die Community- und Benutzer-Verwaltung durchführt und auch als Andock-Knoten für die Benutzer dient. Bei sehr vielen Benutzern macht es durchaus Sinn, solche Backbone-Rechner zur Verfügung zu haben, die dauernd im Betrieb und erreichbar sind. Solche können auch auf die in Unternehmen bestehende Server-Infrastruktur abgebildet und die MobiTeam-Services somit mit übernommen werden. Die Speicherung der Artefakte kann auf P2P-Weise und nicht ausschließlich über Server erfolgen. Damit haben Benutzer ihren eigenen Informationsraum unabhängig von der Backbone-Infrastruktur zur Verfügung (speziell im Offline-Betrieb).

Die Mischform von Client-Server und Peer-to-Peer erlaubt es darüber hinaus, kritische Ressourcen nicht nur auf den Peers zu speichern, sondern diese unabhängig von den Online-Zeiten eines Peers auch den anderen Beteiligten bzw. Interessierten permanent zur Verfügung zu stellen. Artefakte, die im Community-Kabinett liegen, können somit auf die MobiTeam-Server repliziert und damit persistent und stets verfügbar gemacht werden.

Zur Suche nach Experten und Artefakten ist es sinnvoll, jeweils eigene Profile in Form von Metadaten zu definieren: Informationen über die Expertise von Personen sowie Informationen über Inhalt und Art von Dokumenten. Diese Profile könnten beispielsweise in XML definiert werden und erlauben somit das Suchen nach bestimmten Kategorien oder Attributen. Solche Profile können ebenfalls zusätzlich auf Backbone-Servern abgelegt werden, um Anfragen stets zumindest mit Profildaten beantworten zu können, unabhängig davon, ob die Ressource im Moment gerade verfügbar (herunterladbar) ist. Auf diese Art und Weise können die Vorteile beider Stile, Client-Server und Peer-to-Peer, schön kombiniert werden, ohne dass man die Nachteile bei der Wahl nur eines einzigen Stils vollständig in Kauf nehmen muss.

Im Folgenden beschreiben wir die P2P-Infrastruktur, die unterstützten Features für verteilte und mobile Kollaboration von Arbeitsgruppen zur Durchführung u.a. des Design Reviews mit der MobiTeam-Plattform, sowie die Software-Komponenten, Verbindungen und Konfigurationsmöglichkeiten.

Bevor wir jede Komponente einzeln beschreiben, gruppieren wir diese in logisch zusammengehörige Einheiten gemäß (Parnas 1972). MobiTeam gliedert sich in 5 Schichten:

1. Die **Kommunikationsschicht** stellt die notwendigen Kommunikationsmittel zwischen Peers und deren Software-Komponenten zur Verfügung. Es handelt sich um eine Peer-to-Peer-Middleware, die P2P-Protokolle wie Gnutella, oder P2P-Architekturen wie JXTA (Gong 2001) oder Gridella (Aberer et al. 2002) unterstützt.
2. Die **Basisdienste-Schicht** beinhaltet Verantwortlichkeiten für Benutzer- und Artefakte-Verwaltung, Prozess-Konfiguration und -Komposition, Publish-Subscribe, verteilte Suchanfragen (für alle Arten von Ressourcen), Transfer von Nachrichten und Notifikationen.
3. Die **Teamwork-Services-Schicht** stellt eine vereinheitliche Zugangsschicht für alle Arten von Teamwork-Services zur Verfügung, die von Applikationen in höheren Schichten wie beispielsweise Workflow-Management-Systeme oder Groupware-Systeme im Kontext verteilter und mobiler Kollaboration verwendet werden können. Dies schließt ein API und eine Teamwork-basierte Service-Präsentation für diverse Endgeräte (Notebook, PDA, Handheld, SmartPhone, Web-Clients) mit ein.
4. Die **Service-Konfigurationsschicht** bietet Mittel zur Konfiguration der Teamwork-Services-Schicht an, basierend auf applikationsspezifischen Anforderungen von Workflow-Management oder Groupware-Systemen. Diese Konfigurationsmöglichkeiten inkludieren auch benutzerspezifische Einstellungen wie z.B. Erreichbarkeit (Zeitraum und Medium wie SMS, Telefon, E-Mail etc.).
5. Die **Präsentationsschicht** schirmt die Applikationen von den gerätespezifischen GUI-Adaptierungen und Informationsaufbereitungen durch die Abstraktion von spezifischen Endgeräten und deren Leistungs- und Ressourceneinschränkungen (wie z.B. Display-Größe, Hardware, Betriebssystem etc.) ab.

Die Komponenten der MobiTeam Architektur

Nun wenden wir uns den Komponenten von MobiTeam im Einzelnen zu. Wir beschreiben die Komponenten hinsichtlich ihrer Verantwortlichkeiten und konzeptuellen Abstraktionen. Wie in den Anforderungen und den architekturellen Abstraktionen für die Fallstudie diskutiert, sollen Mitglieder einer Arbeitsgruppe durch das Konzept der Community adressierbar sein. Dieses Konzept erlaubt Communities für spezielle Zwecke und Aufgaben als Basis für verteilte und mobile Kollaboration zu definieren. Sowohl Teilnehmer als auch Artefakte sind über diesen virtuellen Informations- und Arbeitsraum verbunden und teilen ihre Information auf Peer-to-Peer-Art und Weise.

Die MobiTeam-Architektur – dargestellt in Abb. 2.6 – verwendet eine Peer-to-Peer-Middleware, die als Kommunikationsinfrastruktur agiert. Nachrichten an Benutzer und Komponenten werden über diese Middleware transportiert und verteilt. Eine wichtige Eigenschaft dieser Middleware ist, dass die drei Betriebsmodi online, offline und ad hoc gut unterstützt werden. Der P2P-Architektur-Stil erlaubt eine einfache Bildung von Ad-hoc-Netzwerken, da jeder Peer (i.e. Knoten) sowohl als Client als auch als Server fungieren kann[4]. Die P2P-Infrastruktur bietet geeignete Möglichkeiten, Suchanfragen effektiv unter den Peers zu verteilen, wie dies in P2P-Systemen wie P-Grid, FreeNet oder Gnutella umgesetzt wird. In Kombination mit Event-basierter Kommunikation und Synchronisation der Komponenten wird das asynchrone Arbeiten von Benutzern in geeigneter Weise unterstützt. Die Komponenten können anstatt über Nachrichten zusätzlich über Events lose gekoppelt Informationen austauschen. Nicht jede Komponente weiß über das Vorhandensein (oder den aktuellen Verbindungsmodus) anderer Bescheid; die konzeptuelle Abstraktion der Community bildet die Brücke zwischen Informationsverbreitern und an bestimmten Informationen Interessierten (*publisher* und *subscriber*).

Die *P2P-Middleware* kümmert sich auch um die Zustellung von Benachrichtigungen, wenn adressierte Benutzer gerade offline sind. D.h., Nachrichten werden für einen begrenzten Zeitraum zwischengespeichert und erst beim Online-Gehen zugestellt. Weiters gestattet diese Middleware auch die Zustellung von Benachrichtigungen über andere Medien, z.B. über SMS auf das Mobiltelefon oder als E-Mail an eine benutzerdefinierte Adresse. Dieser Freiheitsgrad ermöglicht dem Benutzer eine für seine Aufgabenstellung optimierte Anpassung an seine aktuelle Arbeitsumgebung und deren technische Möglichkeiten. Die Implementierung dieser Middleware kann mit Systemen erfolgen, die das Gnutella-Protokoll unterstützen, oder solchen, die auf JXTA basieren (Gong 2001).

Die *Benutzerverwaltung* stellt eine der Basisdienste für Setup und Konfiguration von Community-Gruppenleitern, -Mitgliedern, -Experten und auch -Freunden (i.e. weitere Interessierte) dar. Das Hinzufügen und Entfernen von Teilnehmern zu/von einer Community sowie die Vergabe von Zugriffsrechten auf Ressourcen definieren die Verantwortlichkeiten dieser Komponente (oder auch des Subsystems). Sie stellt die Community als zentrale Abstraktion für andere Komponenten von MobiTeam für die einheitliche Adressierung von Mitarbeitern und den Informationsaustausch mit ihnen zur Verfügung.

[4] Details zum Peer-to-Peer-Stil finden sich im Kapitel Peer-to-Peer-Architekturen.

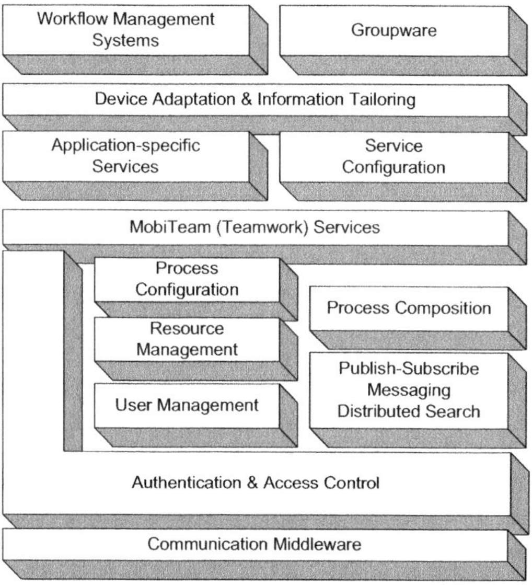

Abb. 2.6. MobiTeam-Architektur

Ressourcen-Management hingegen konzentriert sich auf alle Arten von Ressourcen unterschiedlicher MIME-Typen (Text, Audio, Video, Grafik etc.). Diese Komponente umfasst aber auch Informationen über bestimmte Artefakte und ermöglicht die strukturierte Suche nach ihnen gemäß benutzerdefinierter Suchanfragen und die Benachrichtigung über deren Verfügbarkeit. Dabei besteht jede Information über eine Ressource sowohl aus Metadaten über das Artefakt als auch aus dem Artefakt selbst. Somit können Suchen nach Artefakten und Benachrichtigungen über deren Verfügbarkeit leicht und effektiv für eine große Anzahl von Benutzern durchgeführt werden.

Die *Prozess-Konfiguration* befasst sich mit der Verwaltung der Relationen zwischen Prozess-Teilnehmern und Artefakten und stellt diese Information anderen Komponenten zur Verfügung. Prozess-Teilnehmer können Personen oder auch Software-Agenten sein. Artefakte können Dokumente (in den meisten Fällen) oder andere Ressourcen wie Datenbankeinträge oder Applikationen sein. Eine solche Prozess-Konfiguration kann verwendet werden, um beispielsweise einem Benutzer „Joe" ein Dokument „CWB" in einem Prozess „Design Review" auf Anforderung zur Verfügung zu stellen.

Prozess-Komposition verwaltet die Prozess-Modelle samt Koordination und Synchronisation von Sub-Prozessen und Tasks. Abstrakt gesehen ist ein Prozess-Modell ein gerichteter Graph bestehend aus Tasks und logischen Verbindungen (und, oder). Instanziiert gesehen, werden die Prozess-Tasks (= Aktivitäten) dann von Prozess-Teilnehmern durchgeführt.

Publish-Subscribe und Notifikation ist eine Komponente, die lose gekoppelte Kommunikation zwischen beliebigen Komponenten ermöglicht. Der Fokus ist auf die Subskription von diversen Arten von Ressourcen (inklusive Artefakte, Benutzer, Communities, Prozesse, Zugriffsrechte etc.). Ein Prozess-Teilnehmer kann dieser Komponente verwenden, um sein Interesse an einer bestimmten Information auszudrücken und um benachrichtigt zu werden, wann immer diese verändert oder aktualisiert wird. Das Gleiche gilt für andere Benutzer, Communities und Prozesse. Diese Komponente kann daher für die Prozess-Komposition und -Konfiguration innerhalb einer Community oder über Communities hinaus verwendet werden.

Verteilte Suchen basieren auf Metadaten (vorzugsweise in XML), die als Profile von Benutzern, Artefakten oder auch Prozessen abgelegt sind. Eine verteilte Suche setzt Anfragen an (XML-) Datenbanken eines jeden Peers ab, sammelt die erhaltenen Informationen und bereitet diese für den Benutzer auf. Diese Art von verteiltem Suchen erlaubt darüber hinaus solche Suchanfragen zu definieren, die zwar momentan nicht, aber in nächster Zukunft beantwortet werden können. Beispielsweise ist ein Benutzer „Joe" an allen Artefakten zum Thema „Komponentenmodell und Java" interessiert, obgleich zum Zeitpunkt der Suche noch keine Dokumente mit diesem Profil existieren. Wann immer nun ein solches Dokument im Netz der Peers eingecheckt wird, wird der Benutzer „Joe" vom System benachrichtigt. Dies stellt eine recht mächtige Variante verteilten Suchens dar, da auf zukünftige Resultate abgezielt werden kann. Der Peer-to-Peer-Stil unterstützt durch die lose Kopplung der Peers und die Verteilung der Information dieses Konzept durchaus effektiv.

Verteilte Suchen können auch zum Auffinden von Experten benützt werden, um diese in das Projekt-Team für einen Design-Review einzuladen. Dies erlaubt den Austausch von Expertise über Communities und Arbeitsgruppen hinweg. Damit wird das Humankapital eines Unternehmens besser einsetzbar, speziell im Falle von mobiler und verteilter Kollaboration.

Authentifizierung und Zugriffskontrolle besteht im Falle von MobiTeam aus einer Komponente namens DUMAS (Dynamic User Management System) (Fenkam 2000) und einer weiteren Komponente zur Sicherstellung von Integrität, Vertraulichkeit und Authentifizierung. Die Zugriffskontrolle umfasst drei Verantwortlichkeiten: Benutzer- und Community-Kontrolle sowie Autorisierung.

All diese Basisdienste werden von der Teamwork-Services-Schicht abstrahiert und vereinheitlicht den oberen Schichten (im Wesentlichen der Präsentationsschicht) als Servicezugangspunkt angeboten. Darauf aufbauend können Applikationen wie Workflow-Management oder Groupware-Systeme die Teamwork-Services nach ihren Anforderungen konfigurieren und auch neue, weitere Applikationen darauf aufsetzen. Dies erlaubt die Konfiguration von applikationsspezifischen Services auf dem API der Teamwork-Services. Eine Service-Konfiguration kann daher die Instanziierung von Prozessen und Communities für spezielle Tasks (z.B. einen Design Review im Rahmen mobiler und verteilter Kollaboration) bewerkstelligen.

Prozess-Koordination und -Synchronisation sind daher auf der Teamwork-Services-Schicht aufgesetzt, und die Prozess-Teilnehmer können reibungslos von einem Verbindungsmodus zum anderen wechseln.

Eine detaillierte Darstellung der Architektur von MOTION, auf der MobiTeam aufbaut, findet sich in (Kirda et al. 2001). Die Architektur für mobiles und verteiltes Teamwork wurde in (Dustdar u. Gall 2003; Dustdar et al. 2003) näher beschrieben.

Die Verbindungen (Konnektoren) der MobiTeam-Architektur

Konnektoren beschreiben typischerweise die Art der Kommunikation, die zwischen Software-Komponenten stattfindet: beispielsweise entfernte Prozeduraufrufe, Nachrichtenaustausch, Kommunikation über gemeinsamen Speicher oder ereignisgesteuerten Informationsaustausch. Die Beschreibung von Konnektoren wird durch die Verwendung von Rollen auf Seite des Konnektors und von so genannten Ports an der Schnittstelle von Komponenten (z.B. in der Architektur-Beschreibungssprache Acme) verdeutlicht. Somit kann – wie bereits am Beginn dieses Buches erläutert – ein Abgleich zwischen Porterfordernissen und Rollenfähigkeiten und zusätzlichen Einschränkungen erfolgen.

Im Falle von MobiTeam unterscheiden wir die Konnektoren nach dem Modus der Verbindung: Im Offline-Fall arbeiten die Arbeitsgruppen-Teilnehmer in deren lokalen Workspaces und folgen vordefinierten (und zuvor übermittelten) initiierten Prozessen. Artefakte und bestimmte Prozess-Informationen sind auf deren Endgerät gespeichert und erlauben ein Weiterarbeiten ohne Netzwerk-Verbindung. Komponenten wie z.B. das Benutzer-(Community-)Management kommunizieren via lokaler Service Requests (z.B. Methodenaufrufe in Java) miteinander.

Verbindet sich ein Arbeitsgruppen-Teilnehmer nun mit dem System, kann er seine Arbeitsprodukte mit allen anderen Mitgliedern seiner Community teilen. Dafür werden andere Kommunikationsprotokolle (via Konnektoren) eingesetzt: Middleware Protokolle, RMI oder HTTP. Die Architektur benützt Web-Technologien wie URLs oder sichere http-Verbindungen über SSL, um einen möglichst allgemeinen Zugang zum System über verschiedenste Endgeräte zu ermöglichen (vom Web-Terminal am Flughafen bis hin zu leistungsfähigen Computern). Interessant im Kontext mobiler und verteilter Kollaboration ist auch der mobile Verbindungsmodus – als Wechselspiel zwischen Online- und Offline-Szenarien.

Der Ad-hoc-Modus erlaubt den Arbeitsgruppen-Teilnehmern schnell und flexibel neue Communities aufzusetzen, wenn es keinen Netzzugang gibt oder dieser nicht benötigt wird. Derzeit werden vielfach noch Disketten, Infrarot-Dateitransfer oder USB-Wechseldatenspeicher zum Dateienaustausch in Besprechungen eingesetzt. Prozesse können von Vorlagen instanziiert und Informationen in Peer-to-Peer-Manier ausgetauscht werden, sodass schnelle Koordination und Synchronisation von Aufgaben sowie Informationsverteilung in der Community erfolgen kann.

Die Konfigurationen der MobiTeam-Architektur

Konfigurationsmöglichkeiten wurden in diesem Kapitel schon ausreichend diskutiert; hier wollen wir nur wesentliche Aspekte der MobiTeam-Architektur zusammenfassen. Prozess-Konfigurationen beinhalten alle Relationen zwischen Prozess-Teilnehmern und Artefakten während des speziellen Prozesses. Nützt man dies geeignet aus, so lassen sich für MobiTeam-Applikationen Features hinsichtlich Flexibilität, Anpassbarkeit und Rückverfolgbarkeit kombinieren. Beispielsweise lassen sich in MobiTeam-Szenarien mobiler und verteilter Kollaboration unterstützen, die in Kenntnis der Relationen zwischen Teilnehmern und Artefakten sind: Das System ist anpassbar, da es unterschiedliche Verbindungsmodi unterstützt, die Aufnahme weiterer Teilnehmer oder Ressourcen erlaubt sowie Zugriffsrechte verändern lässt; es ist nachvollziehbar, da Prozess-Zustände und Artefakt-Information zwischen Peers und Backbone abgestimmt werden können.

2.3 Abschließende Bemerkungen

Eine der wesentlichen Vorteile der vorgestellten Teamwork-Software MobiTeam ist die Kombination unterschiedlicher architektureller Stile zur Abdeckung unterschiedlicher Verbindungsmodi:

- Peer-to-Peer-Datenzugriff: Informationen in einer Community werden in P2P-Weise geteilt und zugreifbar bereitgestellt; Ressourcen eines Peers sind für andere Peers über den Informationsraum der Community freigegeben und – solange der Peer online ist – auch zugreifbar (unter Voraussetzung der entsprechenden Zugriffsrechte eines Arbeitsgruppen-Teilnehmers).
- Server-basierte Informationsteilung: Artefakten, die immer verfügbar sein sollen, werden am so genannten Backbone (d.s. Server im herkömmlichen Sinne) im jeweiligen Community-Kabinett abgelegt. Dasselbe betrifft wichtige Profile von Benutzern und Artefakten, die für Suchanfragen besser persistent und verfügbar am Backbone gespeichert werden.
- Server- und P2P-basierte Informationsteilung: Profile über Ressourcen werden zwischen Peers geteilt. Peers des Backbones können Profil-Informationen verwalten, die unabhängig von der aktuellen Netzverbindung eines Peers verteiltes Suchen danach erlauben. Solche Suchanfragen resultieren in Metadaten über Experten, Artefakten, Prozesse etc., ohne die Quellen tatsächlich immer zugreifbar zu haben. D.h., man zielt auf URLs ab, die, wenn der Peer online geht, auf herunterladbare Artefakten zeigen.

Weitere Vorteile der vorgestellten Architektur kommen von Kollaborationsaspekten: Prozess-Teilnehmer können unabhängig von deren Aufenthaltsort und Verbindung zum Netzwerk miteinander Aktivitäten ausführen, die auf Artefakten und Relationsinformation basieren. Dies erlaubt Benutzern flexibel Arbeitsgruppen (auch ad hoc) einzurichten und somit geeignete Informationsräume für deren Kollaborationsaufgaben zur Verfügung zu haben.

Zusammenfassend kann man sagen, dass diese Fallstudie ein realistisches Problem in Organisationen beschreibt und dafür eine mögliche Software-Architektur entworfen hat. In den folgenden zwei Kapiteln werden die hier präsentierten Entwürfe im Detail vorerst von der *theoretischen Seite* (siehe Kapitel „Architektureller Entwurf“ und „Architekturelle Prinzipien, Bausteine und Muster“) behandelt. Die danach folgenden Kapitel vertiefen die theoretischen Konzepte, indem sie die Technologien, die in der Fallstudie vorgestellt wurden, im Detail beleuchten.

Literatur

Aberer K, Hauswirth M, Punceva M, Schmidt R (2002) Improving Data Access in P2P Systems. IEEE Internet Computing, 6(1): 58–67

Bolcer GA (2000) Magi: An Architecture for mobile and disconnected Workflow. IEEE Internet Computing, May/June, pp 46–54

Bussler C (1999) Enterprise-wide Workflow Management. IEEE Concurrency 7(3):32–43

CarambaLabs Software AG (2003) http://www.CarambaLabs.com

Carzaniga A, Rosenblum DS, Wolf AL (2001) Design and Evaluation of a Wide-Area Event Notification Service. ACM Transactions on Computer Systems, 19(3):332–383

Chen Q, Hsu M, Dayal U (2001) Peer-to-Peer Collaborative Internet Business Servers. HP-Labs Technical Working Paper HPL-2001-14

Christophides V, Hull R, Kumar A (2001) Querying and Splicing of XML Workflows. In: Proceedings of CoopIS 2001, Computer Science Lecture Notes, Springer-Verlag, pp 386–403

Cugola G, Di Nitto E, Fuggetta A (2001) The JEDI Event-Based Infrastructure and its Application to the Development of OPSS WFMS. IEEE Transactions on Software Engineering, 27(9):827–850

Cugola G, Picco GP (2002) Peer-to-peer for Collaborative Applications. In Proceedings of the International Workshop on Mobile Teamwork Support, co-located with the 22nd International Conference on Distributed Computing Systems, Vienna (Austria), IEEE CS press, pp 359–364

Dayal U, Hsu M, Ladin R (2001) Business Process Coordination: State of the Art, Trends, and Open Issues. In: Proceedings of the 27th VLDB Conference, Roma, Italy

Dustdar S (2002) Mobility of Context for Project Teams. Proceedings of the International Workshop on Mobile Teamwork Support at the 22nd International Conference on Distributed Computing Systems (ICDCS 2002), July, IEEE CS Press

Dustdar S, Gall H (2003) Architectural concerns in distributed and mobile collaborative systems. Proceedings of 11th Euromicro Conference on Parallel Distributed and Network based Processing (PDP 2003), February, Genoa, Italy, IEEE CS Press

Dustdar S, Gall H, Kirda E (2003) Distributed Product Development in Virtual Communities. Proceedings of the 2nd Workshop on Cooperative Support for Distributed Software Engineering Processes, March 2003, Benevento, Italy, co-located with 7th European Conference on Software Maintenance and Reengineering 2003 (CSMR 2003)

El Emam, K, Drouin JN, Melo W, Dorling A (eds.) (1997) SPICE: The Theory and Practice of Software Process Improvement and Capability Determination. Wiley-IEEE Press

Ellis CA, Keddara K, Rozenberg G (1995) Dynamic Change within Workflow systems. In: Proceedings of COOCS International Conference, Milpitas, CA, USA

Ellis CA, Gibbs SJ, Rein GL (1991) Groupware: some issues and experiences. Communications of the ACM, 34 (1):39–58

Feiler P, Humphrey W (1992) Software Process Development and Enactment: Concepts and Definitions. Software Engineering Institute (SEI), Technical Report, CMU/SEI-92-TR-004

Fenkam P (2000) DUMAS: Dynamic User Management System. Diplomarbeit, Technische Universität Wien

Gong L (2001) JXTA: A Network Programming Environment. IEEE Internet Computing, 5(3):88–95

Kirda E, Reif G, Fenkam P, Gall H, Picco GP, Cugola G (2001) A Web-based Peer-to-Peer Architecture for Collaborative Nomadic Working. In: 10th IEEE Workshops on Enabling Technologies: Infrastructures for Collaborative Enterprises (WetICE), Boston, USA, IEEE CS Press

Parnas DL (1972) On the criteria to be used in decomposing systems into modules. Communications of the ACM 15(12):1053–1058

3 Architektureller Entwurf

In diesem Abschnitt wollen wir den Begriff der Software-Architektur erläutern und ziehen dafür die Gebäude-Architektur als Metapher heran. Wir zeigen diverse Sichten auf Software-Systeme und diskutieren, wie eine Software-Architektur beschrieben und dokumentiert werden kann. Dazu werden wir die wesentlichen Charakteristiken von Architektur-Beschreibungssprachen kennen lernen.

In der Literatur gibt es zahlreiche Definitionen zum Begriff „Software-Architektur“. Um eine Basis für die Diskussion von architekturellen Entwürfen zu schaffen, muss zuerst auf die grundlegenden Bausteine einer Software-Architektur eingegangen und eine kurze Beurteilung der Methodologien und Techniken im architekturellen Kontext der Software-Entwicklung durchgeführt werden.

Eine Software-Architektur wird durch unterschiedliche Bereiche beeinflusst: Der Problembereich skizziert die Architektur und der Lösungsbereich prägt sie aus. Aber Software-Architektur umfasst mehr als bloß die Struktur: Sie schließt die Alternativen und Grundlagen der Entscheidung für einen bestimmten Entwurf mit ein. Sie umfasst sowohl Stil und Praxis als auch Modelle und Theorien.

3.1 Modellgeleitete Entwicklung

Als erste Perspektive soll der Zusammenhang zwischen Problem, dessen Spezifikation und Lösung kurz dargelegt werden. Dabei werden der Software-Entwicklungsprozess und spezielle Transformationen in der Software-Entwicklung in diesem Kontext erläutert. Aus den Prozessen werden Modelle und die modellgeleitete Entwicklung von Software erläutert.

Für die Diskussion von Software-Architektur sollen zunächst die wesentlichen Erkenntnisse im Software-Engineering rückblickend betrachtet werden. Als unerlässliche Bedingung gilt dabei das Verständnis, dass Software nicht am Ende eines Entwicklungsprozesses steht, sondern ein Mittel für ein Ziel darstellt, das zu erreichen es gilt. D.h., das essenziellste Ziel einer jeden Software-Entwicklung ist die Konstruktion einer Lösung, welche die gewünschten Anforderungen des Kunden erfüllt. Für Software bedeutet dies den Test auf die Verwendbarkeit durch den Kunden in dessen Geschäftsprozess, für den die Software entwickelt wurde.

Anforderungen von Geschäftsprozessen, Spezifikation und Software-Lösung stellen dabei die einzelnen Meilensteine dar. In vielen Fällen werden die Anforderungen nicht genau in die Software abgebildet. Spezifikationen werden teilweise entwickelt, ohne die konkreten Geschäftsanforderungen zu berücksichtigen, genauso wie Software teils auch ohne Spezifikation gebaut wird. Die Gründe dafür sind recht vielschichtig; oft lassen sich diese auf nicht existente oder unvollständige Modelle im Lösungs- wie im Problemraum zurückführen.

Wenn wir davon ausgehen, dass Software-Entwicklung Lösungen zu Geschäftsanforderungen liefern soll, dann können wir zwei wesentliche Transformationen herausgreifen: Eine erste informale und heuristische, die Anforderungen in eine Spezifikation fließen lässt, und eine zweite, teils regelbasierte, formal und teilweise automatisierbar, die aus der Spezifikation eine Lösung erzeugt.

Software muss daher zumindest zwei Tests bestehen: Als „Programm im Computer" muss sie den formalen Gesetzen der Maschine und als „Programm in der realen Welt" muss sie den Test der Verwendbarkeit im vorgesehenen Geschäftsfeld genügen (Jackson 1995), (Blum 1996). Eine Beurteilung der meisten Software-Entwicklungen würde diesen eine lösungsorientierte und spezifikationsbasierte Charakteristik geben. Design und speziell architektureller Entwurf orientiert sich aber eher am Problem. Termindruck und ökonomische Randbedingungen lassen den Entwurf kaum als wesentliches Kriterium einer Software-Entwicklung zu. D.h., dass oft jene Lösungen realisiert werden, die ökonomisch und nicht hinsichtlich architekturellem Entwurf und Design die beste Variante darstellen.

Aus diesem Grund scheitern auch zahlreiche Business-Prozess-Reengineering Projekte, da diese in Unternehmen auf suboptimale zentralisierte Lösungen stoßen, die an sich kaum zu ändern sind. In solchen Situationen werden IT-Investitionen plötzlich zu substanziellen Hindernissen bei Änderungsbedarf in Geschäftsprozessen.

Objekt-Technologie war eine der ersten Software-Technologien, die aufgrund ihrer Eigenschaften mehrere entwurfs- und designorientierte Technologien – wie z.B. komponentenbasierte Entwicklung – hervorgebracht hat. Anwendungsfälle (*use cases*) oder Szenarien stehen im Vordergrund der Modellierung von Geschäftsanforderungen. Verwendbarkeit und Umsetzung der Anwendungsfälle der Benutzer bzw. der Kunden werden für Entwurf und Test herangezogen. Bloße beweisbare Korrektheit wird zugunsten der Geschäftsorientierung untergeordnet (aber nicht ausgeschlossen).

Wenn man nun von geschäftsfallorientierter Modellierung spricht, muss auch definiert werden, was unter einem Modell verstanden wird. Dafür ziehen wir eine weit verbreitete Definition aus dem UML Reference Manual heran (Rumbaugh et al. 1999):

> Ein Modell ist eine mehr oder weniger komplette Abstraktion eines Systems aus einem bestimmten Blickwinkel. Es ist vollständig im Sinne, dass es das System oder die Entität im gewählten Detailgrad und Blickwinkel beschreibt.

Michael Jackson (Jackson 1995) unterscheidet darüber hinaus verschiedene Arten von Modellen und den Zweck, dem ein Modell dient. Er unterscheidet zwischen der realen Welt, dem Modell, das daraus entwickelt wird, und der Maschine (i.e. Software), die daraus folgend gebaut wird. Demzufolge gibt es Eigenschaften, die nur für die reale Welt, nicht aber für das Modell gelten, und ähnlich für Modell und Maschine. Die einzelnen Modelle unterscheiden sich daher beispielsweise nach Detailtiefe, Entwicklungsstufe (Feinheitsgrad) oder nach Blickwinkel des Betrachters.

Modellgeleitete Entwicklung produziert Modelle in zumindest drei unterschiedlichen „Räumen“, um die Aspekte der jeweiligen Betrachtung besser zu verstehen (siehe Abb. 3.1):

- dem Problemraum, in dem ein konzeptuelles Modell der Software erstellt wird, um das Verhalten der realen Welt abzubilden;
- dem Lösungsraum, der das Verhalten der Software beschreibt, und
- der Spezifikation, welche Problemraum und Lösungsraum miteinander verknüpft.

Da diese Modelle unterschiedlichen Zwecken dienen, weisen sie auch verschiedene Charakteristiken auf. Es ist aber zu beachten, dass diese Modelle nicht das System selbst darstellen, sondern nur seine Entwicklung unterstützen, indem Einschränkungen und Rahmenbedingungen herausgearbeitet und kommuniziert werden.

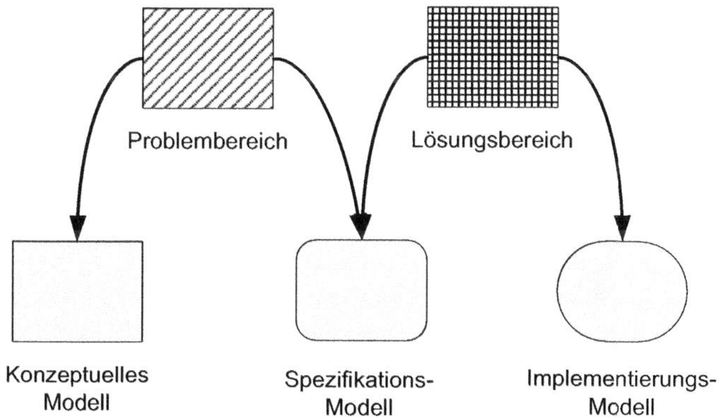

Abb. 3.1. Modellgeleitete Entwicklung und ihre Domänen

Das *konzeptuelle Modell* dient dem Verständnis vom Problemraum. Dieser Raum wird von den Kunden oder den Benutzern definiert, welche später das Software-System auf dessen Verwendbarkeit in deren Geschäftsprozess testen und bewerten. Objekte dieses Modells skizzieren das Verhalten der wesentlichen Abstraktionen des Geschäftsbereichs.

Das *Spezifikationsmodell* bildet ab, wie eine konstruierbare Software-Lösung auf den Problemraum abgebildet werden kann. Dieses Modell wird zwischen den Rollen des Geschäftsbereichs und der Software-Entwicklung geteilt, sodass beide die Lösung aus ihrem Blickwinkel validieren können. Objekte dieses Modells müssen auf Objekte des Problembereichs (nachvollziehbar) abbildbar sein und gleichzeitig das Verhalten von Objekten im Lösungsbereich spezifizieren.

Das *Implementierungsmodell* beschreibt den Bereich der Lösung. Dabei werden Design-Trade-Offs und andere Besonderheiten der Welt der Maschine dargestellt.

Das Modell definiert ein Software-System, das allen funktionalen und nicht-funktionalen Anforderungen, die im Spezifikationsmodell definiert sind, genügen soll.

Eine Architektur beabsichtigt eine Konfiguration eines „Raums" und dieser „Raum" beinhaltet die Semantik. In der Software fokussieren wir auf die Beziehungen von Komponenten und der Abgrenzung jeder Komponente zwischen Außen- und Innenseite (i.e. die Schnittstellen). Der Fokus auf die Abgrenzung ist sowohl in der Architektur als auch in der Software wesentlich:

> Abgrenzungen errichten nicht nur physische Trennung, sondern auch soziale Separation einer Domäne durch die Definition eines geschützten Raums. Dieser Raum wird mit einem Individuum oder einem Kollektiv identifiziert, die spezielle Rechte in dieser Domäne erzeugen und auch beanspruchen. (Hillier 1996)

Architektur ist natürlich mehr als bloße Struktur und beschäftigt sich auch mit den Implikationen einer gewählten Struktur auf die Komponenten, deren innere Räume und deren Umgebung. Ähnliches gilt für Software-Architekturen, in der die Auswirkungen diverser Baupläne auf alle Software-Teile und ihre Umgebungen für die gewünschten Qualitätsanforderungen mit einzubeziehen sind. Eine Software-Architektur wird geformt durch den Problemraum, umfasst die Spezifikation und begründet die Lösung. Die Nachvollziehbarkeit vom Problemraum zur Lösung und umgekehrt von einer entwickelten Software-Lösung zu den Anforderungen wird von einer Software-Architektur ermöglicht. Sie steuert den Entwurf eines Software-Systems und sollte es erlauben zu erkennen, wie man zu einer bestimmten Lösung gelangt ist.

Software-Architektur hat auch wesentlich mit der Konfiguration von Aspekten und deren Bedeutung zu tun. In seiner Arbeit über bautechnische Muster hat Christopher Alexander die Idee von Konfigurationen, die auf logischer Kopplung, Kohäsion und Verbindungen aufbauen, verfolgt (Alexander et al. 1977). Architektur (im bautechnischen Sinne) ist zwar durch Struktur geprägt, aber die Konfiguration solcher Strukturen stellt essenzielle Aspekte seiner Überlegungen dar. Daher ist es wesentlich, von „Architekturellem Wissen" – und nicht bloß von „Software-Architektur" als solcher – zu sprechen.

Elemente werden durch ihre Beziehungen zur Umgebung („Nachbarschaft") geprägt. Gibt es nur eine schwache Abgrenzung (Kohäsion), so weisen die Elemente wenig bis gar keine Eigenständigkeit auf. Elemente sollten so weit eingegrenzt werden, als beschränkte oder wohldefinierte Zugänge und auch allgemein zugängliche Räume (für gemeinsame Aktivitäten) verbleiben.

Solche Prinzipien der klaren Abgrenzung sowie der Eigenständigkeit von Elementen wurde im Software-Bereich durch die Konzepte der Datenabstraktion und des *information hiding* erfolgreich Rechnung getragen (Parnas 1972). Bei den Elementen handelt es sich um selbstständige, modulare Einheiten, die konkrete Aufgaben (Verantwortlichkeiten) im Software-System haben. Diese Verantwortlichkeiten werden über die Schnittstellen eines Moduls definiert und stellen für die Klienten eines Moduls eine Art Vertrag dar. Das bedeutet, die Klienten müssen sich an die Schnittstelle des Moduls halten, haben aber keinerlei Einblick in die „inneren Angelegenheiten" (i.e. Repräsentation von Information sowie der algorithmischen Umsetzung der Funktionalität, die ein Modul über seine Schnittstelle der Umgebung anbietet). Dabei spricht man oft auch von *„Design by contract“* (Meyer 1997).

3.2 Was ist Software-Architektur?

Zu diesem Thema hat es eine große Anzahl von Publikationen renommierter internationaler Forscher (u.a. des Software Engineering Instituts der Carnegie Mellon University, Pittsburgh) gegeben. Die am meisten verbreiteten Definitionen wollen wir hier kurz anführen, um ein gemeinsames Vokabular festzulegen.
Garlan und Shaw definieren Software-Architektur als

> „... über die Algorithmen und Datenstrukturen hinausgehende Aspekte von Berechnungen. Das Design und die Spezifikation der gesamten Systemstruktur stellt eine wesentliche Problemstellung dar. Strukturelle Aspekte schließen die grobe Organisation und die globale Kontrollstruktur, Protokolle für die Kommunikation, Synchronisation und den Datenzugriff, Zuordnung von Funktionalitäten zu den Design-Elementen, physische Verteilung, Komposition der Design-Elemente, Skalierbarkeit und Performanz, und Auswahl von Design-Alternativen mit ein.“ (Garlan u. Shaw 1993)

Bass, Clements und Kazman definieren den Begriff folgendermaßen:

> „Die Software-Architektur eines Programms oder eines Software-Systems ist die Struktur des Systems, welche die Software-Komponenten, das extern sichtbare Verhalten (Eigenschaften) dieser Komponenten und die Beziehungen der Komponenten umfasst.“ (Bass et al. 1998)

Viele der Definitionen beinhalten sowohl architekturelle Stile oder architekturelle Beschreibungen, wie wir sie in späteren Kapiteln noch ausführlich darstellen werden, als auch eine Vielzahl von architekturellen Methodologien.

Eine Architektur definiert ein bestimmtes Arrangement von strukturellen Elementen in einem System und verbindet somit Form, Funktion und Charakteristik. Diese wird weiters durch einen bestimmten architekturellen Stil als Bauprinzip und -Philosophie geprägt. Aber jede Struktur verkörpert auch eine wesentliche Verteilung von Verantwortlichkeiten. Somit lässt sich Software-Architektur nicht ausschließlich über Struktur (Komponenten und deren Beziehungen) charakterisieren.

Um den informalen Problemraum mit dem formalen Lösungsraum zu verbinden, kann die Software-Architektur herangezogen werden: Sie wird durch den Problemraum geformt, durch die Spezifikation ausgeprägt und sie definiert ein Konzept für die Lösung.

Bass et al. ergänzen daher ihre Definition um ein abstraktes "Wie" – wie ein System eine Spezifikation strukturell erfüllt (Bass et al. 1998). Brooks impliziert dazu ein „Was“ – was das System tut – in seinen Betrachtungen (Brooks 1995). Eine umfassende Definition, die obige Aspekte zusammen zum Ausdruck bringt, wird von Perry und Wolf gegeben (Perry u. Wolf 1992):

Software-Architektur = {Elemente, Formen, Rationale}

Der Zusatz „Rationale“ – was so viel wie Erklärung oder Grundprinzip bedeutet – stellt dabei die wesentliche Erweiterung zu den anderen Definitionen dar. Damit wird explizit zum Ausdruck gebracht, *warum* ein Software-System in eine bestimmte Struktur und Form gebracht wurde. Eine Software-Architektur (Beschreibung) sollte nämlich auch darlegen, wieso eine Lösung gerade auf die vorliegende Art und Weise gewählt worden ist. Erst dann kann eine Architektur als Bezugssystem oder Rahmen für ein Software-System herangezogen werden.

Am Software Engineering Institute (SEI) fasst man den Begriff Software-Architektur wie folgt zusammen (Bachmann et al. 2000):

> Die Architektur dient als Plan sowohl für die System- als auch die Projektentwicklung und definiert somit die Teile, die von Design- und Implementierungsteams auszuführen sind. Die Architektur ist der Träger von Qualitätsattributen wie beispielsweise Performance, Änderbarkeit oder Sicherheit, von denen keine ohne ein einheitliches Bild von der Architektur erreicht werden kann. Architektur ist das Vehikel für die erste Analyse, um sicherzustellen, dass das Design ein geeignetes System entwirft. Kurz gesagt ist die Architektur der konzeptuelle Kitt, der alle Phasen der Software- und Projektentwicklung zusammenhält.

Coplien unterscheidet zwei Schulen von Software-Architektur (Coplien 1995; Coplien u. Schmidt 1995):

- Die *Masterplan*-Schule sieht Software-Architektur vom Blickpunkt der Struktur, die in Plänen repräsentiert ist. Zu dieser Schule zählt er beispielsweise das Software Engineering Institute der Carnegie Mellon University.
- Die zweite Schule fokussiert auf *schrittweises Wachstum*, das mit den Werken von Christopher Alexander identifiziert werden kann und einige Aspekte der Pattern-Entwicklung einbezieht.

Der Ansatz der stabilen Erweiterung eines Software-Systems führt nur Änderungen mit gut abschätzbarem Risiko durch und versucht nicht, eine große Anzahl von Änderungen gleichzeitig umzusetzen. Es entsteht dabei zwar keine projektplanartig geordnete Vorgangsweise (wie bei den Masterplanern), jeder Schritt kann aufgrund seiner geringen Größe aber nach Bedarf auch zurückgenommen werden. Die für den spezifischen Fall am besten geeignete Strategie hängt aber sicherlich auch von der Häufigkeit von geplanten oder notwendigen Versionen des Software-Systems ab.

Genauso wie es nicht funktioniert, dass nach einer vollständigen Analysephase die Implementierung trivial und das Design bloß ein Schritt von der Analyse zur Implementierung ist, hat sich auch gezeigt, dass das gegenteilige Extrem, das eine formale Analyse für entbehrlich hält und durch heldenhaftes Programmieren und puristisches technisches Wissen alle Hürden und Probleme gelöst werden können, ebenfalls nicht erfolgreich ist. Demzufolge hilft auch der beste architekturelle Entwurf nicht, wenn er durch eine dürftige Programmierung umgesetzt wird, und natürlich auch umgekehrt.

Daher werden Software-Systeme oft in stabilen Zwischenschritten gebaut: Jede Änderung oder Weiterentwicklung passiert auf Basis einer stabilen Software-Version. Somit kann das Entwicklungsrisiko reduziert und schrittweise Veränderungen an der Software leichter durchgeführt werden. Dieser Ansatz folgt eher dem Prinzip der „kleinen Schritte" als jenem des „big bang", der massive Veränderungen in einem Schritt verfolgt. Letzterer Ansatz ist besser geeignet für Systeme, bei denen es oft eine neue Version gibt.

3.2.1 Das Ziel eines architekturellen Entwurfs

Ein architektureller Entwurf kann für unterschiedliche Ziele erstellt werden:

- Ein individuelles Software-System
- Eine Produkt-Familie
- Eine Referenzarchitektur

Die Software-Architektur für ein *individuelles* System folgt dem herkömmlichen Software-Entwicklungszyklus. Zahlreiche architekturelle Design-Methoden sind für dieses Ziel der Software-Entwicklung erstellt worden.

Das zweite Ziel berücksichtigt eine Klasse von ähnlichen Software-Systemen, die erstellt werden sollen. Eine Produkt-Linie (*product line*) ist eine Menge von Software-intensiven Systemen, die sich eine gemeinsame Menge von Features und die speziellen Anforderungen von Markt-Segmenten teilt oder die aus einer gemeinsamen Menge von Komponenten in einer vorgeschriebenen Art und Weise entwickelt wird. Die gängigen Methoden der Software-Entwicklung können für diese Art von Systemen nicht unverändert verwendet werden, da sie die Aspekte der Variabilität oder der Unterscheidung von ähnlichen Software-Produkten einer Produkt-Linie – so genannten Mitgliedern einer Produkt-Linie – nicht explizit unterstützen und diese Aspekte wesentlich für die Herstellung solcher Klassen von ähnlichen Software-Systemen sind.

Eine dritte Art von Software zielt auf den Anwendungsbereich – die so genannte Domäne – ab und hat als Ziel der Modellierung eine Architektur, nach deren Vorgabe bzw. Schablone eine Menge von Software-Systemen in diesem Anwendungsbereich erstellt werden können. Eine solche Architektur wird oft als Referenzarchitektur bezeichnet und definiert die wesentlichen Elemente und deren Abhängigkeiten auf der Domänenebene. Solche Referenzarchitekturen findet man beispielsweise im Bereich der Kommunikationstechnologie mit dem 7-Schichten-Modell von OSI (Day u. Zimmerman 1983; Kerner 1993) oder dem Schichtenmodell von TCP/IP (Comer 2000).

Somit ist es wesentlich, für welches Ziel eine Architektur entwickelt wird, da dementsprechende Vorgehensweisen und Prozesse, Entwurfsmethoden, Beschreibungssprachen oder Bewertungsmethoden vorgesehen und angewendet werden müssen.

3.2.2 Der Entwurf einer Produkt-Familie

Der Entwurfsprozess für eine Produkt-Familie hat einen wesentlichen Beitrag für das architekturelle Design und soll an dieser Stelle kurz erläutert werden. Jacobson et al. unterscheiden dabei 3 Phasen (Jacobson et al. 1997):

- Entwicklung einer Architektur für eine Produkt-Familie (*Application Family Engineering*): Darin werden Anforderungen erfasst, Robustheit analysiert sowie Design, Implementierung und Testen für die gesamte Produkt-Familie durchgeführt. Jedes einzelne Software-System einer Produkt-Familie wird dann in einem eigenen Prozess, dem Application Engineering, entwickelt.
- Erstellen eines flexiblen Komponenten-Systems (*Component System Engineering*): Diese Phase erstellt Anwendungsfälle (*use cases*), Analyse-, Design-, Implementierungs- und Test-Modelle für ein Komponenten-System mit Fokus auf Robustheit, Erweiterbarkeit und Flexibilität der Komponenten. Ein Komponenten-System exportiert die Ansichten und Schnittstellen, die im Application Family Engineering für die Programm-Familie definiert wurden. Die Architektur der Programm-Familie gibt somit wesentliche Charakteristiken für die Komponenten vor. Die Komponenten selbst müssen die Anforderungen der Programm-Familie und somit der Menge von Software-Systemen dieser Programm-Familie erfüllen. Ein solches Komponenten-System ist aufgrund seiner Generalität als wieder verwendbarer Teil längerfristig ausgelegt.
- Erstellen von Applikationen mittels wieder verwendbarer Komponenten (*Application System Engineering*): Dieser Prozess entwickelt Anwendungsfälle (*use cases*), Analyse-, Design-, Implementierungs- und Test-Modelle wie generell in der Software-Entwicklung. Die Existenz einer Architektur sowie eines Komponenten-Systems aus den vorigen Schritten ermöglicht eine signifikante Reduktion von Entwicklungszeit und Kosten, da nicht jedes Modell von Grund auf neu erstellt werden muss und Komponenten aus dem Komponenten-System wieder verwendet werden können.

Eine detaillierte Diskussion über die Entwicklung von Produkt-Familien geht über den Fokus dieses Buchs hinaus, ist aber in anderen Werken ausführlich beschrieben. Jazayeri et al. beschreiben dazu Prinzipien und Grundlagen für Produkt-Familien-Entwicklung, die von Beschreibung über Bewertung und Analyse bestehender Systeme hin zu einem Rahmenwerk für die Entwicklung von Produkt-Familien führt (Jazayeri et al. 2000). Bosch beschreibt in seinem Werk mehr die Prozess-Sicht zur Durchführung von Programm-Familien-Entwicklung in Richtung Produktlinie, also für ganz spezielle Programm-Familien (Bosch 2000).

3.2.3 Die Struktur komplexer Software-Systeme

Wenn die Größe und Komplexität eines Systems wächst, wird die Struktur des Systems wichtiger als die Auswahl spezifischer Algorithmen und Datenstrukturen. Ein geeignetes Kriterium der Dekomposition ist das Prinzip des *information hiding* (Parnas 1972). System-Details sollen dabei in Module gekapselt werden, um somit Änderungen lokal halten zu können. Veränderliche Parameter und Funktionalitäten, die sich unabhängig voneinander entwickeln und verändern können, sollten in verschiedenen Modulen untergebracht werden. Nur jene Parameter, die sich ziemlich sicher nicht verändern werden, sollten in die Schnittstellen der Module aufgenommen werden. Damit können Auswirkungen erwarteter oder möglicher Änderungen lokal im jeweiligen Modul gehalten werden. Datenstrukturen werden möglichst nur in einem Modul lokal von Funktionen angesprochen und jedes andere Programm oder Modul, das diese Datenstruktur benötigt, kann nur über die Schnittstellen desjenigen Moduls, das diese Datenstruktur beherbergt, auf diese zugreifen (man spricht dabei auch vom Lokalitätsprinzip von Daten).

Das Prinzip des *information hiding*, um eine Aufgabenstellung in geeignete Module und Verantwortungsbereiche aufzuteilen, ist nicht immer leicht einzuhalten. Einschätzungen, welche Parameter eines Software-Systems sich im Laufe der Zeit ändern können oder werden, ist schwierig und beruht auf viel Erfahrung in der Software-Entwicklung. Darüber hinaus ist auch noch Wissen aus dem Anwendungsbereich und über die eingesetzten Technologien im Software- und Hardwarebereich erforderlich. Da meist kein einzelner Software-Entwickler oder -Architekt über ausreichend Informationen über all diese Gebiete verfügt, ist eine solche Abschätzung von möglichen zukünftigen Änderungen meist eine Teamaufgabe, die auch durch Design Reviews detailliert und verfeinert wird.

Eine Struktur-Beschreibung eines Software-Systems zeigt eine Dekomposition in Teile und deren Relationen. Gemäß den Prinzipien von Parnas sind folgende drei Strukturen bei der Software-Entwicklung zu berücksichtigen (Parnas 1972):

- Die Modul-Struktur ist die Dekomposition (Zerlegung) eines Programms in Module und die Annahmen, die Programmier-Teams über alle anderen Module des Systems machen dürfen. Module sind Arbeitspakete für Programmier-Teams, wobei jedes Modul aus logisch zusammengehörigen und somit eng in Relation stehenden Programmen besteht.

- Die *Uses*-Struktur beschreibt die Beziehungen von Programmen (als Teile von Modulen), jedoch nicht die Relation zwischen Modulen (Parnas 1979). Dabei handelt es sich um eine Relation der Art „A benötigt die Anwesenheit von B" und somit beschreibt die *Uses*-Struktur die ausführbare Untermenge des Software-Systems.

- Die Prozess-Struktur ist eine Dekomposition der Laufzeit-Aktivitäten eines Software-Systems in Form von Prozessen. Zwischen Modulen und Prozessen gibt es keine einfachen Beziehungen. Die Implementierung eines Moduls kann einen oder auch mehrere Prozesse einschließen; ein Prozess hingegen kann Programme aus einem oder mehreren Modulen aufrufen.

Die Ziele eines modularen Designs

Spezifische Ziele beim Entwurf einer Modul-Struktur, die obigen Prinzipien folgen, sind:

- Die Struktur eines jeden Moduls sollte leicht verständlich sein.
- Die Implementierung eines Moduls sollte ohne Wissen über die Implementierung anderer Module und ohne dabei das Verhalten anderer Module zu beeinflussen möglich sein.
- Es sollte möglich sein, Änderungen vorzunehmen, ohne die Schnittstellen der Module zu ändern. Sollten Schnittstellen-Änderungen erforderlich sein, so sollte dies nur wenige Module, die von wenigen anderen Modulen verwendet werden, betreffen. Nur sehr unwahrscheinliche Änderungen sollten überhaupt die Schnittstellen betreffen.
- Große Änderungen sollten durch eine Reihe kleiner Software-Änderungen von individuellen Modulen umsetzbar sein. Außer bei Schnittstellen Änderungen sollten keine Software-Entwickler anderer Module für die Änderung herangezogen werden müssen. Werden keine Schnittstellen verändert, so sollten Tests mit Kombinationen alter und neuer Module durchgeführt werden können.

Als Konsequenz dieser Ziele modularen Designs sollte ein Software-System eher in kleinere Module zerlegt werden. Mit steigender Anzahl von Modulen erhöht sich auch der Bedarf an einer systematischen Dokumentation der Module, um die Wartung zu erleichtern und den Wartungsentwickler möglichst direkt auf das zu ändernde Modul hinzuführen.

3.3 Sichten auf ein Software-System

Beim Entwurf von großen oder sehr großen Software-Systemen ist es aufgrund der Komplexität sinnvoll, mehr als eine strukturelle Perspektive und die Relationen zwischen den Komponenten zu betrachten. Neben der Funktionalität gibt es noch weitere wesentliche System-Eigenschaften wie Synchronisation, Prozess-Kommunikation oder physische Verteilung von Komponenten, die eigens im Zuge des architekturellen Entwurfs explizit beschrieben werden sollten. Diese weiteren Eigenschaften werden oft in eigenen Sichten eines Software-Systems dargestellt und entweder als Architektur-Sichten oder Architektur-Modelle bezeichnet (Hofmeister et al. 2000; Kruchten 1995).

Jede Architektur-Sicht reflektiert einen speziellen Aspekt (*concern*), der für bestimmte Beteiligte von Interesse ist (siehe Abb. 3.2). Architekturelle Sichten sind daher Abstraktionen nach bestimmten Kriterien. Jede dieser Sichten vernachlässigt dabei jene Details des Software-Systems, die für den Betrachter oder Beteiligten unnötig für den konkreten darzustellenden Aspekt sind. Beispielsweise beschreibt eine Architektur-Sicht nach dem Kriterium „System-Kontrolle“ nur jene

Teile, die mit dieser Aufgabe befasst oder wesentlich dafür eingebunden sind (z.B. Scheduler, Task Manager oder andere Kontroll-Komponenten).

Jede Architektur-Sicht kann daher als eine Art Plan für die Software betrachtet werden, seine eigenen dafür speziell geeigneten Notationen und Sprachen verwenden, eigens konzipiert sein sowie spezielle Semantik für die verwendeten grafischen bzw. sprachlichen Elemente definieren.

Architektur-Sichten sind jedoch nicht völlig unabhängig voneinander zu sehen, sondern haben sehr oft Beziehungen via Komponenten. Dies macht es notwendig, deren Querbeziehungen zu betrachten. Module beispielsweise haben nur eine statische Bedeutung, während Prozesse lediglich zur Laufzeit existieren. Dementsprechend dienen Architektur-Sichten dazu, bestimmte Aspekte fokussiert zu verdeutlichen.

Die Definition der IEEE fasst die Aspekte von Software-Sichten recht gut zusammen:

> Eine Sicht (*view*) ist eine Repräsentation eines gesamten Software-Systems aus der Perspektive einer verwandten Menge von Aspekten (*concerns*) [IEEE STD 1471-2000]. Diese Sichten sind nicht notwendigerweise orthogonal, aber jede Sicht beinhaltet spezifische Informationen.

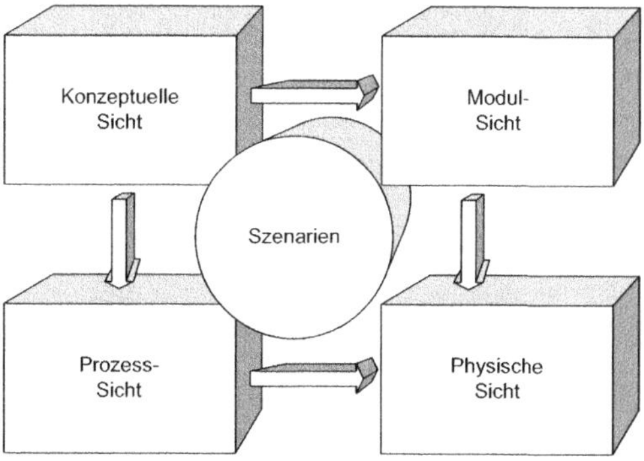

Abb. 3.2. „4+1"-Architektur-Sichten

Im Folgenden geben wir eine Übersicht über wesentliche architekturelle Sichten.

3.3.1 Konzeptuelle oder logische Sicht

Die konzeptuelle oder auch logische Architektur-Sicht umfasst jene Aspekte, die zur Darstellung der funktionalen Anforderungen an ein Software-System erforderlich sind. Somit ist diese Sicht eng an den Problembereich gekoppelt und daher ein wichtiges Medium zur Kommunikation mit dem Kunden bzw. dem Domänen-Experten.

Die konzeptuelle Sicht ist unabhängig von Implementierungsentscheidungen und fokussiert auf die Entitäten des Problemraums und deren Beziehungen und Interaktionen (i.e. Komponenten, Konnektoren, Konfigurationen). Damit dient diese Sicht auch zur Identifikation von gemeinsamen Mechanismen und Design-Elementen aus unterschiedlichen Teilen des Software-Systems.

Zur Darstellung dieser Sicht können zahlreiche Notationen herangezogen werden wie z.B. Blockdiagramme oder UML-Klassendiagramme. Meist wird dafür UML (Rumbaugh et al. 1999) verwendet und somit eine objektorientierte Modellierung der konzeptuellen und logischen Abstraktion durchgeführt. Abb. 3.3 zeigt eine konzeptuelle Sicht einer Flugsicherungssoftware (aus Kruchten 1995).

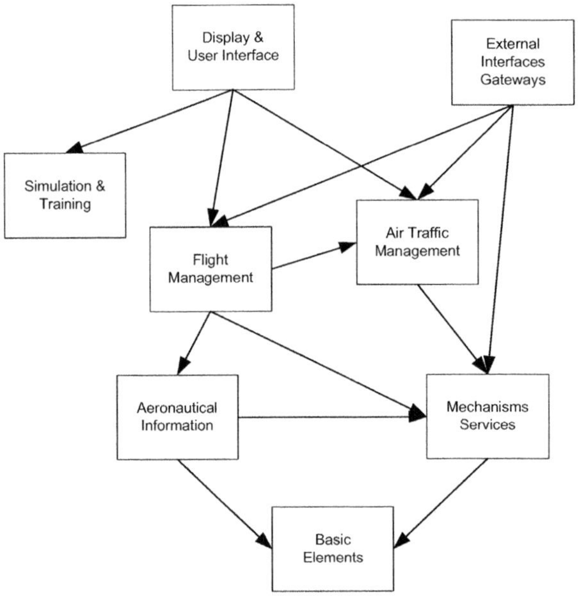

Abb. 3.3. Konzeptuelle Sicht einer Flugsicherungssoftware

Eine ausführliche Diskussion über die Vor- und Nachteile von UML als Sprachmittel für architekturelle Beschreibungen findet sich in (Medvidovic u. Rosenblum 1999). Architekturelle Beschreibungssprachen (ADLs) – wie wir sie später in diesem Abschnitt noch kennen lernen werden – bieten dafür eigene grafische Notationen an.

3.3.2 Modul-Sicht

Die Modul- oder Entwicklungssicht ist eine verwendete Architektur-Sicht und zeigt die Organisation eines Software-Systems in Form von Modulen und deren Relationen. Abhängig, wie die Module organisiert sind, hat diese Sicht ihre entsprechende Ausprägung:

- Subsysteme und dazugehörige Software-Teile: Dies definiert oft auch die Entwicklungs- und Wartungsteile in einem Projekt. Eine Modul-Sicht könnte den Prinzipien des *information hidings* folgen und demzufolge die einzelnen Software-Teile gestalten. Eine andere Möglichkeit könnte Module und ihre Interaktionen modellieren.
- Schichten und schichtenweise gruppierte Module: Eine solche Ausprägung reflektiert Entscheidungen über Module und deren Kommunikationsmöglichkeiten. Module innerhalb einer Schicht können miteinander kommunizieren; Module in unterschiedlichen Schichten können nur mit Modulen in unmittelbar benachbarten Schichten kommunizieren.

Eine Modul- oder Schichten-Organisation kann auch die Organisation der Software, wie sie der Compiler sieht, reflektieren (Programmbibliotheken, Übersetzungseinheiten). Ansonsten kann eine Übersetzungszeit-Darstellung durchaus in einer eigenen Sicht dargestellt werden.

Im Gegensatz zur konzeptuellen Sicht ist die Modul-Sicht sehr wohl an die Implementierung geknüpft. Diese Sicht wird meist mit Modul- oder Subsystem-Diagrammen ausgedrückt, welche die Schnittstellen Imports und Exports darstellt. Diese Sicht wird auch für die Arbeitsaufteilung für die Entwicklungsteams, zur Kostenabschätzung und -Planung, für die Kontrolle des Projektfortschritts und für die Argumentation hinsichtlich Wiederverwendung, Portabilität oder Sicherheit herangezogen.

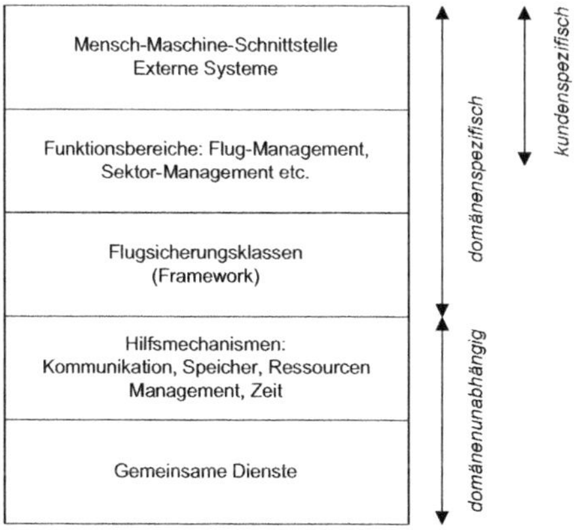

Abb. 3.4. Modulsicht einer Flugsicherungssoftware

Zur Darstellung der Modul- oder Entwicklungssicht können Block-Diagramme oder UML-Komponentendiagramme herangezogen werden (siehe Abb. 3.4). Wesentlich ist, dass die sprachlichen Mittel es zulassen, Schnittstellen und Modulabhängigkeiten zu modellieren. Der architekturelle Stil der Schichtung (siehe späteres Kapitel) wird gerne als Abstraktionsmittel verwendet. Obige Abbildung aus (Kruchten 1995) stellt eine Modul-Sicht einer Flugsicherungssoftware, die der zuvor gezeigten logischen Sicht desselben Systems folgt, dar.

3.3.3 Prozess-Sicht

Die Prozess-Sicht (oder auch *execution view* genannt) berücksichtigt auch nichtfunktionale Anforderungen wie Performanz, Fehlertoleranz oder Verfügbarkeit und wie die Abstraktionen der konzeptuellen Sicht auf Prozesse abbildbar sind, d.h., auf welchem Pfad eine Operation letztendlich ausgeführt wird. Die Prozess-Sicht kann auf unterschiedlichen Abstraktionsebenen beschrieben werden: Auf oberster Ebene kann man von unabhängig ausgeführten logischen Verbunden von kommunizierenden Programmen (= Prozessen) sprechen, die auf mehrere Rechner verteilt sein können und über ein Netzwerk miteinander kommunizieren. Ein Prozess besteht aus einer Menge von Tasks, die zusammen ein ausführbares Modul formen. Prozesse befinden sich somit auf einer Ebene der Abstraktion, auf der man über die Kontrolle und Ausführung von Operationen spricht (z.B. das Starten, Beenden oder Rekonfigurieren eines Prozesses). Prozesse können gemäß den Design-Prinzipien von verteilten Systemen (siehe dazu Coulouris et al. 1994) repliziert oder migriert werden.

In der Prozess-Sicht werden somit Komponenten wie beispielsweise Prozesse, Tasks oder Threads in Kombination mit Konnektoren wie Nachrichten, Remote Procedure Calls, Event-Benachrichtungen etc. dargestellt. Das UML-Komponentendiagramm kann auch für die Darstellung der Prozess-Sicht herangezogen werden.

3.3.4 Physische Sicht

Die Physische Sicht bildet die Software auf die Hardware ab und konzentriert sich hauptsächlich auf die nicht funktionalen Anforderungen wie Performanz, Durchsatz, Verfügbarkeit oder Skalierbarkeit. Die Elemente dieser Sicht sind Netzwerke, Prozesse, Tasks oder Objekte und diese werden auf physische Komponenten wie Prozessoren, Geräte oder andere Hardware Ressourcen abgebildet. Dafür gibt es meist unterschiedliche Konfigurationen, die dabei berücksichtigt werden sollen: Entwicklungs- und Testumgebungen und solche die dann das Deployment und die Konfiguration für diverse Kunden realisieren.

Diese Sicht beschreibt somit, wie Module auf die Elemente der Ausführungsumgebung bzw. Plattform umgelegt werden und welche Laufzeitentitäten und -Attribute (z.B. Speicher und andere Hardware-Ressourcen) existieren. Wesentlich ist die Darstellung vom Kontrollfluss, der in der konzeptuellen Sicht zwar skizziert, aber erst in der Prozess-Sicht hinsichtlich Laufzeitumgebung verfeinert wird.

3.3.5 Szenarien

Das Zusammenwirken der soeben beschriebenen vier Sichten lässt sich gemäß (Kruchten 1995) in der so genannten „4+1"-Sicht am besten beschreiben[1]. Szenarien sind Instanzen von generellen *Use Cases*, also Sequenzen von Interaktionen zwischen Objekten und Prozessen, und diese werden in Form von UML-Anwendungsfalldiagrammen (*Use-Case*-Diagrammen) oder UML-Interaktionsdiagrammen dargestellt. Diese Sicht ist zwar redundant zu den bereits entwickelten vier Sichten, hat aber zwei wesentliche Ziele:

- Diese Sicht fungiert als Antrieb, um möglichst alle architekturellen Elemente und deren Beziehungen zu identifizieren, und
- sie dient als Grundlage für die Validation und Illustration der vorgeschlagenen Software-Architektur.

3.3.6 Anwendung des „4+1"-Sichten-Modells

Das „4+1"-Sichten-Modell von Kruchten wurde bereits zahlreich in Software-Projekten angewendet (Kruchten 1995) und stellt eines der wesentlichen Sichten-Modelle zur Beschreibung von Software-Architekturen dar. Modifikationen oder Abwandlungen davon (wie z.B. Hofmeister et al. 2000) lassen sich in der Literatur häufig finden. Dieses Modell erlaubt unterschiedlichen Beteiligten, die für sie notwendige und interessante Information aus der jeweiligen Sicht herauszufinden: Endbenutzer und Kunden aus der konzeptuellen Sicht sowie diversen Szenarien; Projektleiter und Software-Konfigurationsingenieure aus der Modul-Sicht; System-Entwickler aus der physischen Sicht oder Software-Entwickler aus mehreren Sichten. Kruchten fasst die Aspekte der einzelnen Sichten in einer Übersicht zusammen (siehe Tabelle 3.1):

[1] Damit umfasst eine architekturelle Beschreibung 4+1 Sichten: Modul-Sicht, Prozess-Sicht, physische Sicht und konzeptuelle Sicht, verbunden durch die Sicht von Szenarien.

Tabelle 3.1. Übersicht der Aspekte der „4+1"-Sichten einer Software-Architektur

Sicht	konzeptuelle	Prozess	Modul	physische	Szenarien
Komponenten	Klasse	Task	Module, Subsystem	Rechner	Schritt, Ablauf
Konnektoren	Assoziation, Vererbung, Komposition, Aggregation	Nachricht, Broadcast, RPC etc.	Kompilierabhängigkeit, „include" etc.	Kommunikationsmedium, LAN, WAN, Bus etc.	
Container	Klassenkategorie	Prozess	Subsystem (Bibliothek)	Physisches Subsystem	Web
Beteiligte	Endbenutzer	System-Designer, Integrierer	Entwickler, Leiter	System-Designer	Endbenutzer, Entwickler
Concerns	Funktionalität	Performanz, Verfügbarkeit, Fehlertoleranz, Integrität	Organisation, Wiederverwendung, Portabilität, Produkt-Familie	Skalierbarkeit, Performanz, Verfügbarkeit	Verständlichkeit

3.4 Beschreibungen einer Software-Architektur

3.4.1 Die Elemente einer Software-Architektur

Wie aus der Diskussion über den Begriff einer Software-Architektur schon indirekt hervorgegangen ist, besteht eine Software-Architektur aus mehreren grundlegenden Elementen:

- Komponenten
- Verbindungen (Konnektoren)
- Einschränkungen (*constraints*)
- Begründungen und grundlegende Prinzipien (*rationale*)

Wir wollen nun jedes Element einer näheren Betrachtung unterziehen.

Komponenten

Komponenten entstehen aus einer Dekomposition eines Systems und resultieren durch die zuvor beschriebenen Kriterien der Modularisierung, des *information hiding*, der Datenkapselung und Abstraktion. Es handelt sich also um Software-Module auf unterschiedlichsten Abstraktionsniveaus von der Kommunikationsschicht über Middleware bis hin zur Anwendung und der Präsentationsschicht. Oft werden die Komponenten auch hinsichtlich ihrer Verteilung auf Rechnern im

Netzwerk ausgewählt – Näheres dazu folgt im Kapitel über die architekturellen Stile und Bausteine.

Komponenten repräsentieren die primären Elemente der Verarbeitung und die Datenstrukturen des Systems. Typische Komponenten sind beispielsweise:

- Clients, Server
- Filter,
- Objekte,
- gemeinsamer Datenspeicher
- oder auch Datenbanken.

Komponenten haben meist mehrere unterschiedliche Schnittstellen, wobei jede Schnittstelle einen Servicezugangspunkt zwischen der Komponente und ihrer Umgebung darstellt.

Verbindungen

Verbindungen oder so genannte Konnektoren repräsentieren mögliche Interaktionen zwischen Komponenten, d.h., Konnektoren vermitteln die Kommunikations- und Koordinationsaktivitäten zwischen Komponenten. Sie stellen den „Klebstoff" (*glue*) für architekturelle Entwürfe zur Verfügung. Beispiele für Konnektoren sind:

- einfache Formen von Interaktion wie Pipes, Prozeduraufrufe oder Event-Verteilung und

- komplexe Formen von Interaktion wie Client-Server-Protokoll oder SQL-Verbindung zwischen einer Datenbank und einer Applikation.

Konnektoren haben genauso Schnittstellen wie die Komponenten; diese werden in den meisten architekturellen Beschreibungen „Rollen" genannt. Diese Rollen müssen dann zu den Schnittstellendefinitionen und Einschränkungen von Komponenten passen, damit Komponenten und Konnektoren verbunden werden können.

Einschränkungen

Einschränkungen (*constraints*) sind Anforderungen und Einschränkungen eines architekturellen Designs, die bei der Entwicklung und auch Evolution der Architektur aufrecht und gültig bleiben müssen. Typische *constraints* sind Einschränkungen von gültigen Werten von Eigenschaften, Topologien oder Design-Elementen. So könnte eine Architektur beispielsweise einschränken, dass die Anzahl der Clients pro Server einen bestimmten maximalen Wert nicht überschreiten darf.

Begründungen

Begründungen, auch *rationale* genannt, sind ein integraler Bestandteil einer jeden Software-Architektur und legen explizit diverse Entscheidungen im Entwurfsprozess einer Architektur dar (Perry u. Wolf 1992). So erfassen sie die Motivation für die Auswahl

- eines bestimmten architekturellen Stils,
- der architekturellen Elemente oder
- der Darstellung (i.e. Form).

Diese Begründungen rechtfertigen somit, wie die Einschränkungen des Systems berücksichtigt und umgesetzt worden sind. Sowohl funktionale als auch nicht funktionale Aspekte (wie z.B. Performanz, Fehlertoleranz oder Zuverlässigkeit) sind für diese Begründungen heranzuziehen, um später in der Evolution oder Wartung des Systems die Entscheidungen der Entwurfsphase nachvollziehen zu können und nicht stets mit der Frage konfrontiert zu sein: „Warum nur wurde diese architekturelle Konstellation in der vorliegenden Weise entworfen?“. Nachvollziehbarkeit von architekturellen Entscheidungen stellt eine wichtige Information dar, die im Entwurfsprozess vorhanden ist, durch die Entwicklung und Evolution des Systems aber bis zur Unkenntlichkeit verwischt wird, sofern man diese Information nicht systematisch aufbewahrt hat.

3.4.2 Architekturelle Beschreibungen

Ein Problem bei der Beschreibung einer Software-Architektur ist es, geeignete Notationen zu finden bzw. zu verwenden. Gute Notationen erlauben, Komponenten-basierte Software geeignet zu beschreiben und weiters Aussagen über deren Eigenschaften abzuleiten und diese zu analysieren. Objektorientierte Notationen sind eine Möglichkeit für die architekturelle Beschreibung, erlauben aber nur eine eingeschränkte Modellierung, da man durch das Klassenkonzept und deren Beziehungen nur bedingt eine Software-Architektur ausreichend beschreiben kann. So basiert die Interaktion paradigmabedingt nur auf dem Austausch von Nachrichten (ohne Spezialisierung oder semantisch reicheren Interaktionsbeschreibungen), ist die hierarchische Dekomposition zu wenig ausgeprägt, und es lässt sich damit keine Produkt-Familie beschreiben (Garlan et al. 2000).

Einen alternativen Ansatz stellen so genannte Architektur-Beschreibungssprachen (*Architecture Description Languages*, ADLs) dar. Es gibt zahlreiche solcher ADLs, die sich im Laufe der Zeit entwickelt haben, um den Designern ein geeignetes Werkzeug für den architekturellen Entwurf und dessen Analyse in die Hand zu geben. Komponenten, Konnektoren sowie diverse Eigenschaften von Software-Systemen oder gar Programm-Familien können damit mehr oder weniger gut beschrieben werden (vgl. dazu Perry u. Wolf 1992; Shaw u. Garlan 1996; Medvidovic u. Taylor 1997).

> Architektur Beschreibungssprachen (ADLs) stellen sowohl ein konzeptuelles Framework als auch eine konkrete Syntax zur Charakterisierung von Software-Architekturen zur Verfügung. Typischerweise gehören zu einer ADL auch Werkzeuge für die grafische und textuelle Bearbeitung, die Analyse oder auch Simulation des architekturellen Entwurfs.

Bevor wir auf eine konkrete ADL näher eingehen, wollen wir überblicksweise einige bekannte ADLs kurz anführen, die jeweils eine besondere Ausrichtung auf bestimmte Arten von Software-Systemen haben:

- Adage (Coglianese u. Szymanski 1993): architekturelle Frameworks für Flugsicherungssoftware
- Aesop (Garlan et al. 1994): Verwendung architektureller Stile
- C2 (Medvidovic et al. 1996): Event-basierte interaktive Systeme
- Darwin (Magee et al. 1995): verteilte Message-Passing-Systeme
- Meta-H (Binns u. Vestal 1993): Echtzeit-Flugsicherungssysteme
- Rapide (Luckham et al. 1995): Simulation von architekturellen Designs
- SADL (Moriconi et al. 1995): formale Basis für architekturelle Verfeinerungen
- UniCon (Shaw et al. 1995): Übersetzer für Designs aus verschiedensten heterogenen Komponenten- und Konnektoren-Typen
- Wright (Allen u. Garlan 1997): formale Spezifikation und Analyse von Interaktionen zwischen architekturellen Komponenten

Trotz der jeweiligen Ausrichtung auf bestimmte Charakteristiken von Systemen sind den ADLs wesentliche Beschreibungen gemeinsam: Komponenten, Konnektoren, Konfigurationen, Eigenschaften (wie Performanz, Abschätzungen etc.), Einschränkungen (*constraints*), architekturelle Stile oder Programm-Familien.

3.5 Acme – eine Architektur-Beschreibungssprache

Acme (Garlan et al. 2000) ist eine ADL der zweiten Generation, baut auf den Erfahrungen der Sprachen der ersten Generation auf und bietet somit sowohl die wesentlichen Elemente für eine architekturelle Beschreibung als auch Erweiterungen für komplexe Beschreibungen. Acme bietet neben den Sprachmitteln auch ein Werkzeug für den Designer, genannt AcmeStudio.

Acme unterstützt die Beschreibung von vier Aspekten: Struktur, Eigenschaften, Einschränkungen (*constraints*) sowie Typen und Stile.

3.5.1 Architekturelle Struktur

Architekturelle Struktur wird durch folgende Elemente beschrieben: Komponenten, Konnektoren, Systeme, Ports, Rollen, Repräsentationen und so genannte *rep-maps*. Komponenten können mehrere Schnittstellen haben, die *Ports* genannt werden. Ein Port identifiziert einen Interaktionspunkt zwischen einer Komponente und ihrer Umgebung und kann einfache Schnittstellen (aus einer Prozedur-

Signatur) oder komplexe Schnittstellen (bestehend aus mehreren Signaturen, die beispielsweise in einer bestimmten Reihenfolge aufzurufen sind) repräsentieren.

Konnektoren haben ebenfalls Schnittstellen, die *Rollen* genannt werden. Jede Rolle definiert einen Teilnehmer an der jeweiligen Interaktion. Die Rollen legen fest, welche Art von Komponente durch sie via Ports verbunden werden kann. Abb. 3.5 zeigt ein einfaches Client-Server-Beispiel einer Acme-Beschreibung aus (Garlan et al. 2000).

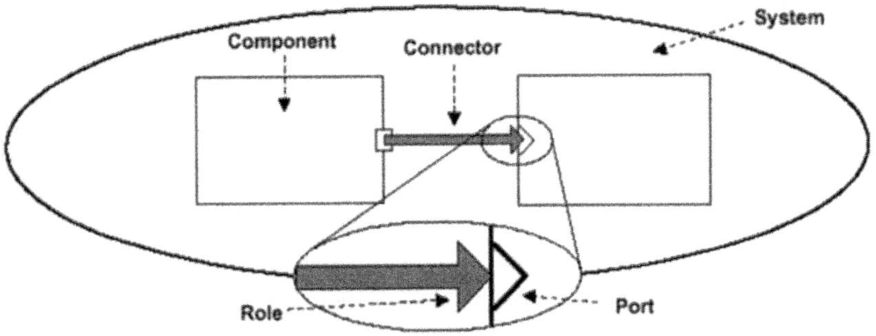

Abb. 3.5. Elemente einer Acme-Beschreibung

Die Client-Komponente des Systems hat einen *send-request*-Port, der Server hat einen *receive-request*-Port. Der Konnektor hat zwei Rollen: *caller* und *callee*. Die Topologie des Client-Server-Systems wird dann durch Verbindung von Rollen mit Ports (d.h. von Komponenten via Konnektoren) hergestellt: Die Liste von *attachments* stellt diese Bindungen her. In anderen ADLs wird dieser Vorgang sehr oft als „Binding" bezeichnet. In unserem Beispiel (siehe Abb. 3.6) wird die RPC-*caller*-Rolle mit dem *sendRequest*-Port des Clients und die RPC-*callee*-Rolle mit dem *receiveRequest*-Port des Servers gebunden.

```
System simple_cs = {
  Component client = { Port sendRequest }
  Component server = { Port receiveRequest }
  Connector rpc = { Roles {caller, callee} }
  Attachments : {
      client.sendRequest to rpc.caller ;
      server.receiveRequest to rpc.callee }
}
```

Abb. 3.6. Einfaches Client-Server-System in Acme

Zur Repräsentation von hierarchischen Ebenen erlaubt Acme, dass jede Komponente und jeder Konnektor wiederum in eine oder mehrere detaillierte Beschreibungen aufgespaltet werden kann. Eine jede dieser Detail-Beschreibungen wird in Acme als *representation* bezeichnet (siehe Abb. 3.7).

```
System simpleCS = {
  Component client = { ... }
  Component server = {
    Port receiveRequest;
    Representation serverDetails = {
      System serverDetailsSys = {

        Component connectionManager = {
           Ports { externalSocket; securityCheckIntf; dbQueryIntf } }

        Component securityManager = {
           Ports { securityAuthorization; credentialQuery; } }

        Component database = {
           Ports { securityManagementIntf; queryIntf; } }

        Connector SQLQuery = { Roles { caller; callee } }
        Connector clearanceRequest = { Roles { requestor; grantor } }
        Connector securityQuery = {
           Roles { securityManager; requestor } }
        Attachments {
           connectionManager.securityCheckIntf to
                            clearanceRequest.requestor;
           securityManager.securityAuthorization to
                            clearanceRequest.grantor;
           connectionManager.dbQueryIntf to SQLQuery.caller;
           database.queryIntf to SQLQuery.callee;
           securityManager.credentialQuery to
                            securityQuery.securityManager;
           database.securityManagementIntf to
                            securityQuery.requestor; }
    }
    Bindings { connectionManager.externalSocket to
                     server.receiveRequest }
  }
  Connector rpc = { ... }
  Attachments { client.send-request to rpc.caller ;
                server.receive-request to rpc.callee }
}
```

Abb. 3.7. Client-Server-Beispiel mit hierarchischer Repräsentation

3.5.2 Eigenschaften von Architektur-Elementen

Um die Anforderungen eines Systems, die neben der Struktur noch existieren, zu dokumentieren, bietet Acme die Möglichkeit, jedes Design-Element mit Anmerkungen (*annotations*) hinsichtlich seiner Eigenschaften zu versehen. Jede Eigenschaft hat einen Namen, einen optionalen Typ und einen Wert. Eigenschaften dokumentieren Aspekte wie die erwartete Anfragerate des Clients oder auch den Ort des Quellcodes des Clients (siehe Abb. 3.8). Bei Konnektoren kann man dadurch deren Interaktionsprotokoll näher spezifizieren.

```
System simple_cs = {
   Component client = {
      Port sendRequest;
      Properties { requestRate : float = 17.0;
                   sourceCode : externalFile = "CODE-LIB/client.c" }}

   Component server = {
      Port receiveRequest;
      Properties { idempotent : boolean = true;
                   maxConcurrentClients : integer = 1;
                   multithreaded : boolean = false;
                   sourceCode : externalFile = "CODE-LIB/server.c" }}

   Connector rpc = {
      Role caller;
      Role callee;
      Properties { synchronous : boolean = true;
                   maxRoles : integer = 2;
                   protocol : WrightSpec = "..." }}

   Attachments {
      client.send-request to rpc.caller ;
      server.receive-request to rpc.callee }
}
```

Abb. 3.8. Client-Server-Beispiel mit Eigenschaften (*properties*)

Aus Sicht von Acme bleiben diese Eigenschaften vorerst uninterpretiert und werden erst dann relevant, wenn bestimmte Werkzeuge diese für die Analyse, Simulation oder Manipulation verwenden.

3.5.3 Design-Einschränkungen

Ein wesentlicher Teil einer architekturellen Beschreibung besteht auch darin, festzulegen, wie sich eine konkrete Software-Architektur (und damit all ihre Elemente) weiterentwickeln darf, d.h. welchen Einschränkungen die Elemente und ihr Zusammenwirken unterliegen. Acme bietet dafür eine spezielle Syntax, die wieder speziellen Werkzeugen diverse Analysen wie z.B. eine Überprüfung der Einhaltung aller Einschränkungen – i.e. *constraint satisfaction checking* – ermöglicht. Dazu verwendet Acme eine Constraint-Sprache basierend auf Prädikatenlogik erster Ordnung (*first order predicate logic*, FOPL). Diese Constraint-Sprache beinhaltet FOPL-Konstrukte wie Konjunktion, Disjunktion, Implikation, Quantifikation etc. und wird in Tabelle 3.2 angeführt.

Tabelle 3.2. Beispiele für Ausdrücke von Einschränkungen (*constraint expressions*)

connected(comp1, comp2)	wahr, wenn Komponente comp1 mit Komponente comp2 zumindest über einen Konnektor verbunden ist
reachable(comp1, comp2)	wahr, wenn Komponente comp2 in der transitiven Hülle von connected(comp1, *) ist
hasProperty(elt, propName)	wahr, wenn das Element elt eine Eigenschaft namens propName hat
hasType(elt, typeName)	wahr, wenn das Element elt einen Typ typeName hat
SystemName.Connectors	die Menge aller Konnektoren im System SystemName
ConnectorName.Roles	die Menge aller Rollen im Konnektor ConnectorName

Beispielsweise gibt es Prädikate, deren Auswertung ergibt, ob zwei Komponenten miteinander verbunden sind, wie z.B.

```
connected(client, server)
```

oder ob ein System nur binäre Konnektoren beinhaltet:

```
Forall conn : connector in systemInstance.Connectors @
       size(conn.roles) = 2
```

Darüber hinaus können Einschränkungen noch mit unterschiedlicher Semantik einem Architekturelement beigefügt werden: Als Invariante (*invariant*) darf diese Regel keinesfalls verletzt werden; als Heuristik (*heuristics*) ist diese Regel zwar zu befolgen, es kann aber Ausnahmen geben. Somit können Evaluationswerkzeuge die Einschränkungen je nach ihrer festgelegten Semantik auswerten: Im Falle einer Einschränkung als Invariante kann damit ein ganzer architektureller Entwurf ungültig sein, im Falle einer Einschränkung als Heuristik gibt es bei Verletzung der Regel eine Warnung durch das Tool. Abb. 3.9 definiert eine Invariante und eine Heuristik für einen *MessagePath*-Konnektor. Dabei muss die Puffergröße immer zwischen 512 und 4096 liegen, wogegen der erwartete Durchsatz kleiner als die halbe Puffergröße sein soll (mit Ausnahmen).

```
System messagePathSystem = {
  ...
  Connector MessagePath = {
     Roles {source; sink;}
     Property expectedThroughput : float = 512;

     Invariant (queueBufferSize >= 512) and
               (queueBufferSize <= 4096);

      Heuristic expectedThroughput <= (queueBufferSize / 2);
  }
}
```

Abb. 3.9. Konnektor mit Invariante und Heuristik

3.5.4 Programm-Familien

Acme erlaubt darüber hinaus Klassen von Systemen zu beschreiben, so genannte Programm-Familien. Dafür hat Acme ein einfaches Typ-Konzept: Typen von Eigenschaften (*property types*), Typen von Strukturen (Komponenten, Konnektoren, Ports und Rollen) und Typen von Stilen. Das nachstehende Beispiel zeigt die Definition einer Pipe-and-Filter-Programm-Familie[2] mit einer beispielhaften Deklaration einer konkreten Architektur dieser Familie. In dieser Programm-Familie gibt es einen Komponententyp `FilterT`, der in einem Komponententyp `UnixFilterT` (vererbungsähnlich) erweitert wird. Daneben gibt es noch einen Eigenschaftstyp und einen Konnektortyp `PipeT`. Das System `simplePF` wird dann als Instanz der Familie definiert und muss alle Invarianten der Familie erfüllen (siehe Abb. 3.10). Komponenten als Instanz eines Typs können aber auch Erweiterungen definieren (siehe die Komponente `showTracks`).

```
Family PipeFilterFam = {
  Component Type FilterT = {
         Ports { stdin; stdout; };
         Property throughput : int;
  }
  Component Type UnixFilterT extends FilterT with {
         Port stderr;
         Property implementationFile : String;
  }
  Connector Type PipeT = {
         Roles { source; sink; };
         Property bufferSize : int;
  }
  Property Type StringMsgFormatT = Record [ size:int; msg:String; ];
  Invariant Forall c in self.Connectors @ HasType(c, PipeT);
}

System simplePF : PipeFilterFam = {

  Component smooth : FilterT = new FilterT
  Component detectErrors : FilterT;
  Component showTracks: UnixFilterT = new UnixFilterT extended with {
     Property implementationFile : String = "IMPL_HOME/showTracks.c";
  }
  // Declare the system's connectors
  Connector firstPipe : PipeT;
  Connector secondPipe : PipeT;

  // Define the system's topology
  Attachments { smooth.stdout to firstPipe.source;
                detectErrors.stdin to firstPipe.sink;
                detectErrors.stdout to secondPipe.source;
                showTracks.stdin to secondPipe.sink; }
}
```

Abb. 3.10. Pipe-and-Filter-Familie

[2] Der Pipe-and-Filter-Stil wird in Kapitel 4 detailliert beschrieben.

In Acme werden Typen als Prädikate interpretiert: Eine Zusicherung, dass eine Instanz den Typ erfüllt, ist gleichzusetzen mit einer Zusicherung, dass die Instanz das Prädikat, das durch den Typ definiert wird, erfüllt. Weitere Details zur Syntax und Semantik sowie zum Typkonzept von Acme finden sich in (Garlan et al. 2000).

3.5.5 Das Acme-Architektur-Design-Werkzeug

AcmeStudio ist ein Forschungsprototyp für die Acme-ADL und kann unter http://www.cs.cmu.edu/~acme des Software Engineering Institutes heruntergeladen werden und hat somit nicht die vollen Eigenschaften eines kommerziellen Produkts, stellt aber als Architektur-Design-Werkzeug wesentliche Funktionalität für einen architekturellen Entwurf zur Verfügung.

Der Bildschirmausdruck in Abb. 3.11 zeigt anhand einer Pipe-and-Filter-Familie das Design mit AcmeStudio.

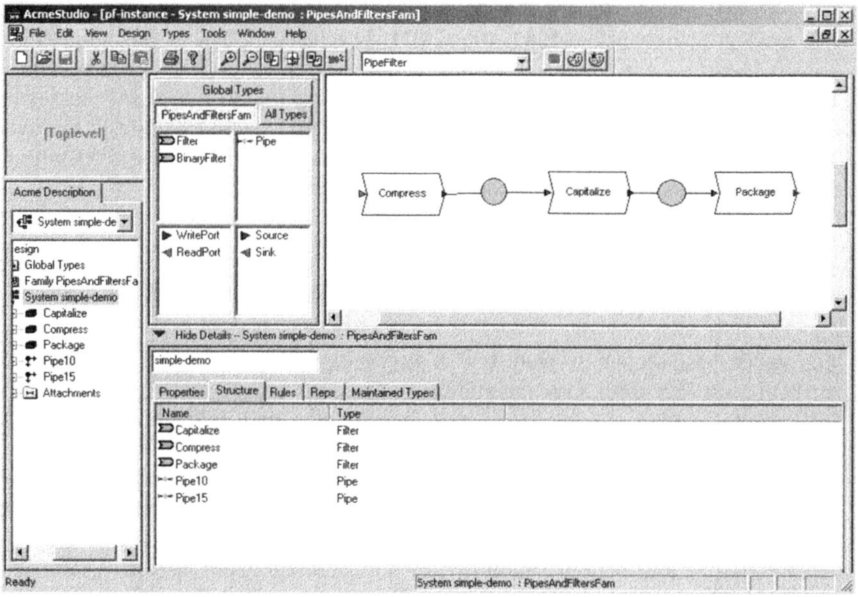

Abb. 3.11. AcmeStudio mit einer Pipe-and-Filter-Familie in unterschiedlichen Ansichten

Das Design-Browser-Fenster unterteilt sich in mehrere Ansichten des bearbeiteten Designs:

- der Design-Navigator (links) repräsentiert genau die textuelle Acme-Spezifikation eines Systems inklusive aller definierten Typen und Familien;

- die Diagramm-Ansicht (oben rechts) ermöglicht das grafische Design der Architektur mit den üblichen grafischen Werkzeugen;
- die Typenpalette (Mitte) zeigt die Menge der architekturellen Elementtypen von Komponenten-, Konnektoren-, Port- bis zu Rollen-Typen;
- der Elemente-Workshop (unten rechts) zeigt schließlich alle Informationen über das gerade bearbeitete Element der Architektur.

Nähere Information zum AcmeStudio findet sich in der Benutzeranleitung auf der zuvor genannten Web-Seite.

3.5.6 Resümee

Acme ist natürlich nur ein Vertreter einer Architektur-Beschreibungssprache, ebenso gut hätten wir beispielsweise die ADL Darwin von (Magee et al. 1995) als Repräsentanten heranziehen können, für die es ebenfalls eine Tool-Unterstützung gibt. Wichtig ist jedenfalls, auf welcher Abstraktionsebene sich eine ADL befindet: Komponenten, Konnektoren, Eigenschaften, Einschränkungen und Programm-Familien werden durch eine ADL beschrieben. Diese Beschreibung ist soweit losgelöst von üblichen Zwängen objektorientierter Modellierung und erlaubt mehr Freiheitsgrade und die zusätzliche Spezifikation von architekturrelevanter Information, die von den Anforderungen des Systems stammt (z.B. Invarianten oder Heuristiken, die für eine Analyse oder eine Konsistenzüberprüfung des vorliegenden Entwurfs herangezogen werden können).

3.6 Die Dokumentation einer Software-Architektur

Die zuvor beschriebenen Ziele und Vorteile einer Software-Architektur müssen auch hinsichtlich ihrer Dokumentation diskutiert werden. Die beste Architektur hilft wenig, wenn diese nicht geeignet beschrieben und dokumentiert wird. Erst eine verständliche Architektur-Dokumentation stellt einen effektiven Bauplan für das Software-System dar. Solche Überlegungen über eine gute Dokumentation stehen noch nicht lange im Raum und haben sich erst über diverse Architektur-Beschreibungssprachen und auch die Fortentwicklung von UML manifestiert.

Die jüngste und derzeit ausführlichste Darstellung findet sich in (Clements et al. 2003). Darin werden fortgeschrittene Konzepte zur Dokumentation einer Software-Architektur beschrieben. Die zentrale Frage ist, wie man eine Architektur so beschreiben kann, dass diese von anderen verwendet und auch gewartet werden kann. Das von (Clements et al. 2003) angeführte fundamentale Prinzip ist daher:

> Die Dokumentation einer Software-Architektur sollte sich damit befassen, die relevanten Sichten und deren Beziehungen untereinander zu dokumentieren und zusätzlich noch Dokumentation hinzuzufügen, die sich auf mehrere Sichten bezieht (z.B. Abbildung zwischen den Sichten, Rationale, Einschränkungen etc.).

In ihrem Buch führen Clements et al. aus, welche Aspekte einer Software-Architektur einer speziellen Betrachtung zu unterziehen sind:

- Schichtung (und damit verbunden Struktur)
- Verhalten (Dynamik)
- Schnittstellen
- Sichten und deren Kombination über Szenarien
- Variabilität

Dazu definieren sie auch Richtlinien für eine gute Dokumentation, die wir hier rekapitulieren wollen:

1. Dokumentation sollte aus Sicht des Lesers und nicht aus Sicht des Schreibers verfasst werden.
2. Wiederholungen (speziell von Begriffen und Definitionen) sollten vermieden werden.
3. Unbeabsichtigte Mehrdeutigkeiten (und somit mögliche falsche Interpretationen) sollten vermieden werden.
4. Jedes Dokument sollte einer Standard-Organisation (Aufbau, Struktur, Gliederung etc.) folgen.
5. Grundprinzipien und Design-Entscheidungen des architekturellen Entwurfs sollten systematisch dokumentiert werden.
6. Dokumentation sollte aktuell gehalten werden, speziell im Falle einer Software-Architektur, die ja als Bauplan für die Entwickler dienen soll.
7. Dokumentation sollte hinsichtlich der Erfüllung ihres Zwecks (am besten von den tatsächlichen Lesern) überprüft werden.

Diese Prinzipien sind für reale Software-Projekte nicht immer leicht einzuhalten, können aber stets als eine Art Checkliste herangezogen werden, wenn eine Software-Architektur beschrieben wird.

Kruchten schlägt darüber hinaus vor, dass eine Dokumentation eines architekturellen Designs in zwei Teile untergliedert werden sollte:

- Ein Dokument über die Software-Architektur, das eng seinem vorgeschlagenen „4+1"-Sichten-Modell folgt (siehe Abb. 3.12 als Beispiel dafür).
- Ein Dokument über Software-Design-Richtlinien, in dem die wichtigsten Entscheidungen des Entwurfs angeführt werden, die für die Wartung und Weiterentwicklung beachtet werden müssen, um die Integrität des Systems zu erhalten.

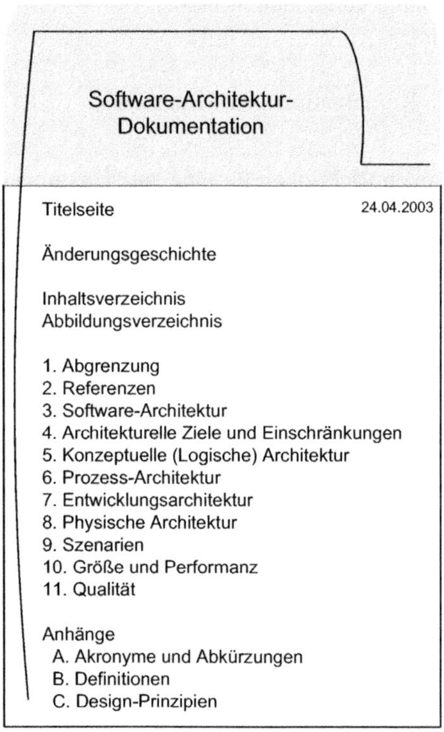

Abb. 3.12. Gliederung eines Software-Architektur-Dokuments nach (Kruchten 1995)

Zum Thema Dokumentation gibt es in jüngster Zeit detaillierte Informationen, vor allem in (Clements et al. 2003), auf die wir hier nur verweisen wollen.

Literatur

Alexander C, Ishikawa S, Silverstein M, Jacobson M, Fiksolahl-King I, Angel S (1977) A Pattern Language: Towns, Buildings, Construction, Oxford University Press

Alexander C (1979) The Timeless Way of Building. Oxford University Press

Allen R, Garlan D (1997) A formal basis for architectural connection. ACM Transactions on Software Engineering and Methodology, 6(3)

Bachmann F, Bass L, Carriere J, Clements P, Garlan D, Ivers J, Nord R, Little R (2000) Software Architecture Documentation in Practice: Documenting Architectural Layers. Technical Report, CMU/SEI-2000-SR-004, Carnegie Mellon Software Engineering Institute, Pittsburgh

Binns P, Vestal S (1993) Formal real-time architecture specication and analysis. In Tenth IEEE Workshop on Real-Time Operating Systems and Software, New York, NY

Blum BI (1996) Beyond programming: to a new era of design. Oxford University Press, Inc., New York, NY

Bosch J (2000) Design and Use of Software Architectures: Adopting and evolving a product-line approach. Pearson Education Ltd.

Brooks F (1995) The Mythical Man-Month – Essays on Software Engineering (20th Anniversary Edition). Reading, MA, Addison-Wesley

Buschmann F, Meunier R, Rohnert H, Sommerlad P, Stal M (1996) Pattern-Oriented Software Architecture: A System of Patterns. John Wiley & Sons

Clements P, Bachmann F, Bass L, Garlan D, Ivers J, Little R, Nord R, Stafford J (2003) Documenting Software Architectures: Views and Beyond. Pearson Education, Inc.

Coglianese L, Szymanski R (1993) DSSA-ADAGE: An Environment for Architecture-based Avionics Development. In Proceedings of AGARD'93, May

Comer D (2000) Internetworking with TCP/IP, Volume I: Principles, Protocols, and Architecture. Upper Saddle River, NJ: Prentice-Hall, 4th edition

Coplien J (1995) A Generative Development-Process Pattern Language. In Proceedings of Principles of Programming Languages (PLoP)

Coplien JO, Schmidt DC (eds) (1995) Pattern Languages of Program Design Addison-Wesley

Coulouris G, Dollimore J, Kindberg T (1994) Distributed Systems: Concepts and Design. 2nd Edition, Addison-Wesley

Day J, Zimmerman H (1983) The OSI Reference Model. Proceedings of the IEEE, 71(12):1334–1340, December

Gamma E, Helm R, Johnson R, Vlissides J (1995) Design Patterns: Elements of Reusable Object-Oriented Software. Addison-Wesley

Garlan D, Shaw M (1993) An Introduction to Software Architecture. In Advances in Software Engineering and Knowledge Engineering, Vol. I. River Edge, NJ, World Scientific Publishing Company

Garlan D, Monroe RT, Wile D (2000) Acme: Architectural Description of Component-Based Systems. Technical Report, Carnegie Mellon University, Software Engineering Institute

Garlan D, Allen R, Ockerbloom J (1994) Exploiting style in architectural design environments. In Proceedings of SIGSOFT'94: The Second ACM SIGSOFT Symposium on the Foundations of Software Engineering, pp 179–185. ACM Press

Hillier B (1996) Space is the Machine. Cambridge University Press

Hofmeister C, Nord R, Soni D (2000) Applied Software Architecture. Addison Wesley Longman, Inc.

Jacobson I, Griss M, Jonsson P (1997) Software Reuse – Architecture, Process and Organization for Business Success. Addison-Wesley

Jackson M (1995) Software Requirements & Specifications: A Lexicon of Practice, Principles and Prejudices. Addison-Wesley

Jazayeri M, Ran A, van der Linden F (2000) Software Architecture for Product Families: Principles and Practice. Addison-Wesley

Kerner H (1993) Rechnernetze nach OSI. 2. Auflage, Addison-Wesley

Kruchten P (1995) Architectural Blueprints – The "4+1" View Model of Software Architecture. IEEE Software 12(6):42–50

Lawson B (1997) How Designers Think: the Design Process Demystified. 3rd edition, Architectural Press

Luckham DC, Augustin, LM, Kenney JJ, Veera J, Bryan D, Mann W (1995) Specification and analysis of system architecture using Rapide. IEEE Transactions on Software Engineering, Special Issue on Software Architecture, 21(4):336–355

Magee J, Dulay N, Eisenbach S, Kramer J (1995) Specifying distributed software architectures. In Proceedings of the Fifth European Software Engineering Conference, ESEC'95, Springer-Verlag

Medvidovic N, Oreizy P, Robbins JE, Taylor RN (1996) Using object-oriented typing to support architectural design in the C2 style. In SIGSOFT'96: Proceedings of the Fourth ACM Symposium on the Foundations of Software Engineering. ACM Press

Medvidovic N, Rosenblum D (1999) Assessing the Suitability of a Standard Design Method. In: Donohoe P (ed) Proceedings of the First IFIP Working Conference on Software Architecture (WICSA1), Boston, Kluwer Academic Publishers, pp 161–182

Medvidovic N, Taylor RN (1997) A framework for classifying and comparing architecture description languages. in Jazayeri M and Schauer H (eds) Proceedings of the 6th European Software Engineering Conference, Zurich, Switzerland, pp 60–76, Springer Verlag

Meyer B (1997) Object-oriented Software Construction. 2nd edition, Prentice-Hall

O'Callaghan A, Wezeman C (1996) Patterns for Legacy Systems: Migration to Object Technology, Getting the Best out of Patterns and Architectures. Unicom

Moriconi M, Qian X, Riemenschneider RA (1995) Correct architecture Refinement. IEEE Transactions on Software Engineering, Special Issue on Software Architecture, 21(4):356–372

Parnas DL (1972) On the Criteria to be Used in Decomposing Systems into Modules. Communications of the ACM, 15(12):1053–1058

Parnas DL (1979) Designing Software for Ease of Extension and Contraction. IEEE Transactions on Software Engineering, 5(3)

Parnas DL, Clements PC (1985) The Modular Structure of Complex Systems. IEEE Transactions on Software Engineering, 11(3):259–266

Perry DE, Wolf AL (1992) Foundations fort he Study of Software Architecture. Software Engineering Notes, ACM SIGSOFT, 17(4):40–52

Rumbaugh J, Jacobson I, Booch G (1999) The Unified Modeling Language Reference Manual. Addison-Wesley

Shaw M, DeLine R, Klein DV, Ross TL, Young DM, Zelesnik G (1995) Abstractions for software architecture and tools to support them. IEEE Transactions on Software Engineering, Special Issue on Software Architecture, 21(4):314–335

Shaw M, Garlan D (1996) Software Architecture: Perspectives on an Emerging Discipline. Prentice Hall

Schmidt DC, Stal M, Rohnert H, Buschmann F (2000) Pattern-Oriented Software Architecture: Patterns for Concurrent and Networked Objects. John Wiley & Sons, Inc.

4 Architekturelle Prinzipien, Bausteine und Muster

Jedes Software-System hat eine Architektur, welche die aktuelle Organisation des Software-Systems darstellt, unabhängig davon, wie sorgfältig diese Organisation ausgewählt worden ist. Trotzdem kann man eine „gute" Architektur intuitiv von einer „schlechten" Architektur unterscheiden. Da dieses Spektrum zwischen einer guten und einer schlechten recht breit ist, präsentieren wir in diesem Abschnitt zuerst einige Qualitätsattribute von Software-Architekturen, bevor wir danach auf die einzelnen architekturellen Prinzipien und Bausteine näher eingehen.

4.1 Qualitätsattribute einer Software-Architektur

In der Literatur werden einige Qualitätsattribute zur Bewertung von architekturellen Entwürfen vorgeschlagen. Wir wollen hier jene von Bass, Clements und Kazman speziell herausgreifen, da diese Attribute breiten Anklang in der Beurteilung von Software-Architekturen gefunden haben (Bass et al. 1998).

Auf der Ebene eines Software-Systems können zwei große Kategorien von Qualitätsattributen unterschieden werden, an denen ein Software-System gemessen werden kann:

- *Beobachtbar durch Ausführung*: Wie gut erfüllt ein Software-System seine Verhaltensanforderungen während der Ausführungszeit? Liefert es die geforderten Resultate in der vorgesehenen Zeit? Sind die Resultate korrekt oder innerhalb der vorgesehenen Genauigkeit? Funktioniert das System in Zusammenarbeit mit anderen weiteren Software-Systemen?

- *Nicht beobachtbar durch Ausführung*: Wie leicht ist es, das System zu integrieren, zu testen und zu modifizieren? Wie aufwendig (in Form von Zeit und Kosten) war es zu entwickeln? Wie lange war die Produkteinführungszeit (*time-to-market*)?

Information aus dem beobachtbaren Bereich liefert keinerlei Antworten zu Fragen aus dem nicht beobachtbaren Bereich. So können beispielsweise Software-Systeme, die ihre Laufzeit-Anforderungen erfüllen, unterschiedlich lange (und kostenintensiv) entwickelt worden sein. Andererseits müssen leicht modifizierbare Systeme nicht notwendigerweise ihre funktionalen Anforderungen erfüllen. Auch innerhalb dieser Kategorien können keine sicheren Schlüsse gezogen werden: Ein stabiles Software-System muss nicht automatisch auch korrekte Ergebnisse liefern. Genauso können Systeme, die in wenigen Wochen entwickelt worden sind, Monate für bestimmte Modifikationen erfordern.

Qualität muss daher in allen Phasen von der Analyse, über das Design, die Implementierung bis hin zur Inbetriebnahme (*deployment*) berücksichtigt und mittels verschiedener Qualitätsmaße ausgedrückt und überprüft werden. Nicht jedes Qualitätskriterium hat einen Einfluss auf die Architektur des Software-Systems: Benutzerfreundlichkeit ist mehr ein Kriterium für den Anwender der Software und nicht der Architektur selbst. Die Ausprägung einer Benutzerschnittstelle und deren Realisierung mittels diverser Software-Komponenten oder Programmbibliotheken hat andererseits wiederum sehr wohl Einfluss auf die Modifizier- und Änderbarkeit eines Software-Systems.

Modifizierbarkeit ist ein an sich stark architekturelles Attribut. Ein System ist modifizierbar, wenn Änderungen nicht viele und nicht große Teile des Systems betreffen. Performanz hat demgegenüber sowohl architekturelle als auch nicht-architekturelle Bedeutung: Einerseits hängt diese zum Teil von der erforderlichen Kommunikation zwischen Komponenten und der den Komponenten jeweils zugeordneten Funktionalitäten ab (architekturell); andererseits ist die Wahl und die Kodierung des Algorithmus für die Performanz wesentlich (nicht-architekturell).

Bass et al. fassen zusammen, was hinsichtlich Architektur und Qualitätsattributen wesentlich ist:

- Architektur ist kritisch für die Realisierung von vielen Qualitätsattributen eines Software-Systems. Diese Qualitätsattribute sollten auch auf der Ebene der Architektur evaluiert werden.
- Manche Qualitätsattribute sind nicht architekturabhängig und ein Erreichen dieser durch architekturelle Mittel ist keineswegs zielführend.

Jede Diskussion von Qualitätsattributen bedingt darüber hinaus, dass kein Qualitätsmerkmal alleine und unabhängig von anderen betrachtet und realisiert werden kann. Qualitätsattribute sind nicht orthogonal und können nur im gegenseitigen Wechselspiel unter Berücksichtigung von sinnvollen und erreichbaren Ausprägungen anderer Charakteristiken erreicht werden.

Zu den zur Laufzeit beobachtbaren Qualitätsattributen zählt man u.a. Performanz, Sicherheit, Verfügbarkeit, Funktionalität oder Benutzerfreundlichkeit. Nicht zur Laufzeit beobachtbar sind vielmehr Modifizier- und Änderbarkeit, Portabilität, Wiederverwendbarkeit, Integrierbarkeit oder Testbarkeit. Darüber hinaus gibt es noch so genannte Geschäfts-Qualitätsattribute, die ein Software-System prägen: Produkteinführungszeit, Kosten, projektierte Einsatzzeit des fertigen Systems, Marktausrichtung, Markteinführungsplan oder auch Integration mit anderen, existierenden Systemen.

Tabelle 4.1 gibt einen Überblick über die soeben diskutierten Qualitätsattribute und deren architekturellen Einfluss auf die Architektur.

Tabelle 4.1. Überblick über Qualitätsattribute (nach Bass et al. 1998)

Qualitätsattribut	**architekturell?**	**architekturelle Aspekte**
Erkennbar durch Beobachtung während der Ausführung		
Performanz	Ja	Kommunikation zwischen Komponenten; Aufteilung zur Ausnützung von Parallelität
Sicherheit	Ja	Spezialisierte Komponenten; z.B. Authentifizierungsserver
Verfügbarkeit	Ja	Fehlertoleranz mittels redundanter Komponenten
Funktionalität	Nein	Interaktion mit anderen Qualitätsattributen
Verwendbarkeit (*usability*)	Ja	Modifizierbarkeit unterstützt dieses; Effizienz in Beziehung mit Performanz
Nicht erkennbar durch Beobachtung während der Ausführung		
Modifizierbarkeit	Ja	Modularisierte, gekapselte Komponenten
Portabilität	Ja	Portabilitätsschicht
Wiederverwendbarkeit	Ja	Lose Kopplung von Komponenten
Integrierbarkeit	Ja	Kompatible Verbindungen; konsistente Komponenten Schnittstellen
Testbarkeit	Ja	Modularisierte, gekapselte Komponenten

Zusätzlich zu den Qualitäten eines Systems und jenen aus dem Geschäftsbereich gibt es einige Qualitätsattribute, die direkt einer Software-Architektur zugeordnet werden können und als solche durch einen Entwurf erreicht werden sollten.

Für Software-Design gelten einige Axiome, die teilweise auch aus anderen Disziplinen stammen (Witt et al. 1994; Mills et al. 1986):

- *Separation of Concerns*: Dieses Konzept als ein Kernteil im Software-Engineering hat das Ziel, jene Teile eines Software-Systems zu identifizieren, zu kapseln und zu manipulieren, die relevant für eine bestimmte Angelegenheit oder Sache konkret zuständig sind. Solche *Concerns* sind eine primäre Motivation für die Zerlegung von Software in handhabbare und verständliche Teile (i.e. Dekomposition). Beispiele von *Concerns* sind Features, Aspekte, Rollen, Variation, Konfiguration etc.

- *Comprehension*: Die intellektuelle Beherrschung von vielen auf den Entwickler oder Designer einwirkenden Informationen und deren Unterschiedlichkeit ist ebenso eine Grundlage für ein gutes Design. Die experimentell definierte Regel „sieben plus oder minus zwei" von (Miller 1956) ist gut als Maß für eine notwendige Gruppierung, Abstraktion oder Zusammenfassung von Informationen im Rahmen des architekturellen Entwurfs verwendbar.

- *Korrektheit und Vollständigkeit*: Ein korrektes und vollständiges Design (i.e. ein Design, das die Spezifikation von Schnittstelle(n) und Verhalten erfüllt) bleibt unbeeinflusst durch den Wechsel äquivalenter Kontexte. Plattformen, die gleiche Services anbieten, ändern somit nicht die Korrektheit von Software-Systemen.

- *Ersetzbarkeit*: Wird in einem korrekten und vollständigen Design eine Komponente ausgetauscht, so bleibt das gesamte Design korrekt, sofern die neu integrierte Komponente Schnittstellen und Verhaltensspezifikation der getauschten Komponente erfüllt. Mills et al. 1986 bezeichnen diese Eigenschaft auch als referenzielle Transparenz. Design-Elemente höherer Ebenen können Referenzen auf Elemente niedrigerer Ebenen aufweisen, aber wie diese Spezifikationen erfüllt werden, ist transparent (unsichtbar) für die höheren Ebenen.

Darauf aufbauend haben sich einige wichtige Design-Prinzipien herauskristallisiert, die für die Beurteilung eines guten oder weniger guten Designs herangezogen werden sollten:

Ein Design sollte **modular** sein. Entwürfe sollten aus leicht austauschbaren, eigenständigen und in sich abgeschlossenen Teilen bestehen, sodass sowohl die Entwicklung des Systems als auch die spätere Wartung gut unterstützt wird. Ein modulares Design kann wesentlich zur Eingrenzung von Design-Änderungen beitragen: Teile können geändert werden, ohne dass andere Teile dadurch berührt werden und ebenfalls geändert werden müssen. Die Modularität bezieht sich auf das Design von Komponenten, aber nicht auf Änderungen von Schnittstellen oder gar Verhalten. Dadurch können Software-Entwickler Änderungen auch lokal vornehmen, ohne das gesamte Software-System im Detail zu kennen. Modularität ist umso bedeutender, je größer das zu entwickelnde Software-System ist: Solche Projekte werden von vielen Entwicklern parallel durchgeführt und es ist daher absolut notwendig, eine geeignete und effektive Arbeitsaufteilung mit wenig Abhängigkeiten zu definieren. Neben dem Kommunikations-Overhead ist auch das notwendige Verständnis von allzu vielen (wenn nicht allen) Teilen des Software-Systems zeitintensiv und gar hinderlich. Sowohl während der Entwicklung als auch nach Auslieferung sollten die Teile leicht austauschbar und somit ein Redesign oder eine Weiterentwicklung von kleinen Teilen leicht möglich sein.

Designs sollten **portabel** sein. Ein Entwurf oder Teile daraus sollte in anderen Umgebungen wieder verwendbar sein. Das Ziel hierbei ist, jene Teile zusammenzufassen, die von der Ausführungsumgebung oder der Plattform abhängig sind, um somit bei einer Portierung so wenig wie möglich ändern oder ersetzen zu müssen. Wenngleich heutige Ansätze im Bereich virtueller Maschinen (z.B. Java VM) wesentlich dazu beitragen, ist dennoch stets darauf zu achten, dass beispielsweise Hardware-Abhängigkeiten gekapselt werden (z.B. in einem *Hardware Hiding Module*).

Designs sollten **formbar** sein. Die Anpassung an sich ändernde Anforderungen des Benutzers ist ein weiteres wesentliches Design-Prinzip. Änderungen, die aus der Welt des Endbenutzers stammen, oder zusätzliche zu verarbeitende Informationen sollten kein komplettes Redesign des ursprünglichen Entwurfes nach sich ziehen. Die Formbarkeit des Designs ist gleich zu Beginn eines Software-Projektes ins Auge zu fassen. Auch hier gilt es wieder, Details zu verbergen, Repräsentationen von Daten zu kapseln, Algorithmen zu generalisieren und schmale

Schnittstellen anzubieten sowie algorithmische Optimierungen nach außen zu verbergen.

Ein Design sollte **konzeptuelle Integrität** aufweisen. Diese ist die zugrunde liegende Vision, die das Design des Systems auf allen Abstraktionsebenen vereinheitlicht. Der Entwurf sollte ähnliche Dinge auf ähnliche Art und Weise durchführen. Für Brooks ist die konzeptuelle Integrität überhaupt die wichtigste Überlegung und Eigenschaft für ein System-Design (Brooks 1975; Brooks 1995).

Ein Design sollte unter **intellektueller Kontrolle** sein. Dies bedeutet, dass alle für die Korrektheit Zuständigen die Komplexität in Form und Inhalt detailliert verstehen. Haben die Designer ein hohes Vertrauen in die Korrektheit ihres Designs vor der Implementierung, so kann man sagen, dass der Entwurf unter intellektueller Kontrolle ist. Wenn die Designer erst durch Testen der Implementierung die Korrektheit feststellen wollen, kann man dieses Design-Prinzip nicht attestieren.

Die *Buildability* (**Herstellbarkeit**) ist ein Prinzip, das dem verfügbaren Team unter gegebenen zeitlichen Rahmenbedingungen die Herstellung des Systems erlaubt und dabei auch die Möglichkeit von Anpassungen während des Entwicklungsprozesses einschließt. Ein weiterer Aspekt der Herstellbarkeit ist auch die Tiefe des Wissens über eine Problemstellung. Ein Design, das bekannte Konzepte und Technologien einsetzt, ist leichter umzusetzen als jenes, das mit lauter neuen Konzepten aufwartet.

Lose Kopplung und hohe Kohäsion sind weitere wichtige Design-Prinzipien. Kopplung (*coupling*) und Kohäsion (*cohesion*) sind qualitative Maße zur Evaluierung der Gruppierung von Design-Teilen basierend auf ihren Abhängigkeiten untereinander. Kopplung ist ein abstraktes Konzept, das die Wahrscheinlichkeit betrachtet, dass ein Entwickler, wenn er ein Modul entwickelt oder ändert, auch andere, weitere Module betrachten, verstehen oder ändern muss (Yourdon u. Constantine 1978). Faktoren, welche die Kopplung beeinflussen, sind die Art der Verbindung zwischen Modulen, die Komplexität der Schnittstelle, die Art des Informationsflusses über die Schnittstelle sowie die Bindungszeit der Module (z.B. zur Übersetzungs- oder Laufzeit etc.). Kohäsion andererseits betrachtet jedes Modul in Isolation und wie dessen interne Elemente zueinander verbunden oder in Relation stehen. Kopplung und Kohäsion stehen miteinander in Wechselbeziehung: Je höher die Kohäsion individueller Module eines Systems, desto geringer ist die Kopplung zwischen den Modulen.

Eine der wichtigsten Eigenschaften eines guten Designs ist, dass jede Ebene der Dekomposition eines Systems durch lose Kopplung und hohe Kohäsion eines jeden Teils (oder Moduls) charakterisiert ist. Lose Modul-Kopplung ist anstrebenswert, um die Schnittstellen leichter zu spezifizieren; hohe interne Kohäsion erlaubt andererseits, Verhalten leicht zu abstrahieren und zu spezifizieren.

Lose Kopplung wird ausgezeichnet durch:

- Design-Unabhängigkeit: Jedes Design-Element kann unabhängig entworfen werden, und spätere Modifikationen erfordern keine Änderungen anderer Design-Teile. Das erfordert, dass die vereinbarten Schnittstellen beibehalten werden und jeder Teil genau das tut, was als seine Aufgabe spezifiziert wurde.
- Schmale Schnittstellen: Die Anzahl verschiedener Datenelemente, die über die Schnittstelle ausgetauscht werden müssen, ist klein.
- Wenig Schnittstellenverkehr: Die Häufigkeit von Informationsaustausch zwischen Design-Teilen via Schnittstelle ist gering.

Hohe Kohäsion zeichnet sich aus durch:

- Einheit: Verwandte Problemstellungen und Anforderungen werden in dieselbe Design-Abstraktion aufgenommen. Die Anforderungen können dadurch einfacher ausgedrückt werden und damit nimmt der Grad der willkürlichen Zuordnung ab.
- Kapselung: Alle voneinander abhängigen Design-Teile werden zusammengefasst.

Zu guter Letzt wollen wir noch das **Design-for-change**-Prinzip diskutieren. Dieses Prinzip, u.a. von Parnas im Kontext von Software-Evolution beschrieben (Parnas 1994), umfasst viele Konzepte: Abstraktion, *information hiding*, *separation of concerns*, *data hiding* oder auch Objektorientierung. Um dieses Prinzip erfolgreich anzuwenden, sind die wahrscheinlichen Änderungen im Software-System, über die Lebenszeit des Produkts gerechnet, vorab zu charakterisieren:

- Erwartete Änderungen für das zu entwickelnde System oder Änderungen, die in ähnlichen Systemen bereits aufgetreten sind. Die Erfahrungen aus anderen Projekten und System-Entwicklungen sind dafür hilfreich.
- Erwartete Änderungen, die bei einer Analyse der Anforderungsspezifikation aufgrund von Unschärfen oder Mehrdeutigkeiten auftauchen. Dies kann beispielsweise auf zu erwartende Funktionalität hindeuten.
- Einschränkungen der Funktionalität aufgrund budgetärer Zwänge. Dies deutet auf ausstehende Features und Funktionen hin, die zwar derzeit nicht implementiert werden sollen, aber ursprünglich durchaus geplant waren.

Eine Architektur sollte daher so gewählt werden, dass diese an die erwarteten oder prognostizierten Änderungen gut anpassbar ist.

4.2 Architekturelle Stile

Ein architektureller Stil ist ähnlich zu einem Stil aus der Architektur. Er wird durch bestimmte Eigenschaften charakterisiert und bildet die Vorlage (den Bauplan) für konkrete Software-Systeme dieser Art. Ein architektureller Stil beschreibt somit eine Familie von Software-Systemen, die aufgrund struktureller und semantischer Eigenschaften verwandt sind. Ein architektureller Stil ist eine spezielle Design-Sprache für eine Klasse von Systemen und stellt folgende vier Teile zur Verfügung (Monroe et al. 1997):

- Ein Vokabular von Design-Elementen: Typen von Komponenten (z.B. Pipes, Filter, Server, Parser oder Datenbanken) oder Konnektoren (z.B. Unterprogramm-Aufrufe, *remote procedure calls*, *data streams*, *sockets* etc.).
- Design-Regeln und Einschränkungen (*constraints*) legen fest, welche Kompositionen der Elemente zulässig sind. Beispielsweise könnten diese Regeln es verbieten, dass es Zyklen in einem bestimmten Pipe-and-Filter-Stil gibt, oder spezifizieren, dass es in einer Client-Server-Organisation stets n:1 Beziehungen gibt.
- Eine semantische Interpretation, wobei die Kompositionen von Design-Elementen (unter Berücksichtigung der *constraints*) eine klar definierte Semantik aufweisen.
- Analysen, um zu überprüfen, ob ein System einem bestimmten architekturellen Stil entspricht. Beispiele dafür wären Deadlock-Erkennung für Client-Server-Nachrichtenaustausch oder Schedulability-Analyse für Echtzeit-Verarbeitung.

Perry und Wolf haben den Begriff des architekturellen Stils wie folgt definiert (Perry u. Wolf 1992):

> Ein architektureller Stil definiert eine Familie von Software-Systemen bezüglich ihrer strukturellen Organisation. Ein architektureller Stil drückt die Komponenten und Relationen zwischen diesen gemeinsam mit den Einschränkungen ihrer Anwendung, der assoziierten Komposition und den Design-Regeln für deren Konstruktion aus.

Daraus folgt, dass ein architektureller Stil eine bestimmte Art von fundamentaler Struktur für ein Software-System gemeinsam mit den assoziierten Methoden für ihre Konstruktion festlegt. Ein architektureller Stil beinhaltet ebenso Informationen darüber, wann man den Stil oder seine Varianten bzw. Spezialisierungen am besten einsetzt und welche Konsequenzen der Einsatz für das zu entwickelnde Software-System mit sich bringt.

Shaw und Garlan haben einige weit verbreitete architekturelle Stile katalogisiert (Shaw u Garlan 1996). Architekturelle Stile treten nicht nur regelmäßig in System-Entwürfen auf, sie kommen oft in leichten Abwandlungen vor. Stil-Kataloge wie in Abb. 4.1 aus (Shaw u. Garlan 1996) helfen somit herauszufinden, ob zwei Stile verwandt sind.

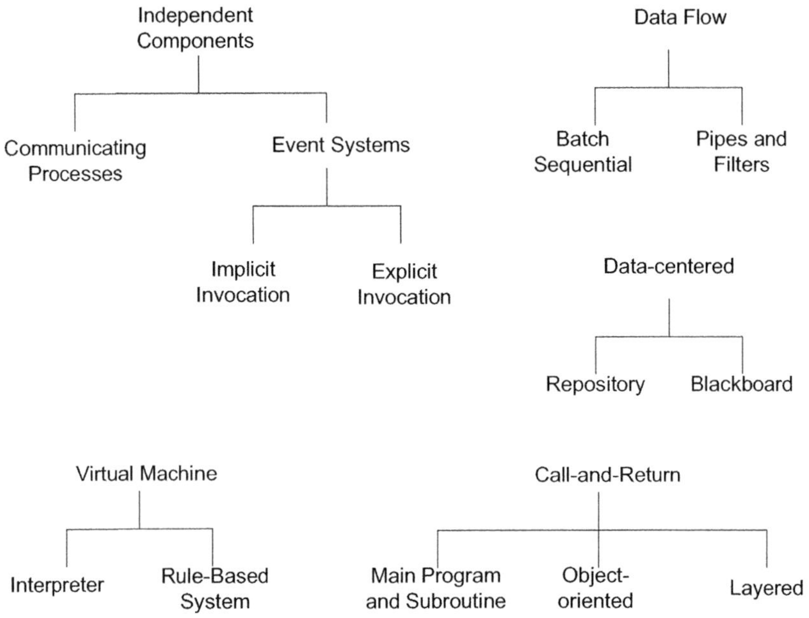

Abb. 4.1. Katalog von architekturellen Stilen

4.2.1 Datenzentrierte Software-Architekturen

Datenzentrierte Architekturen (*data centered*) beschreiben Systeme, bei denen der Zugriff und die Aktualisierung von Daten eines Repository vorrangiges Ziel sind. Dieses Repository kann nicht nur als Datenbank (passiv), sondern auch als aktiver Datenbehälter (*blackboard*) realisiert sein. Es handelt sich dabei um einen zentralisierten Datenspeicher, der mit Clients kommuniziert. Die Kommunikation bzw. Koordination teilt sich in zwei Arten: *Repository* und *Blackboard*. Das Blackboard sendet Benachrichtigungen an Interessierte (*subscriber*), wenn sich die entsprechenden Daten, für die sich subskribierte Komponenten interessieren, ändern. Dieser Stil gewinnt an Bedeutung, da jene Systeme, die bereits existierende Komponenten integrieren, Datenintegration durch die Verwendung von Blackboard-Mechanismen erreichen. Die Clients sind somit weitgehend unabhängig voneinander und der Datenspeicher ist ebenfalls unabhängig von seinen Clients. Dieser architekturelle Stil ist demzufolge gut skalierbar: Neue Clients können einfach hinzugefügt werden und Änderungen in Clients beeinflussen keine anderen Clients. Wichtig ist, dass, wenn die Clients als unabhängige Prozesse realisiert werden, es sich um einen anderen Stil handelt: unabhängige Komponenten (*independent components*).

4.2.2 Datenfluss-Architekturen

Datenfluss-Architekturen (*dataflow architectures*) zielen speziell auf Wiederverwendung und Modifizierbarkeit ab: Im Datenfluss-Stil wird das System als eine Reihe von Transformationen von aufeinander folgenden Eingabeströmen gesehen. Daten gelangen ins System, wandern Komponente für Komponente durch das System, werden dabei manipuliert und am Ende auf einem Ausgabestrom (oder ein anderes Medium) bereitgestellt. Dieser Stil hat zwei Ausprägungen: Pipe-and-Filter und Batch Sequential. Im Batch-Sequential-Stil sind die Komponenten unabhängig agierende Programme und diese werden nacheinander abgearbeitet. Eine Komponente beendet ihre Aufgabe, und erst dann beginnt die nächste in der Abarbeitungsreihenfolge. Dieser Stil stammt aus dem klassischen Datenverarbeitungsbereich der EDV, realisiert vor allem in Host-basierten Systemen.

In einem Pipe-and-Filter(P-F)-Stil transformiert jede Komponente einen Eingabestrom in einen Ausgabestrom von Daten durch lokale Transformationen (so genannte Filter). Der Ausgabestrom wird dabei bereits auf die Pipe geschrieben, noch bevor der gesamte Eingabestrom konsumiert worden ist. Beispiele dafür kommen aus dem Unix-Bereich: auflisten (`cat`) → Strings finden (`grep`) → sortieren (`sort`) → ausgeben (`more`) etc. Die Pipes sind in diesem Stil als Konnektoren, die Programme als Komponenten anzusehen. Häufige Spezialisierungen dieses Stils sind so genannte Pipelines – eine Verknüpfung zahlreicher Filter in einer konkreten Topologie (i.e. ein Zusammenspiel spezieller Filter und Pipes in einer wohl definierten Reihenfolge) –, *bounded pipes* (mit limitierten Speicherfähigkeiten der Pipes) oder *typed pipes*, die den Typ der verarbeitbaren Daten festlegen. Abb. 4.2 zeigt einen P-F-Stil für das noch folgende KWIC-Beispiel.

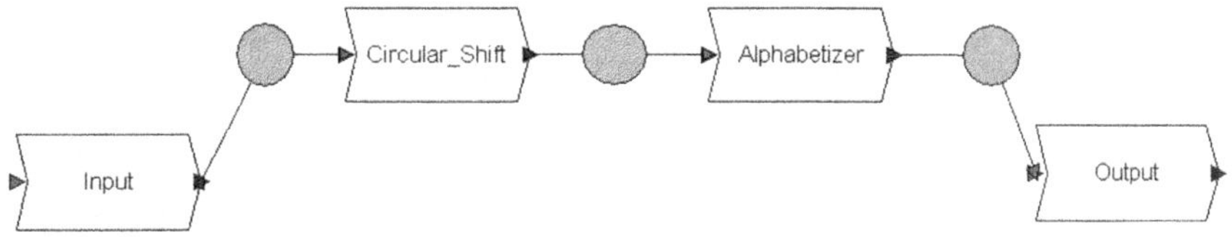

Abb. 4.2. KWIC-System im Pipe-and-Filter-Stil

Ein Vorteil von P-F-Architekturen ist in deren Einfachheit: Die Funktionalität wird durch das Zusammenwirken der einzelnen Filter über die durch die Pipes definierten Verbindungen festgelegt. Es gibt darüber hinaus keine komplexen Komponenten-Interaktionen zu verwalten. Filter können weiters als Black Box gesehen werden und somit leicht durch andere Filter ersetzt werden. Das System ist leicht modifizierbar und erweiterbar. Hierarchische Kombinationen sind ebenfalls leicht durchführbar, wobei an der Schnittstelle eines äußeren Filters wiederum nur eine Filtereigenschaft gegeben ist (und somit eine weitere Kombinier- und Ersetzbarkeit).

Andererseits wird durch das „Zusammenstecken" der Filter der Verarbeitungsvorgang definiert. Filter können kaum kooperativ eine Problemstellung lösen und Interaktivität ist ebenfalls nicht umsetzbar, da der Stil dafür ungeeignet ist. Die Performanz von P-F-Systemen ist wegen zahlreicher Eigenschaften dieses Stils in vielen Fällen nicht optimal (Bass et al. 1998):

- Filter verlangen nach dem kleinsten gemeinsamen Nenner der Datenrepräsentation (d.h. meist nach ASCII). Wird der Datenstrom in Tokens analysiert, so hat jeder Filter für sich das Parsen und Unparsen extra (und damit vielfach im System) zu erledigen.
- Kann ein Filter seine Aufgabe nicht ohne vollständiges Einlesen des Eingabestroms erledigen, benötigt er theoretisch einen Puffer unlimitierter Größe. Beispielsweise weist ein Sortier-Filter genau diese Problematik auf. Werden darüber hinaus noch *bounded pipes* verwendet, können auch Deadlocks auftreten.
- Operiert jeder Filter auch als separater Prozess oder Prozeduraufruf, so ist mit den jeweiligen Aufrufen zusätzlicher Overhead verbunden.

4.2.3 Virtuelle Maschinen-Architekturen

Virtuelle Maschinen-Architekturen (*virtual machines*) zielen mitunter auf Portabilität des Software-Systems ab. Virtuelle Maschinen simulieren Funktionalität, die in einer eigenen Schicht über Hardware- oder Software-Plattformen ablaufen und damit unabhängig von der aktuellen Hard- oder Software-Plattform sein sollen. Dies erlaubt auch neu zu bauende Plattformen (z.B. Hardware) zu simulieren und zu testen (wie von Flugsimulatoren oder anderen sicherheitskritischen Systemen bekannt).

Bekannte Beispiele für diesen architekturellen Stil sind Interpreter und regelbasierte Systeme oder Kommandosprachen-Verarbeitung. So ist beispielsweise die Programmiersprache Java in einer Java-Virtuellen Maschine ablauffähig, um die Sprache somit plattformunabhängig zu realisieren. Eine typische VM-Architektur ist in Abb. 4.3 dargestellt und besteht aus folgenden Teilen: das interpretierte Programm, die Programm-Daten (z.B. die Werte von Variablen, die während der Programmausführung zugewiesen werden), der interne Zustand des Interpreters (z.B. die Werte von Registern der gerade ausgeführten Anweisung).

Die Interpretationsmaschine wählt eine Anweisung des Programms, aktualisiert ihren inneren Zustand und aktualisiert abhängig von der konkreten Anweisung auch den Zustand der Programm-Daten. Eine solche Programmausführung erlaubt Flexibilität, sodass das interpretierte Programm angehalten und sein jeweiliger Zustand abgefragt werden kann. Die Interpretation eines Programms benötigt andererseits zusätzliche Rechenressourcen und ist daher als ein Nachteil solcher VM-Architekturen anzusehen.

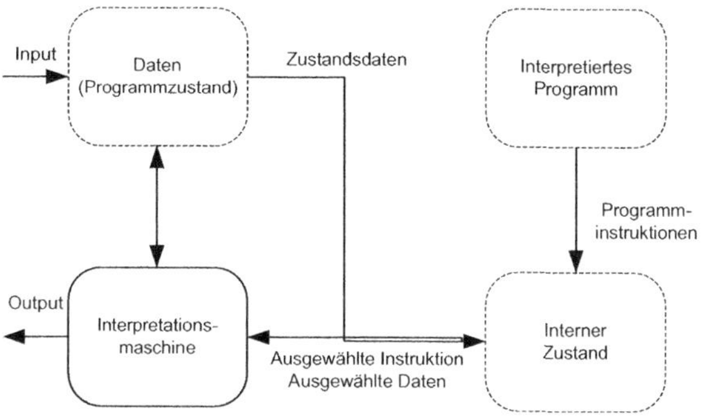

Abb. 4.3. Virtuelle Maschinen-Architektur

4.2.4 Call-and-Return-Architekturen

Diese Architekturen sind lange Zeit der dominierende architekturelle Stil großer Software-Systeme gewesen. Innerhalb der Call-and-Return(CR)-Architekturen haben sich besondere Substile ausgeprägt.

Die **Hauptprogramm-Unterprogramm-Architektur** (*main program and subroutine architecture*) repräsentiert das klassische Programmier-Paradigma. Es gibt einen singulären Kontrollfluss und jede Komponente in der Hierarchie bekommt sukzessive die Kontrolle von ihrer übergeordneten Komponente, gibt diese jeweils an untergeordnete Komponenten weiter, und anschließend wird diese Kontrolle wieder an die ursprünglich aufrufende Komponente nach oben in der Hierarchie zurückgegeben.

Die **Remote-Procedure-Call(RPC)-Architektur** ist eine CR-Architektur, wobei die Komponenten auf unterschiedlichen Rechnern beheimatet und über ein Netzwerk miteinander verbunden sind. Berechnungen werden auf mehrere Rechner verteilt und nützen somit Parallelität und mögliche Lastverteilung aus.

Objektorientierte oder abstrakte Datentyp-Architekturen sind die moderne Variante von CR-Architekturen und fokussieren auf die Kapselung von Daten und das *information hiding*. Zugriffe auf Objekte erfolgen nur über deren Schnittstellen. Der Zugriff folgt den Prinzipien eines CR, stellt aber eine eingeschränkte Form von Prozeduraufrufen dar. Dieser Stil zielt vor allem auf die *separation of concerns* ab, die wir als Design-Prinzip bereits diskutiert haben. Handelt es sich bei den Abstraktionen um Komponenten, die als Black Box ihre Services anbieten und als solche von anderen Komponenten aufgerufen werden, so spricht man von einem *aufrufbasierten Client-Server-Stil* (im Gegensatz zu einem prozessbasierten Client-Server-Stil, der nachfolgend beschrieben wird).

In **Schichten-System-Architekturen** (***layered architectures***) werden die Komponenten eigenen Schichten zugeordnet. Diese Schichten sind hierarchisch organisiert und erfüllen eine klar definierte Aufgabe für die Schicht darüber unter Verwendung der Dienste der darunter liegenden Schicht. Jede Schicht für sich repräsentiert und implementiert eine abstrakte virtuelle Maschine, auf der die darüber liegende Schicht operiert. Die Konnektoren sind durch die Protokolle für die Schichten-Interaktion definiert. Topologische Einschränkungen limitieren die Interaktion auf unmittelbar benachbarte Schichten. Die unterste Schicht realisiert Kernfunktionalität wie z.B. diverse Betriebssysteme. Die nächste Schicht baut auf dieser untersten Schicht und deren Funktionalität auf; so wird Schicht auf Schicht gesetzt, wobei jede Schicht ihre Dienste der jeweils unmittelbar darüber liegenden Schicht anbietet. Bekannte Beispiele für Schichten-Architekturen stammen aus dem Bereich der Kommunikation: Das OSI-7-Schichten-Modell oder auch das TCP/IP-4-Schichten-Modell sind Systeme, die diesem architekturellen Stil folgen (siehe u.a. Tanenbaum u. van Steen 2002).

Schichten-Architekturen erlauben zunehmende Abstraktionsebenen im Design. Komplexe Probleme können so in eine Sequenz kleinerer zerlegt werden. Weiters unterstützt dieser Stil die Weiterentwicklung eines Systems: Da jede Schicht mit höchstens zwei benachbarten Schichten kommuniziert, betreffen Änderungen der Funktionalität einer Schicht maximal die benachbarten Schichten. Änderungen, die keine Modifikation der Schnittstellen nach sich ziehen, betreffen ohnedies nur eine Schicht. Auch die Wiederverwendung wird durch diesen Stil gefördert, da unterschiedliche Implementierungen derselben Schicht auswechselbar sind (sofern damit keine anderen Schnittstellen einhergehen). Dies erlaubt es, Standard-Schnittstellen zu definieren, die sogar von unterschiedlichen Herstellern gebaut werden können.

Schichten-Architekturen haben aber auch Nachteile: Nicht jedes System lässt sich sinnvollerweise in Schichten abbilden. Selbst wenn man ein System logisch in Schichten einteilen kann, so können Performanz-Anforderungen eine enge Kopplung von Komponenten über Schichten hinweg erfordern. Oftmals braucht man eine Überbrückung zwischen Schichten (*layer bridging*), da eine Schicht u.U. mit einer anderen als der direkt benachbarten kommunizieren muss. Dies wiederum bricht die ansonsten klare Struktur und kann zu Portabilitätsproblemen führen und die obigen Vorteile aufweichen bzw. sogar aufheben. Wird das Prinzip der Schichtung andererseits konsequent eingehalten, erfordert eine Portierung nur die Re-Implementierung einer Schicht. Eine Java VM wird beispielsweise für verschiedene Plattformen geschrieben, die Java-Programme selbst, die auf dieser Schicht aufbauen, benötigen selbst keine Änderungen.

4.2.5 Unabhängige Komponenten-Architekturen

Diese Architekturen bestehen aus einer Anzahl unabhängiger Prozesse oder Objekte, die über Nachrichten miteinander kommunizieren. Solche Architekturen haben das Ziel, Modifizierbarkeit durch die Entkopplung von Berechnungen in diversen Rechnern zu erreichen. Diese Systeme tauschen Daten nicht durch direkte Kontrolle aus, sondern Nachrichten werden als Datenmedium verwendet, um Informationen zu bekannten oder unbekannten Komponenten zu vermitteln.

Ereignisgesteuerte (Event-basierte) Systeme stellen einen besonders interessanten Typ dieses architekturellen Stils dar. Einzelne Komponenten geben Informationen bekannt (*publish*), die sie mit interessierten, aber weitgehend unbekannten Komponenten ihrer Umgebung teilen wollen. Die interessierten Komponenten registrieren sich für eine bestimmte Art von Information (*subscribe*). Publisher- und Subscriber-Komponenten kennen einander nicht und werden nur indirekt über ein Event-System miteinander gekoppelt: Das Event-System ermöglicht die Kommunikation zwischen den Komponenten, indem es bei Auftreten einer entsprechenden Nachricht die interessierte Komponente (den *subscriber*) davon unterrichtet.

Im *Publish-Subsribe*-Paradigma registrieren sich Komponenten für bestimmte Arten von Informationen, an denen sie interessiert sind, und geben andere Arten von Informationen bekannt, die sie zur Verfügung stellen können. Information wird publiziert, indem diese an das Event-System weitergeleitet wird. Das Event-System leitet die Nachrichten (Informationen) dann an alle dafür registrierten Komponenten weiter. Damit werden die einzelnen Komponenten voneinander entkoppelt: Für eine einzelne Komponente ist es nicht erforderlich, die Namen oder Orte anderer zu kennen (und zu verwalten). Das Event-System übernimmt genau diese Aufgabe und erlaubt somit eine Ebene der Indirektion. Dieses architekturelle Prinzip erlaubt auch die Entkopplung von Kontrolle: Komponenten arbeiten so unabhängig und parallel wie möglich und tauschen nur bei Bedarf asynchron Nachrichten (Informationen) aus. Solche Arten von Systemen erlauben es neuen Komponenten, sich beim Event-System zu registrieren und somit das gesamte System leicht erweiterbar, wartbar und integrierbar zu halten.

Neben den Event-basierten Systemen gibt es noch einen weiteren architekturellen Stil von unabhängigen Komponenten: die kommunizierenden *Prozesse (communicating processes*). Dies sind Multiprozess-Systeme wie beispielsweise Client-Server. Ein Server stellt Daten für einen oder mehrere Clients im Netzwerk zur Verfügung, die diese Informationen auf synchronem oder asynchronem Wege vom Server abholen. Die dabei verwendeten Kommunikationsprotokolle sind beispielsweise RPC (Remote Procedure Call im Falle von C/C++) oder RMI (Remote Method Invocation im Falle von Java).

Eine spezielle Art stellt der *Peer-to-Peer*-Stil dar, der in Kap. 7 noch detailliert beschrieben wird. In einem Peer-to-Peer(P2P)-Stil interagieren die Komponenten als Gleichrangige (i.e. Peers). Die Kommunikation ist eine Art von Anfrage/Antwort (*request/reply*) ohne die Symmetrie, die man in Client-Server-Systemen findet. D.h., eine Komponente kann mit anderen Komponenten durch Inanspruchnahme ihrer Services kommunizieren. Konnektoren dieses Stils können umfangreiche bidirektionale Interaktionsprotokolle umfassen, welche die Zwei-Weg-Kommunikation zwischen zwei oder mehreren Peers repräsentieren. P2P-Systeme basieren oft auch auf verteilten Objekt-Infrastrukturen wie CORBA, COM+ oder Java RMI. Peers können Objekte, verteilte Objekte oder auch Clients sein. Ungleich zu Client-Server kann die Kommunikation von jedem Peer initiiert werden (Peers agieren als Clients und als Server, je nach Bedarf und Services, die sie zur Verfügung stellen). Peers haben Schnittstellen, welche die Services beschreiben, die sie von anderen Peers anfordern bzw. selbst anbieten. Die Steuerung zwischen den einzelnen Peers ist symmetrisch: Peers initiieren Aktionen durch Kooperation mit anderen Peers, um ihre Aufgaben zu erfüllen. Einschränkungen im Peer-to-Peer-Stil sind hinsichtlich der Anzahl der pro Peer zulässigen weiteren Peers oder aber auch im Wissen von Peers über andere im System existente Peers (Topologie-basiert) gegeben und im jeweiligen P2P-System und den darin verwendeten Protokollen umgesetzt (z.B. im Gnutella-Protokoll).

4.2.6 Heterogene architekturelle Stile

Software-Systeme werden selten mit nur einem architekturellen Stil gebaut. Vielmehr spielen mehrere der zuvor beschriebenen Stile für diverse Aufgaben und Verantwortlichkeiten im System zusammen. So kann eine Kommunikationsschicht als Dienst die zuverlässige Übertragung von Daten bereitstellen, dies aber beispielsweise auf Peer-to-Peer-Art und Weise erledigen. Komponenten, die auf der Kommunikationsschicht aufsetzen, können wiederum einem anderen architekturellen Stil zur Erledigung ihrer Aufgaben folgen. So sind zahlreiche industrielle Client-Server-Systeme, die mittels CORBA Middleware kommunizieren, als geschichtete objektbasierte Multiprozess-Systeme anzusehen und damit eine Kombination dreier architektureller Stile. Dieser heterogene Stil kann aufgrund seiner häufigen Anwendung durchaus auch als eigener architektureller Stil angesehen werden. So entstehen aus der Kombination und Integration diverser Stile manchmal neue heterogene Stile, beeinflusst auch durch neue Technologien wie beispielsweise Peer-to-Peer etc.

Heterogenität kann zumindest in drei Arten auftreten (Bass et al. 1998):

- Bereichsabhängige Heterogenität: Je nach Bereich oder Subsystem tritt der eine oder andere Stil hervor. Ein System kann im Wesentlichen einem architekturellen Stil folgen, dann aber in Teilbereichen andere Substile umsetzen. So können in einem unabhängigen Komponenten-Stil einzelne (oder auch nur eine) Komponenten einem Pipe-and-Filter-Stil folgen.
- Hierarchieabhängige Heterogenität: Komponenten, die sich hierarchisch in weitere Subkomponenten auffalten, können einem anderen Stil folgen; so kann beispielsweise eine Komponente eines Event-basierten Stils in sich einer Schichtung folgen.
- Simultane Heterogenität: Nicht jedes System kann nur mit einem Stil optimal beschrieben werden; manchmal können mehrere Beschreibungen und damit architekturelle Stile für ein System gleich passend sein.

Aus Obigem lässt sich folgern, dass architekturelle Stile die Software-Architekturen in orthogonale, nicht überlappende Kategorien einteilen lassen. Vielmehr stellen diese ideale Abstraktionen und Beschreibungen für bestimmte Eigenschaften oder Verantwortlichkeiten von Systemen oder System-Teilen dar.

4.2.7 Architekturelle Stile in ihrer Anwendung

Die Verwendung von geeigneten architekturellen Stilen für den Entwurf eines Software-Systems ist eine wesentliche Herausforderung für Software-Architekten und hängt von den zu erreichenden System-Qualitäten ab. Stile dienen als elementares Beschreibungsmittel für eine Software-Architektur und sind somit essenziell für die Darstellung systemkritischer und undeterminierter Teile. Regeln und Richtlinien für die effektive Anwendung sind dafür wichtig. Der Einsatz eines architekturellen Stils hängt stark von den angestrebten Qualitätsattributen des Software-Systems ab (z.B. Zuverlässigkeit, Performance, Fehlertoleranz, Sicherheit etc.)

und sollte zuerst danach ausgerichtet werden. Eine geeignete Vorgangsweise ist es, mit der am besten geeigneten architekturellen Struktur zu beginnen und dann den Stil für diese Struktur auszuwählen, der die Qualitätsattribute am besten umsetzen lässt.

Bass et al. 1998 haben einige Faustregeln zur Auswahl des geeigneten architekturellen Stils für die jeweiligen Anforderungen und Rahmenbedingungen definiert, die wir in Tabelle 4.2 auszugsweise darlegen:

Tabelle 4.2. Faustregeln zur Auswahl des geeigneten architekturellen Stils

Architektureller Stil	anzuwenden, wenn ...
Datenfluss	Das System produziert einen wohl definierten, einfach identifizierbaren Output, der das direkte Resultat von sequentiellen Transformationen aus wohl definierten Inputs in einer Zeit-unabhängigen Art und Weise ist. Die Integrierbarkeit (resultierend aus einfachen Schnittstellen der Komponenten) ist wesentlich.
• Batch sequential	• Eine singuläre Output-Operation ist das Resultat des Lesens einer Menge von Input-Daten und deren Transformationen sind sequenziell.
• Datenfluss	• Input und Output treten als wiederkehrende Serie auf, und es gibt einen direkten Zusammenhang zwischen entsprechenden Teilen jeder Serie.
– azyklisch	– ... und die Transformationen beinhalten keine Feedback Loops.
– nur Fan-out-Komponenten	– ... und die Transformationen beinhalten keine Feedback Loops und ein Input führt jeweils zu mehr als einem Output.
– Pipeline, Pipe-and-Filter	– Die Berechnung besteht aus Transformationen von kontinuierlichen Datenströmen. Die Transformationen sind inkrementell; eine Transformation kann beginnen, bevor der vorangehende Schritt abgeschlossen ist.
• Closed Loop Control	Das System überwacht andauernde Aktivität, ist in einem physikalischen System eingebettet und ist unvorhersehbaren externen Störungen ausgesetzt, sodass vordefinierte Algorithmen fehlschlagen können.
Call-and-Return	Die Reihenfolge der Berechnung ist fixiert und die Komponenten können ohne Ergebnisse von anderen Komponenten keine sinnvolle Weiterverarbeitung durchführen.
• Objektorientiert, abstrakte Datentypen	• Die gesamte Modifizierbarkeit ist eine wesentliche Qualitätsanforderung. • Die Integrierbarkeit (über die Schnittstellen) ist ebenfalls eine wesentliche Qualitätsanforderung.
– *Abstrakte Datentypen*	– Es gibt zahlreiche Datentypen, deren Repräsentation sich ändern kann/wird.
– *Objekte*	– Das Ausnützen von Gemeinsamkeiten über die Schnittstellen von Komponenten (Klassen) durch das *information hiding*-Prinzip bringt Vorteile für Entwicklung und Testen des Systems.

– *Call-and-Return-basierter Client-Server*	– Die Modifizierbarkeit hinsichtlich der Produktion von Daten und wie diese konsumiert werden, ist wesentlich.
• Schichtung (*layering*)	• Die Aufgaben im System können aufgeteilt werden auf jene, die spezifisch für die Anwendung sind, und jene, die generisch für viele Anwendungen, aber spezifisch für die vorliegende Hardware sind. • Portabilität über Plattformen hinweg ist wesentlich. • Bereits existierende Infrastrukturen können verwendet werden (z.B. Betriebssystem, Netzwerk-Management etc.)
Unabhängige Komponenten	Das System soll auf einer Multiprozessor-Plattform lauffähig sein. Das System kann als eine Menge von lose gekoppelten Komponenten strukturiert werden (i.e. eine Komponente kann weitgehend unabhängig vom Zustand anderer Komponenten weiterarbeiten). *Performance tuning* durch Arbeitsaufteilung (auf Prozesse oder Prozessoren) ist wesentlich.
• Kommunizierende Prozesse	• *Message passing* (Nachrichtenaustausch) ist als Interaktionsmechanismus ausreichend.
– *Lightweight-Prozesse*	– Der Zugriff auf gemeinsame Daten ist kritisch für das Erreichen der Performanz-Ziele.
– *Verteilte Objekte*	– Die bekannten Gründe für Objektorientierung und interagierende Prozesse treffen zu.
– *Client-Server Request-Reply*	– Aufgaben können zwischen Produzenten und Konsumenten von Daten bzw. zwischen Aufrufern und Aufgerufenen geeignet aufgeteilt werden.
– *Broadcast*	– Alle Komponenten müssen von Zeit zu Zeit synchronisiert werden. – Verfügbarkeit ist eine wesentliche Anforderung.
– *Token passing*	– Es ist für alle Aufgaben des Systems sinnvoll, zwischen den Komponenten in einem vollständig verbundenen Graphen zu kommunizieren. – Der Gesamtzustand des Systems muss gelegentlich zugreifbar sein (wie in einem fehlertoleranten System) und die Komponenten arbeiten asynchron.
• Dezentralisierte Server	• Verfügbarkeit und Fehlertoleranz sind die wesentlichen Anforderungen und die Daten und Dienste der Server sind kritisch für die Funktionalität des Systems.
• Replizierte Worker	• Die Berechnungen können im Teile-und-Herrsche(*divide et impera*)-Ansatz durch Parallelverarbeitung durchgeführt werden.
• Event-Systeme	• Die Konsumenten von Events (Informationen) sollen von deren Erzeugern entkoppelt werden. • Skalierbarkeit soll durch Hinzufügen von weitgehend eigenständigen Komponenten, die durch Events angestoßen werden, erreicht werden.
Daten zentriert	Zentraler Punkt ist die Speicherung, die Repräsentation, das Management sowie der Zugriff auf große Mengen von langlebigen Daten im System.

• Transaktionale Datenbank / Repository	• Die Reihenfolge der Ausführung von Komponenten wird bestimmt durch die ankommenden Anfragen, um Daten zuzugreifen oder zu aktualisieren. Die Daten sind dabei tief strukturiert.
• Blackboard	• Skalierbarkeit soll durch Hinzufügen von Datenkonsumenten ohne Änderung der Produzenten erfolgen. • Modifizierbarkeit soll durch die Änderung, wer Daten produziert und wer konsumiert, erreicht werden.

4.3 Architekturelle Stile und Qualitätsattribute

Nach den Faustregeln für die Anwendung von bestimmten architekturellen Stilen und der Beschreibung von Qualitätsattributen für Software ist es wichtig, den Einfluss eines konkreten architekturellen Stils auf die Ausprägung diverser Qualitätsattribute zu diskutieren. Je nach Stil ergeben sich für ein und dieselbe Aufgabenstellung unterschiedliche Eigenschaften des Software-Systems. Zur Illustration wollen wir ein bekanntes und viel zitiertes Beispiel aus der Literatur heranziehen: das KWIC(*key word in context*)-System von Parnas (Parnas 1972). Anhand dieses Systems zeigen wir, welchen Effekt der jeweils gewählte architekturelle Stil auf die Qualitätseigenschaften des resultierenden Systems hat.

Das KWIC-System verarbeitet eine Menge von Textzeilen, produziert alle zirkulären Wortverschiebungen vom Zeilenanfang an das Zeilenende und sortiert dann alle diese Wortverschiebungen. Ein KWIC-System verwendet man hauptsächlich, um einen Index zu erzeugen, der schnell zu durchsuchen ist, da jedes Wort alphabetisch auffindbar ist, auch wenn es nicht am Beginn eines Satzes steht.

Nachfolgend ist ein Beispiel mit folgendem Input gegeben:

Software-Architekturen für verteilte Systeme
Key Word in Context

KWIC liefert folgenden Output:

Architekturen für verteilte Systeme Software
Context Key Word in
für verteilte Systeme Software-Architekturen
in Context Key Word
Key Word in Context
Software-Architekturen für verteilte Systeme
Systeme Software-Architekturen für verteilte
verteilte Systeme Software-Architekturen für
Word in Context Key

Dieses Beispiel wurde von Parnas verwendet, um die Vorteile von *information hiding* und Datenkapselung anschaulich zu zeigen. Shaw und Garlan haben dann die Lösungen von Parnas um zwei weitere ergänzt (Shaw u. Garlan 1996).

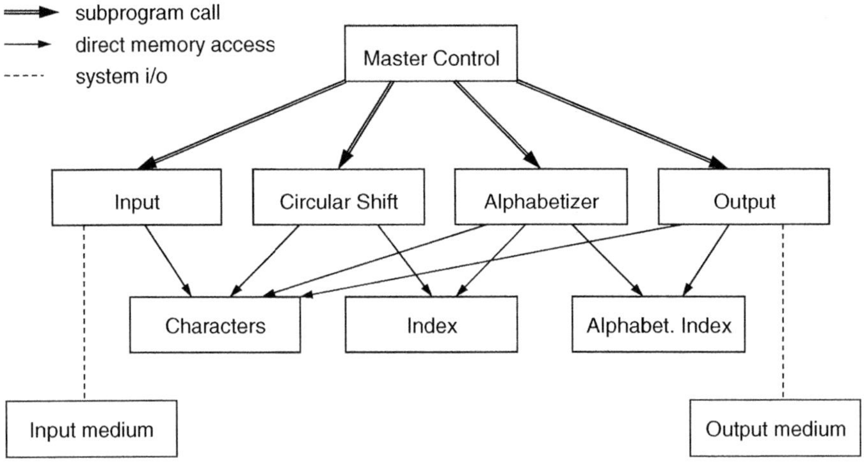

Abb. 4.4. KWIC-Lösung als *shared-memory*-Architektur

Die Lösungen für KWIC verwenden jeweils unterschiedliche architekturelle Stile: Abstrakte Datentypen, gemeinsamer Speicher, Pipe-and-Filter sowie Event-basierten Stil (*implicit invocation*).

In der *shared-memory*-Lösung (siehe Abb. 4.4) teilen sich alle Module die gemeinsamen Datenstrukturen (i.e. globale Daten, zugreifbar von allen Komponenten) und operieren direkt darauf. Diese Zugriffe sind rasch und wenig aufwendig, jedoch sind alle Komponenten des Systems über den gemeinsamen Speicherbereich miteinander verdrahtet. Die *shared-memory*-Lösung hat somit gute Eigenschaften hinsichtlich Performanz, aber schlechte Modifizierbarkeit. Eine Änderung im Datenformat kann nämlich jede Komponente betreffen.

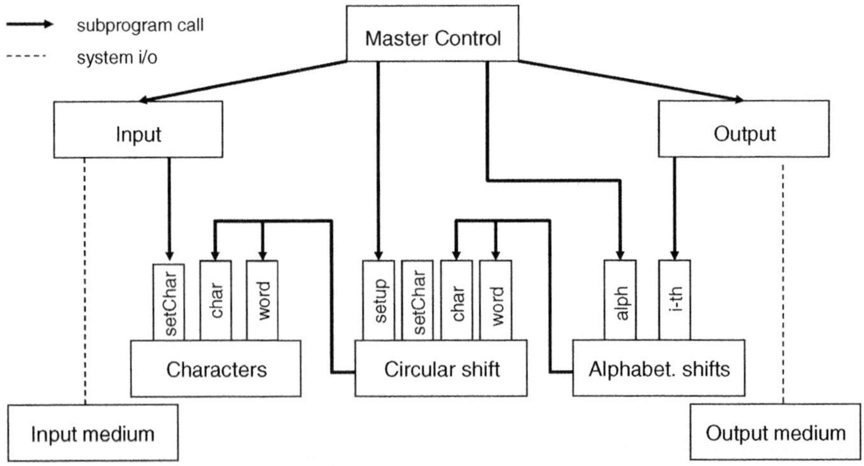

Abb. 4.5. KWIC-Lösung als abstrakter Datentypen-Stil

Die abstrakte Datentyp-Lösung von KWIC (in Abb. 4.5) unterstützt aufgrund der angewandten Design-Prinzipien wie Datenkapselung und *information hiding* die Modifizierbarkeit; Implementierungsdetails (z.B. die algorithmische Umsetzung diverser Sortierungen oder Umreihungen) und Datenformate (i.e. die Repräsentation der jeweiligen Datenstrukturen) werden hinter den Schnittstellen verborgen. Clients von Objekten greifen nur über die Service-Schnittstellen zu (ohne die dahinter liegenden Details kennen zu müssen). Hinsichtlich Performanz ist jede abstrakte Datentyp-Realisierung weniger optimal als beispielsweise ein *shared-memory*-Stil, da mehr Schnittstellen durchlaufen werden müssen und durch die getrennte Datenrepräsentation auch mehr Speicher benötigt wird. Eine solche Lösung mit zusätzlicher Funktionalität zu erweitern, bedarf einer genauen Analyse der Schnittstellen und meist einer Änderung der Aufrufreihenfolge, sodass auch in diesem Falle eine Erweiterung nur bedingt einfach ist.

In der Lösung mit der *implicit invocation* (in Abb. 4.6), die dem Event-basierten Stil folgt, wird die Funktion „Circular Shift" indirekt aufgerufen, indem Daten in den Zeilenpuffer (*lines*) geschrieben werden und somit ein Event erzeugt wird, auf das die Komponente *Circular Shift* registriert ist. Dieselbe Art von indirektem Aufruf passiert für die Komponente Sortierer (*Alphabetizer*).

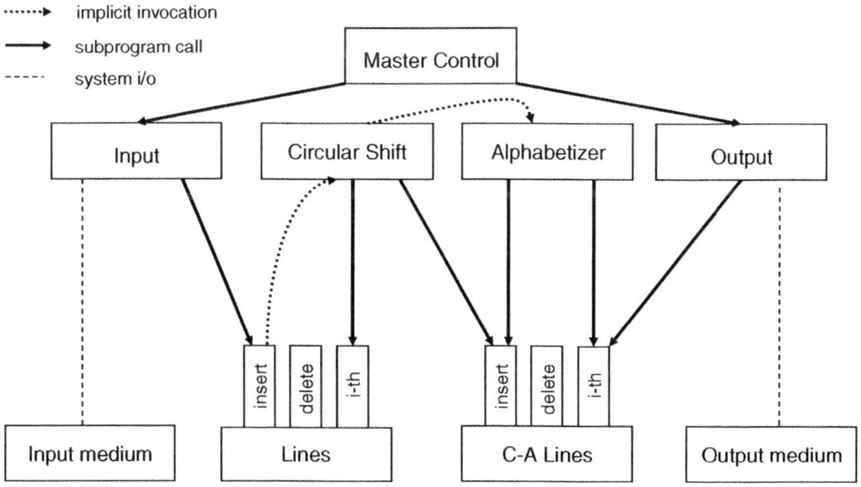

Abb. 4.6. KWIC-Lösung im Event-basierten Stil (*implicit invocation*)

Dieser Stil unterstützt die Erweiterbarkeit des Systems recht gut. Neue Komponenten (wie z.B. die Eliminierung von Bindewörtern wie „und" oder „für" etc.) registrieren sich für Events und geben die eigenen Events bekannt (z.B. das Einfügen von Wörtern in diverse Puffer) und die Funktionalität wird dann ausgeführt, wenn das entsprechende Event erzeugt wurde. Andererseits erlaubt dieser architekturelle Stil wenig Einflussnahme auf die Reihenfolge der Ausführung und die System-Kontrolle. Ebenso ist die Speicherausnützung durch die Replikation von Daten in mehreren Komponenten nicht optimal.

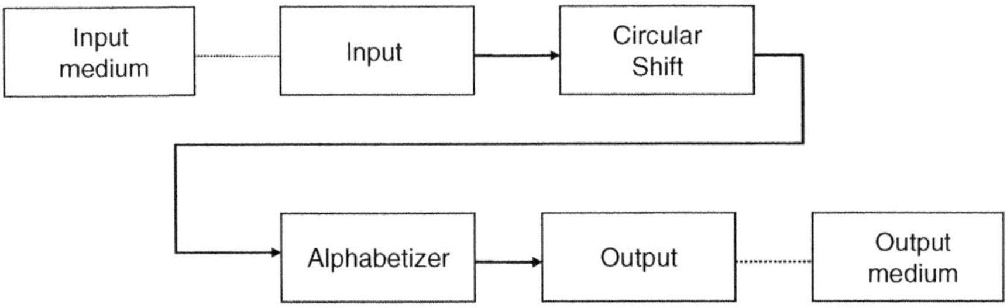

Abb. 4.7. KWIC als Pipe-and-Filter-Lösung

Im Pipe-and-Filter-Stil (in Abb. 4.7) wird die gesamte Funktionalität von KWIC durch zwei Filter realisiert: Ein Filter reiht die Zeilen um, ein anderer sortiert das Ergebnis. Damit ist diese Lösung intuitiv und leicht verständlich und bietet somit einige interessante Charakteristiken: Filter könnten zusätzlich eingefügt werden (z.B. ein Filter, der wie zuvor die Bindewörter filtert und somit einen Hauptwörter-Index erstellen lässt) und Filter könnten durch andere Filter derselben Funktionalität, aber anderer Implementierung ersetzt werden. Beispielsweise kann es einen Filter mit anderer Sortierfunktion und Komplexität geben, der eingesetzt werden könnte. Die Voraussetzung für zusätzliche Filter und das Ersetzen von Filtern ist lediglich, dass die neuen Filter auf derselben Art von Datenstrom operieren können. Eine Wiederverwendung der Filter ist – da diese ja völlig unspezifisch von der Anwendung sind – auch in anderen Software-Systemen möglich.

Trotzdem hat der Pipe-and-Filter-Stil auch signifikante Nachteile: So ist die Effizienz der Verarbeitung nicht optimal, da jeder Filter für sich als eigener Prozess läuft und das Parsing mehrfach durchgeführt wird. Die Gesamtfunktionalität des Systems lässt sich nur als Abfolge von Filtern (i.e. Komponenten) definieren und erlaubt darüber hinaus auch keine Interaktivität.

Tabelle 4.3 aus (Shaw u. Garlan 1996) fasst die obigen Diskussionen zu den einzelnen Stil-Lösungen von KWIC zusammen und folgt der Bewertung in „+“ (für gut bzw. leicht) und „–“ (für weniger gut bzw. schwierig).

Tabelle 4.3. Vergleich der architekturellen Lösungen von KWIC

	Gemeinsame Daten (*shared memory*)	**Abstrakte Datentypen**	**Event-basiert (*implicit invocation*)**	**Pipe-and-Filter**
Änderung im Algorithmus	–	–	+	+
Änderung in der Datenrepräsentation	–	+	–	–
Änderung in der Funktionalität	–	–	+	+
Performance	+	+	–	–
Wiederverwendung	–	+	–	+

4.4 Architekturelle Stile und Muster

Architekturelle Stile erlauben, Software-Systeme mit bestimmten Abstraktionen zu beschreiben und damit eine Kategorisierung von Systemen oder System-Teilen durchzuführen. Mit den verschiedenen architekturellen Stilen sind ganz konkrete Eigenschaften des nach diesem Bauplan zu entwickelnden Systems verbunden, sodass auf die Auswahl des Stils großes Augenmerk zu legen ist. Die im vorigen Abschnitt angeführten Faustregeln für Anwendungen diverser Stile sollen dazu eine Hilfestellung geben.

Das Konzept des architekturellen Stils ist als fundamental für die Definition einer Software-Architektur anzusehen.

> Immer wieder auftretende und prinzipielle Lösungen, welche die Verwendung bestimmter Komponenten in ganz konkreten Beziehungen zueinander (i.e. Arten von Verbindungen bzw. Konnektoren) vorsehen und dabei in zumindest zwei oder mehr Software-Systemen oder Lösungen bereits vorkommen, charakterisieren einen *architekturellen Stil.*

Frühe und fundamentale Entwurfsentscheidungen werden damit definiert und der Bauplan für das zu implementierende System festgeschrieben. Architekturelle Lösungen in diversen Anwendungsbereichen folgen immer wieder diesen Prinzipien und sind – ausgenommen die Details der Realisierungen – als identisch anzusehen (vlg. Clements et al. 2003).

Ähnlich dazu wurden in der objektorientierten Programmierung immer wieder auftretende Lösungen als Entwurfsmuster (*Design Patterns*) definiert und entsprechend katalogisiert. Die Gang-of-Four(GoF)-Entwurfsmuster (Gamma et al. 1995) oder die objektorientierten Muster von Pree (Pree 1995) stellen dabei nahezu schon klassische Kataloge von Entwurfsmustern dar. Muster wie Model-View-Controller (MVC), Abstract Factory, Adapter, Proxy oder State Pattern sind im heutigen Entwurfsvokabular von Software-Designern bereits fest verankert.

Sowohl architekturelle Stile als auch Design Patterns haben einige Gemeinsamkeiten:

> Mit architekturellen Stilen oder Design Patterns werden immer wiederkehrende Lösungen beschrieben, aber keine Lösungen für neue Probleme definiert. Es wird daher auf bewährten Lösungen aus der Vergangenheit aufgebaut.

Die Dokumentation der Stile und Muster ist für das Verständnis und die Anwendung dieser essenziell: (Gamma et al. 1995) haben eine 13-teilige Vorlage für ihre Pattern-Beschreibung gestaltet, in der Attribute wie „Name und Klassifikation“, „Motivation“, „Anwendung“, „weitere Namen des Patterns“, „Struktur“ oder auch „Source-Code-Beispiele“ vorkommen. Mit dieser einheitlichen Pattern-Beschreibung soll das Erlernen, Vergleichen und Anwenden der Muster wesentlich erleichtert werden.

Architekturelle Stile und Design Patterns sind einander sehr ähnlich, wenngleich die Ebene der Abstraktion unterschiedlich ist. Ähnlich sind sich die beiden in der Form, wie sie gemäß einer Vorlage dokumentiert werden: Beides sind katalogisierte Design-Lösungen aus der praktischen Anwendung und beide werden für ein zu entwickelndes System vervollständigt und instanziiert. Ein architektureller Stil bezieht sich jedoch auf eine allgemeine Problemstellung, während ein Pattern sich auf eine konkretere Problemstellung einer oder mehrerer Komponenten bezieht.

Muster auf architektureller Ebene stehen in engem Zusammenhang mit Mustern auf Entwurfsebene. So sind beispielsweise die Entwurfsmuster Fassade, Wrapper oder Proxy sowohl auf Entwurfsebene als auch auf architektureller Ebene zu sehen, aber jeweils in der entsprechenden Abstraktion: Architekturelle Muster fokussieren auf die wesentlichen Zusammenhänge zwischen Komponenten (bis hin zu Subsystemen), während Entwurfsmuster auf die Beziehung zwischen Objekten und Klassen (ein oder mehrerer Komponenten) abzielen.

Spezielle Design Patterns für Middleware-Komponenten werden in (Schmidt et al. 2000) nach verschiedenen Aspekten verteilter Systeme gegliedert:

- Service-Zugriff und Konfiguration: *Wrapper Facade, Component Configurator, Interceptor, Extension Interface.*
- Event Verarbeitung*: Reactor, Proactor, Asynchronous Completion Token, Accept Connector.*
- Synchronisation: *Scoped Locking, Strategized Locking, Thread-Safe Interface, Double-Checked Locking Optimization.*
- Parallelität: *Active Object, Monitor Object, Half-Sync/Half-Async, Leader/Followers, Thread-Specific Storage.*

Im Folgenden wollen wir einige architekturelle Muster näher beschreiben, wobei eine vollständige Beschreibung dieser nicht das Ziel ist. Detailinformationen zu den Mustern finden sich in anderen Werken in geeigneter Art und Weise:

- POSA 1 (Buschmann et al. 1996): Ein Katalog architektureller Muster für Software.
- POSA 2 (Schmidt et al. 2000): Ein Katalog architektureller Muster für Middleware-Software.
- GoF-Muster (Gamma at al. 1995): Entwurfsmuster für objektorientierte Software.
- UML und Patterns (Larman 2002)

Die folgende Beschreibung ausgewählter architektureller Muster basiert auf den Ausführungen von (Buschmann et al. 1996). Die Vorlage zur Musterbeschreibung folgt ebenfalls in bewährter Weise dem POSA-1-Buch und verwendet folgende Attribute: Beschreibung, Kontext, Problem, Lösung, Struktur, Variationen, Vorteile und mögliche Auswirkungen.

4.4.1 Proxy

> Ein Proxy bietet den Clients einer Komponente einen Repräsentanten bzw. Platzhalter für die Komponente, sodass die Clients mit diesem Repräsentanten (i.e. Proxy) anstatt mit den Komponenten direkt kommunizieren. Ein solcher Platzhalter kann mehreren Zwecken dienen wie z.B. verbesserte Effizienz, einfacherer Zugriff oder Schutz vor unautorisiertem Zugriff auf die Komponente.

Kontext: Ein Client will die Services einer Komponente in Anspruch nehmen, wobei direkter Zugriff technisch möglich ist, aber nicht den besten Lösungsansatz darstellt.

Problem: Es ist oft unvorteilhaft, auf eine Komponente direkt zuzugreifen. Die physische Platzierung der Komponente soll darüber hinaus nicht Preis gegeben werden. Der direkte und unbegrenzte Zugriff auf die Komponente kann unsicher oder auch ineffizient sein, sodass zusätzliche Kontrollmechanismen erforderlich sind. Eine Lösung hat daher folgende Aspekte zu berücksichtigen:

- Der Zugriff auf die Komponente soll laufzeiteffizient, kosteneffektiv und für Client und Komponente sicher sein.
- Der Zugriff auf die Komponente soll für den Client transparent und einfach sein. Der Client soll weder sein Aufrufverhalten noch seine Aufrufsyntax im Vergleich zur Original-Komponente ändern müssen.
- Der Client soll aber auch Kenntnis hinsichtlich Performanz und Antwortzeitverhalten haben, wenn er auf eine entfernte Komponente zugreift.

Lösung: Der Client soll statt mit der originalen Komponente mit einem Repräsentanten kommunizieren. Dieser Repräsentant (genannt *Proxy*) bietet dieselbe Schnittstelle wie das Original, führt aber zusätzlich Vor- und Nachverarbeitungen der Client-Anfragen durch (z.B. Zugriffskontrolle oder Erzeugen einer nur lesbaren Kopie der Komponenten-Daten).

Struktur: Das Original implementiert einen spezifischen Service. Der Client ist für den spezifischen Task verantwortlich und ruft dafür die Funktionalität des Originals indirekt durch Zugriff auf den Proxy auf. Der Proxy bietet dieselbe Schnittstelle wie das Original und sichert korrekten Zugriff auf das Original zu. In den meisten Fällen besteht zwischen Proxy und Original eine 1:1-Beziehung (ausgenommen so genannte Remote und Firewall Proxies, die wir nachfolgend noch erläutern). Das abstrakte Original bietet die Schnittstelle zwischen Proxy und Original. Die gesamte Struktur ist in Abb. 4.8 dargestellt.

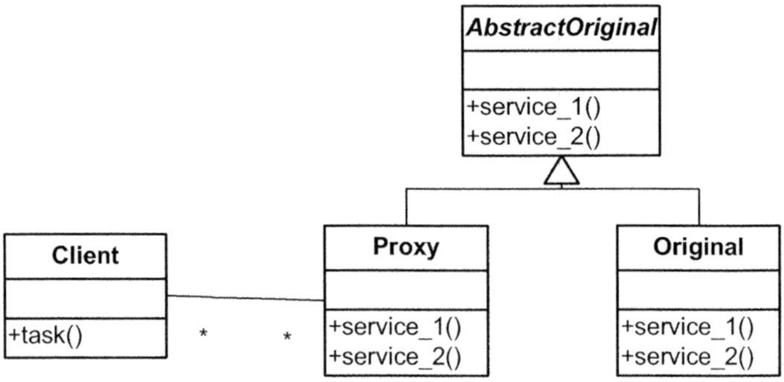

Abb. 4.8. Architekturelles Muster-*Proxy*

Varianten: Für das Proxy-Muster gibt es zahlreiche Varianten:

- *Remote Proxy*: Clients einer entfernten (*remote*) Komponente sollen vor Netzwerk-Adressierung und Interprozess-Kommunikation abgeschirmt werden. Daher verwaltet ein Remote Proxy die physikalische Adresse des Originals und implementiert die Routinen zur Kommunikation mit dem Original.
- *Protection Proxy*: Komponenten sollen vor unautorisiertem Zugriff geschützt werden. Deswegen überprüft der Proxy die Zugriffsrechte eines jeden Clients (zumeist durch die von der Plattform angebotenen Zugriffskontrollmechanismen). Zugriffskontrolllisten sind dafür ein weit verbreiteter Ansatz.
- *Cache Proxy*: Mehrere lokale Clients können sich die Ergebnisse von entfernten Komponenten teilen und darauf zugreifen. Der Proxy wird um einen Datenbereich zur lokalen Speicherung der Ergebnisse erweitert und realisiert eine Strategie zur Verwaltung des Cache.
- *Synchronization Proxy*: Mehrere gleichzeitige Zugriffe auf eine Komponente werden synchronisiert, sodass nur ein oder mehrere bestimmte Clients zur gleichen Zeit auf das Original zugreifen können. Dafür kann der Client das Konzept des wechselseitigen Ausschlusses (*mutual exclusion*) mittels Semaphore realisieren. Weiters kann der Proxy auch andere Synchronisationsmechanismen umsetzen, die ihm die Plattform bzw. das Betriebssystem bietet.
- *Counting Proxy*: Das automatische Löschen von obsoleten Komponenten soll (durch Referenzzählen) ermöglicht bzw. Verwendungsstatistiken geführt werden. Die Anzahl der Referenzen, die auf ein Original verweisen, wird mitgeführt, sodass das Original gelöscht werden kann, wenn es darauf keinen Verweis mehr gibt.
- *Virtual Proxy*: Verarbeitung oder Laden einer gesamten Komponente kann kostspielig sein, obwohl partielle Information über die Komponente in vielen Fällen ausreicht. Dieses Prinzip ist auch als „*lazy construction*" bekannt und geht von der Annahme aus, dass eine Applikation auf den Sekundärspeicher zugreift. Der Proxy verbirgt dabei, ob das Original gesamt geladen ist oder nur

gerüstartige Information darüber vorliegt. Das Laden fehlender Teile passiert dann im erforderlichen Fall.

- *Firewall Proxy*: Lokale Clients sollen durch diese Art Proxy vor der Außenwelt geschützt werden. Der Firewall Proxy ist meistens als Dämonenprozess auf dem Firewall-Rechner implementiert. Der Proxy überprüft alle ausgehenden und ankommenden Anfragen hinsichtlich Übereinstimmung mit den internen Sicherheitsrichtlinien und Zugriffsrechten. So wird beispielsweise ein Standardservice wie FTP durch eine andere Version ersetzt, die statt eines direkten Zugriffs zuerst den Proxy kontaktiert.

Vorteile bei Verwendung eines Proxy:

- Verbesserte Effizienz und geringere Kosten: Ein Virtual Proxy hilft beispielsweise dabei, nur bei Bedarf die Daten einer Komponente zu laden (bzw. nachzuladen). Damit kann unnötiges Auslesen des Speichers (üblicherweise die Festplatte) verhindert und die Antwortzeit der Applikation verbessert werden.
- Entkopplung von Clients vom Ort der Server-Komponente: Gibt man die Information über den Ort der Server-Komponente und der Funktionalität zur Adressierung in eine Remote-Proxy-Variante, so sind Clients bei Migration des Services oder Änderungen der Netzwerkinfrastruktur nicht betroffen. Client-Code ist somit stabiler und auch wieder verwendbar.
- Trennung von Organisation und Funktionalität: Ein Proxy befreit die Clients von Tätigkeiten, die nicht im engsten Sinn zur Durchführung ihrer Aufgabe gehören.

Darüber hinaus muss man aber auch **mögliche Auswirkungen** beim Einsatz des Proxy-Patterns berücksichtigen:

- Weniger Effizienz aufgrund der Indirektion: Jeder Proxy führt zu einer zusätzlichen Ebene der Indirektion. Dieser Verlust von Effizienz ist meist vernachlässigbar gegenüber der saubereren Struktur der Clients und dem Gewinn an Effizienz durch Caching oder *lazy construction* durch die Verwendung eines Proxy. Trotzdem sollte man bei jeder Anwendung eines Proxy die möglichen Auswirkungen genau überprüfen.
- Übermaß durch komplizierte Strategien: Verschlungene Strategien für Caching oder Nachladen bei Bedarf zahlen sich nicht in jedem Fall auch wirklich aus. Speziell wenn die Originale hoch dynamisch sind (wie in einer Flugreservierung oder einem Ticketbestellsystem), kann Cache-Invalidierung zu Overhead führen, der die Vorteile der Strategie mehr als aufhebt. Meist rechtfertigen nur grobe Entitäten den zusätzlichen Aufwand für die Cache-Verwaltung.

4.4.2 Broker

Eine Broker-Architektur kann dazu benutzt werden, um verteilte Software-Systeme mit entkoppelten Komponenten, die durch entfernte Service-Aufrufe interagieren, zu strukturieren. Eine Broker-Komponente ist für die Koordination der Kommunikation zwischen Komponenten zuständig – wie z.B. das Weiterleiten von Anfragen oder das Übertragen von Ergebnissen oder Ausnahmen.

Kontext: Es handelt sich um eine verteilte, heterogene Umgebung mit unabhängig kooperierenden Komponenten.

Problem: Die Erstellung eines komplexen Systems als Menge von entkoppelten und interagierenden Komponenten im Kontrast zu einem monolithischen System zum Erreichen besserer Flexibilität, Wartbarkeit und Modifizierbarkeit. Durch Aufteilung der Funktionalität in mehrere unabhängige Komponenten wird das System potenziell verteilbar und skalierbar. Eine Broker-Architektur hat folgende Aspekte zu berücksichtigen:

- Komponenten sollten auf Services anderer Komponenten durch entfernte, ortstransparente Service-Aufrufe zugreifen können.
- Es besteht eine Notwendigkeit, zur Laufzeit Komponenten zu tauschen, neu hinzuzufügen oder wegzunehmen.
- Die Architektur soll system- und implementierungsspezifische Details vor den Benutzern von Komponenten und Services verbergen.

Lösung: Einführen einer eigenen Broker-Komponente zur Entkopplung von Clients und Server. Die Server registrieren sich beim Broker und machen somit ihre Services für Clients über ihre Service Schnittstellen zugänglich. Clients können die Services von Servern in Anspruch nehmen, indem sie ihre Anfrage an den Broker richten. Der Broker lokalisiert den zugehörigen Server, leitet die Anfrage an diesen weiter und überträgt die Ergebnisse bzw. Ausnahmen (*exceptions*) zurück an den Client.

Die Verwendung eines Brokers erlaubt einer Applikation, verteilte Services durch einfaches Senden von Nachrichten an das entsprechende Objekt anzusprechen, anstatt auf systemnahe Interprozess-Kommunikation zurückgreifen zu müssen. Objekte können in dieser Architektur flexibel und dynamisch verändert, hinzugefügt, gelöscht oder übersiedelt werden. Die Verteilung ist somit für den Benutzer transparent, d.h. nicht bemerkbar.

Struktur: Die Broker Architektur besteht aus sechs Typen von Komponenten (siehe Abb. 4.9): Clients, Server, Broker, Bridges, Client-seitige und Server-seitige Proxies. Ein Server implementiert Objekte, die ihre Funktionalität via Schnittstellen anbieten. Diese Schnittstellen werden entweder durch eine Schnittstellendefinitionssprache (*Interface Definition Language*, IDL) oder durch einen Binärstandard zur Verfügung gestellt.

Varianten:

- *Broker-System mit direkter Kommunikation*: In manchen Situationen ist es sinnvoll, die Restriktion, dass jede Anfrage an den Broker geht, aufzuweichen. In dieser Variante können Clients mit den Servern direkt kommunizieren, indem der Broker den Clients den vom Server zur Verfügung gestellten Kommunikationskanal mitteilt. Der Client kann somit eine direkte Verbindung zum Server herstellen. In solchen Systemen übernehmen die Proxies die Broker-Verantwortlichkeit für die Kommunikation.
- *Broker-System mit Nachrichtenvermittlung* (*message passing*): Server verwenden den Typ der übermittelten Nachricht, um festzustellen, welchen Service sie auszuführen haben, anstatt den Clients ihre Services zum Aufrufen bereitzustellen. Diese Art eines Broker-Systems fokussiert auf die Übertragung von Daten anstatt auf die Umsetzung einer *Remote-Procedure-Call*-Abstraktion. Eine Nachricht in diesem Kontext ist eine Sequenz von Daten zusammen mit zusätzlicher Information über den Typ der Nachricht, ihre Struktur und weitere relevante Attribute.

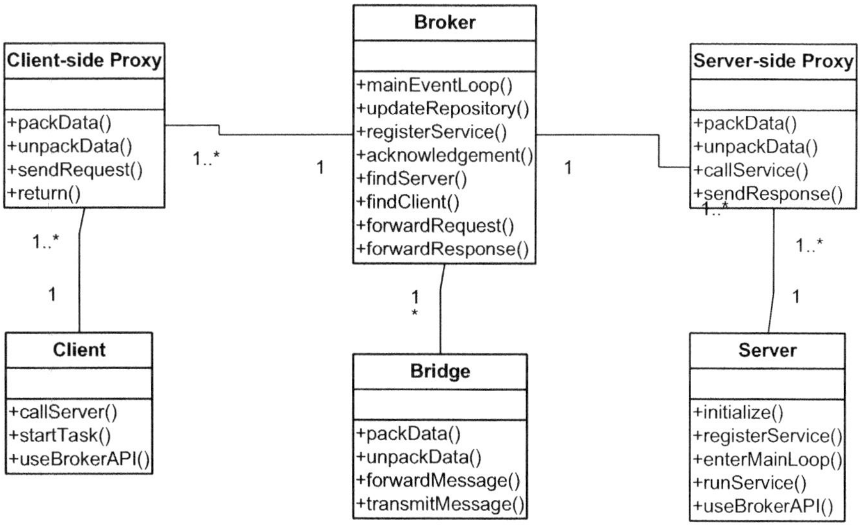

Abb. 4.9. Broker-Architektur

- *Trader-System*: Eine Client-Anfrage wird normalerweise genau an einen Server weitergeleitet. In manchen Fällen sind aber die Services und nicht die Server die Aufrufziele von Clients. In einem Trader-System muss der Broker all jene Server kennen, die einen bestimmten Service ausführen können. Client-seitige Proxies verwenden daher Service-Bezeichner anstatt von Server-Bezeichnern;

dieselbe Anfrage kann dann auch an mehrere Server, die dasselbe Service anbieten, weitergeleitet werden.

- *Adapter-Broker-System*: Um zusätzliche Flexibilität zu erhalten, kann auch die Broker-Schnittstelle vor den Servern verborgen werden. Diese Adapter-Schicht des Brokers ist zuständig, die Server zu registrieren und mit ihnen zu interagieren. Durch Zurverfügungstellung mehrerer dieser Schichten können unterschiedliche Strategien für Server-Granularität und Server-Platzierung umgesetzt werden.
- *Callback-Broker-System*: Anstatt eines aktiven Kommunikationsmodells mit Anfragen und Antworten kann auch ein reaktives Modell realisiert werden, das Event-basiert funktioniert. Dieses reaktive Modell unterscheidet nicht zwischen Clients und Servern, sondern der Broker ruft die Callback-Methode der Komponente auf, die für den aufgetretenen Event registriert ist.

Vorteile: Die Broker-Architektur bringt einige wesentliche Vorteile mit sich:

- Ortstransparenz: Da der Broker durch die Verwendung eines eindeutigen Server-Bezeichners für die Lokalisierung von Servern zuständig ist, müssen Clients nicht wissen, wo sich die jeweiligen Server im Netzwerk befinden. Umgekehrt wissen die Server auch nichts über ihre Clients, da sämtliche Anfragen und Aufrufe über den Broker laufen.
- Änderbarkeit und Erweiterbarkeit von Komponenten: Ändern sich Server und bleiben ihre Schnittstellen aber gleich, so bedarf es keiner funktionalen Änderungen der Clients im System. Wird der Broker ohne Änderung seiner Schnittstellen geändert, hat dies auch keine funktionalen Auswirkungen auf die Server oder die Clients. Ändern sich die Kommunikationsmechanismen für die Interaktion zwischen Servern und Broker, Client und Broker oder zwischen Brokern, so bedarf dies meistens einer neuerlichen Übersetzung (Kompilierung) von Clients, Servern und Brokern.
- Portabilität eines Broker-Systems: Das Broker-System verbirgt Betriebssystem- und Netzwerk-Details vor den Clients und Servern durch die Verwendung von Indirektionsschichten wie APIs, Proxies oder Bridges. Bei Portierungen ist es in den meisten Fällen ausreichend, die Broker und ihre APIs auf die neue Plattform anzupassen. D.h., eine Schichtung des Brokers seinerseits (z.B. zum Verbergen von systemspezifischen Details vor den anderen Teilen eines Brokers) kann zu weiteren Vorteilen für Portierungen führen.
- Interoperabilität zwischen Broker-Systemen: Unterschiedliche Broker-Systeme können interagieren, wenn sie dasselbe Protokoll zum Nachrichtenaustausch verstehen. Ein solches Protokoll wird durch Bridges realisiert und gehandhabt, um von einem Broker-Protokoll in das gemeinsame Protokoll umzusetzen und umgekehrt.
- Wiederverwendbarkeit: In der Entwicklung von neuen Client-Applikationen können in vielen Fällen bereits bestehende Komponenten durch Integration wieder verwendet werden.

Mögliche Auswirkungen:

- Eingeschränkte Effizienz: Applikationen, die ein Broker-System verwenden, sind üblicherweise langsamer als andere Applikationen, deren Komponenten-Verteilung bekannt und statisch ist. Systeme, die direkt von der Interprozess-kommunikation abhängig sind, haben bessere Performanz, da eine Broker-Architektur stets Indirektionsschichten für Portabilität, Flexibilität und Änderbarkeit integriert hat.

- Geringere Fehlertoleranz: Verglichen mit nicht verteilten Software-Systemen haben Broker-Architekturen eine geringere Fehlertoleranz. Fällt im Betrieb ein Server oder Broker aus, so sind alle Applikationen, die von diesen Komponenten abhängen, in ihrer weiteren Ausführung gehindert. Nur durch die Replikation von Komponenten kann die Fehlertoleranz gesteigert werden.

4.4.3 Master-Slave

> Das Master-Slave-Muster unterstützt Fehlertoleranz, parallele Verarbeitung und Rechengenauigkeit. Eine Master-Komponente verteilt die Aufgaben an identische Slave-Komponenten und berechnet ein Endergebnis aus den Resultaten der Slave-Komponenten.

Kontext: Die Aufteilung von Aufgaben in semantisch identische Subtasks.

Problem: „Teile und Herrsche" ist das angewandte Prinzip in diesem Muster. Aufgaben werden in einige gleiche Subtasks zerlegt und unabhängig abgearbeitet. Das Resultat wird aus den einzeln abgelieferten Ergebnissen berechnet. Berücksichtigt werden sollten dabei folgende Aspekte:

- Clients sollten über das angewandte „Teile und Herrsche"-Prinzip nicht informiert sein.

- Weder die Clients noch die Verarbeitung von Subtasks sollte vom Algorithmus zur Aufteilung von Aufgaben und zum Berechnen des Resultats abhängen.

- Es kann hilfreich sein, für ein und dieselbe Berechnung mehrere semantisch gleiche Implementierungen von Subtasks zu verwenden, um beispielsweise die Rechengenauigkeit zu erhöhen.

- Die Verarbeitung von Subtasks benötigt oft auch eine bestimmte Koordination (z.B. in Simulationen etc.).

Lösung: Einführen einer Koordinationsinstanz zwischen Clients und der Verarbeitung der einzelnen Subtasks. Eine Master-Komponente teilt die Aufgabe in gleiche Subtasks auf, delegiert diese Subtasks an mehrere unabhängige, aber semantisch identische Slave-Komponenten und berechnet aus den Einzelergebnissen der

Slaves das Endergebnis. Mit diesem Muster können Fehlertoleranz, Parallelverarbeitung sowie Rechengenauigkeit erreicht werden.

Struktur: Die Master-Komponente bietet ein Service nach dem „Teile und Herrsche"-Prinzip über eine Schnittstelle an, die den Clients einen Zugriff auf dieses Service erlaubt. Intern realisiert der Master die Funktionalität zur Aufteilung des Services in mehrere gleiche Subtasks zum Starten und Kontrollieren der Verarbeitung dieser sowie der Berechnung des Endergebnisses aus den einzelnen Teilresultaten. Der Master verwaltet auch die Referenzen zu allen Slave-Instanzen, an die er Subtasks delegiert.

Eine Slave-Komponente liefert Services als Subtasks des Masters. In einer Master-Slave-Architektur sind zahlreiche Slave-Komponenten mit einem Master verbunden (siehe Abb. 4.10).

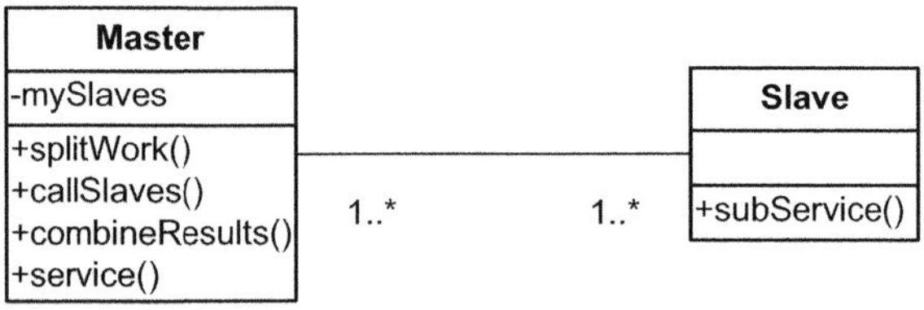

Abb. 4.10. Master-Slave-Architektur

Varianten:

- *Master-Slave für Fehlertoleranz*: In dieser Variante delegiert der Master die Verarbeitung an eine definierte Anzahl von replizierten Implementierungen, die jeweils einen Slave darstellen. Fehlertoleranz wird dadurch erreicht, dass das System weiter funktioniert, solange nicht alle Slaves fehlerhaft sind. Im Falle, dass alle Slaves fehlerhaft sind, kann der Master dies dem Client durch ein spezielles Signal (z.B. eine Exception) mitteilen und der Client somit entsprechend darauf reagieren. In Situationen, wo der Master selbst fehlerhaft ist, hilft auch diese Variante nicht.

- *Master-Slave für Parallelverarbeitung*: Die meiste Verwendung des Master-Slave-Musters ist für die Parallelverarbeitung. Die identischen Subtasks werden von den jeweiligen Slaves parallel ausgeführt und der Server stellt das Endresultat durch entsprechende Verknüpfung aller Einzelresultate der Slaves her. Für diese Variante spielt die jeweilige Hardware-Architektur eine entscheidende Rolle, da sie den Lösungsansatz entsprechend determiniert.

- *Master-Slave für Rechengenauigkeit*: In dieser Variante wird die Ausführung des Services an zumindest drei verschiedene Implementierungen in jeweils einem anderen Slave verteilt. Der Master wartet die drei Einzelergebnisse ab und wählt die Mehrzahl der gleichen (und somit offensichtlich richtigen) Ergebnisse, wobei diese Auswahl auf verschiedene Art und Weise je nach Anforderungen erfolgen kann.

- *Slaves als Prozesse*: Die Master-Slave-Struktur kann erweitert werden, um Slaves in separaten Prozessen zu unterstützen. Der Master hat dann eine *top component*, die sich um alle für den Master arbeitenden Slaves kümmert. Remote Proxies repräsentieren jeden Slave im Master-Prozess, um den Master und die *top component* unabhängig von der physischen Platzierung der Slaves zu halten.
- *Slaves als Threads*: In dieser Variante wird jeder Slave als Thread realisiert, die der Master erzeugt. Probleme der Thread-Erzeugung sowie die geeignete Anzahl der Threads sind beim Master angesiedelt und hängen sowohl von der Aufgabe pro Thread als auch der zur Verfügung stehenden Hardware ab.
- *Master-Slave mit Slave-Koordination*: Die Berechnungen eines Slaves können u.U. von Zuständen anderer Slaves (und deren Resultaten) abhängen. In einem solchen Fall müssen Berechnungen immer wieder zur Synchronisation mit anderen Slaves unterbrochen werden. Diese Problematik kann man entweder dadurch lösen, dass man den Slaves-Kontrolllogik zur Koordination verleiht, oder dass man den Master die Abhängigkeiten unter den Slaves koordinieren lässt. Ersteres führt zu einer Aufweichung der eigentlichen Charakteristik einer Master-Slave-Architektur und kann zusätzlich zu einer Performanz-Verschlechterung des gesamten Systems führen.

Vorteile:

- Austauschbarkeit und Erweiterbarkeit: Durch die Definition einer abstrakten Slave-Klasse können Slave-Implementierungen ohne Auswirkungen auf den Master oder die Clients ausgetauscht werden.
- *Separation of Concerns*: Die Verwendung einer Master-Komponente trennt Slave und Client von jenem Code, der die Aufteilung der Aufgaben vornimmt, Subtasks an Slaves delegiert, Resultate von den Slaves einsammelt, das Endergebnis aufbereitet sowie u.U. Fehlfunktionen oder Ausfälle von Slaves behandelt.
- *Effizienz*: Das Master-Slave-Muster für Parallelverarbeitung lässt diverse Aufgabenstellungen unter Berücksichtigung der für die parallele Verarbeitung entstehenden Kosten effizienter realisieren.

Mögliche Auswirkungen:

- Machbarkeit: Nicht in jedem Fall ist eine Master-Slave-Architektur einsetzbar. Neben der probleminhärenten Aufteilungsmöglichkeit der Aufgabenstellung sind auch noch die Aspekte der Verarbeitungszeit für die Master-Slave-Verwaltung sowie des dafür benötigten Speicherplatzes zu berücksichtigen.
- Maschinenabhängigkeit und Portabilität: Parallelverarbeitung hängt stark von der darunter liegenden Hardware-Architektur ab. Dies kann die Änderbarkeit und Portabilität einer Master-Slave-Lösung signifikant beeinflussen.

- Schwierig umzusetzen: Eine Parallelverarbeitung mittels Master-Slave ist nicht trivial zu realisieren, da neben der optimalen Subtask-Aufteilung auch Aspekte der Kommunikation zwischen Komponenten sowie mögliche Fehlerszenarien zu beachten und implementierungstechnisch umzusetzen sind.

4.4.4 Client-Dispatcher-Server

> Das Client-Dispatcher-Server-Muster fügt eine Schicht zwischen Clients und Server ein, die so genannte Dispatcher-Komponente. Dies führt durch Verwendung eines Namensdienstes (*naming service*) zu Ortstransparenz und versteckt die Details der Kommunikationsverbindung zwischen Server und Clients.

Kontext: Ein Software-System, das eine Menge von verteilten Servern integriert, und diese Server sind lokal oder verteilt über ein Netzwerk zugänglich.

Problem: Werden verteilte Server für ein Software-System verwendet, so müssen die Kommunikationsmittel für und zwischen diesen Servern zur Verfügung gestellt werden. Die Funktionalität der Komponenten sollte jedoch unabhängig von den Details der Kommunikationsmechanismen sein. Somit könnten Server dynamisch anderswo im Netz platziert und damit Flexibilität bei Netzwerk- oder Server-Ausfällen erreicht werden. Berücksichtigt werden sollten dabei folgende Aspekte:

- Eine Komponente sollte einen Service unabhängig von der Platzierung des Service-Erbringers verwenden können.
- Der funktionale Kern eines Service-Verwenders sollte getrennt sein von jenem Teil, der die Verbindung zum Service-Erbringer herstellt.

Lösung: Eine Dispatcher-Komponente soll als Schicht zwischen Server und Clients fungieren und einen Namensdienst realisieren, um Clients zu erlauben, auf Server durch Namen anstatt Ortsangaben zu referenzieren und damit Ortstransparenz zu ermöglichen. Weiters ist der Dispatcher auch für den Aufbau und die Verwaltung der Kommunikationsverbindung zuständig.

Clients sind vom Dispatcher für die Lokalisierung eines speziellen Servers und den Verbindungsaufbau abhängig. Im Gegensatz zu traditionellen Client-Server-Lösungen können sich die Rollen von Clients und Servern dynamisch ändern.

Struktur: Für die Ausführung seines Anwendungsspezifischen Tasks fragt der Client beim Dispatcher nach einer Verbindung zum Server nach (siehe Abb. 4.11). Der Server registriert sich beim Dispatcher mit seinen Services unter Angabe von Name und Adresse. Der Dispatcher bietet die „Vermittlungsfunktionalität" zwischen Server und Clients an, indem er Server-Namen auf -Adressen abbildet, daraufhin die Kommunikationsverbindung herstellt und einen Handle auf die Verbindung an den Client zurückliefert. Dazu realisiert der Dispatcher die Funktionalität für Server-Registrierung und Server-Lokalisierung.

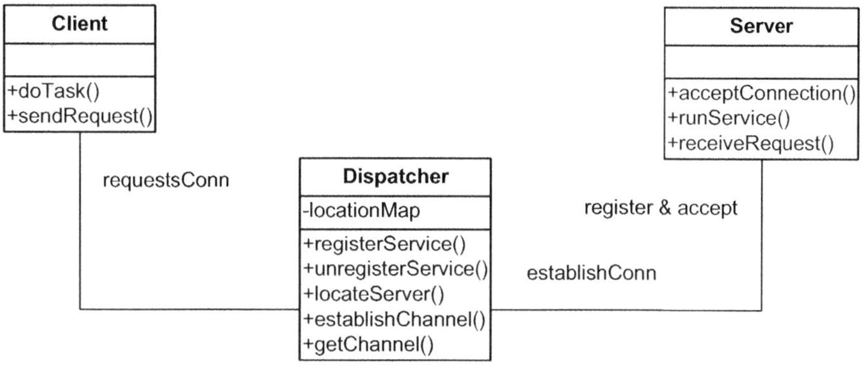

Abb. 4.11. Client-Dispatcher-Server

Varianten:

- *Verteilte Dispatcher*: Anstatt einer singulären Dispatcher-Komponente können auch mehrere solcher Dispatcher verteilt über das Netzwerk eingesetzt werden. Erhält ein Dispatcher eine Anfrage eines Clients für einen Server auf einem entfernten Rechner, so kontaktiert er den Dispatcher am entfernten Rechner. Der entfernte Dispatcher stellt nun eine Verbindung zum gewünschten Service her und gibt die Information über den Kommunikationskanal an den initiierenden Dispatcher zurück, der diese wiederum an den Client weiterleitet. Eine weitere Möglichkeit besteht darin, den Client direkt mit dem Dispatcher am entfernten Rechner kommunizieren zu lassen, was aber die Ortstransparenz signifikant einschränkt. Bevor man einen verteilten Dispatcher-Ansatz verwendet, sollte man sich jedenfalls die Verwendung einer Broker-Architektur – wie zuvor beschrieben – überlegen.

- *Client-Dispatcher-Server mit Client-seitigem Kommunikationsmanagement*: In dieser Variante liefert der Dispatcher statt eines Kommunikationskanals nur die physische Server-Adresse an den Client zurück und der Client kümmert sich selbst um die weitere Kommunikation mit dem Server.

- *Client-Dispatcher-Server mit heterogener Kommunikation*: Es ist nicht in jedem Fall möglich, die Kommunikation zwischen Client und Server nur mit einem einzigen Kommunikationsprotokoll zu realisieren, manche Server verwenden beispielsweise Sockets, andere wiederum Named Pipes. Für solche gemischte Kommunikation realisiert der Dispatcher die Kommunikation unter Berücksichtigung des möglichen Protokolls. Server registrieren sich unter ihrem Namen, ihrer Adresse und Angabe des unterstützten Kommunikationsprotokolls. Der Client bekommt dann die Information über das zu verwendende Protokoll ebenfalls zurückgeliefert.

- *Client-Dispatcher-Service*: In dieser Variante adressieren die Clients Services anstelle von Servern. Bei einer Service-Anforderung überprüft der Dispatcher dann, welche Server für dieses Service registriert sind und stellt eine Verbindung zu einem der Server her. Damit können beispielsweise auch Serverausfälle kompensiert werden, da der Dispatcher im Fehlerfall einen anderen Server für das gewünschte Service kontaktieren kann.

Bekannte Verwendungen:

Remote Procedure Calls (RPCs) basieren auf diesem architekturellen Muster. Sun's RPC (Sun 1990) realisiert eine Kombination aus verteilten Dispatchern und Client-Dispatcher-Server mit Client-seitigem Kommunikationsmanagement, wobei der Portmapper die Rolle des Dispatchers hat.

Die OMG-CORBA-Spezifikation (OMG 1992) verwendet die Prinzipien des Client-Dispatcher-Server-Musters zur Verfeinerung und Instanziierung des Broker-Musters.

Vorteile:

- Austauschbarkeit von Servern: Server können geändert oder hinzugefügt werden, ohne die Dispatcher-Komponente oder den Client ändern zu müssen. Neue Server registrieren sich, nachdem der alte Server (den sie ersetzen) sich abgemeldet hat.

- Orts- und Migrationstransparenz: Clients müssen den Ort der Server nicht kennen und sind somit von keiner Ortsinformation abhängig. Server können somit transparent auf andere Rechner migriert werden.

- Rekonfiguration: Die Entscheidung, auf welchen Rechnern bestimmte Server laufen, kann in der Entwicklung des Systems vorerst unberücksichtigt bleiben und erst dann bei Start des Systems oder gar erst zur Laufzeit entschieden werden. Auch dynamische Rekonfigurationen des verteilten Systems werden mit diesem architekturellen Muster ermöglicht.

- Fehlertoleranz: Bei Netzwerk- oder Server-Fehlern können neue oder andere Server aktiviert werden, die diese Services dann übernehmen. Clients werden mit der Fehlerbehandlung nicht befasst.

Mögliche Auswirkungen:

- Geringere Effizienz durch Indirektion und explizite Verbindungsverwaltung: Die Performanz eines Client-Dispatcher-Server-Systems hängt vom jeweiligen Overhead des Dispatchers ab, den dieser für Registrierung von Services und Verbindungsverwaltung erzeugt.

- Anfälligkeit bei Ausfällen des Dispatchers: Da der Dispatcher eine zentrale Rolle in diesen Architekturen spielt, wirkt sich ein Ausfall dieser Komponente vital auf das gesamte System aus.

4.4.5 Publisher-Subscriber

> Das Publisher-Subscriber-Muster erlaubt, den Zustand von kooperierenden Komponenten zu synchronisieren. Es ermöglicht einseitige Weitergabe von Änderungen der Komponenten-Zustände: Ein Publisher benachrichtigt eine beliebige Anzahl von Subscribern über seine Zustandsänderung.

Dieses architekturelle Muster ist auch als *Observer* oder *Dependents* bekannt.

Problem: Es ergibt sich die Notwendigkeit, dass Änderungen des Zustands einer Komponente anderen Komponenten, die von diesen Daten abhängig sind, mitgeteilt werden. Ein klassisches Beispiel findet sich im Bereich von Benutzerschnittstellen: Änderungen in den Daten (z.B. eine neue Datei) sollen umgehend zu Aktualisierungen diverser Sichten auf diese Daten (z.B. Datei-Browser) führen. Direkte Aufrufabhängigkeiten sind für eine Lösung zu inflexibel und nicht wieder verwendbar. Dabei sind folgende Aspekte zu berücksichtigen:

- Eine oder mehrere Komponenten müssen über die Zustandsänderung einer bestimmten Komponente benachrichtigt werden.
- Anzahl und Identität der abhängigen Komponenten sind nicht a priori bekannt oder können sich im Laufe der Zeit ändern.
- Explizites Polling nach neuer Information durch die abhängigen Komponenten ist nicht realisierbar.
- Der Publisher der Information und seine abhängigen Komponenten sollen nicht eng miteinander gekoppelt werden.

Lösung:
Eine spezielle Komponente übernimmt die Rolle des Publishers (auch *Subjekt* genannt). Alle von Informationen dieser Komponente abhängigen Komponenten sind ihre Subscriber (auch *Observer* genannt). Der Publisher verwaltet eine Liste von aktuell registrierten Komponenten und wann immer eine Komponente ein Subscriber werden will, verwendet diese die Subscribe-Schnittstelle des Publishers (analog für den *unsubscribe* Vorgang). Ändert sich der Zustand im Publisher, schickt dieser eine Benachrichtigung an alle subskribierten Komponenten und die Subskribenten holen sich die neue aktuelle Information ab.
Dieses Muster bietet einige wesentliche Freiheitsgrade in seiner Realisierung:

- Der Publisher kann entscheiden, aufgrund welcher internen Zustandsänderungen er seine Subskribenten benachrichtigt. Er kann auch mehrere Änderungen in eine Warteschlange stellen, bevor er die Benachrichtigung (gesammelt) durchführt.
- Eine Komponente kann Subskribent bei zahlreichen Publishern sein. Eine Komponente kann sowohl Publisher als auch Subskribent sein.

- Subskription und darauf folgende Benachrichtigung können durch den Eventtyp unterschieden werden. Dies erlaubt Subskribenten nur Nachrichten über Events zu bekommen, an denen sie interessiert sind.

- Der Publisher kann ausgewählte Details der Datenänderung mit der Benachrichtigung an seine Subskribenten verteilen oder auch nur eine Benachrichtigung alleine, sodass die Subskribenten sich über die Details der Änderung selbst informieren müssen.

Generell unterscheidet man zwischen dem Push- und dem Pull-Model. Im *Push-Modell* sendet der Publisher alle geänderten Daten in der Benachrichtigung (d.h., er *pushed* diese zu den Subscribers); die Subskribenten haben keine Möglichkeit auszuwählen, ob sie die gesamten Daten erhalten wollen oder nicht. Im *Pull-Modell* sendet der Publisher nur aus, dass sich die Daten geändert haben (ohne aber die geänderten Daten selbst zu übermitteln), und die Verantwortung liegt bei den Subskribenten, sich die entsprechenden Daten vom Publisher abzuholen („*pull*"). Das Push-Modell hat ein relativ starres dynamisches Verhalten, währenddessen das Pull-Modell mehr Flexibilität, aber auf Kosten von mehr Nachrichten im System hat. Für komplexe Datenänderungen kann das Push-Modell eine schlechte Wahl sein, speziell dann, wenn der Publisher Datenpakete sendet, an denen nicht alle Subskribenten wirklich interessiert sind. Brauchen die Subskribenten jedoch die Daten nahezu immer, dann ist das Push-Modell effektiver. Das Pull-Modell verwendet man idealerweise dann, wenn die Subskribenten individuell entscheiden wollen, welche Information sie wann benötigen.

Varianten:

- *Gatekeeper*: Dies stellt eine Variante für verteilte Systeme dar. Ein Publisher benachrichtigt entfernte Subskribenten und kann dafür in zwei Prozesse aufgespalten werden: Ein Prozess sendet Benachrichtigungen aus, ein anderer Prozess empfängt die Nachrichten und hat intern einen so genannten Gatekeeper (in Form eines Singletons), der den Zugangspunkt zum Prozess darstellt. Dieser Gatekeeper benachrichtigt die Subskribenten bei Eintreffen entsprechender Events.

- *Event Channel*: Diese Variante wurde von der OMG in ihrer Event-Service Spezifikation (OMG 1995) vorgestellt und entkoppelt Publisher und Subscriber relativ strikt. Es kann mehrere Publisher geben und die Subskribenten wollen nur über Änderungen informiert werden und nicht mit der Identität des jeweiligen Publishers zu tun haben (also anonym). Subskribenten interessieren sich nicht für Komponenten (und deren Änderungen), sondern für Änderungen bestimmter Art via Events. Wer letztendlich den Event sendet, ist zweitrangig. Weiters sind die Publisher auch nicht daran interessiert, welche Subskribenten es gibt. In dieser Variante gibt es daher einen so genannten Event Channel, der für die Publisher wie ein Subskribent aussieht und für Subskribenten wie ein Publisher aussieht. Subskribenten registrieren sich beim Event Channel und Publisher senden ihre Events an den Event Channel. Auf diese Weise können Publisher, Event Channel und Subskribenten in unterschiedlichen Prozessen existieren. Puffer zur Realisierung eigener Benachrichtigungsstrategien im

Event Channel bieten weitere Entkopplung der Komponenten. Die Event-Channel-Variante ist mächtig genug, um viele Publisher und typisierte Events zu erlauben.

- *Producer-Consumer*: In dieser weiteren Variante stellt ein Produzent (*producer*) Informationen zur Verfügung, die ein Konsument (*consumer*) zur weiteren Verarbeitung annimmt. Produzenten und Konsumenten sind streng entkoppelt, zumeist durch einen Puffer, in den der eine schreibt und aus dem der andere liest. Die einzige Synchronisation der beiden ist auf *overflow* oder *underflow* des Puffers. Üblicherweise sind Produzent und Konsument in einer 1:1-Beziehung; nur komplexere Lösungen wie der Event Channel erlauben mehrere Produzenten und Konsumenten.

4.4.6 Model-View-Controller (MVC)

> Das architekturelle Muster *Model-View-Controller* (MVC) unterteilt eine interaktive Applikation in drei Komponenten: Das Modell beinhaltet die Kernfunktionalität und die Daten, Views zeigen dem Benutzer die Information und Controller verarbeiten die Benutzereingaben. Views und Controller gemeinsam definieren die Benutzerschnittstelle fest. Ein Mechanismus zur Weiterleitung von Änderungen sichert die Konsistenz zwischen Benutzerschnittstelle und Modell zu.

Kontext: Interaktive Applikationen mit einer flexiblen und leicht erweiterbaren Mensch-Maschine-Schnittstelle.

Problem:
Benutzerschnittstellen unterliegen oft Änderungen und deshalb müssen bei Änderungen der Funktionalität meist Menüs und andere grafische Elemente erweitert oder angepasst werden, um die neue oder geänderte Funktionalität auf der Benutzerschnittstelle abzubilden. Auch so genannte „look-and-feel"-Standards diverser Betriebssystemplattformen (z.B. Windows, X/11, Motif etc.) führen im Zuge von Portierungen zu plattformspezifischen Änderungen der Benutzerschnittstelle.

Die Entwicklung eines Systems mit der gewünschten Flexibilität ist aufwendig und fehlerbehaftet, wenn die Benutzerschnittstelle eng mit der Funktionalität verschränkt ist. Das MVC-Muster berücksichtigt daher folgende Aspekte:

- Dieselbe Information wird dem Benutzer in mehreren Sichten unterschiedlich präsentiert.
- Anzeige und Verhalten der Applikation müssen Änderungen in den Daten unmittelbar reflektieren und umgehend Aktualisierungen von Inhalten durchführen.

- Änderungen der Benutzerschnittstelle sollten einfach und sogar zur Laufzeit möglich sein.
- Portierungen auf andere Plattformen sollten nicht den funktionalen Teil der Applikation betreffen.

Lösung:
Das Model-View-Controller-Muster unterteilt eine interaktive Applikation in drei Teile: Datenhaltung (*Model*), Darstellung (*View*) und Ablaufsteuerung (*Control*). Das Modell kapselt die Anwendungsdaten und die Funktionalität und ist unabhängig von spezifischen Ausgaberepräsentationen oder Eingabeverhalten. View-Komponenten zeigen die Informationen dem Benutzer an. Ein View beinhaltet Daten des Modells und für ein Modell kann es mehrere Views geben. Jeder View hat eine Controller-Komponente, die Eingaben als Events (z.B. Mausbewegungen, Tastenaktivierungen etc.) empfangen und diese Events in Serviceanfragen umformen. Der Benutzer interagiert mit dem System rein über die Controller-Komponenten.

Die Trennung des Modells von Kontrolle und Darstellung erlaubt es, mehrere Darstellungen vom selben Modell zu haben. Ändert der Benutzer die Daten über den Controller in einer Darstellung, so sollen alle anderen Darstellungen derselben Daten unmittelbar aktualisiert werden und somit die Änderungen reflektieren. Das Modell benachrichtigt daher alle Darstellungen (Views), wann immer es Änderungen in den Daten gibt. Die Technik der Weiterleitung von Änderungen ist im Publisher-Subscriber-Muster genau beschrieben.

Struktur:
Die Modell-Komponente beinhaltet den funktionalen Teil der Applikation, kapselt die zugehörigen Daten und exportiert Funktionen, die applikationsspezifische Verarbeitung durchführen (siehe Abb. 4.12). Controller rufen diese Funktionen im Auftrag des Benutzers auf. Darüber hinaus stellt das Modell auch noch Funktionen für seine Datenverwaltung zur Verfügung, die von den View-Komponenten verwendet werden, um die Daten anzeigen zu können.

Alle Views und ausgewählten Controller registrieren sich beim Event-Handling Mechanismus, um über Änderungen benachrichtigt zu werden. Der Mechanismus zur Weiterleitung von Änderungen ist somit die einzige Verbindung zwischen Modell, Views und Controller.

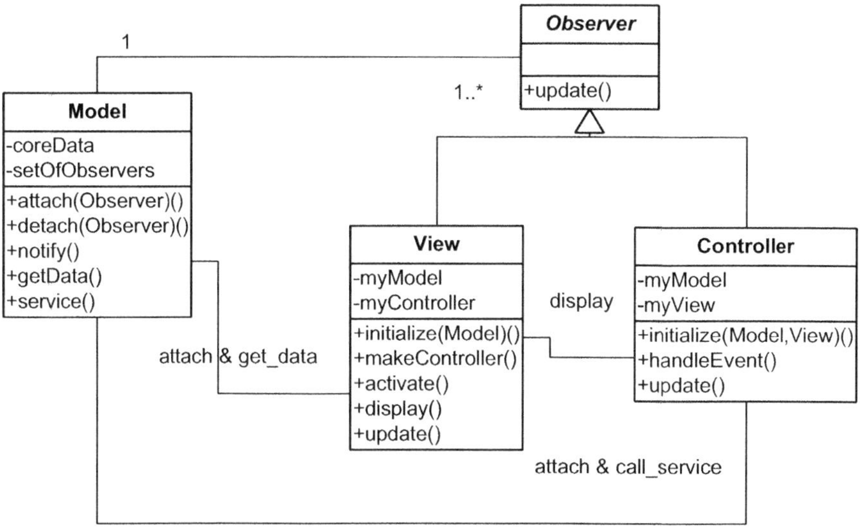

Abb. 4.12. Model-View-Controller-Muster

View-Komponenten präsentieren die Daten dem Benutzer und verschiedene Views präsentieren dieselben Daten auf unterschiedliche Art und Weise (z.B. grafische oder textuelle Darstellungen, Bilder etc.). Jeder View hat eine *update*-Funktion, die vom Event-Handling-Mechanismus für die Aktualisierung aufgerufen werden kann. Views und Controller sind über eine 1:1-Beziehung miteinander verbunden. Views bieten neben der Update-Funktion noch weitere Funktionen an, die vom Controller angesprochen werden können und Benutzereingaben umsetzen, die nicht das Modell betreffen (z.B. *scrolling*).

Controller nehmen Benutzereingaben in Form von Events entgegen und realisieren dafür beispielsweise eine Funktion, die Events abarbeiten kann. Jeder Event wird dann in Anfragen an das Modell oder den zugehörigen View umgesetzt.

Varianten:

- *Dokument-View*: In manchen grafischen Benutzeroberflächen (GUI) sind View und Controller enger verwoben (z.B. im X-Window-System). Die Verantwortlichkeiten von View und Controller können in einer Komponente zusammengefasst und damit die Austauschbarkeit der Controller-Komponente aufgegeben werden. Diese Variante wird Dokument-View genannt, wobei die Dokument-Komponente auf das Modell abgebildet wird und gleichzeitig auch den Event-Handling-Mechanismus realisiert. Die View-Komponente vereinigt die Verantwortlichkeiten von Controller und View des MVC und realisiert die Benutzerschnittstelle des Systems. Auch in dieser Variante erlaubt die lose Kopplung von Dokument und View die Synchronisation mehrerer Views derselben Anwendungsdaten. Beispiele für diese Variante sind die Microsoft Foundation Class Library (MFC) oder das ET++ Framework von (Gamma 1991).

Vorteile:

- Mehrere Darstellungen vom selben Modell: MVC trennt Datenhaltung (Model), Darstellung (View) und Ablaufsteuerung (Control) strikt und damit können mehrere Darstellungen desselben Modells dem Benutzer präsentiert werden.
- Synchronisierte Darstellungen: Der Event-Handling-Mechanismus, der Bestandteil des MVC-Musters ist, sorgt für die Synchronisation aller Darstellungen im Falle von Änderungen der Anwendungsdaten.
- Zusammensteckbare Views und Controller und Austauschbarkeit: Die konzeptuelle Trennung von Darstellung und Kontrolle erlaubt auch das Austauschen einzelner View- oder Kontroll-Komponenten eines Modells. Damit können zusätzliche Darstellungen in die Applikation integriert werden. Dieses Konzept ist vor allem bei Plattform-Portierungen interessant, da Änderungen durch eine neue Plattform nicht alle Komponenten betreffen, sondern nur View und Controller. Das Modell als solches bleibt plattformunabhängig gleich erhalten.

Mögliche Auswirkungen:

- Erhöhte Komplexität: Nicht für alle interaktiven Applikationen eignet sich dieses Muster gleichermaßen. Für einfache Menüs und Oberflächenelemente kann die MVC-Struktur zur Erhöhung der Komplexität ohne erkennbare Vorteile führen.
- Potenziell exzessive Updates: Resultiert eine Benutzeraktion in einer Reihe von Updates, so sollte die Modell-Komponente nicht für jedes einzelne Update eine Benachrichtigung aussenden, sondern Updates zusammenfassen und dann erst Events übergeben, sodass das System nicht durch übermäßig viele Updates (pro Benutzeraktion) belastet wird (d.h., effektorientierte Benachrichtigung ist zu bevorzugen).
- Intensive Verbindung zwischen View und Controller: Obgleich diese zwei Komponenten voneinander getrennt sind, so sind sie doch eng miteinander in Beziehung, sodass die Komponenten meist nicht voneinander getrennt wieder verwendbar sind.
- Kopplung von Views und Controller mit dem Modell: View und Controller rufen Funktionen des Modells auf, und damit verbunden wirken sich Änderungen an der Schnittstelle des Modells auch auf die View- und Controller-Komponenten aus.
- Ineffizienz beim Datenzugriff vom Modell: Abhängig von der Schnittstelle des Modells kann ein einzelnes Update eines Views zu mehreren Zugriffen auf das Modell führen und dabei auch unveränderte Daten erneut auslesen. D.h., für diesen Fall bietet sich an, Caching-Funktionalität von Daten im View zu integrieren, um die Reaktionszeit des Systems zu verbessern.

4.5 Abschließende Bemerkungen

Software-Systeme müssen bestimmte Qualitätsattribute wie Änderbarkeit, Erweiterbarkeit, Performanz, Fehlertoleranz oder Skalierbarkeit erreichen, um für die Beteiligten eine gute und möglichst zukunftssichere Investition zu sein. Architekturelle Stile und Muster stellen dafür bewährte Baupläne zur Verfügung, die – geeignet angewendet – gute architekturelle Lösungen liefern.

Architekturelle Stile bieten Schablonen, nach denen bestimmte Arten von Systemen gebaut werden können, beschreiben die Komponenten und Konnektoren sowie deren Komposition und definieren damit auch ihre Vorteile und Nachteile für bestimmte Anwendungen. Einem architekturellen Stil im Entwurf eines Systems zu folgen, bedeutet noch lange nicht, eine gute Architektur zu erhalten. Abhängig von der Art des zu entwickelnden Systems und den zu erreichenden Qualitätsattributen ist unter den vorgestellten architekturellen Stilen der jeweils geeignete auszuwählen.

Architekturelle Muster sind den Stilen recht ähnlich, beschreiben aber konkrete Beziehungen zwischen einzelnen Komponenten eines Systems. Muster wie Broker, Proxy, Master-Slave oder Publisher-Subscriber gehören zum Werkzeug für jeden Software-Architekten, nach denen er seine Komponenten zusammenbaut und interagieren lässt. Auch hier ist es wichtig, für die jeweilige Anforderung das oder die geeigneten Muster auszuwählen. Systeme werden nämlich nicht nach genau einem Stil oder unter Verwendung eines einzigen Musters entworfen, sondern folgen durchaus mehreren Stilen (z.B. in unterschiedlichen Schichten der Architektur) und realisieren das eine oder andere Muster.

Die in diesem Abschnitt angeführten architekturellen Stile und Muster stellen nur einen Ausschnitt aus den in der Literatur diskutierten vorgefertigten Lösungen dar, repräsentieren aber aus unserer Sicht die wesentlichsten Baupläne und Vorlagen für architekturelles Design. Darüber hinaus finden sich weitere Muster in den POSA-1- und POSA-2-Musterbeschreibungen von (Buschmann et al. 1996) und (Schmidt et al. 2000), ergänzt um Entwurfsmuster in (Gamma et al. 1995) oder (Pree 1995).

Literatur

Bass L, Clements P, Kazman R (1998) Software Architecture in Practice. Addison-Wesley Longman, Inc.

Brooks F (1975) The Mythical Man-Month – Essays on Software Engineering. Reading, MA, Addison-Wesley

Brooks F (1995) The Mythical Man-Month – Essays on Software Engineering (20th Anniversary Edition). Reading, MA, Addison-Wesley

Buschmann F, Meunier R, Rohnert H, Sommerlad P, Stal M (1996) Pattern-Oriented Software Architecture: A System of Patterns. John Wiley & Sons Ltd

Clements P, Bachmann F, Bass L, Garlan D, Ivers J, Little R, Nord R, Stafford J (2003) Documenting Software Architectures: Views and Beyond. Pearson Education, Inc.

Coplien J (1995) A Generative Development-Process Pattern Language. In Proceedings of Principles of Programming Languages (PLoP)

Coplien JO, Schmidt DC (eds.) (1995) Pattern Languages of Program Design. Addison-Wesley

Gamma E (1991) Objektorientierte Software-Entwicklung am Beispiel von ET++: Klassenbibliothek, Werkzeuge, Design. Dissertation, Universität Zürich

Gamma E, Helm R, Johnson R, Vlissides J (1995) Design Patterns – Elements of Reusable Object-Oriented Software. Addison-Wesley

Larman C (2002) Applying UML and Patterns: An Introduction to Object-Oriented Analysis and Design and the Unified Process. Prentice-Hall, Inc.

Miller G (1956) The Magic Number Seven, Plus or Minus Two: Some Limits on Our Capability for Processing Information. Psychological Review

Mills HD, Linger RC, Hevner AR (1986) Principles of Information Systems Analysis and Design. Academic Press, New York, NY

Monroe RT, Kompanek A, Melton R, Garlan D (1997) Architectural Styles, Design Patterns, and Objects. In: IEEE Software 14(1):43–52

Object Management Group (1992) The Common Object Request Broker: Architecture and Specification. OMG Document Number 91.12.1, Revision 1.1

Object Management Group (1995) CORBAservices: Common Object Services Specification. OMG Document Number 95-3-31

Parnas DL (1972) On the Criteria to be Used in Decomposing Systems into Modules. Communications of the ACM, 15(12):1053–1058

Parnas DL (1985) The Modular Structure of Complex Systems. IEEE Transactions on Software Engineering, 11(3):259–266

Parnas DL (1994) Software Aging. In: Proceedings of the 16th International Conference on Software Engineering (ICSE), Sorrento, Italy, pp 279–287, IEEE CS Press

Pree W (1995) Design Patterns for Object-Oriented Software Development. ACM Press, Addison-Wesley

Schmidt D, Stal M, Rohnert H, Buschmann F (2000) Pattern-Oriented Software Architecture: Patterns for Concurrent and Networked Objects. John Wiley & Sons, Inc.

Shaw M, Garlan D (1996) Software Architecture: Perspectives on an Emerging Discipline. Prentice-Hall, Inc.

Sun Microsystems Inc. (1990) Sun OS Documentation Tools. Formatting Documents, March 1990

Tanenbaum AS, van Steen M (2002) Distributed Systems: Principles and Paradigms. Prentice-Hall, Inc.

Witt BI, Baker FT, Merritt EW (1997) Software Architecture and Design: Principles, Models, and Methods. Van Nostrand Reinhold

Yourdon E, Constantine LL (1978) Structured Design: Fundamentals of a Discipline of Computer Program and Systems Design. Prentice-Hall, Englewood Cliffs, NJ

5 Web-Services

Web-Services werden zumeist als Beispiel für eine „Service-orientierte Architektur (SOA)“ angeführt. Dieses Kapitel behandelt Grundlagen und Protokolle von Web-Services, sowie derzeit noch offene Aspekte, die mittelfristig für einen tragfähigen Erfolg von Web-Services notwendig sind. Dieses Kapitel untersucht die Bestandteile und die sowohl im akademischen Umfeld als auch in der Industrie diskutierten Bereiche auf anschauliche Weise.

5.1 Einführung

Das World Wide Web wurde in den vergangenen Jahren hauptsächlich als *datenzentriertes* Instrument zum Suchen und Publizieren von Informationen verwendet. Wesentliche Merkmale dabei sind, dass Dokumente über Hyperlinks miteinander verbunden wurden sowie Transaktionen von einem Benutzer mittels Web-Browser gesteuert werden. Web-Services sind nun eine Art logische Weiterentwicklung bzw. Ergänzung zu bereits Bestehendem. Im Grunde genommen sind Web-Services Software-Komponenten, die in den meisten Fällen mittels Applikationsserver im Internet „nutzbar“ gemacht werden. Man spricht in diesem Zusammenhang auch von der „Service-orientierten Architektur (SOA)“ von Web-Services (vgl. Kreger 2001; Tsalgatitou u. Pilioura 2002). Die SOA besagt, dass Web-Services beschrieben, veröffentlicht (*published*), gefunden (*discovered*) und dynamisch aufgerufen (*invoked*) werden können. Das W3C hat eine eigene Arbeitsgruppe eingerichtet, die sich mit der Frage der Web-Services-Architektur (W3C 2003b) und den entsprechenden Szenarien auseinandersetzt (W3C 2003c).

Web-Services verwenden XML-basierte Standards, um Daten miteinander auszutauschen. Etwaige Transaktionen können nun auch ohne menschliches Zutun zwischen Web-Services abgewickelt werden. Der Markt von Web-Services wird von der IDC (IDC 2003) für das Jahr 2003 auf annähernd 50 Milliarden US-$ prognostiziert. In diesem Zusammenhang werden Web-Services hauptsächlich in einem Atemzug mit Enterprise Application Integration (EAI) genannt. Die Prognose der Analysten und der Web-Services-Hersteller ist die, dass diese Technologie wesentlich zur Senkung der Integrationskosten für Internet-basierte Informationssysteme beitragen wird.

Ein Web-Service bietet eine Schnittstelle auf Softwareoperationen über ein Netzwerk (z.B. Internet), das mittels Nachrichten-basiertem XML-Datentransfer aufrufbar ist (z.B. SOAP, WSDL), an. Ein weiteres Merkmal von einem Web-Service ist, dass es in sich abgeschlossen bzw. unabhängig ist (*self-contained*). Ein

Web-Service muss nicht notwendigerweise Komponenten-basiert sein. Ganz im Gegenteil, es ist auch möglich, „alte“ Mainframe-Applikationen als ein Web-Service zu verpacken. Das Marktsegment für Web-Services sind der EAI- und B2B-Markt (vgl. Bussler 2001; Bussler 2003), da in diesen Fällen verteilte Informationssysteme über Organisationsgrenzen hinweg miteinander zunehmend verbunden werden müssen. Abb. 5.1 verdeutlicht die Merkmale der Service-orientierten Architektur (vgl. Kreger 2001):

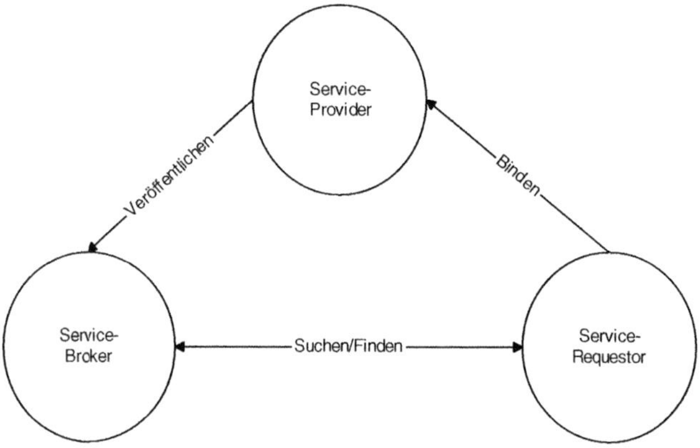

Abb. 5.1. Service-orientierte Architektur (SOA)

In der SOA gibt es drei „Rollen”: Service-Provider, Service-Registry (Broker), Service-Requestor mit jeweils folgenden Aufgaben:

Service-Provider
- Stellt Web-Services zur Verfügung
- Veröffentlicht die Verfügbarkeit von Web-Services durch Registries

Service-Registry (Broker)
- Stellt Unterstützung für das Veröffentlichen und Auffinden der Web-Services zur Verfügung

Service-Requestor
- Findet die entsprechenden Web-Services mittels der Service-Registry
- Bindet den Service-Requestor an den Service-Provider

Die genannten Aufgaben und Rollen werden mit Hilfe von XML-basierten Protokollen erfüllt. Tabelle 5.1 zeigt einen Überblick über die Aufgaben und die entsprechenden Web-Services-Protokolle. Wie aus der Tabelle ersichtlich wird, finden bei weitem noch nicht sämtliche offenen Aspekte ihre Entsprechung bei den Web-Services-Protokollen.

Tabelle 5.1. Web-Services – Aufgaben und Protokolle

Aufgaben	Web-Services-Protokolle
Beschreiben	WSDL (Web-Service Description Language)
Veröffentlichen	UDDI (Universal Description, Discovery and Integration)
Suchen/Finden	UDDI (Universal Description, Discovery and Integration)
Binden	SOAP (Simple Object Access Protocol)
Aufrufen	SOAP (Simple Object Access Protocol)
Komponieren/Orchestrieren	BPEL4WS, WS-C, BPML, WSCI
Transaktionen	WS-T noch nicht standardisiert
Sicherheit	WS-Security (Vorschlag, noch nicht standardisiert)
Verschlüsselung	noch nicht standardisiert
Routing	noch nicht standardisiert
Service Level Agreements (Dienstleistungsvereinbarungen)	WSEL (Web-Service Endpoint Language), noch nicht standardisiert

Die Web-Services-Protokolle SOAP, WSDL und UDDI werden bereits von den meisten namhaften Herstellern unterstützt. Das Schichtenmodell besteht aus geordneten Schichten von Protokollen und wird in Abb. 5.2 als Web-Services-Schichtenmodell dargestellt (vgl. Baina u. Dustdar 2002). Höhere Schichten, die die Koordination bzw. die Choreographie (z.B. W3C 2003d) von Web-Services behandeln, befinden sich noch in der Definitionsphase und werden sowohl vom W3C als auch von einigen Herstellern vorgeschlagen: Protokollvorschläge wie WSFL (Web-Services Markup Language von IBM, vgl. Leymann 2001) und XLANG (Microsoft, vgl. Thatte 2001), BPEL4WS (IBM, Microsoft, Bea; vgl. Curbera et al. 2001), Web-Services Coordination bzw. WS-C (Web-Services Coordination; vgl. Cabrera et al. 2002), BPML (BPMI 2003), WSCI (W3C 2003d). Die Protokolle für die Koordination bzw. Choreographie von Web-Services werden im nächsten Kapitel gesondert behandelt.

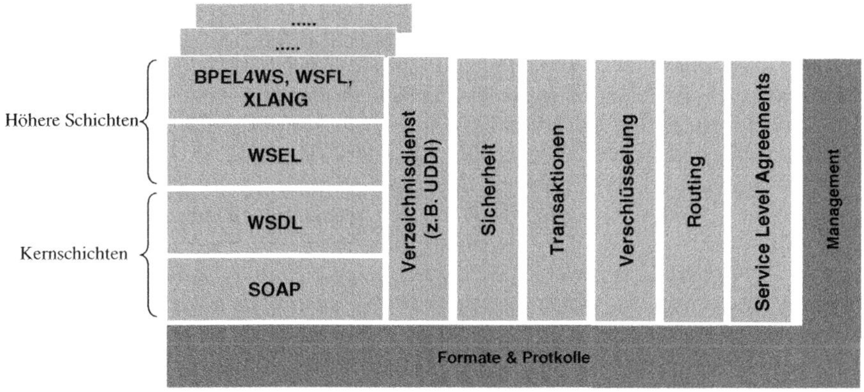

Abb. 5.2. Web-Services-Schichtenmodell

Wie aus dem Schichtenmodell ersichtlich wird, gibt es Protokolle, die bereits in Produkten implementiert sind. Höhere Schichten, die den Bereich Dienstqualität (*Quality of Service*) oder Servicekomposition (*Service Composition*) betreffen, werden derzeit noch diskutiert und liegen noch nicht in standardisierter Form vor. Protokolle für offene Aspekte bezüglich Sicherheit, Transaktionsunterstützung, Verschlüsselung, Dienstleistungsvereinbarungen werden derzeit in Standardisierungsgremien wie W3C (vgl. W3C 2003a-f), ebXML (ebXML 2003) und IETF (IETF 2003) bzw. im akademischen Umfeld noch diskutiert (vgl. etwa Papazoglou, 2003). Die Hersteller von Applikationsservern (Web-Services-Server) arbeiten mit Hochdruck an eigenen Vorschlägen für die noch offenen Punkte. Beispielsweise arbeiten IBM, Microsoft und Bea an der Implementierung der BPEL4WS innerhalb ihrer Applikationsserver für die Modellierung von Geschäftsprozessen und Workflows und an der Web-Services Endpoint Language (WSEL 2001), die sich mit dem Thema der Endgeräte und der Dienstqualitäten (Quality of Service, QoS) und Dienstleistungsvereinbarungen (Service Level Agreements) auseinander setzt. Microsoft arbeitet unter dem Titel „GXA (Global Web-Services-Architecture)" (Microsoft 2003) an einer Reihe von Web-Services-Spezifikationen wie WS-Inspection, WS-License, WS-Referral, WS-Routing und WS-Security.

Die Web-Services-Architektur ist grundsätzlich an kein bestimmtes Protokoll gebunden bzw. kann durchaus erweitert werden. Die Protokolle, die heute unangefochtene Verwendung finden, sind TCP/IP und http. Als *Kernschicht* der Architektur findet man die Extensible Markup Language (XML) und das Simple Object Access Protocol (SOAP). XML ist die Basis aller Formate und Protokolle, die bei der Web-Services-Architektur verwendet werden. SOAP dient als Protokoll für den Nachrichtenaustausch. SOAP kann standardmäßig über TCP/IP und HTTP übertragen werden und bietet die Möglichkeit der Erweiterbarkeit, an andere Übertragungsprotokolle angepasst zu werden. *Höhere Schichten* beinhalten Web-Services Description Language (WSDL), Universal Description, Discovery and Integration (UDDI) und die Orchestrierung bzw. Koordination von Web-Services. Mittels WSDL wird die Schnittstelle eines Web-Services beschrieben. WSDL dient auch als Basis für die Identifikation und das Finden von Web-Services.

UDDI ist ein Bündel von Standards zur Registrierung und Auffindung von Web-Services. Es bietet auch die Möglichkeit Web-Services zur Laufzeit zu finden und in einen Serviceverbund einzubeziehen. WSFL, BPEL4WS, XLANG, BPML usw. sind derzeit noch keine offiziellen Standards, jedoch werden diese Vorschläge vielfach bereits als qualitativ hochwertige Spezifikationen aufgenommen. Diese Koordinationssprachen dienen im Wesentlichen zur Beschreibung von Geschäftsprozessen und Workflows und ermöglichen es, mehrere Web-Services in einen Verbund und als gerichteten Graphen in eine zeitliche Aufeinanderfolge zu bringen (modellieren). Koordinationssprachen unterstützen auch das aus dem Workflow bekannte Rollenkonzept und diese werden einer der wesentlichen Pfeiler für den Erfolg von Web-Services für den Einsatz in unternehmensweiten und -kritischen Applikationen sein.

Innerhalb der Softwareindustrie wird im Zusammenhang von Web-Services oftmals von einer Revolution und manchmal auch von Evolution gesprochen. Die Web-Services-Architektur ist verteilt und lose gekoppelt (*loosely coupled*). Die

Herausforderungen, die Web-Services für Unternehmen darstellen, sind vielfältig. Einer der offenen Punkte ist unter anderem, wie und ob das Modell von globalen „Gelben Seiten" von Web-Services neue Geschäftsmodelle ermöglicht und zulässt. Zum heutigen Zeitpunkt besteht weitgehend Übereinstimmung bei den Softwareanbietern bezüglich der Kernschichten der Web-Services-Architektur: SOAP, WSDL und UDDI. Der Erfolg von Web-Services hängt jedoch wesentlich davon ab, Web-Services miteinander dynamisch zu verbinden und in Workflows zu verknüpfen, um auf diese Art und Weise geschäftskritische Applikationen zu entwickeln. Weitere offene Fragen betreffen Sicherheit, Transaktionen, Dienstqualität sowie die Frage der Verrechnung von Web-Services. Die offenen Aspekte zeigen deutlich, wie weit wir noch von unternehmenskritischen Anwendungen von Web-Services entfernt sind. Die Etablierung von Ad-hoc-Geschäftsbeziehungen wie beispielsweise Marktplätze, Auktionen oder virtuelle Organisationsformen basierend auf Business-to-Business-Transaktionen sind für den Erfolg von Web-Services wesentlich.

5.2 Simple Object Access Protocol (SOAP)

SOAP gilt als einfaches Protokoll und bietet die Grundfunktionalität zur Kommunikation und dem Datenaustausch zwischen Web-Services. Der Standard definiert allgemeine Regeln zum Austausch von Nachrichten zwischen Applikationen und eignet sich besonders für RPC-Nachrichten. SOAP übernimmt die lose Koppelung, die verteilte Architektur und den Transport über bekannte Internet-Protokolle. Die Definition von SOAP vom W3C lautet (W3C 2003a):

> "SOAP is a lightweight protocol for exchange of information in a decentralized, distributed environment. It is an XML based protocol that consists of three parts: an envelope that defines a framework for describing what is in a message and how to process it, a set of encoding rules for expressing instances of application-defined data types, and a convention for representing remote procedure calls and responses."

Genauer betrachtet, stellt SOAP einen Mechanismus zum Austausch von typisierten Daten zwischen Knoten in einem dezentralen, verteilten Umfeld dar. Die Strukturierung der Nachrichten soll einfach, flexibel und erweiterbar bleiben und wird daher in XML spezifiziert. Die Möglichkeit, Applikationsdaten modularisiert und typisiert auszutauschen, eignet sich besonders für RPC.

SOAP wurde durch die Standardisierung und die Bemühungen von Unternehmen wie Microsoft und IBM ein fester Bestandteil des Web-Services-Schichtenmodells, aber auch in konkurrierenden Ansätzen wie ebXML bleibt SOAP unbestritten. Die SOAP-Spezifikation 1.2 behandelt im Wesentlichen folgende vier Teile (W3C 2003a):

1. Das SOAP-**envelope**-Tag beschreibt die übergeordnete Struktur, welche Daten eine Nachricht enthält, an wen sie adressiert ist und ob diese behandelt werden muss oder ob sie nur optional ist.

2. Die SOAP-**encoding**-Regeln beschreiben den Serialisierungsmechanismus zum Austausch von benutzerdefinierten Datentypen.
3. Das SOAP-**binding-framework** spezifiziert den Austausch der SOAP-envelopes über ein zugrunde liegendes Transportprotokoll.
4. Die Repräsentation von SOAP als RPC definiert die notwendige Struktur, um SOAP für RPC darzustellen.

5.2.1 Aufbau einer SOAP-Nachricht

Der Aufbau einer SOAP-Nachricht wird durch den XML-Namespace http://www.w3.org/2001/09/soap-envelope repräsentiert, da es sich bei der Spezifikation um XML-Schema handelt, ist die entsprechende XML-Schema-Description auch unter http://www.w3.org/2001/09/soap-envelope.xsd zu finden. Eine SOAP-Nachricht beginnt mit dem äußersten Symbol envelope, welches die Informationsblöcke für Bearbeitungsinformation und Nutzdaten kapselt. Der Grundaufbau entspricht dem in Abb. 5.3 gezeigten Schema. Der envelope setzt sich aus einem optionalen Header-Block und einem notwendigen Body zusammen.

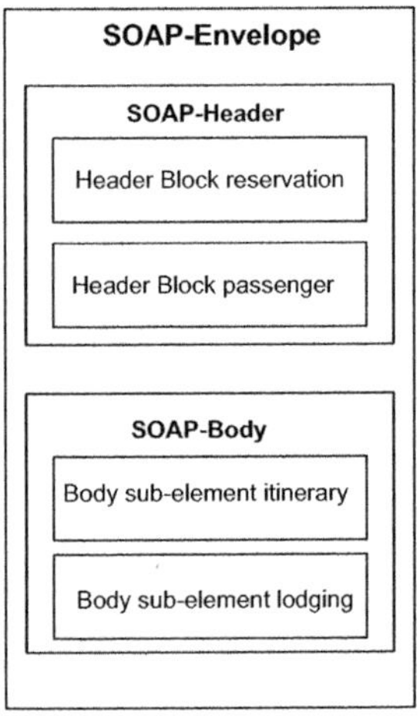

Abb. 5.3. SOAP-Nachrichtenstruktur

Der SOAP-Header enthält Elementblöcke, die als Aufgabenbeschreibung der Bearbeitung der einzelnen Knoten dienen. Die Blöcke werden durch einen eindeutigen URI identifiziert und können so den Knoten zugeordnet werden. Durch diesen Mechanismus bleiben SOAP-Nachrichten flexibel und können durch die zusätzliche Spezifikation von solchen Blöcken erweitert werden, ohne Information über die eigentlichen kommunizierenden Partner vorauszusetzen (Beispiele für derartige Erweiterungen sind Authentifizierung, Transaktions-Management oder Bezahlung). Solche Block Spezifikationen sind nicht standardmäßig im envelope-Namespace enthalten und müssen über eigene Namespaces beschrieben werden.

Ein Header-Block kann eine beliebige Anzahl von Attributen enthalten, die SOAP-Spezifikation definiert nur solche, die für die Bearbeitung der Nachrichten notwendig sind.

Die Bearbeitung einer SOAP-Nachricht erfolgt durch eine „Schritt-für-Schritt"-Versendung entlang eines so genannten Nachrichtenpfades. Die Elemente des Pfades werden als *SOAP-Nodes* bezeichnet. Bei der Bezeichnung der Knoten entlang des Nachrichten-Pfades werden der erste Knoten als *initial SOAP sender*, also der Knoten, von dem die Nachricht ursprünglich gesendet wurde, und der letzte Knoten in der Kette als *ultimate SOAP receiver* ausgezeichnet. Alle dazwischen liegenden Knoten übernehmen die Aufgabe eines SOAP-Vermittlers (*intermediary*). Sie werden im Gegensatz zum Endknoten nicht direkt durch die Nachricht adressiert, können aber dennoch Einfluss auf die Bearbeitung der Nachricht, nicht jedoch auf die Beantwortung, nehmen. Die Identifikation der Knoten, im Speziellen des Endknotens, erfolgt über die Identifizierungsmechanismen der darunter liegenden Knoten. Im Falle von TCP bzw. HTTP entspricht dies der IP-Adresse oder der URL. Jeder Knoten, der eine Nachricht erhält, muss in gewisser Weise darauf reagieren. Das heißt, er muss entweder die Nachricht bearbeiten, beantworten oder einen SOAP-Fehler auslösen.

Jedem Knoten kann eine bestimmte Rolle zugeordnet werden, die eindeutig durch einen URI identifiziert werden kann. Zumindest die spezielle Rolle "http://www.w3.org/2001/09/soap-envelope/actor/next" muss von jedem Vermittler-Knoten erfüllt werden. Sie drückt aus, dass der Knoten als Folgeknoten in dem Nachrichten-Pfad angesprochen werden kann. Zwischenknoten können zusätzlich noch beliebige weitere Rollen erfüllen. Um einen Knoten als Endknoten zu deklarieren, muss er die Rolle eines anonymen SOAP-Actors einnehmen. Der Rollenname dient lediglich dazu, einen Knoten zu identifizieren, nicht aber um Routing-Information darzustellen. Header-Blöcke werden über ein Attribut, das den Namen der Rolle enthält, einem bestimmten Rollen-Typ zugeordnet. Alle Blöcke, die keinen solchen Verweis enthalten, sowie der gesamte Body-Block sind dem Endknoten zugeordnet.

Die SOAP-Spezifikation erlaubt die Verwendung *beliebiger Transportprotokolle*, die zur Übertragung von SOAP-Nachrichten verwendet werden können. Die Verschiedenartigkeit dieser Protokolle erfordert eine Anpassung der SOAP-Konzepte an die Möglichkeiten, die von den Protokollen geboten werden. Im Folgenden wird dieses Binding für das HTTP erläutert und weitere wichtige Transport-Protokolle angeführt.

Die Verwendung von HTTP als zugrunde liegendes Protokoll ist bisher am weitesten verbreitet. Bei der Verwendung von HTTP übernimmt man die Vorteile dieses Protokolls für die Verwendung mit Web-Services:

1. HTTP ist überall verfügbar und ermöglicht auch Verbindungen über Firewalls.
2. Die Einbindung von SOAP-Nachrichten in HTTP-Aufrufe gestaltet sich einfach.

3. Skalierbarkeit: HTTP-Server sind weit entwickelt und erlauben großen Datenverkehr.
4. Die Sicherheitskonzepte für HTTP können auf SOAP-Nachrichten angewendet werden.

Die Kommunikation durch SOAP-Nachrichten über HTTP folgt dem *Request-Response* Nachrichtenmuster, wobei eine SOAP-Request-Nachricht im HTTP-Request und die SOAP-Response-Nachricht im HTTP-Response übermittelt werden. Das SOAP-intermediary-node-Konzept kann jedoch nicht einfach mit einem HTTP-intermediary gleichgesetzt werden, da von einem HTTP-Proxy nicht erwartet werden kann, SOAP-Nachrichten zwingend zu bearbeiten. Intermediary-Funktionalitäten müssen dadurch von der Laufzeitumgebung am Empfängerknoten übernommen werden. Einer HTTP-SOAP-Nachricht wird immer der MIME-Typ text/xml zugeordnet. Bei dem Aufruf eines SOAP-HTTP-Requests wird die Verwendung von HTTP-Post vorgeschlagen, andere Varianten sind zwar möglich, werden jedoch in der Spezifikation nicht behandelt. Die Identifikation des Zielknotens des SOAP-Nachrichten-Pfades erfolgt über die URL-Adressierung des HTTPs. Um einfache Kontext-Informationen an die Web-Services des Empfängers zu übermitteln, kann das SOAP-action-Feld im HTTP-Header verwendet werden. (Beispielsweise muss so auch ein bestimmter Dienst identifiziert werden, falls die Web-Services-Plattform dies nicht direkt in der HTTP-URL erlaubt.) Die Beantwortung einer SOAP-Nachricht durch die SOAP-HTTP-Response erfolgt in Form der HTTP-Status-Codes. Ein 2xx Status-Code bedeutet demnach die erfolgreiche Abarbeitung der SOAP-Nachricht. Tritt ein Fehler bei der Bearbeitung der Nachricht auf, enthält der Response den HTTP-500-„Internal Server Error"-Code und eine SOAP-Nachricht mit den entsprechenden SOAP-Fehlermeldungen im Anhang.

Es können auch andere Bindings für SOAP verwendet werden. Die Security-Erweiterung SSL von HTTPs erlauben eine einfache Möglichkeit, SOAP-Nachrichten in ein sicheres Umfeld einzubetten. Eine weitere Option ist, SOAP-Nachrichten über das SMTP-Protokoll zu transportieren. Dies ermöglicht asynchronen Datenaustausch zwischen Web-Services. Asynchrone Kommunikation ist in vielen B2B-Szenarien die geeignete und explizit erwünschte Art des Nachrichtenaustausches. Die Kommunikation über Java Messaging Service (JMS) erlaubt die Integration von Web-Services in Business-Anwendungen der J2EE-Plattformen. Enterprise Java Beans(EJB)-Aufrufe aus Web-Services und umgekehrt werden dadurch ermöglicht.

5.3 Web Service Description Language (WSDL)

Die Web Service Description Language (WSDL; vgl. W3C 2003f) ist eine XML-basierte Sprache zur Beschreibung von Web-Services. Genau genommen werden die Schnittstellen von Web-Services beschrieben, nicht die Services selbst. Strukturell betrachtet, besteht ein WSDL-Dokument aus einem in XML beschriebenen Schema. In diesem Schema ist eine Grammatik enthalten, mit der Verträge (*con-*

tracts) formuliert werden können. Diese Verträge haben ihre Gültigkeit bei der Kommunikation zwischen zwei Endpunkten. Mit anderen Worten, WSDL-Dokumente beinhalten sowohl eine Spezifikation von Methodenschnittstellen als auch sonstige technische Daten zum Web-Service. Die beschriebenen technischen Daten dienen sowohl zum Auffinden des Web-Services auf der einen Seite als auch für die konkrete Abwicklung der Kommunikation bei Methodenaufrufen. Durch den Einsatz und die Kenntnis von Verträgen wird es auch ermöglicht, dass Web-Services auf entfernten Computern (z.B. im Internet) aufgerufen werden können. WSDL-Dokumente bauen auf SOAP auf, indem sie den genauen Namen, die Anzahl und die Typen der Parameter transparent zur Verfügung stellen, sodass eine Methode lokal, aber auch entfernt aufgerufen werden kann. Diese Informationen sind auch in der Software-Dokumentation enthalten, werden jedoch in diesem Fall für Computer verständlich dargestellt. Die Verwendung von WSDL ist in etwa vergleichbar mit den Typenbibliotheken von CORBA (IDL) und COM. Mit WSDL wird es einem Anbieter von Web-Services ermöglicht, die Dienste einem breiteren Publikum zur Verfügung zu stellen. Ein „Nebeneffekt" des Einsatzes von WSDL ist aber auch, dass Entwickler mehr Details ihrer Web-Services (Komponenten) ihren Kunden zeigen müssen. Diese Details waren oftmals in der Dokumentation nicht zufrieden stellend vorhanden bzw. wurden einem „Endkunden" nicht gezeigt. Mit WSDL besteht zumindest die höhere Wahrscheinlichkeit, dass gewisse Grundlagen bei der Software-Dokumentation eingehalten werden. WSDL bietet dem Service-Requestor (Kunden) eine wesentliche Basis, angebotene Web-Services auch zu finden und anzuwenden.

5.3.1 Struktur von WSDL-Dokumenten

Die Beschreibung von WSDL-Schema-Dokumenten wurde standardisiert und ist unter (W3C 2003f) zu finden. Tabelle 5.2 gibt einen Überblick über die WSDL-Schemastruktur.

Tabelle 5.2. WSDL-Schemastruktur

WSDL-Schema-Tags	Bedeutung
<definition>	Wurzelelement, in dem Namespaces als Attribute definiert werden.
<types>	Datentypdefinitionen
<message>	Abstrakte Definition der Nutzdatenpakete. Eine Nachricht (message) entspricht hier aber noch nicht einer Methode.
<portType>	Eine Zusammenfassung einer Menge von Operationen.
<binding>	Konkrete Definition von Protokollen (z.B. SOAP, HTTP-GET, HTTP-POST etc.) und Datenformaten für Operationen und Nachrichten.
<port>	Adresse für eine Bindung.
<service>	Aggregation von zusammengehörigen Ports.

WSDL-Dokumente bestehen aus einem *abstrakten* sowie aus einem *konkreten* Teil. Der abstrakte Teil definiert sprach- und plattformunabhängige Typen, Nachrichten, Operationen sowie Porttypen. Abb. 5.4 verdeutlicht das Zusammenspiel zwischen abstraktem und konkretem Teil.

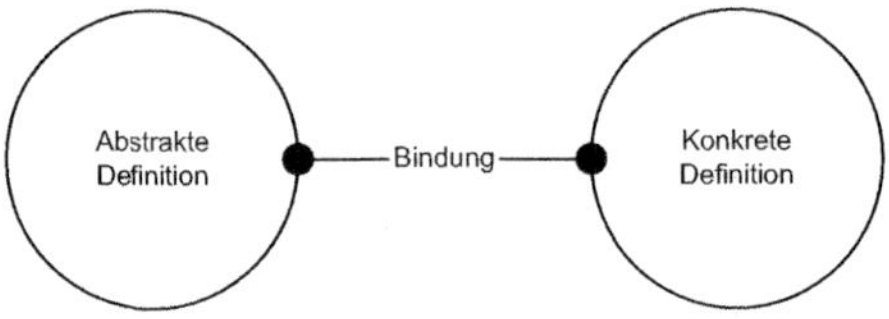

Abb. 5.4. Abstrakte und konkrete Definition

Mit dieser Zweiteilung wird erreicht, dass die Struktur von Web-Services unabhängig von konkreten Kommunikationsprotokollen gehalten werden kann. Die Objektserialisierung wird im konkreten Modus abgewickelt. Abb. 5.5 zeigt den WSDL-Dokumentenaufbau. Der „abstrakte" Teil besteht aus sprach- und plattformunabhängigen Typen, Nachrichten, Porttypen und Operationen. Der „konkrete" Teil aus Bindungen und Services.

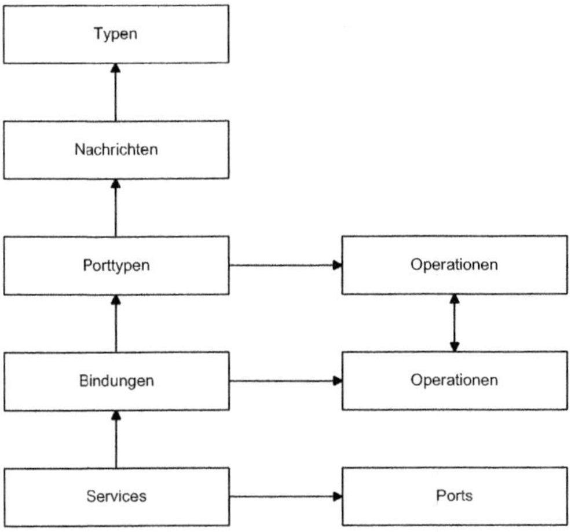

Abb. 5.5. WSDL-Dokumentenaufbau

Die horizontalen Pfeile in Abb. 5.5 entsprechen einer „benutzt"-Beziehung, während die vertikalen Pfeile eine „enthält"-Beziehung symbolisieren.

5.3.2 Nachrichtenmuster

Web-Services bzw. die Service-orientierte Architektur unterstützen generell vier Nachrichtenmuster (*message patterns*), von denen zurzeit zwei auch tatsächlich von den Produkten unterstützt werden. Diese Muster beschreiben die Reihenfolge der Nachrichten zwischen Requestor und Provider. Das *Request-Response*-Muster sendet eine Nachricht (Request) von Punkt A nach Punkt B (siehe Abb. 5.6, erster Teil Pfad 1). In weiterer Folge sendet Punkt B die Antwort (Response) an Punkt A (siehe Pfad 2). Für eine allgemeine und umfassende Diskussion zum Thema Muster sei auf (Buschmann et al. 1996) und auf (Gamma et al. 1995) verwiesen.

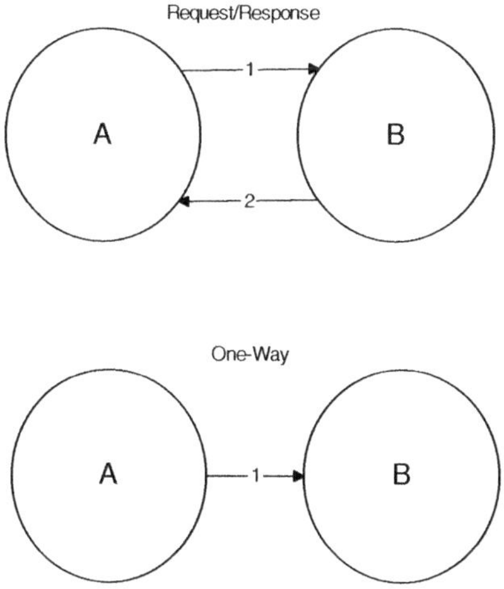

Abb. 5.6. Request-Response- und One-Way-Nachrichten-Muster

Das zweite Nachrichtenmuster ist das so genannte *One-Way*-Muster und wird im unteren Teil der Abb. 5.6 dargestellt. Bei diesem Muster wird eine Nachricht lediglich von Punkt A zu Punkt B geschickt, ohne eine Antwort zu erwarten.

Weitere Nachrichtenmuster sind die so genannte *Request-Response-* und die *Solicit Response*-Muster, die in Abb. 5.7 dargestellt werden. Im ersten Fall sendet der Requestor eine Nachricht an den Provider und erbittet eine Nachricht von diesem. Der Provider „weiß", dass der Requestor auf eine Antwort wartet. Im zweiten Fall erwartet der Provider, dass der Requestor eine Antwort liefert.

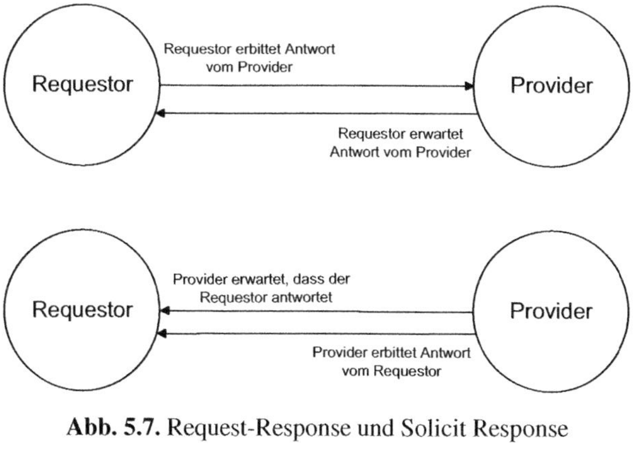

Abb. 5.7. Request-Response und Solicit Response

Abb. 5.8 zeigt das so genannte *One-way-* bzw. das *Notifikationsmuster*. Im One-way-Nachrichtenmuster sendet der Requestor eine Nachricht zum Provider. Der Provider empfängt die Nachricht, antwortet jedoch nicht. Im Falle des Notifikationsmusters sendet der Provider eine Nachricht zum Requestor. Der Requestor empfängt die Nachricht, antwortet jedoch nicht.

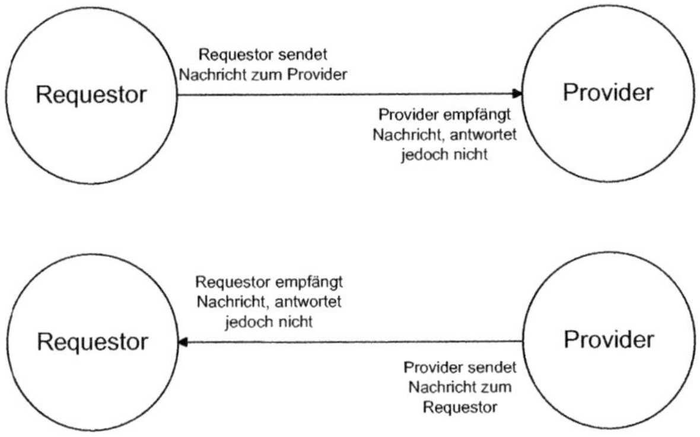

Abb. 5.8. One Way vs. Notifikation

Zusammenfassend kann man sagen, dass ein Web-Service-Interface eine Sammlung von Operationen, die aus den oben dargestellten Nachrichtenmustern besteht, ist. Abb. 5.9 zeigt eine Übersicht hiervon.

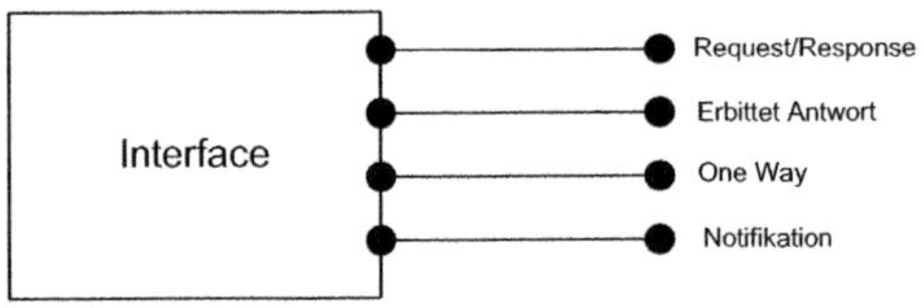

Abb. 5.9. WSDL-Interfaces

Die Kennzeichen der vier Nachrichtenmuster können wie folgt zusammengefasst werden:

One Way
- Analog zu „Fire-and-Forget".
- Die Nachricht wird versendet; es wird keine Antwort erwartet.

Request-Response
- Analog zu RPC (Remote Procedure Call)
- Der Sender sendet eine Nachricht und der Empfänger (Receiver) sendet eine Antwort darauf.

Solicit Response (noch offen)
- Ein Request ohne Daten für eine Response.
- Das Inverse einer One-Way-Nachricht.

Notifikation (noch offen)
- Mehrere Empfänger für eine Nachricht (broadcast ähnlich).
- Analog zu Publish-Subscribe.

Betrachtet man nun die Web Services Description Language (WSDL) in einem größeren Kontext, erkennt man ihre zentrale Bedeutung. Abb. 5.10 zeigt einen Ausschnitt, wie ein Web-Service mittels der WSDL beschrieben wird und unter Verwendung der Interfaces und Nachrichtenmuster in einen Applikationscode einbezogen werden kann.

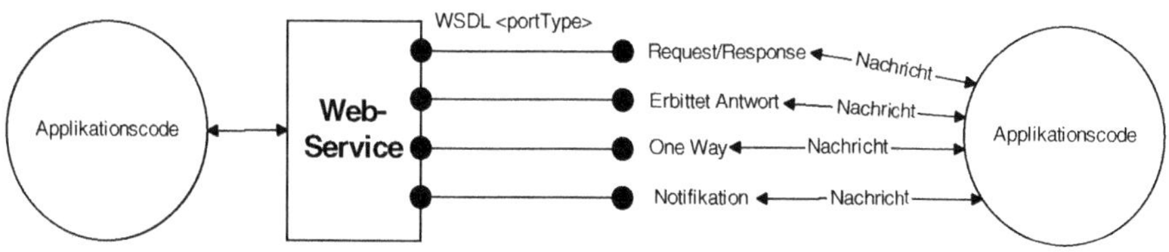

Abb. 5.10. Web-Service-Interface im Kontext

5.4 Universal Description, Discovery and Integration

UDDI (UDDI 2003) ist ein plattformunabhängiger und erweiterbarer Standard, um Web-Services zu beschreiben, die Anbieter von Web-Services zu finden und um Web-Services in andere Web-Services einzubinden bzw. zu neuen Web-Services zusammenzusetzen. UDDI selbst besteht in der Hauptsache aus der Spezifikation des Frameworks für das Beschreiben, Auffinden und die Integration von Web-Services. UDDI stellt eher eine Architektur dar als eine konkrete Implementierung. Den Anbietern bleibt es vorbehalten, konkrete Implementierungen anzubieten. UDDI setzt somit auf SOAP auf und ist wie die anderen Web-Services Standards auch in XML spezifiziert. Die UDDI-Struktur einer Spezifikation wird in Abb. 5.11 dargestellt.

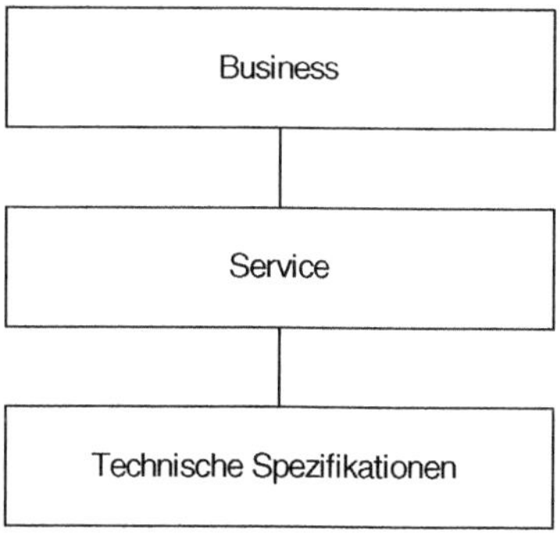

Abb. 5.11. Struktur von UDDI

Business beinhaltet geschäftsrelevante Informationen wie Firmenname, Kontaktadresse und dergleichen. Die UDDI-Spezifikation erlaubt zudem auch einen Klassifizierungscode, um die Kategorie, der die Firma angehört, beispielsweise eine Bank, zu speichern.

Ein *Service* beinhaltet ein oder mehrere Web-Services, die das entsprechende Unternehmen anbietet. Jedes Web-Service kann ein oder mehrere technische Spezifikationen beinhalten. Auch in diesem Fall ermöglicht die UDDI-Spezifikation, einen Klassifizierungscode für das jeweilige Web-Service zu speichern.

Technische Spezifikationen beinhalten Detailinformationen über ein Web-Service. Eine der wichtigsten hiervon ist das WSDL-Dokument, welches der Benutzer benötigt, um das Web-Service zu starten. Abb. 5.12 zeigt einen strukturellen Überblick über das Zusammenspiel der bisher diskutierten Web-Services-Protokolle (SOAP, WSDL und UDDI).

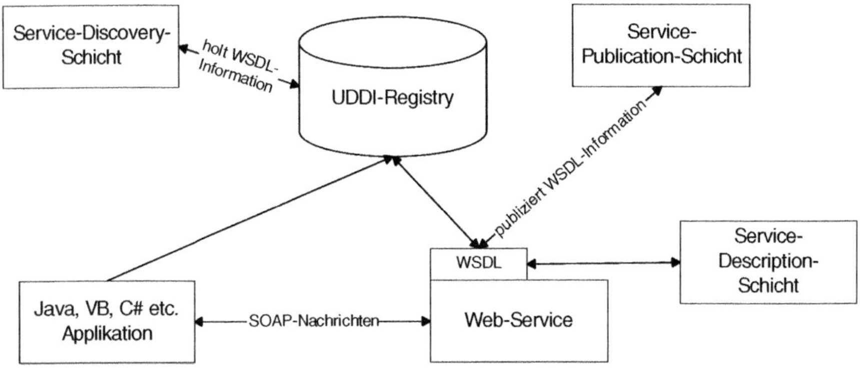

Abb. 5.12. Zusammenspiel von SOAP, UDDI und WSDL

Im Szenario von Abb. 5.12 ist der erste Schritt, dass der Service-Provider das WSDL-Dokument verfasst. Das Erstellen von WSDL-Dokumenten kann entweder manuell erfolgen oder automatisiert mittels Werkzeugen, die dieses Dokument aufgrund von bestehenden Objektdefinitionen extrahieren. Das WSDL-Dokument muss nun in einem nächsten Schritt in einem zentral zugänglichen UDDI-Repository gespeichert werden. Für das Speichern des WSDL-Dokuments ist die *Service-Description-Schicht* zuständig, während die *Service-Publication-Schicht* für das Publizieren der Geschäftsinformationen selbst zuständig ist.

Der nächste Schritt wird mit der *Service-Discovery-Schicht* beschrieben. Der Service-Requestor kann nun das Web-Service suchen und finden. Die Kriterien für diese Suche sind nicht nur Firmenname und Web-Service, sondern der Service-Requestor holt sich auch zugleich die technischen Spezifikationen aus dem WSDL-Dokument.

Im nächsten Schritt verwendet der Service-Requestor das WSDL-Dokument, um jenes Nachrichtenvokabular zu entnehmen, welches für den Aufruf und die Verwendung des Web-Services notwendig ist. In diesem Schritt werden zwischen der Applikation des Kunden (z.B. eine Java-, Visual-Basic- oder C#-Applikation) und dem Web-Service SOAP-Nachrichten (über ein entsprechendes Binding (oftmals HTTP)) durchgeführt.

5.4.1 Business-Registry

Die UDDI-Business-Registry (UBR) ist ein (logisch) zentralisiertes, jedoch physisch verteiltes Service mit mehreren Wurzelknoten. Diese Knoten synchronisieren regelmäßig untereinander ihre Datenbestände, vergleichbar mit dem Domain Name Service im Internet. Registriert ein Web-Service-Anbieter an einem beliebigen Knoten des Business-Registries einen Web-Service, so wird dieser Service dann auch automatisch bei allen anderen Wurzelknoten des UDDI-Service verfügbar. Derzeit tauschen UDDI-Wurzelknoten einmal täglich Daten zum Abgleichen ihrer Datenbank aus, was natürlich eine gewisse Verzögerung bezüglich Web-Service-Bekanntheit bzw. -Verfügbarkeit zur Folge hat.

5.4.2 Business-Registrations

In diesem Bereich der UBR können Firmen Informationen öffentlich über sich und über die publizierten Services bereitstellen. Man unterscheidet zwischen „White-Pages", „Yellow-Pages" und „Green-Pages".

1. White-Pages
In den White-Pages werden Firmenname und Kontaktinfos gespeichert. In weiterer Folge können Unternehmen sich selbst in mehrsprachigen Texten vorstellen.

2. Yellow-Pages
In den Yellow-Pages wird die Einordnung der angebotenen Web-Services in *Geschäftskategorien* vorgenommen. In UDDI (V. 1) werden drei Hauptkategorien angeboten. Diese sind:

- Industrie (NAICS 1)
- Produkte/Services (UNSPC)
- Geographische Services (GEO)

Beispielsweise bedeutet die Abkürzung NAICS North American Industry Classification System. NAICS ist ein standardisiertes Verzeichnis, in welchem Industrie- und Gewerbebereichen nach Geschäftsfeldern Nummern zugeordnet werden. Jeder Kategorie wird eine eindeutige Nummer zugeordnet. Innerhalb dieser Kategorien werden Unterkategorien angelegt. Einer Firma, die in den White-Pages aufgeführt wird, können beliebig viele Einträge der Yellow-Pages zugeordnet werden, da sie in verschiedenen Geschäftsfeldern agieren kann.

3. Green-Pages
Die Green-Pages geben Aufschluss über Servicebeschreibungen, Geschäftsprozesse und Binding-Informationen. Auf dieser Ebene können Web-Services auch kategorisiert werden.

5.4.3 Service-Type-Registration

Service-Type-Registrations bieten Informationen über die Verknüpfungen zu den Beschreibungen von Servicetypen, wer den Web-Service zur Verfügung stellt sowie welche Signatur der Service hat. Die Signatur wird *tModelKey* genannt und bietet Information an, ob Kompatibilität mit anderen Schnittstellen gegeben ist.

Das benutzte *Datenmodell* ist mittels *XML-Schema* definiert und enthält vier Datentypen. Sie enthalten nach einer Anfrage alle Informationen, um mit einem fremden Web-Service arbeiten zu können: *Geschäftsinformation* (business information), *Serviceinformation* (service information), *Binding-Information* und Informationen über die *Spezifikation* von Services. Abb. 5.13 zeigt einen Überblick.

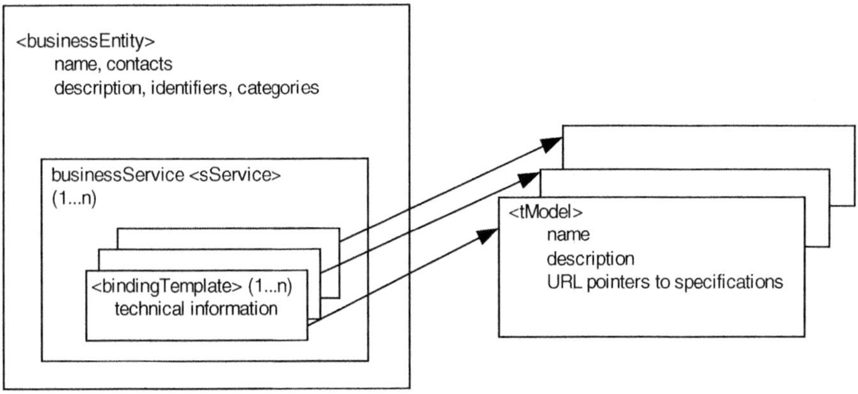

Abb. 5.13. Typenschachtelung (UDDI 2003)

5.4.4 Geschäftsinformation – businessEntity

Die businessEntity-Struktur enthält alle bekannten Informationen über eine Firma. Aus Sicht von XML betrachtet, bildet businessEntity den äußersten Container (vgl. UDDI 2003):

```
<xsd:element name="businessEntity">
   <xsd:complexType>
        <xsd:sequence>
             <xsd:element ref="discoveryURLs" minOccurs="0" />
             <xsd:element ref="name" maxOccurs="unbounded" />
             <xsd:element ref="description" minOccurs="0"
                    maxOccurs="unbounded" />
                    <xsd:element ref="contacts" minOccurs="0" />
             <xsd:element ref="businessServices" minOccurs="0" />
             <xsd:element ref="identifierBag" minOccurs="0" />
             <xsd:element ref="categoryBag" minOccurs="0" />
        </xsd:sequence>
        <xsd:attribute ref="businessKey" />
        <xsd:attribute ref="operator" />
      <xsd:attribute ref="authorizedName" />
   </xsd:complexType>
</xsd:element>
```

Abb. 5.14. Definition einer businessEntity

5.4.5 Service-Information – businessService

Jeder businessService-Eintrag repräsentiert eine logische Serviceklassifikation. Jeder Eintrag ist ein Untereintrag eines einzigen businessEntity (vgl. UDDI 2003).

```
<xsd:element name="businessService">
   <xsd:complexType>
        <xsd:sequence>
               <xsd:element ref="name" maxOccurs="unbounded" />
               <xsd:element ref="description" minOccurs="0"
                     maxOccurs="unbounded" />
               <xsd:element ref="bindingTemplates" />
               <xsd:element ref="categoryBag" minOccurs="0" />
        </xsd:sequence>
        <xsd:attribute ref="serviceKey" />
        <xsd:attribute ref="businessKey" />
   </xsd:complexType>
</xsd:element>
```

Abb. 5.15. Definition eines businessService

5.4.6 Binding-Information – bindingTemplate

Technische Beschreibungen von Web-Services werden durch so genannte *bindingTemplate*-Strukturen implementiert. Neben grundlegenden technischen Definitionen werden Charakteristiken angegeben, die mit einer speziellen Implementierung zusammenhängen. Auch technologie- und anwendungsspezifische Parameter werden unterstützt (vgl. UDDI 2003).

```
<xsd:element name="bindingTemplate">
   <xsd:complexType>
        <xsd:sequence>
            <xsd:element ref="description" minOccurs="0"
                     maxOccurs="unbounded" />
            <xsd:choice>
               <xsd:element ref="accessPoint" minOccurs="0" />
               <xsd:element ref="hostingRedirector" minOccurs="0" />
```

```
            </xsd:choice>
            <xsd:element ref="tModelInstanceDetails" />
        </xsd:sequence>
        <xsd:attribute ref="serviceKey" />
        <xsd:attribute ref="bindingKey" />
    </xsd:complexType>
</xsd:element>
```

Abb. 5.16. Definition bindingTemplate

5.4.7 Das tModel

Eines der Designziele von UDDI ist es, Beschreibungen von Web-Services derart aussagekräftig zu gestalten, sodass eine Suche möglichst qualitativ hochwertige Resultate liefert. Ein weiteres Ziel ist es, die Beschreibung so einfach handhabbar zu gestalten, damit die Interaktion mit dem Web-Service ohne tieferes Wissen abgehandelt werden kann. Zu diesem Zwecke müssen die Beschreibungen mit dem Verhalten des Services miteinander verknüpft werden, inklusive der Informationen über befolgte Konventionen sowie verwendete Standards. Die tModel-Elemente enthalten Metadaten. Derzeit werden Elemente dieser Art aber nur für Kompatibilitätsdefinitionen und für Namespace-Referenzen verwendet (vgl. UDDI 2003).

```
<xsd:element name="tModel">
    <xsd:complexType>
        <xsd:sequence>
            <xsd:element ref="name" />
                <xsd:element ref="description" minOccurs="0"
                        maxOccurs="unbounded" />
                <xsd:element ref="overviewDoc" minOccurs="0" />
                <xsd:element ref="identifierBag" minOccurs="0" />
                <xsd:element ref="categoryBag" minOccurs="0" />
        </xsd:sequence>
        <xsd:attribute ref="tModelKey" />
        <xsd:attribute ref="operator" />
        <xsd:attribute ref="authorizedName" />
    </xsd:complexType>
</xsd:element>
```

Abb. 5.17. Definition tModel

Abb. 5.18 zeigt das Klassendiagramm der ersten Version von UDDI und die bisher erläuterten Zusammenhänge.

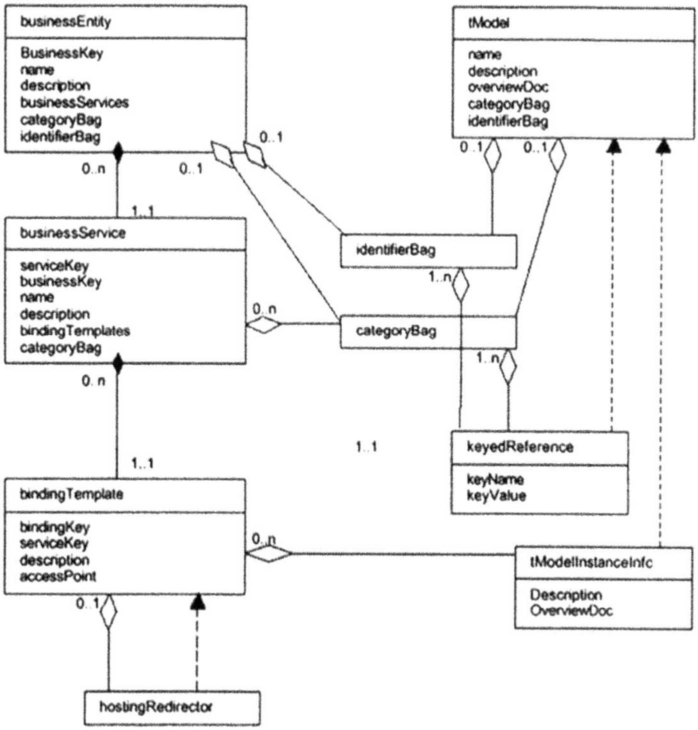

Abb. 5.18. UDDI (V.1) Klassendiagramm

5.4.8 Das Zusammenspiel von UDDI und SOAP

Abb. 5.19 zeigt die Verbindung von UDDI und SOAP. Auf der Benutzerseite wird eine Funktion aufgerufen, die in zwei SOAP-Nachrichten aufgeteilt wird (Request und Response). Auf der rechten Seite ist der UDDI-RegistryNode, der seinerseits implementierungsunabhängig ist und über einen HTTP-Server sowie einen SOAP-Server die Anfragen über das UDDI-Registry-Service an das B2B-Verzeichnis weiterleitet. Auf der Benutzerseite werden Anfragen erstellt (*create*), angezeigt (*view*), aktualisiert (*update*) und gelöscht (*delete*).

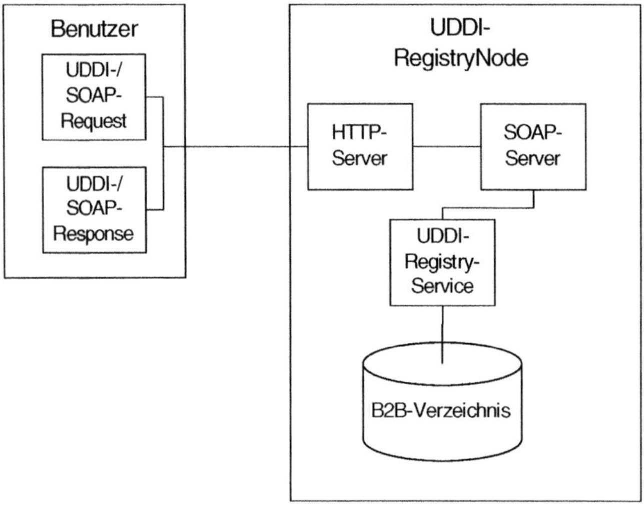

Abb. 5.19. Das Zusammenspiel von UDDI und SOAP

Zusammenfassend kann gesagt werden, dass der UDDI-Dienst nicht als „endgültig" beste Lösung zu verstehen ist, sondern eher als der derzeitige Stand der Entwicklungen wie in Abb. 5.20 dargestellt.

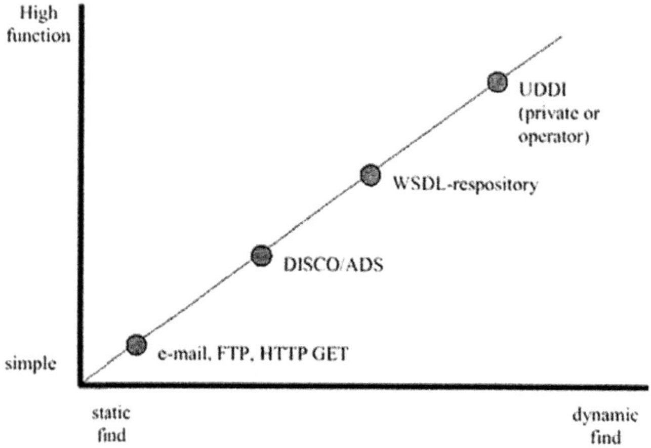

Abb. 5.20. Entwicklung von Directory-Services – UDDI

Dem Anwendungsentwickler stellt UDDI zwei APIs zur Verfügung: die *Inquiry*-API und die *Publisher*-API. Diese bieten dem Web-Service-„Suchenden" bzw. dem Web-Service-Anbieter die Möglichkeit, von Applikationen direkt auf die UDDI-Informationen zuzugreifen. Tabellen 5.3 und 5.4 zeigen die Inquiry- bzw. Publisher-API-Methoden und deren Beschreibung.

Tabelle 5.3. Inquiry-API für UDDI

Methodenname	Beschreibung
Find-Methoden	
find_binding	Sucht nach bindings, die mit dem spezifizierten Dienst verbunden sind
find_business	Sucht nach Anbietern, die die spezifizierten Kriterien erfüllen
find_service	Sucht nach Diensten, die von einem Anbieter angeboten werden
find_tModel	Sucht nach tModels, die die spezifizierten Kriterien erfüllen
Get-Methoden	
get_bindingDetail	Holen eines vollständigen bindingTemplate-Datensatzes
get_bunsinessDetail	Holen eines vollständigen businessEntity-Datensatzes
get_serviceDetail	Holen eines vollständigen businessService-Datensatzes
get_tModelDetail	Holen eines vollständigen tModel-Datensatzes

Tabelle 5.4. Publisher-API für UDDI

Methodenname	Beschreibung
Authentifizierungs-Methoden	
get_authToken	Holt sich einen Authentifizierungs-Token vom Anbieter. Dieser Token wird für alle darauf folgenden save_*- und delete_*-Methoden benötigt.
discard_authToken	Der spezifizierte Authentifizierungs-Token wird verworfen und verliert seine Gültigkeit.
Speicherungs-Methoden	
save_binding	Speichert (insert oder update) einen bindingTemplate-Datensatz.
save_business	Speichert (insert oder update) einen businessEntitity-Datensatz.
save_service	Speichert (insert oder update) einen businessService-Datensatz.
save_tModel	Speichert (insert oder update) einen tModel-Datensatz.
Lösch-Methoden	
delete_binding	Löscht den bindingTemplate-Datensatz gemäß der bindingKey-Spezifikation.
delete_business	Löscht den businessEntitity-Datensatz gemäß der businessKey-Spezifikation.
delete_service	Löscht den businessService-Datensatz gemäß der serviceKey-Spezifikation.
delete_tModel	Verbirgt den tModel-Datensatz gemäß der tModelKey-Spezifikation. Ein verborgener tModel-Datensatz kann jedoch noch weiterhin von einem anderen UDDI-Datensatz referenziert werden.

Das Beispiel in der Abb. 5.21 (UDDI4J) zeigt, wie der Anwendungsentwickler mittels dieser Methoden die UDDI-Datenbank abfragen kann.

```
1  import java.net.*;
2  import java.util.*;
3  import com.ibm.uddi.*;
4  import com.ibm.uddi.util.*;
5  import com.ibm.uddi.datatype.*;
6  import com.ibm.uddi.datatype.business.*;
7  import com.ibm.uddi.response.*;
8  import com.ibm.uddi.client.*;
9  public class Client {
10 public static void main ( String[] args  ) throws Exception {
11     try {
12      //Erzeuge proxy endpoint
13      UDDIProxy uddi = new UDDIProxy();
14      uddi.setInquiryURL
15      http://www-3.ibm.com/services/uddi/testregistry/inquiryapi);
16      //Jene Anbieter (Businesses), deren Name mit HPI beginnt
17      BusinessList businessList = uddi.find.business("HPI,null,0);
18      Vector businessInfoVector
19        =businessList.getBusinessInfos().getBusinessInfoVector();
20      //Anzeige der Informationen von jedem Anbieter (business)
21      for (int i = 0; i < businessVectorInfo.size(); i++ ) {
22          BusinessInfo info = BusinessInfo}
            businessInfoVector.elementAt ( i );
23          System.out.println("name = "+ info.getNameString() );
24          System.out.println("key = "+ info.getBusinessKey() );
25          Vectordescriptions = (info.getDescriptionVector() ;
26          for ( int j = 0; j < descriptions.size(); j++ ) {
27              Description description =
                         (Description) descriptions.elementAt( j );
28              System.out.println(" description = " +
                          description.getText() };
29          }
30      }
31    }
32    catch ( UDDIException exception ) {
33    DispositionReport report = exception.getDispositionReport() ;
34    if ( report !=  null ) {
35      System.out.println("UDDIException faultCode:" +
              exception.getFaultCode() +
36            "n operator:" + report.getOperator() + "\n generic:" +
              report.getGeneric() +  \"n erno:" +
37            report.getErno() + "\n errCode:" +
              report.getErrCode() + \"n errInfoText:" +
38            report.getErrInfoText()}
39      }
40    }
41  }
42 }
```

Abb. 5.21. Beispielabfrage von UDDI-Informationen mittels IBM UDDI4J

Die Methode `uddi.find.business()` (Zeile 17) liefert für einen Firmennamen den entsprechenden Qualifizierer sowie Eigenschaften wie Darstellung der Ergebnisreihenfolge und die Anzahl der Ergebnisse zurück. Ein Qualifizierer mit null liefert eine unsortierte Liste von Firmen (bzw. Anbietern), dessen Anfangsbuchstabe mit dem gesuchten Wert beginnt. Eine auf null gesetzte maximale Größe besagt, dass sämtliche Ergebnisse zurückgeliefert werden sollen. Das Endergebnis ist ein Vektor von `BusinessInfo`-Objekten (Zeile 22), der Informationen über jedes erfolgreiche Suchergebnis liefert sowie einen eindeutigen Schlüssel, der jedem Web-Service-Anbieter bei der Registrierung des Dienstes vergeben wurde.

Seit dem Erscheinen der UDDI Version 3 sind nun auch Kombinationen von öffentlichen und privaten UDDI-Registries möglich. Abb. 5.22 zeigt die möglichen Interaktionen. Durch Mechanismen wie Publish-Subscribe sowie Replikation zwischen UDDI-Knoten von Registries können die angebotenen UDDI-Informationen (a) vollständig öffentlich (UBR), (b) semi-privat (wie die hier dargestellten miteinander gekoppelten Registries) und (c) vollständig privat und demnach von öffentlichen Netzwerken getrennte Registries sein.

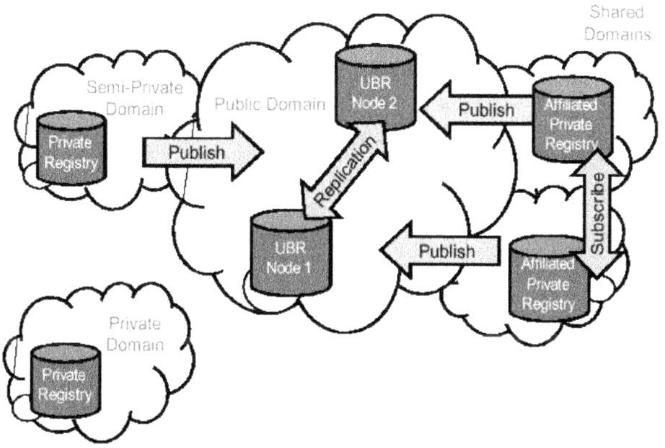

Abb. 5.22. UDDI Version 3 – Service-Interaktionen

5.5 Komposition von Web-Services

Eine wesentliche Annahme der neuen „Service-orientierten Architektur“ (SOA) ist das Vorhandensein von Software-basierten Diensten (*services*). Bei den bisher besprochenen Technologien und Standards für Web-Services ging es hauptsächlich um die *Basisdienste* (*elementary* oder *atomic services*). Diese Basisdienste erfüllen einfache Aufgaben wie beispielsweise den aktuellen Aktienkurs eines Unternehmens abzufragen und weiterzureichen oder die aktuellen Wetterwerte zu übermitteln. Es gibt jedoch auch *zusammengesetzte Web-Services* (*composite services*). Ein Beispiel für ein zusammengesetztes Web-Service ist ein Buchhaltungssystem, welches sich aus einzelnen Web-Services-Komponenten wie etwa Gehaltsabrechnung und der Berechnung für Steuerabgaben und dergleichen mehr zusammensetzt. Einzelne Web-Services können nun von unterschiedlichen Anbietern über das Internet angeboten werden und beim Dienstempfänger zur Ausführung gelangen. Es kann demnach auch möglich sein, dass ein Anbieter von Web-Services diese nicht selbst „erfüllt“, sondern diese wiederum bei einem anderen Anbieter von Diensten bezieht. Man kann somit von *bi-lateralen* und von *multi-lateralen Interaktionsmustern* von zusammengesetzten Web-Services sprechen. Die Anwendungsumgebungen können sowohl Netzwerke mit Client/Server-

Infrastrukturen, aber auch völlig dezentrale Infrastrukturen wie beispielsweise Peer-to-Peer-Netze sein. Diese neuen Möglichkeiten erfordern jedoch ein hohes Ausmaß an Abstraktionsmöglichkeiten für Web-Services, damit diese auch möglichst oft wieder verwendet werden können. Dieser Bereich ist derzeit noch eine große Schwachstelle in der Web-Services-Architektur. Abb. 5.23 zeigt den Zusammenhang zwischen elementaren und zusammengesetzten Diensten, auf die in den nächsten Abschnitten noch genauer eingegangen wird (vgl. Benatallah et al. 2001).

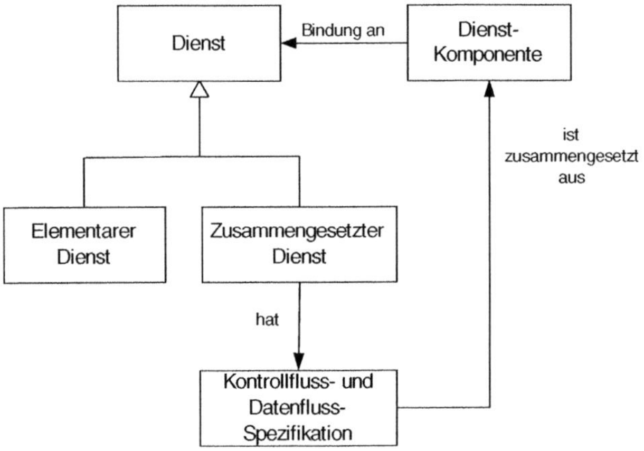

Abb. 5.23. Service-Kompositions-Muster

5.5.1 Interaktionsmuster elementarer Web-Services

Jeder Dienst, der von einem Dienstanbieter angeboten wird bzw. von diesem benötigt wird, verfügt über seine eignen *Interaktionsmuster und -formate* (z.B. Dokumentenformate, Datenmodell, Ontologien, Nachrichtenmuster bzw. Anforderungen an das Message Sequencing). Diese Interaktionsmuster können sich im Laufe der Zeit – bedingt durch Änderungen der Geschäftsregeln (*business rules*) – ändern. Die wesentlichen Probleme in diesem Bereich betreffen die Frage, wie und wann die Umwandlung zwischen den Formaten durchgeführt werden soll sowie wie und durch wen diese implementiert werden soll. Man muss auch davon ausgehen, dass die zugrunde liegenden Applikationen auch verschiedene Interaktionsprotokolle (z.B. unterschiedliche Nachrichtennamen, unterschiedliche Semantiken für gleich lautende Namen usw.) verwenden. Die Applikationen werden unter Umständen von einer Vielzahl von unterschiedlichen Anbietern zur Verfügung gestellt, sodass Aspekte wie Vertraulichkeit, Integrität und ein „Rücktritt von getroffenen Vereinbarungen" (*non-repudiation*) sichergestellt werden können. Die derzeit noch ungelöste Frage in diesem Fall lautet, wie eine zuverlässige Interaktion zwischen den Web-Services garantiert werden kann.

Bei elementaren Web-Services kann beispielsweise eine Kombination vom *Proxy-Muster* und vom *Fassade-Muster* (Buschmann et al. 1996, pp 263 ff.) für das Trennen von einer Dienst-Schnittstelle (*service interface*) zu einer Dienst-Implementierung (*service implementation*) herangezogen werden. In diesem Fall kann man auch die abstrakte Dienstanforderung (abstract service request) von einer konkreten Dienstanforderung (concrete service request) unterscheiden.

Implementierungstechnisch gibt es zwei Aspekte, die berücksichtigt werden müssen. Der erste Aspekt betrifft die Umwandlung von beteiligten *Dokumentenformaten*. Der zweite Aspekt betrifft das Protokoll für die *Konversation* (*conversation*) zwischen Diensten. Bezüglich Dokumentenformate gibt es bewährte XML- bzw. XSLT-Technologien, die die Transformation zwischen Dokumentenstandards durchführen können. Diese Transformation mittels XSLT kann per Hand durchgeführt werden oder auch von Software unterstützt werden, wie beispielsweise mit dem BizTalk-Server (Microsoft 2002), der mittels BizMapper diese Transformationen grafisch unterstützt. Die Abbildung von Konversationen ist derzeit noch ein aktives Forschungsgebiet. Zu diesem Themenkomplex gibt es einige Vorschläge wie beispielsweise die *Web-Service Conversation Language (WSCL)* (W3C 2003e) oder *RosettaNet PIPs* (RosettaNet 2003).

Eine zweite Möglichkeit, neben dem Einsatz von Proxy-Muster Interaktionen von elementaren Web-Services zu modellieren, findet man durch den Einsatz vom *Kontrakt-basierten Outsourcing-Muster* (*Contract-based Outsourcing Pattern*). Outsourcing ist jener Prozess, in dem ein Dienstanbieter Teile seiner angebotenen Dienste an einen oder mehrere Partner auslagert. Eines der grundlegenden Probleme, die in diesem Fall auftreten, ist, dass der Anbieter gegenüber seinem Dienst-Konsumenten (*service consumer*) verantwortlich ist, selbst dann, wenn er den Dienst an Partner ausgelagert hat. Die Verantwortlichkeiten (Rechte und Verpflichtungen) der Dienstanbieter sowie der Partner wird in Dokumenten bzw. Verträgen (*contracts*) festgehalten. Ein derartiger Vertrag regelt Rechte und Verpflichtungen des Dienstsuchenden (*service requestor*), delegierenden Anbieters (*service delegator*) sowie des Anbieters, an den der Dienst schließlich ausgelagert wurde und der den Dienst tatsächlich erfüllen muss (*service delegatee*). Der Vertrag regelt nun, welche Aktivitäten und Interaktionen vor, während und nach der Ausführung eines Dienstes erfüllt werden müssen. Verträge können mittels einer ausführbaren Sprache (regelbasiert oder prozedural) entwickelt werden. Ein eigenes Modul achtet dabei auf die korrekte Einhaltung der Verträge (*contract enactment module*). Der Verhandlungsprozess (*negotiation process*) zwischen Vertragspartnern kann manuell, semi-automatisch oder vollständig automatisiert ablaufen. Die Frage *wie und wer* auf die korrekte Einhaltung dieser Verträge achtet bzw. wer diesen Prozess kontrolliert, ist ein noch aktives Forschungsgebiet.

Im Zuge des Anbietens von Diensten (*service advertisement*) werden *Vertrags-Schablonen* bzw. Entwürfe (*contract templates*) mitgeliefert. Im Laufe der Zeit kann sich daraus eine eigene Bibliothek bzw. ein Marktplatz von Vertrags-Schablonen herauskristallisieren. Eine Beispielimplementierung findet man im CrossFlow-Projekt (Grefen et al. 2000).

5.5.2 Interaktionsmuster zusammengesetzter Web-Services

In diesem Abschnitt wird die Frage nach der Komposition und den Interaktionsmustern zusammengesetzter Web-Services behandelt. Im Wesentlichen kann man zwischen *statischer* und *dynamischer* Komposition von Web-Services unterscheiden. Dynamische Komposition benötigt die Möglichkeit, die Dienste automatisiert zu finden (*service discovery*). Die Komposition zusammengesetzter Web-Services zielt auf die breite Unterstützung bzw. Umsetzung von Geschäftsprozessen ab. Der Kontext von Geschäftsprozessen wird von einem „Netzwerk von Beziehungen" bestimmt, welches von einigen Parametern bestimmt wird: Rollen der Partner, deren Verantwortlichkeiten, Verpflichtungen, ihrem guten Ruf (reputation) und dem Vertrauen (trust), das ihnen entgegengebracht wird. Oftmals werden Geschäftsprozesse auch ad hoc oder „on-the-fly" zusammengesetzt und damit ergibt sich auch zwangsläufig die Anforderung, dies mittels dynamischer Integration von zusammengesetzten Web-Services zu erreichen.

Als Beispiel für dynamische (ad hoc) Integration zusammengesetzter Web-Services kann man sich folgendes – oft angeführte – Beispiel vorstellen: Ein Reiseanbieter möchte seinen Kunden per Web-Services die Möglichkeit geben, folgende Dienste zu suchen und zu buchen:

Flüge: Suche nach geeigneten Flügen inklusive deren Buchung und Verbindung mit einer automatisierten Reservierung von Hotels, Sehenswürdigkeiten, Mietwagen, Veranstaltungen.

Hotels: Suche und Buchung einer Vielzahl von Unterkunftsmöglichkeiten nach Bekanntgabe der Reisedaten (z.B. Hotel, Jugendherberge, Bed & Breakfast, Camping). Dieser Web-Service würde bei einer Vielzahl von weiteren Web-Services anfragen (z.B. Reisebüros, Hotels etc.)

Sehenswürdigkeiten und Veranstaltungen: Suche und Buchung von Sehenswürdigkeiten und Veranstaltungen (z.B. Reservierung und Bezahlung von Eintrittskarten für Konzerte etc.) gekoppelt mit den Reisedaten.

Mietwagen: Suche und Buchung von Mietwagen in diversen Kategorien gekoppelt mit den Reisedaten.

Der Anbieter dieser zusammengesetzten Web-Services steht nun vor der Herausforderung, die Merkmale der einzelnen Dienste zu identifizieren und diese miteinander zu verknüpfen (Interaktionsmuster). Diese Verknüpfung ist besonders schwierig, da, falls sich beispielsweise der Abflug um zwei Tage verschiebt, diese Tatsache wahrscheinlich auf alle anderen Dienste Auswirkungen haben wird und neue Koordination (Interaktion) mit den diversen Dienstanbietern benötigt.

Dieses einfache Beispiel zeigt, dass für erfolgreiche B2B-Integration (Bussler, 2003) eine automatisierte und dynamische Integration der beteiligten Partner und deren Dienste benötigt werden. Mit dem Ad-hoc-Kompositionsansatz müsste ein Mensch „händisch" die einzelnen Dienste (Hotel, Flug, Mietwagen usw.) auswählen, die Daten abfragen und dann miteinander verbinden. Dieser Ansatz skaliert natürlich nicht für komplexere Abhängigkeiten zwischen Diensten. Aus diesem Grund ist es äußerst wichtig, geeignete Mechanismen zum automatisierten Auffinden (*discovery*) von Diensten einzusetzen. Anstatt die Dienste *statisch* miteinander zu verknüpfen (*static binding*), wird ein *dynamischer* Ansatz (*dynamic binding*) als strebenswert erachtet. Abb. 5.24 zeigt ein mögliches Beispiel für ein derartiges Muster, welches mit einem Mechanismus für automatisiertes Auffinden von Diensten ausgerüstet ist. Der Discovery-Mechanismus ermöglicht es, angebotene Dienste über Abfragen auf deren Metadaten aufzufinden. Eine Spezifikation von zusammengesetzten Web-Services ermöglicht es dann, dass Dienstkomponenten automatisch gefunden und integriert werden.

Dieser Mechanismus wird heute mittels WSDL (siehe Abschnitt 5.3) und UDDI (siehe Abschnitt 5.4) gewährleistet. Eine weitere Möglichkeit, diese Funktionalität zu implementieren, ist mittels ebXML (ebXML 2003) – ein von den „klassischen" Web-Services-Standards unabhängiger Standard von OASIS und UN/CEFACT.

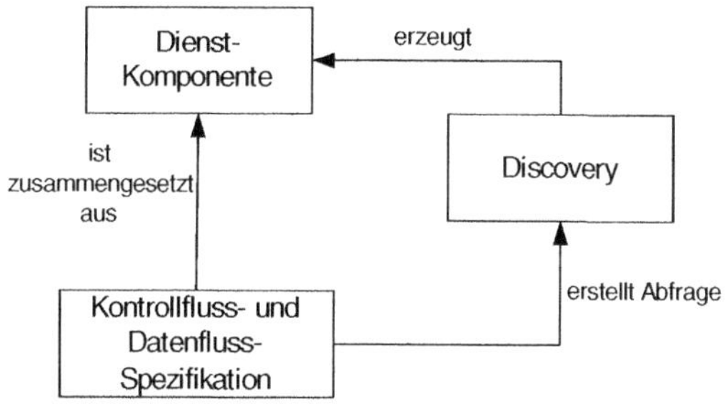

Abb. 5.24. Service-Discovery-Muster

Nachdem wir nun die Möglichkeiten des Auffindens von zusammengesetzten Diensten besprochen haben, wollen wir diese Dienste auch ausführen (*service execution* bzw. *enactment*).

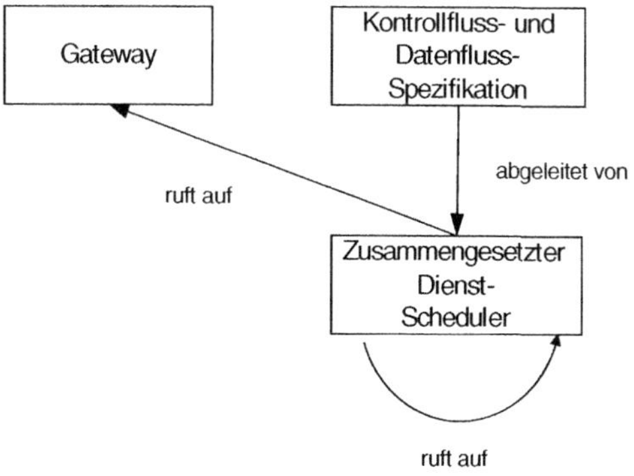

Abb. 5.25. Centralized-Service-Execution-Muster

Betrachten wir den gesamten Reiseorganisationsprozess (siehe Beispiel von weiter oben), dann können wir erkennen, dass es grundsätzlich zwei Möglichkeiten der Ausführung der Dienste geben kann: Ausführung unter einer „zentralen" Autorität (*central authority*) und eine dezentrale Peer-to-Peer-Ausführung. Zu diesem Zweck müssen wir über eine Spezifikation des Kontroll- und Datenflusses der zusammengesetzten Dienste verfügen.

Der Kontroll- und Datenfluss kann mittels Notationen wie UML-Aktivitätsdiagrammen oder Petrinetzen modelliert werden. Mit Hilfe des Ablaufdiagramms sollte man Aussagen treffen können wie (a) wann sollte ein (zusammengesetzter) Dienst ausgeführt werden, (b) welche(r) Schritt(e) muss/müssen nach der Ausführung unternommen werden, (c) wann kann man davon ausgehen, dass der Dienst erfolgreich beendet wurde und (d) welche Schritte müssen nach der Ausführung unternommen werden. Abb. 5.25 zeigt das Muster der Ausführung (zusammengesetzter) Dienste mittels einer zentralen Autorität.

In diesem Muster ist ein „Scheduler" (Planungskomponente) für folgende Aktivitäten zuständig: (a) Initialisierung der Ausführung des zusammengesetzten Dienstes in Abhängigkeit seines Kontrollflusses. In diesem Fall führt der Scheduler jeden Dienst bzw. dessen Gateway/Proxy in jener Reihenfolge und unter jenen Bedingungen aus, wie sie im Kontrollfluss definiert wurden; (b) während ein (zusammengesetzter) Dienst angeboten wird, empfängt der Scheduler Anfragen (requests) dafür; (c) der Scheduler ist ebenso für die Verarbeitung der Daten gemäß der vorgesehenen Semantik zuständig. Beispiele für Implementierungen findet man bei (Benatallah et al. 2003; Casati et al. 2000).

Im Gegensatz zum oben besprochenen zentralen Service-Execution-Muster (Abb. 5.25), in dem ein zusammengesetzter Dienst ein zentrales Planungsmodul (Scheduler) benötigt, um mit jedem einzelnen Dienst zu kommunizieren, löst das Peer-to-Peer-Service-Execution-Muster (siehe Abb. 5.26) das schwierige Koordinationsproblem unter den Diensten auf eine andere Art und Weise.

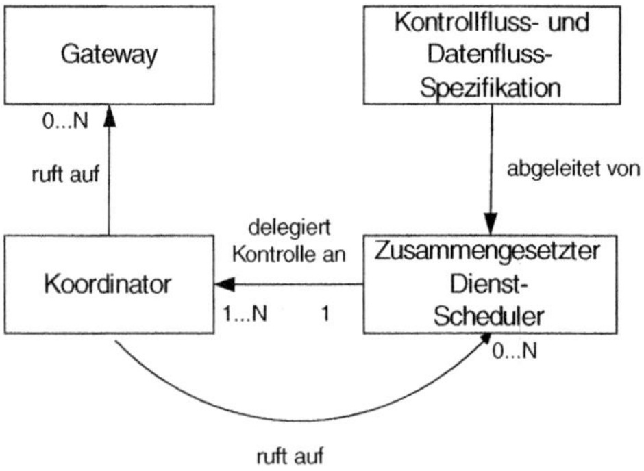

Abb. 5.26. Peer-to-Peer-Service-Execution-Muster

Die Ausführung eines zusammengesetzten Dienstes hängt nicht von einem zentralen Scheduler ab, sondern von *Koordinator*-Komponenten, die von jedem einzelnen Dienstanbieter, der an einem zusammengesetzten Dienst beteiligt ist, angeboten werden. Diese Komponenten arbeiten im Peer-to-Peer-Stil zusammen und gewährleisten, dass jede Instanz eines zusammengesetzten Dienstes auch gemäß ihrer Kontrollfluss- und Datenfluss-Spezifikation ausgeführt wird. Der Koordinator hat folgende Aufgaben: (a) Starten der Dienstausführung, sobald alle Vorbedingungen (*preconditions*) erfüllt sind; (b) bei Beendigung der Dienstausführung eine Notifikation an den Koordinator des nächsten Dienstes (gemäß Kontrollfluss-Spezifikation) senden; (c) das Empfangen von Notifikationen, solange der Dienst aktiv ist, sowie das Beenden des Dienstes aufgrund von speziellen Events und die Benachrichtigung darüber an die entsprechenden nachfolgenden Koordinatoren. Diese Kommunikation wird über das Gateway (Proxy) abgewickelt.

5.6 Abschließende Bemerkungen

Zusammenfassend kann man sagen, dass die grundlegenden und elementaren Web-Services und ihre dazugehörigen Standards wie SOAP, WSDL und UDDI sich bereits im Wesentlichen etabliert haben. Auf den „höheren“ Ebenen des so genannten „Web-Services Stacks“, wo es um zusammengesetzte Dienste, die dynamische Komposition von Diensten, die Definition von Koordinationsmustern und -mechanismen geht sowie die Einbindung in Organisationsabläufe mit den vielfältigen Rollen der Akteure unabdingbar ist, gilt es, noch einige ungelöste Probleme zu bewältigen. Beispielhaft seien hier die nach unserer Ansicht nach wesentlichen offenen Aspekte angeführt: (a) dynamische Komposition von Diensten; (b) Peer-to-Peer- und Multi-Party-Interaktionen von Diensten; (c) die Frage der „Rollen“ von Akteuren, d.h., wie kann man längerfristige Geschäftsbeziehungen und die Rollen der Akteure mittels Web-Services abbilden (vgl. beispielsweise Dale et al. 2002); (d) Verträge (*contracts*) und Service-Level Agreements (SLAs); (e) Nachrichtenmuster die über die heute einfachen Request-Response-Muster hinausgehen; (f) Nachvollziehbarkeit, Verantwortlichkeit und Prüfbarkeit von Diensten.

Literatur

Baina K, Dustdar S (2002) Web-Services Coordination Model. International Conference on Cooperative Internet Computing (CIC 2002), in conjunction with VLDB conference, August, Hong Kong, Kluwer Academic Press

Benatallah B, Dumas M, Fauvet MC, Rabhi FA (2001) Towards Patterns of Web-Services Composition. Technical Report UNSW-CSE-TR-0111, November 2001, University of New South Wales, Australien

Benatallah B, Sheng QZ, Dumas M (2003). The Self-Serv Environment for Web-Services Composition. IEEE Internet Computing

BPMI (2003) Business Process Management Initiative. http://www.bpmi.org/

Buschmann F, Meunier R, Rohnert H, Sommerlad P. Stal M (1996) Pattern-Oriented Software Architecture: A System of Patterns. John Wiley & Sons, West Sussex, UK, 1996

Bussler C (2001) B2B protocol standards and their role in semantic B2B integration engines. IEEE Data Engineering Bulletin, March 2001

Bussler C (2003) B2B Integration, Springer-Verlag

Casati F, Ilnicki S., Jin LJ, Krishnamoorthy V, Shan MC (2000). Adaptive and dynamic service composition in eFlow. Proceedings of the International Conference on Advanced Information Systems Engineering (CAiSE), June 2000, Springer-Verlag

Curbera F et al. (2001) Business Process Execution Language for Web-Services (BPEL4WS) http://www.ibm.com/developerworks/library/ws-bpel

Dale J (et al.) (2002) Advanced Web-Services, Technical Report, September 3, 2002. http://users.rcn.com/geoff2/aws1.0.pdf

ebXML (2003) http://www.ebxml.org

Grefen P. Aberer K, Hoffner Y, Ludwig H (2000) CrossFlow: Cross-Organizational Workflow Management in Dynamic Virtual Enterprises. International Journal of Computer Systems Science & Engineering, 15(5): 277–290

Gamma E, Helm R, Johnson R, Vlissides J. (1995) Design Patterns: Elements of Reusable Object-Oriented Software. Addison-Wesley, Reading MA, USA, 1995

IDC Market Research (2003) http://www.idc.com

IETF (2003) Internet Engineering Task Force (IETF). http://www.ietf.org

Kreger H (2001) Web-Services Conceptual Architecture (WSCA) 1.0, May 2001, http://www.ibm.com

Leymann F (2001) Web-Services Flow Language (WSFL) http://www-4.ibm.com/software/solutions/webservices/pdf/WSFL.pdf

O'Sullivan J, Edmond G, Ter Hofstede A (2002) What's in a Service? Towards Accurate Description of Non-Functional Service Properties. Distributed and Parallel Databases, 12, 117–133. Kluwer Academic Publishers

Papazoglou MP (2003) Web-Services and Business Transactions. World Wide Web: Internet and Web Information systems, 6, 49–91, Kluwer Academic Publishers

RosettaNet (2003) http://www.rosettanet.org

Thatte S (2001) XLANG (Web-Services for Business Process Design). http://www.-gotdotnet.com/team/xml_wsspecs/xlang-c/default.htm

Tsalgatidou A, Pilioura T. (2002) An Overview of Standards and Related Technology in Web-Services. Distributed and Parallel Databases, 12, 135–162. Kluwer Academic Publishers

Microsoft (2003). An Introduction to GXA: Global Web-Services Architecture, http://msdn.microsoft.com/library/default.asp?url=/library/en-us/dngxa/html/-gloxmlws500.asp

UDDI (2003). http://www.uddi.org

W3C (2003a) SOAP 1.2-Spezifikation. http://www.w3.org/TR/2002/CR-soap12-part1-20021219/

W3C (2003b) Web-Services Architecture Working Group. http://www.w3.org/2002/ws/-arch/

W3C (2003c) Web-Services Architecture Usage Scenarios http://www.w3.org/TR/ws-arch-scenarios/

W3C (2003d) Web-Services Choreography Interface (WSCI) http://www.w3.org/TR/wsci/

W3C (2003e) Web-Services Conversation Language http://www.w3.org/TR/wscl10/

W3C (2003f) Web-Services Description Working Group http://www.w3.org/2002/ws/desc/

WSEL (2001) Web-Services Endpoint Language (WSEL). http://www.w3.org/2001/04-/wsws-proceedings/rod_smith/img13.htm

6 Workflows und Koordination

Dieses Kapitel behandelt Aspekte aus dem Bereich Software-Architekturen für Workflows sowie Koordination von Web-Services. Zentrales Anliegen ist es, Kategorien und Basisarchitekturen für prozessorientierte Kommunikation, Kollaboration und Koordination zu besprechen, einige am Markt erhältliche Systeme zu diskutieren sowie relevante Standards aus dem zukunftsträchtigen Bereich der Service-orientierten Architekturen – den Web-Services-Workflows – zu erläutern, um somit die Grundlagen für ein Verständnis zu dem Thema aufzuarbeiten.

6.1 Einführung

Workflow-Management-Systeme (WfMS) bilden eine relativ neue Kategorie von Informationssystemen. Abgesehen von den Attributen wie „Multimedia" oder „Peer-to-Peer" schmücken Softwarehersteller ihre Produktbeschreibungen auch gerne mit dem Begriff „Workflow". Mit Workflow wird oftmals die Assoziation mit erhöhter Effizienz, Effektivität und demnach auch verbesserter Produktivität genährt. Personen innerhalb von Unternehmen wie beispielsweise Software-Architekten oder IT-Manager stehen oftmals vor einer relativ unlösbar erscheinenden Aufgabe, wenn sie damit konfrontiert werden, WfMS zu entwickeln, zu kaufen oder innerhalb einer Organisation einzuführen. Allein die Begriffsvielfalt und die zumeist nicht standardisierten Begriffe tragen nicht zu einem verbesserten Verständnis der inhaltlich komplexen Materie bei.

Zu Beginn der 70er-Jahre war „Office Automation" und die Besessenheit vom „papierlosen Büro" die Geburtsstunde von WfMS. Obwohl die Mehrzahl kommerzieller WfMS in den USA entwickelt werden, ist es doch interessant festzustellen, dass die dafür nötige Forschung zumeist aus europäischen Forschungslabors und Universitäten stammt.

Wie bei vielen anderen IT-Trends wurde auch der Traum von maximaler Effizienz durch Abschaffung der Medienbrüche nur sehr bedingt erfüllt. WfMS sind eine neue Art von Informationssystem, die Geschäftsprozesse durch Koordination und Steuerung des Arbeitsflusses und der dafür benötigten Informationen zwischen den Teilnehmern automatisieren wollen. Oftmals werden WfMS auch als eine Art verbindendes Element gesehen, um unterschiedliche Informationssysteme des Unternehmens miteinander zu verbinden (z.B. Enterprise Application Integration, kurz EAI). WfMS wurden in den vergangenen 10 Jahren als eigenständige Softwareprodukte vermarktet. Heute lässt sich vermehrt der Trend feststellen, dass Workflow-Funktionalität in fast alle Bereiche von Softwareprodukten einfließt, an denen eine Vielzahl von Menschen miteinander in Prozessen arbeitet. Beispielsweise findet man immer mehr Workflow-Funktionalität in Systemen wie Enterprise Resource Planing (ERP), Dokumentenmanagement oder Software für die Unterstützung von Abläufen in Call Center. In Zeiten, in denen Teamwork immer wichtiger wird, ist es eine logische Konsequenz, dass Workflow-Funktionalität immer mehr an Bedeutung gewinnt.

Im Laufe der vergangenen Jahre wurden WfMS auf einer Vielzahl von Hardware- und Software-Architekturen (von Mainframes bis zum Web) verwendet. In den vergangenen Jahren wuchs der WfMS Markt jährlich um fast 26% (GartnerGroup, 2003) und viele Studien belegen auch erhöhte Effizienz und verbesserte Produktivität durch WfMS-Einsatz.

Workflow-Management ist sowohl eine softwaretechnische Herausforderung als auch eine Managementaufgabe. Man kann durchaus folgenden Vergleich anbringen: WfMS sind das für Geschäftsprozesse, was Datenbanksysteme (DBMS) für Daten sind. Durch den Einsatz von DBMS wird der Entwickler von den Management- und Implementierungsaufgaben bezüglich physischer Datenverwaltung befreit. Ähnlich verhält es sich bei WfMS, die Software-Architekten und Entwickler von der komplexen Aufgabe befreien, sich um Daten- und Kontrollflüsse zwischen einzelnen Geschäftsprozess-Aktivitäten oder -Aufgaben zu kümmern. Eine der wesentlichen Stärken eines WfMS ist es, dass es die Trennung der Workflow-Logik von der Applikationslogik unterstützt.

6.2 Begriffe

In dieser Sektion werden die Grundbegriffe erläutert, die anschließend für die Diskussion der Software-Architekturen von WfMS Verwendung finden. Da viele Hersteller ihr eigenes Vokabular verwenden und zumeist die Begriffe auf Englisch sind, wird der englische Begriff jeweils in Klammer angegeben und der deutschsprachige Begriff kursiv dargestellt.

Ein Geschäftsprozess (*business process*) wie beispielsweise „Bestellung von Waren“ oder „Reisekostenabrechnung“ besteht aus einer Sequenz von Aktivitäten (*activities*). Eine Aktivität ist ein diskreter Prozessschritt (*process step*), der entweder von einem Menschen oder von einer Softwarekomponente ausgeführt wird. Die Ausführung (*enactment*) kann entweder manuell (*manual*) oder automatisch (*automatic*) erfolgen. Eine Aktivität kann aus einer oder mehreren Aufgaben (*tasks*) bestehen. Die Summe an Aufgaben, die von einem Teilnehmer am Workflow-System ausgeführt werden, nennt man Aufgabenliste oder Arbeitsliste (*work list*). Das WfMS erstellt automatisch die Aufgabenliste und macht diese dem Benutzer zugänglich. Einzelne Aufgaben aus der Aufgabenliste werden Arbeitsschritte (*work items*) genannt.

Geschäftsprozesse (Abläufe) sind allgemeine Abfolgen von bestimmten Aktivitäten. Wird eine bestimmte Instanz (*instance*) eines Geschäftsprozesses zur Ausführung gebracht, spricht man von einem *Workflow*. Beispielsweise ist die Reisekostenabrechnung ein in vielen Unternehmen wohl definierter Geschäftsprozess. Möchte nun Frau Mayer ihre Flugreise nach London buchen und dafür ein WfMS verwenden, wird eine konkrete Workflow-Instanz (*work case*) dieses allgemeinen Geschäftsprozesses erzeugt und ausgeführt. Diese ausgeführte Instanz wird *Work Case* genannt. Ein WfMS steuert die Ausführung von Workflows im Allgemeinen und das Management von work cases im Speziellen.

Ein wesentlicher Bestandteil eines WfMS sind *Workflow-Typen*, die betriebliche Geschäftsprozesse beschreiben (Böhm, 2000). Workflow-Typen werden mit *Workflow-Sprachen* beschrieben. Die daraus entstehenden Sprachprodukte werden als *Workflow-Schemata* bezeichnet. Die Kapselung von Anwendungslogik im Workflow-Typ führt dazu, dass Änderungen der Geschäftsprozesse nur die Workflow-Typen und nicht das WfMS als Ausführungsumgebung betreffen. Die Erstellung von Workflow-Typen ist eine nicht triviale Aufgabenstellung, oftmals branchenabhängig, und zudem kann man sich kaum auf etablierte Techniken zur Definition dieser stützen. Abb. 6.1 fasst die Begriffe grafisch zusammen.

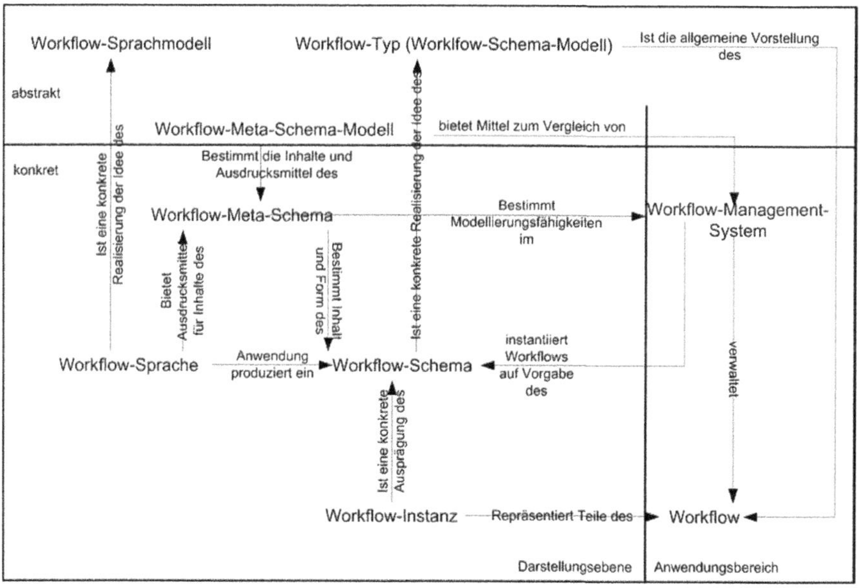

Abb. 6.1. Workflow-Begriffe (Böhm 2000)

6.3 Architektur-Sichtweisen von Workflow-Systemen

Für Software-Architekten stellt sich zunehmend die Herausforderung Workflow-„Funktionalität" im weitesten Sinne (Koordinationsmechanismen und Plattformen) in unternehmensweite und in unternehmensübergreifende Informationssysteme zu integrieren. Daraus entspringt die Notwendigkeit, eine angemessene Architektur für derartige Systeme zu entwerfen. Das Ziel der folgenden Abschnitte ist es, die wichtigen Kriterien hierfür zu diskutieren sowie einige Beispiele zu besprechen, um daraus praktische Handlungsempfehlungen ableiten zu können. Workflow-Systeme bzw. Plattformen für Koordinationsmechanismen zwischen Bestandteilen von Informationssystemen werden durchaus unterschiedlich interpretiert. In der Literatur findet man sehr divergierende Ansichten über „Software-Architekturen“ von Workflow-Systemen. Jablonski, Böhm und Schulze (1997) fassen die Perspektiven bezüglich des Architekturbegriffs von Workflow-Systemen insofern zusammen, indem sie drei Kategorien beschreiben: (a) Workflow als Middleware-Framework; (b) Workflow als Werkzeugkasten für unterschiedliche Benutzer; (c) Workflow als „Implementierungsarchitektur“.

Middleware-Dienste sind laut Bernstein (1996) jene Dienste, die zwischen Anwendungen und Systemplattformen (Betriebssystem, Datenbank und Systemhardware) liegen. Ein wesentlicher Aspekt ist, dass Middleware-Dienste unabhängig (generisch) von diesen beiden Teilen sein müssen. Frameworks sind hingegen laut Bernstein (1996) Softwareumgebungen, die für die effiziente und effektive Entwicklung von Anwendungen Verwendung finden. Ein wesentliches Kennzeichen für Frameworks ist das Vorhandensein einer API (Application Programing Interface), also einer Schnittstelle, die der Entwickler nutzen kann, um auf die angebotenen Methoden zuzugreifen. In dieser Sichtweise (Workflow als Middleware-Framework) kann man sagen, dass ein Transaktionsmonitor, Ressourcen-Manager, Message-Queueing-Systeme, diverse Broker-Dienste und Kommunikationsdienste als Middleware-Dienst mittels API nutzbar gemacht werden können. Weitere Dienste eines Workflow-Systems sind in der Regel die Steuerung der Kontroll- und Datenflüsse, Auflösung organisatorischer Zuordnungen (staff resolution), Verwaltung der Historien (Tracking and Version Control) sowie Applikationsintegration (application invokation).

Die zweite Sichtweise eines Workflow-Systems ist die eines *Werkzeugkastens* für die Benutzergruppen (Systemverwalter, Administrator, Endanwender, Programmierer). Oftmals wird von Herstellern die Architektur eines Workflow-Systems mittels der Beziehungen zwischen den Werkzeugen erklärt. Diese Sichtweise ist aus der Sicht der „Software-Architektur“ nicht richtig, da sie eben lediglich die Werkzeuge in ihrer Betrachtung berücksichtigt.

Die dritte Sichtweise – die *Implementierungsarchitektur* (vgl. Jablonski, Böhm und Schulze (1997)) bzw. die Software-Architektur – ist jene Architektur, die uns als Software-Architekten besonders interessiert. Die Strukturelemente bzw. Aspekte, die die Implementierungsarchitektur berücksichtigen muss, sind (a) funktional, (b) verhaltensbezogen, (c) datenbezogen, (d) organisatorisch, (e) operational. Diese Aspekte werden zumeist in der Schichtenarchitektur realisiert. Auf eine detaillierte Ausführung dieser Aspekte muss leider aus Platzgründen verzichtet werden. Für Software-Architekten sind drei Fragen im Rahmen von Workflow- bzw. Koordinationsunterstützung von Informationssystemen von besonderer Bedeutung (vgl. Jablonski et al. 1997):

(a) *Betriebssystem*: Welche Komponenten werden durch Aktivitätsträger (Prozesse, Threads etc.) des Betriebssystems unterstützt?

(b) *Persistenz*: Wie werden Daten von Komponenten verwaltet?

(c) *Kommunikation*: Wie wird die Kommunikation zwischen den Komponenten realisiert?

Die erste Frage hat hauptsächlich Auswirkungen auf Aspekte der Skalierbarkeit und Ausfallssicherheit des Workflow-Systems. Die Frage nach der Persistenz wird in der Regel so gelöst, dass zwischen Typdaten und Instanzdaten unterschieden wird. Die dritte und besonders entscheidende Frage für Software-Architekten betrifft die Auswahl des Kommunikationsmechanismus: Soll *synchrone* oder *asynchrone* Kommunikation unterstützt werden?

Die Kommunikation zwischen den Bestandteilen von Workflow-Systemen, beispielsweise zwischen der Workflow-Engine und der Komponente, die die Arbeitsliste für die Benutzer erzeugt, erfordert hohe Effizienz, da ein Anwender direkt auf das Ergebnis eines von ihm ausgelösten Arbeitsschritts wartet. In diesem Fall wird synchrone Kommunikation Einsatz finden. An anderen Stellen spricht auch einiges für den Einsatz asynchroner Kommunikation. Mit anderen Worten: Wie eng sollen Aufrufender und Aufgerufener gekoppelt werden? Die *enge bzw. lose Kopplung* (*tight* bzw. *loose coupling*) wirkt sich besonders in Fehlerfällen durchaus unterschiedlich aus. Bei enger Kopplung gestaltet sich die Fehlereingrenzung schwieriger. Lose Kopplung setzt allerdings asynchrone Kommunikationsmechanismen voraus. Message-Queueing-Systeme (Warteschlangensysteme), auch unter dem Begriff Message-oriented Middleware (MoM) bekannt, bieten die Möglichkeit von persistenter, zuverlässiger asynchroner Kommunikation. Beispiele für derartige Systeme sind MQ Series (IBM), MessageQ (Microsoft), oder Systeme von Tibco, Bea und anderen Herstellern. *Lose Kopplung* wird derzeit ausführlich in der Fachwelt diskutiert, da Web-Services und darauf aufbauende *Web-Services-Workflows* auf diesem Paradigma beruhen.

6.4 Systembeispiele

In diesem Abschnitt besprechen wir zwei Systembeispiele, um auf anschauliche Art und Weise die unterschiedlichen architekturellen Lösungen für den Bereich der Kommunikation und Koordination zu demonstrieren.

6.4.1 Groove

Groove (2003), gegründet von Ray Ozzie (dem Gründer und Hauptentwickler von Lotus Notes), ist eine Peer-to-Peer-Plattform für die unstrukturierte Kollaboration und Kommunikation von Teams. Mit anderen Worten: Eine Ablaufsteuerung (Workflow) wird *nicht* explizit unterstützt. Die Merkmale einer Peer-to-Peer-Architektur wurden bereits ausführlich weiter vorne erläutert, sodass hier P2P-Grundlagenkenntnisse vorausgesetzt werden. Groove ist im derzeitigen Entwicklungsstand keine „echte“ P2P-Lösung, da es nach wie vor auf einen zentralen, stets erreichbaren Groove-Relay-Server aufsetzt.

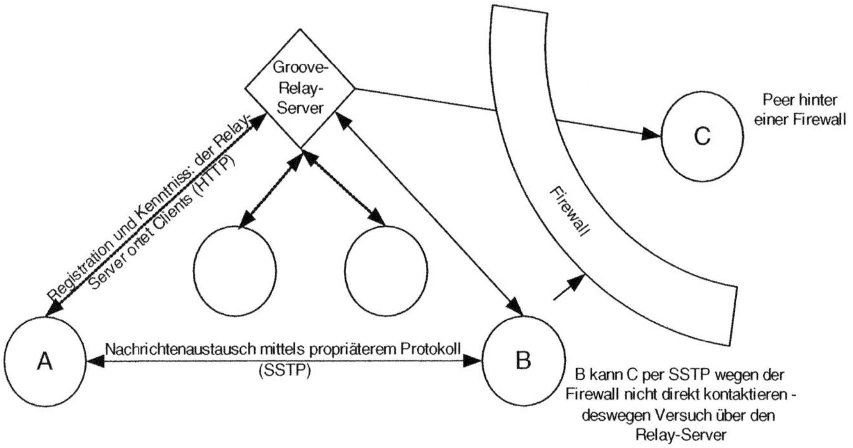

Abb. 6.2. Groove-Anwendungsszenario (Leuf 2002, S. 296)

Groove-Teilnehmer arbeiten in gemeinsamen Workspaces. Diese Workspaces sind jedoch *asynchron*, d.h., es ist nicht notwendig, dass alle Teilnehmer auch tatsächlich zur selben Zeit online und miteinander verbunden sind. In diesen Workspaces werden sämtliche Änderungen der Teilnehmer an einer gemeinsamen Aktivität auch allen anderen Teilnehmern angezeigt. Der dafür eingesetzte zentralisierte Replikationsmechanismus basiert auf Nachrichten, die an die anderen Mitglieder des Workspaces gesendet werden. Dieser Replikationsmechanismus basiert auf einem „store-and-forward"-Prinzip und wird bei Groove als Relay-Service bezeichnet. Werden Änderungen (Deltas) von einem Teilnehmer, der offline ist, vorgenommen, so werden diese Deltas von dem Relay-Server zwischengespeichert und danach simultan an die anderen Workspace-Teilnehmer propagiert. Dieser Mechanismus ermöglicht komfortableres Wechseln des Mobilitätszustands und Geräts (z.B. PC und Pocket-PC). Kurz gesagt, die Teilnehmer werden wie bei einem Notifikationssystem aufgrund von Ereignissen (Events) notifiziert. Der Relay-Server dient auch als (proprietärer) Directory-Service, um Teilnehmer von Workspaces zu lokalisieren. Andere Directory-Services (z.B. LDAP) werden derzeit nicht unterstützt.

Aufbauend auf der Basisfunktionalität für unstrukturierte Ad-hoc-Gruppenarbeit wie gemeinsames Betrachten von Webseiten – dargestellt in Abb. 6.3 –, gemeinsames Editieren von Dokumenten, Brainstorming-Werkzeug, Audioconferencing-Unterstützung, *instant messaging, threaded discussions*, Chat gibt es auch die Möglichkeit, weitere Werkzeuge in den Client zu integrieren. Es ist auch möglich, Groove-Funktionalität mittels Web-Services in eigener Software zu nutzen. Dafür werden die Groove-Web-Services angeboten (Groove, 2003).

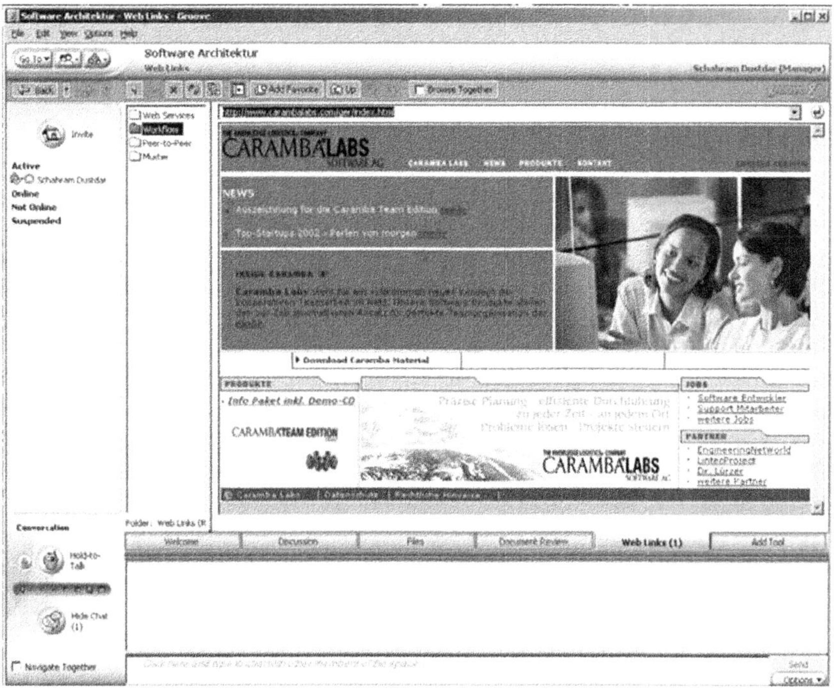

Abb. 6.3. Groove: Synchrone Kooperation (gemeinsames Web-Browsen)

Peer-to-Peer-Systeme sind natürlich besonders sensibel in Bezug auf Sicherheit. Groove bietet vier Stufen an (vgl. Leuf, 2002):

- **Privatheit (privacy).** Diese wird in der Form einer Ende-zu-Ende-Public-Key-Encryption bewerkstelligt. Lediglich der berechtigte Empfänger kann eine Nachricht entpacken.
- **Authentifizierung (authentication).** Die Authentifizierung wird durch automatisch und dynamisch generierte öffentliche Schlüssel (Public Keys) ermöglicht.
- **Unleugbarkeit des Ursprungs (non repudiation).** Sämtliche Instant-Messaging- und Workspace-Nachrichten werden digital signiert. Ein Empfänger kann die Signatur verifizieren, indem dieser den Public Key des Absenders vergleicht.
- **Datenintegrität (data integrity).** Die Datenintegrität beruht auf Verschlüsselung und digitalen Signaturen. Diese Stufe ermöglicht es Empängern, sicherzustellen, dass Nachrichten nicht modifiziert und geändert wurden und dass diese von einem bekannten Absender stammen.

Im nächsten Abschnitt behandeln wir ein ergänzendes Beispiel zu der mit Groove besprochenen P2P-Architektur für unstrukturierte Zusammenarbeit von Teams –

Caramba. Dieses System unterstützt die Palette von unstrukturierten, semistrukturierten und strukturierten Prozessen (Workflows).

6.4.2 Caramba

Das zweite Systembeispiel dient zur Unterstützung der Kommunikation, Kollaboration und Koordination (Interaktionsmanagement) von verteilten Projekt-Teams. Im Gegensatz zu Groove folgt Caramba als Java-Applikation einer Mehrschichtenarchitektur (*multi-tier*), die für die Bedürfnisse der einsetzenden Organisation konfiguriert werden kann. Caramba konzentriert sich im Gegensatz zu Groove auf die Unterstützung von prozessorientierter Kollaboration von Teammitgliedern. Das Ziel ist es, jedem Teammitglied eine vollständige Sicht der Kommunikationskette innerhalb des (Teilbereichs eines) Projekts zu ermöglichen, ohne für den Anwender zusätzlichen Aufwand zu erzeugen. Abb. 6.4 zeigt eine der Endbenutzerkomponenten (ActivityCenter), mit der diese Interaktionen Prozess-orientiert durchgeführt und verwaltet werden können.

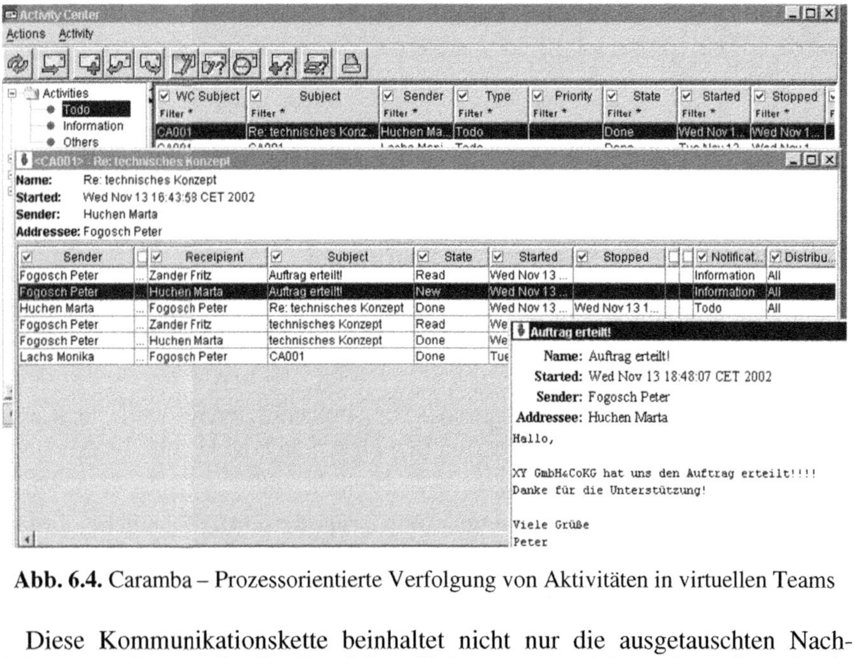

Abb. 6.4. Caramba – Prozessorientierte Verfolgung von Aktivitäten in virtuellen Teams

Diese Kommunikationskette beinhaltet nicht nur die ausgetauschten Nachrichten, sondern auch die Artefakte (Dokumente und integrierte Datenbank-Objekte) und weitere Ressourcen (Personen, Gruppen, Rollen etc.). Für weitere Diskussion der Funktionalität sei auf (CarambaLabs, 2003; Dustdar, 2002) verwiesen. Caramba-Dienste werden von der Caramba-Middleware angeboten. Diese verwaltet die Verknüpfungen zwischen den *Ressourcen* (Organisationsobjekte wie Personen, Rollen, Gruppen, Aufgaben etc.), den dazugehörigen *Artefakten* sowie den damit verbundenen *Geschäftsprozessen*. Anwender greifen mittels Clients auf diese Middleware (CarambaSpace) zu. Der Zugriff kann, abhängig vom Client, entweder (a) per Web-Browser geschehen (HTTP/HTML, Servlet, und JSP) oder (b) mittels einer Java-Client-Anwendung (Java-RMI-Konnektor zum CarambaSpace). Metamodellierungswerkzeuge ermöglichen Anpassungen für Konfigurationen und Einbindungen von Web- und SMTP-Servern sowie Integration von unternehmensweiten Datenbanken in die Middleware (Zugriff per JDBC). Abb. 6.5 gibt einen Überblick über die grundlegende Systemarchitektur und ihren Bestandteilen.

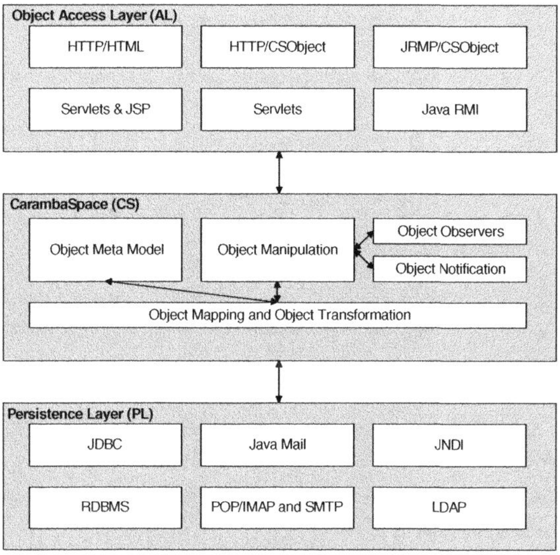

Abb. 6.5. Caramba – Generelle Systemarchitektur

Das Metamodell trennt die Beschreibung, Präsentation und die Applikationslogik und ermöglicht damit ein hohes Ausmaß an Flexibilität. Der Object Access Layer hat somit das Ziel, den Zugriff auf den CarambaSpace transparent zu gestalten.

In dieser Schicht werden Dienste implementiert, die die Beschreibung, Transformation, Manipulation und Beobachtung von Objekten im CarambaSpace ermöglichen. Objekte können in ihrer Struktur angepasst werden (z.B. bei Datenbanken das Einfügen von Spalten oder Attributen). Diese Änderungen im Metamodell werden auch im GUI dynamisch dargestellt. Die Middleware speichert jedoch nicht selbst die Statusinformationen von Workflows, organisatorischen Informationen oder Artefakten, sondern eine Datenbank übernimmt diese Aufgabe. Die Persistenzschicht hat die Aufgabe, die Kommunikation mit den Datenbanken zu gewährleisten.

Diese Architektur bietet ein hohes Maß an Flexibilität für virtuelle Teams, die Zugriff auf unternehmensweite Ressourcen auf der einen Seite sowie die Verbindung des Interaktionsmanagements mit den Geschäftsprozessen auf der anderen Seite benötigen. Abb. 6.6 zeigt die Architektur des CarambaSpaces, die für die Objekttransformation und Kommunikation verantwortlich ist, und das Zusammenwirken mit anderen Middleware-Komponenten wie Security-Management (*authorization und access control*), Ressourcen-Management, Daten-Management, Mail-Management (d.h. Integration und Zuordnung von E-Mails und Caramba-„Aktivitäten"), Notifikationsmanagement sowie dem „Knowledge Portal", welches mittels Servlets und Java Server Pages (JSP) den Zugriff auf den CarambaSpace ermöglicht.

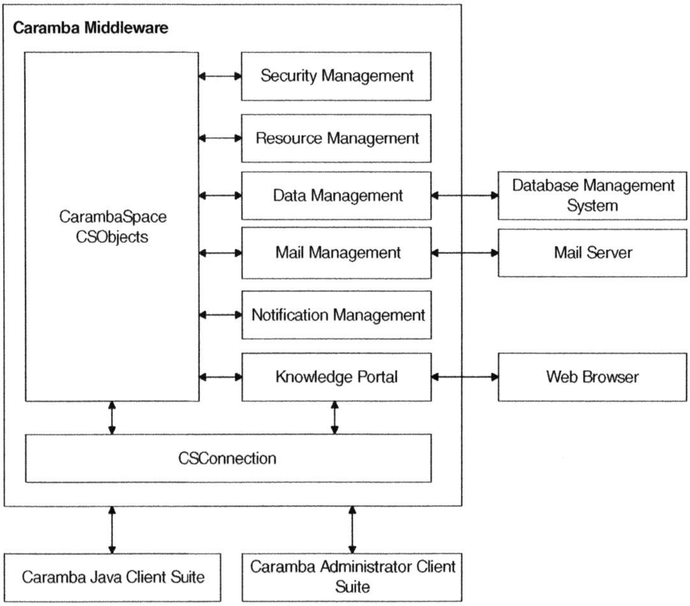

Abb. 6.6. Caramba Middleware: konzeptuelle Architektur

Beide dargestellten Systembeispiele zeigen Implementierungen aus dem Bereich eng gekoppelter Systeme. Lose gekoppelte Systeme für die Kommunikation und Koordination nehmen jedoch stetig an Bedeutung zu. Im letzten Abschnitt dieses Kapitels werden einige Grundlagen und viel versprechende Standardisierungsvorschläge aus dem Bereich Web-Services-Workflows besprochen.

6.5 Web-Services-Workflows

Die Bedeutung von Workflow-Management-Systemen nimmt in der heutigen IT-Welt stetig zu, da der Druck, sowohl unternehmensweite als auch unternehmensübergreifende Informationssysteme in kürzester Zeit und effizient zu entwickeln, vermehrt dazu führt, Applikationslogik, Ablaufstruktur und Organisationsstruktur voneinander zu trennen. Zu Beginn dieses Kapitels wurden einige Grundlagen von Workflow-Systemen behandelt. Dieser Abschnitt präsentiert nun die aktuellsten Verbindungen zwischen zwei sehr wichtigen und populären Technologien und

Philosophien: Web-Services und Workflows. Das Ziel ist, die Grundlagen für eine der derzeit aussichtsreichsten Web-Services-Workflow-Sprachen zu präsentieren.

Wie im Kapitel über Web-Services gezeigt wurde, bieten Web-Services die Möglichkeit – nach komponentenorientierter Software-Entwicklung – eine komfortable Service-orientierte Software-Architektur mit im Internet verteilten, lose gekoppelten Web-Services zu entwickeln. Es wurde sehr schnell deutlich, dass der enorme Nutzen zusammengesetzter Dienste (composite services) nur durch die *zielgerichtete Verbindung* dieser Dienste zu erreichen ist. Aus diesem Grund versuchen Hersteller (IBM, Microsoft, Sun, HP, Bea etc.) und Standardisierungsgremien (W3C, BPML, WfMC etc.) Web-Services mittels Workflow-Technologie miteinander zu verbinden. Die Bemühungen bzw. Schlagworte, die diesem Unterfangen gegeben werden, haben viele Namen: *Web-Services Composition, Orchestration, oder Choreography,* um die wichtigsten zu nennen.

Web-Services-Workflows bauen auf der Beschreibung einzelnen Web-Services mittels WSDL (siehe Kapitel Web-Services) auf und bieten die Möglichkeit einen Geschäftsprozess (*business process*) als Abfolge bzw. als gerichteten Graphen von Web-Services zu modellieren. Traditionelle Workflows modellieren einen Prozess als Abfolge von Aktivitäten (siehe weiter oben in diesem Kapitel). Im Falle von Web-Services-Workflows sind diese Aktivitäten Web-Services. Es gibt jedoch auch wesentliche Unterschiede: Bei traditionellen Workflow-Systemen werden die Aktivitäten in der Regel aus einer Bibliothek von bis zu einigen Hundert Aktivitäten ausgesucht. Dieser Auswahlprozess wird zumeist von einem Administrator durchgeführt. Im Falle von Web-Services-Workflows gilt es (zumindest theoretisch), Tausende von Web-Services miteinander zu verbinden. Es wird für einen Administrator bzw. Prozess-Entwickler auch unmöglich sein, manuell einen Katalog von Web-Services (z.B. mittels UDDI-Registry) zu durchsuchen, um die passenden zu finden. Mit anderen Worten, es stellen sich eine Reihe von neuen, noch ungelösten Problemen in den Vordergrund (zusätzlich zu der traditionellen Workflow-Beschreibungssprachen-Problematik), wie beispielsweise die Analyse von Web-Services-Qualitätsmerkmalen (Quality-of-Service, oder QoS).

Workflow-Beschreibungssprachen haben noch sehr viele Probleme bezüglich ihrer *Semantik*, *Aussagekraft* (*expressiveness*) und *Angemessenheit* (*adequacy*) (vgl. Aalst 2003 sowie Aalst et al. 2003). Workflow-Typen (vgl. weiter oben) beschreiben in der Regel eine Abfolge von Aktivitäten mittels eines gerichteten Graphen und verwenden dafür eine Reihe von *Konstrukten* (Sequenz, AND, OR, Join etc.) sowie *Muster* (patterns). Diese Muster sind in ihrer Semantik und ihrer Funktionsweise bei Workflow-Systemen *nicht einheitlich* realisiert. Beispielsweise werden Konstrukte wie ein AND-Join (warte auf alle), ein XOR-join (warte nur auf den ersten) und anderen in den einzelnen Workflow-Beschreibungssprachen unterschiedlich aufgelöst und implementiert. Dieser uneinheitlichen Semantik ist es vermutlich unter anderem auch zu verdanken, dass es derzeit äußerst schwierig ist, Prozesse, die zwischen mehreren Unternehmen – eventuell auch zwischen unterschiedlichen Workflow-Systemen – ablaufen sollen, zu modellieren (interorganizational bzw. cross-organizational workflows). Für eine ausführliche Darstellung dieser Probleme sei auf (Aalst et al. 2003) verwiesen, da dies den Rahmen dieses Kapitels bei weitem sprengen würde.

Web-Services-Workflowsprachen bauen in der Regel auf WSDL. Wie im Web-Services-Kapitel ausführlich beschrieben wurde, besteht ein WSDL-Dokument aus Ports, die die Funktionalität (Operationen) anbieten. Die Art und Weise des Nachrichtenaustausches basiert auf insgesamt vier Nachrichtenmuster: One-Way, Request-Response, Solicit-Response und Notifikation (vgl. dazu Kapitel Web-Services). Derzeit sind allerdings lediglich One-Way und Request-Response auch tatsächlich implementiert. WSDL verarbeitet grundsätzlich nicht den jeweiligen Status einer Operation (*stateless*), sondern nur den jeweiligen Status zwischen dem Senden und Empfangen einer Nachricht im Request-Response- und Solicit-Response-Nachrichtenmuster. Eine Web-Services-Workflowsprache muss daher auch Statusinformationen der anderen Nachrichtenmuster speichern. Durch das Speichern dieser Statusinformation kann entschieden werden, welcher Arbeitsschritt (gemäß des Workflow-Typs) an der Reihe ist. Man muss auch bedenken, dass im Falle von Web-Services-Workflows lange andauernde Transaktionen (*long-lived transactions*) unterstützt werden müssen. Mit anderen Worten: Im Falle von lose gekoppelten Web-Services kann es Tage/Wochen/Monate dauern, bis ein Workflow vollständig abgearbeitet wird, da Dienstanbieter nicht ständig verfügbar sind. Dieser Umstand führte zu den aktuellen Web-Services-Workflowsprachen wie BPEL4WS (Business Process Execution Language for Web-Services), WSFL (Web Services Flow Language), XLANG (Web Services for Business Process Design) und WSCI (Web Services Choreography Interface).

Parallel zu den Web-Services-Entwicklungen wurden etwa zeitgleich zwei weitere Vorschläge für Modellierung von Geschäftsprozessen veröffentlicht, die in weiterer Folge auch für Web-Services eingesetzt werden können: BPML (Business Process Modeling Language) und ebXML/BPSS (Electronic Busniness using Extensible Markup Language/Business Process Schema Specification), um die wichtigsten zu nennen.

BPEL4WS integriert und vereint WSFL (IBM) und XLANG (Microsoft) und scheint – nicht zuletzt aufgrund der Unternehmen, die diesen Vorschlag ausgearbeitet haben (IBM, Microsoft, Bea) – breite Akzeptanz zu finden. Es soll jedoch auch nicht unerwähnt bleiben, dass vor kurzem eine eigene Arbeitsgruppe im W3C eingerichtet wurde (Web Services Choreography Working Group, WS-Chor), die die Aufgabe hat, einen unabhängigen Standard (ohne Lizenzgebühren für den Anwender) zu entwerfen. Ob und wie diese Arbeitsgruppe erfolgreich sein wird, ist heute noch nicht abschätzbar, zumal sich die großen Hersteller wie IBM, Microsoft und Sun mit ihrem Engagement in dieser Arbeitsgruppe noch sehr zurückgehalten haben.

6.5.1 Business Process Execution Language for Web-Services

Die Business Process Execution Language for Web-Services (BPEL4WS) (vgl. BPEL4WS 2002) ist eine XML-basierte Sprache, die im August 2002 von IBM, Microsoft und Bea vorgestellt wurde. Das Ziel der Sprache ist es, (a) Prozesse zu beschreiben und (b) diese Prozesse falls benötigt auch zu instanziieren. Für die Instanziierung gibt es derzeit die Business Process Execution Language for Web-Services Java Run Time (BPWS4J 2003). BPEL4WS unterstützt lang andauernde

Transaktionen unter Zuhilfenahme zweier ergänzender Vorschläge: Web-Services Coordination (WS-C) (vgl. WS-C 2003) und Web-Services Transactions (WS-T) (vgl. WS-T 2003). BPEL4WS ermöglicht die Abbildung von gerichteten Graphen sowie die Behandlung von Kompensationen. Einige der wichtigsten BPEL4WS-Konzepte können wie folgt zusammengefasst werden:

(a) Daten für Prozessinstanzen (*container*) können in der Ablauflogik referenziert werden. Container speichern Nachrichten und Statusinformationen.

(b) Fehler können mittels eigenen Mechanismen (*fault handling*) abgefangen werden (ähnlich zu Java).

(c) Mittels *compensation handler* können jene Aktivitäten definiert werden, die in jenen Fällen durchgeführt werden sollen, in denen die zuvor durchgeführte Aktivität nicht mehr rückgängig gemacht werden kann. Mittels *scopes* kann der Aktionsradius dieser compensations definiert werden.

(d) Mittels *Service Link Types* (SLNK) wird die Interaktion zwischen Diensten beschrieben und welche Dienste diese anbieten. Dafür wird das Konzept von *Roles* (Rollen) verwendet. Jede Role bezieht sich auf eine Liste von *portTypes*.

BPEL4WS verwendet Aktivitäten als Grundlage von Prozessdefinitionen und unterscheidet zwei Arten von Aktivitäten: (a) *primitive* und (b) *strukturierte* Aktivitäten. Strukturierte Aktivitäten beschreiben die *Ablaufreihenfolge* von Aktivitäten. Web-Services, die von Partnern zur Verfügung gestellt werden, können mittels Request-Response- oder über One-Way-Nachrichtenmuster aufgerufen werden. Die anderen zwei Nachrichtenmuster von WSDL (*Solicit Response* und *Notifikation*) werden nicht unterstützt. Anstelle dieser bietet BPEL4WS die *primitiven Aktivitäten* an.

Die *strukturierten Aktivitäten* beschreiben, wie ein Geschäftsprozess aus den Aktivitäten zusammengesetzt wird, und damit werden auch die Strukturen für die Kontroll- und Datenflüsse, die Fehlerbehandlungsmechanismen und die externen Ereignisse (Events) sowie die Koordination des gegenseitigen Nachrichtenaustausches (*message exchange*) zwischen Prozessinstanzen beschrieben.

Tabelle 6.1. BPEL4WS-Aktivitäten

Primitive Aktivitäten	
<invoke>	Aufruf eines (von einem Partner zur Verfügung gestellten) Web-Services (Dienstes)
<receive>	Wartet auf eine Nachricht am Service-Interface, d.h. Empfangen von Aufrufen von anderen Diensten
<reply>	Generiert eine Antwort auf eine Receive-Aktivität. Zusammen mit <receive> bildet <reply> eine Request-Response-Operation.
<wait>	Erlaubt dem Prozess, für eine definierte Zeitangabe zu warten.
<throw> und <catch>	Ein Prozess kann explizit interne Fehler signalisieren <throw> bzw. mit <catch> abfangen.

<terminate>	Ein Prozess kann damit explizit beendet warden.
<empty>	Eine leere Aktivität, die beispielsweise dazu dienen kann, um einen Fehler abzufangen.
Strukturierte Aktivitäten	
<sequence>	Führt nachgereihte Aktivitäten sequenziell aus.
<switch>	Dienst zur Modellierung von Verzweigungen. Enthält eine oder mehrere Bedingungen und optional einen alternativen Zweig (<otherwise>).
<while>	Mittels <while> wird die betroffene Aktivität wiederholt ausgeführt, bis der Boolsche Ausdruck nicht mehr erfüllt wird.
<pick>	Das <pick>-Konstrukt dient einer nichtdeterministischen Auswahl, basierend auf externen Ereignissen (*events*). Diese Aktivität wartet auf das Auftreten eines Ereignisses aus einer Menge von Ereignissen und führt danach die entsprechend angeführte Aktivität aus.
<flow>	Das <flow>-Konstrukt dient zur Synchronisation und zur parallelen Verarbeitung von Aktivitäten. Sämtliche Aktivitäten innerhalb des <flow>-Zweigs werden parallel abgearbeitet. Mittels dem <link>-Konstrukt können direkt oder indirekt eingebettete Aktivitäten synchronisiert werden.

Im Folgenden wird ein Bestellvorgang (Purchase Order), der die dargestellten Konstrukte in einem zusammenhängenden Beispiel zusammenfassend darstellt, gezeigt und besprochen. Aus Gründen der besseren Lesbarkeit werden englische Begriffe, die den Bestellvorgang beschreiben, nicht ins Deutsche übersetzt (vgl. BPEL4WS 2002).

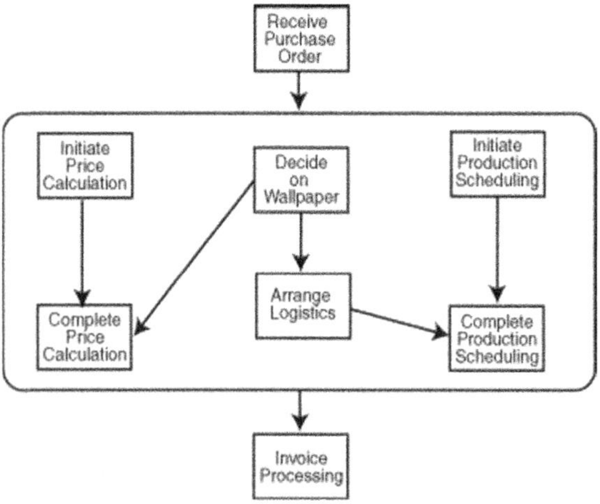

Abb. 6.7. Ein einfacher Bestellvorgang (Purchase Order)

Im folgenden Beispiel werden Ausschnitte des Quellcodes aus der WSDL-Datei für obigen Bestellvorgang dargestellt und erläutert.

```
<definitions targetNamespace="http://manufacturing.org/wsdl/purchase"
      xmlns:sns="http://manufacturing.org/xsd/purchase"
...
<message name="POMessage">
   <part name="customerInfo" type="sns:customerInfo"/>
   <part name="purchaseOrder" type="sns:purchaseOrder"/>
</message>
...
<message name="scheduleMessage">
   <part name="schedule" type="sns:scheduleInfo"/>
</message>
```

Nachrichten (Messages)

```
<portType name="purchaseOrderPT">
   <operation name="sendPurchaseOrder">
      <input message="pos:POMessage"/>
      <output message="pos:InvMessage"/>
      <fault name="cannotCompleteOrder"
             message="pos:orderFaultType"/>
   </operation>
</portType>
...
```

Der WSDL portType, der vom Web-Service seinen Kunden angeboten wird.

```
<slnk:serviceLinkType name="purchaseLT">
   <slnk:role name="purchaseService">
       <slnk:portType name="pos:purchaseOrderPT"/>
   </slnk:role>
</slnk:serviceLinkType>
... </definitions>
```

Rollen

Im folgenden Beispiel werden Ausschnitte des Quellcodes aus der *BPEL-Datei* für obigen Bestellvorgang dargestellt und erläutert.

```
<process name="purchaseOrderProcess"
         targetNamespace="http://acme.com/ws-bp/purchase"
  ...
  <partners>
      <partner name="customer"
               serviceLinkType="lns:purchaseLT"
               myRole="purchaseService"/>
  ...
  </partners>
```

Dieser Abschnitt definiert die beteiligten Partner, die in diesem Prozess zusammenwirken.

```
  <containers>
     <container name="PO" messageType="lns:POMessage"/>
     <container name="Invoice"
                messageType="lns:InvMessage"/>
   ...
  </containers>
```

Dieser Abschnitt definiert die Daten-Container, die vom Prozess verwendet werden (in Form von WSDL message types).

```
  <faultHandlers>
     <catch faultName="lns:cannotCompleteOrder"
            faultContainer="POFault">
        <reply   partner="customer"
                 portType="lns:purchaseOrderPT"
                 operation="sendPurchaseOrder"
                 container="POFault"
                 faultName="cannotCompleteOrder"/>
     </catch>
```

Dieser Abschnitt definiert mittels fault handlers jene Aktivitäten, die im Fehlerfalle ausgeführt werden sollen.

```
      </faultHandlers>
   ...

<sequence>

   <receive partner="customer"
            portType="lns:purchaseOrderPT"
            operation="sendPurchaseOrder"
            container="PO">
   </receive>

   <flow>
   ...
   </flow>

   <reply partner="customer"
          portType="lns:purchaseOrderPT"
          operation="sendPurchaseOrder"
          container="Invoice"/>
</sequence>

</process>
```

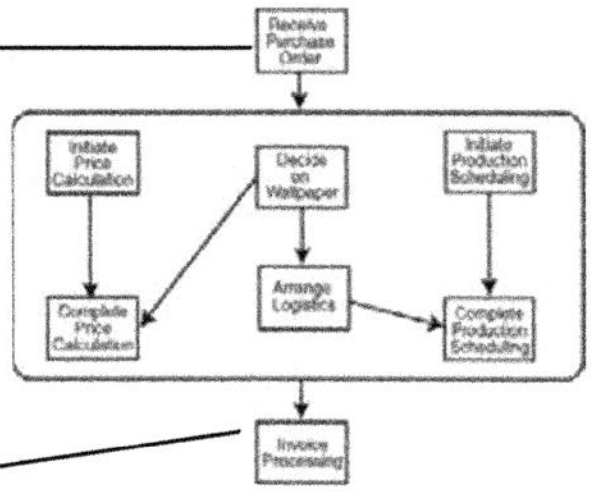

Das <flow>-Konstrukt bietet Möglichkeiten für Parallelität und Synchronisation:

```
<flow>
         <links>
            <link name="ship-to-invoice"/>
            <link name="ship-to-scheduling"/>
         </links>

         <sequence>
               ...
```

Der Aufruf einer Aktivität erfolgt durch das <invoke>-Konstrukt:

```
<invoke  partner="shippingProvider"
                     portType="lns:shippingPT"
                     operation="requestShipping"
                     inputContainer="shippingRequest"
                     outputContainer="shippingInfo">
               <source linkName="ship-to-invoice"/>
            </invoke>

            <receive partner="shippingProvider"
                     portType="lns:shippingCallbackPT"
                     operation="sendSchedule"
                     container="shippingSchedule">
               <source linkName="ship-to-scheduling"/>
            </receive>
         </sequence>
...
<flow>
```

6.6 Abschließende Bemerkungen

Dieses Kapitels vermittelte einen Überblick über die wesentlichen Workflow-Konzepte und -Technologien für Software-Architekten. Der Einsatz von Web-Services-Technologien und -Standards einerseits und Prozessorientierung (Workflow) andererseits bilden ein wesentliches Fundament für innovative und nachhaltige Software-Architekturen. Der zunehmende wirtschaftliche Druck, der auf dem gesamten Softwareentwicklungsprozess lastet, bewirkt, dass Applikationslogik und Prozesslogik voneinander getrennt werden müssen, um schneller und effizienter Produkte und Dienstleistungen zu entwickeln. Ein zweiter wesentlicher Aspekt ist, dass die Wiederverwendbarkeit durch diese Trennung deutlich erhöht werden kann. Dieses Kapitel hatte zum Ziel, das Bewusstsein für diese neuen Erfordernisse zu erhöhen sowie Lösungsmöglichkeiten unter Zuhilfenahme neuester Workflow-Systeme und Web-Services-Technologien aufzuzeigen und beispielhaft (mit BPEL4WS) zu erörtern.

Literatur

Aalst WMP van der (2003) Don't go with the flow: Web-Services composition standards exposed. IEEE Intelligent Systems, January/February 2003

Aalst WMP van der, Hofstede AHM ter, Kiepuszewski B, Barros AP (2003) Workflow Patterns, in Distributed and Parallel Databases, 2003. Kluwer Academic Publishers (siehe auch http://www.tm.tue.nl/it/research/patterns)

Bernstein PA (1996) Middleware: A model for distributed system services, Communications of the ACM 39(2), 86–98

Böhm W (2000) Entwicklung von Workflow-Typen. Springer-Verlag, 2000

BPEL4WS (2002) Business Process Execution Language for Web-Services Specification, http://www-106.ibm.com/developerworks/library/ws-bpel/

BPWS4J (2003) Business Process Execution Language for Web-Services Java Run Time, http://www.alphaworks.ibm.com/tech/bpws4j

BPML (2002) Business Process Modeling Language, http://www.bpmi.org/bpml-spec.esp

CarambaLabs Software AG (2003) http://www.CarambaLabs.com

Dustdar S (2002) Mobility of Context for project teams. Proceedings of the International Workshop on Mobile Teamwork at the 22nd International Conference on Distributed Computing Systems (ICDCS 2002), July, IEEE Computer Society Press

Groove (2003) http://www.groove.net

Jablonski S, Böhm M, Schulze W (Hrsg) (1997). Workflow-Management: Entwicklung von Anwendungen und Systemen. dpunkt.Verlag, Heidelberg 1997

WS-C (2003) Web-Services Coordination, http://www-106.ibm.com/developerworks/-library/ws-coor/

WS-T (2003) Web-Services Transaction, http://www-106.ibm.com/developerworks/library/ws-transpec/

WSFL (2002) Web-Services Flow Language, http://www-3.ibm.com/software/solutions/-webservices/pdf/WSFL.pdf

XLANG (2002) XLANG-Specification, http://www.gotdotnet.com/team/xml_wsspecs/-xlang-c/default.htm

7 Peer-to-Peer-Architekturen

Dieses Kapitel behandelt anwendungsspezifische und architekturelle Aspekte von Peer-to-Peer-Systemen. Ziel ist es, das Peer-to-Peer-Paradigma in seinen unterschiedlichen Ausprägungen anhand weit verbreiteter bzw. technologisch interessanter Systeme darzustellen, daraus architekturelle Muster abzuleiten und dem Leser/der Leserin ein umfassendes Verständnis dieses Ansatzes zu vermitteln. Mittels dieses Wissens soll es ermöglicht werden, abzuschätzen, ob der Peer-to-Peer-Ansatz für ein konkretes Anwendungsproblem verwendet werden kann.

7.1 Einführung

In verteilten Systemen, die wie das WWW in Internet-Größenordnung operieren, treten häufig die Limitationen des Client-Server-Modells zu Tage: Ressourcen sind auf einem oder einer kleinen Anzahl von Netzknoten konzentriert und um durchgehenden Zugriff (24 Stunden, 7 Tage) bei akzeptablen Antwortzeiten gewährleisten zu können, müssen ausgeklügelte Lastverteilungs- und Fehlertoleranz-Algorithmen angewendet werden. Wer kennt nicht den Fall, wenn sich das World Wide Web beim Zugriff auf beliebte Server zu Spitzenzeiten eher als „World Wide Wait" beschreiben ließe? Neben dieser Konzentration der Serverlast kommt es zu einem ähnlichen Problem in Bezug auf die Netzwerk-Bandbreite: Selbst wenn noch Serverkapazität vorhanden wäre, um Anfragen zu behandeln, ist dies sehr oft auf Grund der beschränkten, zur Verfügung stehenden Netzwerk-Bandbreite nicht mehr möglich, denn immer noch stellt die Netzwerk-Bandbreite die knappste Ressource dar.

Was liegt also näher als zu versuchen, sowohl Server-Last als auch Bandbreitenverbrauch gleichmäßig unter den an einem verteilten System teilnehmenden Knoten aufzuteilen, um so diese Engpässe zu umgehen. Dies ist der Peer-to-Peer-Systemen zugrunde liegende Denkansatz. Im Prinzip löst dieser Ansatz die beschriebenen Probleme. Im Vergleich zu Client-Server-Systemen „bezahlt" man dafür allerdings mit höherer Komplexität der verwendeten Algorithmen und zusätzlichem Sicherheitsaufwand. Wie in jedem Anwendungsfall einer Software-Architektur muss auch hier einer Entscheidung für eine bestimmte Architektur eine genaue Analyse der Vor- und Nachteile der Kandidatenarchitekturen vorausgehen, um die notwendigen Aufwände abschätzen zu können. Für etliche Bereiche, in denen Client-Server momentan die Standardarchitektur darstellt, ist der Peer-to-Peer-Ansatz allerdings eine sehr gute Alternative, um Skalierbarkeitsprobleme zu lösen.

Im Peer-to-Peer-Ansatz agiert jeder Netzknoten sowohl als Client als auch als Server (*servent*) und stellt einen Teil der im gesamten Peer-to-Peer-System vorhandenen Information bzw. Funktionalität zur Verfügung. Jeder teilnehmende Knoten „bezahlt" seine Teilnahme, indem er Zugriff auf seine Ressourcen erlaubt. Dies bedeutet nun aber nicht, dass in einem Peer-to-Peer-System jeder beliebig auf die Ressourcen anderer Knoten Zugriff hat, sondern nur im Rahmen des durch die Konfiguration Erlaubten.

Eine recht grobe, aber eingängige Definition wird von Clay Shirkey (The Accelerator Group) gegeben:

> *Peer-to-peer is a class of applications that take advantage of resources—storage, cycles, content, human presence—available at the edges of the Internet. Because accessing these decentralized resources means operating in an environment of unstable connectivity and unpredictable IP addresses, peer-to-peer nodes must operate outside the DNS and have significant or total autonomy of central servers.*

Mit dieser Definition kann man Peer-to-Peer-Systeme also als eine Art „Internet auf Applikationsebene über dem Internet" ansehen. Um schnell beurteilen zu können, ob es sich bei einer betrachteten Architektur um eine Peer-to-Peer-Architektur handelt, kann die Beantwortung folgender einfacher Fragen als eine Art „Lackmus-Test" verwendet werden:

- Unterstützt das System variable Verbindungen und temporäre Netzwerkadressen?
- Erlaubt es den Blattknoten im System signifikante Autonomie?

Etwas genauer können Peer-to-Peer-Systeme durch folgende Eigenschaften charakterisiert und von anderen Architekturen für verteilte Systeme unterschieden werden:

- Es gibt keine zentrale Koordination, d.h., es gibt keinen zentralen Knoten, der die Interaktionen der Peers untereinander steuert oder koordiniert.
- Es gibt keine zentrale Datenbasis. Dies bedeutet, dass jeder Peer einen Teil der im Gesamtsystem vorhandenen Daten speichert und zur Verfügung stellt, aber kein Peer den Gesamtdatenbestand verwaltet.
- Kein Peer hat eine globale Sicht auf das System. Jeder Peer kennt also nur seine „Nachbarschaft", d.h., die Peers, mit denen er interagiert.
- Das globale Verhalten (das Gesamtverhalten) des Systems entsteht aus der Kombination der lokalen Interaktionen zwischen den Peers.
- Peers sind autonom.
- Peers und Verbindungen sind nicht notwendigerweise verlässlich. Da man nicht die Glaubwürdigkeit jedes einzelnen Peers kennt und Peers auch offline sein können, muss das System Mechanismen zur Verfügung stellen, um dies zu kompensieren.
- Die gesamten im System gespeicherten Daten müssen verfügbar sein. Diese Forderung bedeutet, dass trotz verteilter Speicherung, möglichen Verbindungs-

ausfällen, unbekannter Glaubwürdigkeit der Peers etc. die gesamten Daten jederzeit und von jedem Peer aus zugreifbar sein müssen.

Anhand dieser Definition lässt sich schon die inhärente Komplexität von Peer-to-Peer-Systemen erahnen, andererseits aber auch ihre extreme Flexibilität und Fehlertoleranz. Der Peer-to-Peer-Ansatz umgeht zwar viele Limitationen von Client-Server-Systemen, erfordert dafür allerdings mehr Aufwand für Suchoperationen, Knotenorganisation und -interaktion, Sicherheit usw. Da diese Funktionalitäten aber durch existierende Peer-to-Peer-Infrastrukturen abgedeckt werden, sind sie auf Applikationsebene nur mehr bedingt relevant.

Es ist weiters interessant anzumerken, dass nach obiger Definition einige bekannte Peer-to-Peer-Systeme eigentlich nicht als solche zu betrachten sind. Zum Beispiel umgeht Napster einen Teil der Komplexität durch eine zentrale Datenbank, die durchsucht werden kann und Referenzen auf Peers enthält, die die gesuchten Daten anbieten. Es wird also eigentlich ein Client-Server-System für die Suche und Knotenverwaltung verwendet und nur die Datenübertragung selbst ist Peer-to-Peer. Damit werden natürlich die Skalierungsprobleme von Client-Server-Systemen nicht umgangen. Gnutella, ein anderes bekanntes Peer-to-Peer-System, entspricht zwar der obigen Definition und löst die aufgeworfenen Probleme auf einfache Weise, tut dies allerdings mit Hilfe eines sehr viel Bandbreite kostenden Such- und Koordinationsmechanismus. Dies sind architekturelle Entscheidungen, welche die Entwickler der jeweiligen Peer-to-Peer-Systeme getroffen haben und die die jeweiligen Systemeigenschaften wesentlich bestimmen. Soll aufbauend auf einer Peer-to-Peer-Plattform eine Applikation entwickelt werden, so sind dadurch natürlich auch die Eigenschaften der Applikation teilweise bereits festgelegt und im Applikationsentwurf muss darauf Rücksicht genommen werden.

In den folgenden Abschnitten wird der Peer-to-Peer-Ansatz anderen verwandten architekturellen Modellen gegenübergestellt. Darauf aufbauend wird ein generelles architekturelles Modell für Peer-to-Peer-Systeme definiert. Danach werden einige architekturell interessante Peer-to-Peer-Systeme vorgestellt und ihre Vor- und Nachteile diskutiert, die sich aus den zur Erfüllung der Peer-to-Peer-Definition notwendigen Kompromissen in den jeweiligen Systemen ergeben. Abschließend wird die Anwendbarkeit von Peer-to-Peer-Systemen in Bezug auf bestimmte Anwendungsdomänen diskutiert.

7.2 Einordnung des Peer-to-Peer-Ansatzes

In diesem Abschnitt wird der Peer-to-Peer-Ansatz anderen verwandten Ansätzen gegenübergestellt, um so eine intuitive, aber schärfere Abgrenzung dieses Paradigmas zu ermöglichen. Neben einer konzeptuellen Gegenüberstellung wird im Schlussteil dieses Abschnitts versucht, diese Abgrenzung mittels einiger Beispiele zur Anwendbarkeit noch genauer zu verdeutlichen.

7.2.1 Peer-to-Peer vs. Event-basiert

In einem Event-basierten System (EBS) interagieren die einzelnen Komponenten (Peers), indem sie „Ereignisse“ (Events) generieren und empfangen. Um Events empfangen zu können, muss eine Komponente bestimmte Events oder Event-Muster subskribieren. Tritt ein passender Event bzw. ein passendes Event-Muster auf, werden die Komponenten von diesem Ereignis unterrichtet. Dieses Kommunikationsmuster ermöglicht sehr flexible Interaktionen zwischen lose gekoppelten Komponenten. Ein Anwendungsbeispiel wäre eine Groupware-Applikation, in der sich Teilnehmer laufend an- und abmelden und auf bestimmte Ereignisse reagieren, z.B. eine Börsenapplikation, die aus unterschiedlichen Quellen mit Kurs-Events versorgt wird, auf welche die einzelnen Teilnehmer mit „Buy“- oder „Sell“-Events reagieren können.

Die Gemeinsamkeiten von Peer-to-Peer- und Event-basierten Systemen sind der symmetrische Kommunikationsstil (jede Komponente kann Events subskribieren und generieren) und die dynamische Bindung zwischen Event-Produzenten und -Konsumenten, d.h., es gibt keine fixen Client-Server-Beziehungen. Während in einem Peer-to-Peer-System „aktive“ Abfragen durchgeführt werden, wird in einem Event-basierten System auf Notifikationen gewartet („passive“ Abfragen). Um die Flexibilität zu erhöhen, bieten Event-basierte Systeme außerdem komplexe Musterdefinitionssprachen, in denen sich zeitliche Abhängigkeiten zwischen Events definieren lassen sollten.

Typischerweise haben Event-basierte Systeme zwei Knotentypen, nämlich einerseits Event-Produzenten und -Konsumenten und andererseits spezielle Infrastrukturknoten, die für Event-Verteilung und die Verwaltung von Subskriptionen zuständig sind (üblicherweise in verteilter Kooperation). Die Infrastrukturknoten existieren nicht per se, sondern müssen beim Aufsetzen der Infrastruktur installiert werden und bekannt sein. Im Gegensatz dazu haben echte Peer-to-Peer-Systeme nur einen Knotentyp, der auf jedem teilnehmenden Knoten identisch ist. Außerdem müssen die Knoten nicht a priori installiert und konfiguriert werden, sondern die Struktur des Systems wird sukzessive im Laufe des Betriebs von den teilnehmenden Knoten aufgebaut.

7.2.2 Peer-to-Peer vs. Push

Push-Systeme können als Spezialfall von Event-basierten Systemen (EBS) betrachtet werden. Während bei EBS die Notifikation im Vordergrund steht, liegt bei Push-Systemen der Fokus auf Informationsverteilung „just in time“: Sobald Information verfügbar ist, wird sie an Subskribenten verteilt. Dabei handelt es sich im Gegensatz zu EBS um große Informationsmengen, während EBS Events von kleiner Größe (einige hundert Byte) verteilen. Die Push-Systemen zugrunde liegende Idee ist, das Pull-Interaktionsmuster des WWW, bei dem der Benutzer aktiv Informationen suchen muss, durch aktive Informationsverteilung an den Benutzer, entsprechend seiner Vorlieben, zu ersetzen.

In Push-Systemen wird Information durch Sender in Kanäle vorgruppiert (z.B. Nachrichten, Wetter, Sport), die dann von Konsumenten subskribiert werden können. Je nach Kanal ist die verteilte Information entweder frei verfügbar oder der Empfänger muss entsprechend einem Geschäftsmodell für die verteilten Informationen bezahlen (pre-paid, pay-per-view oder ähnliche).

Im Gegensatz zum symmetrischen Kommunikationsstil von Peer-to-Peer-Systemen weisen Push-Systeme ein sehr asymmetrisches Interaktionsmuster auf: Kommunikation wird in der großen Mehrzahl der Fälle nur vom Broadcaster initiiert. Dies ergibt sich aus dem Ziel der zeitgerechten Informationsverteilung, wohingegen Peer-to-Peer-Systeme primär für Suchaufgaben verwendet werden. Durch Subskription von Kanälen gibt der Benutzer bereits a priori bekannt, an welcher Art von Information er/sie interessiert ist. Dadurch wird im Unterschied zu Peer-to-Peer und EBS eine (relative) statische Bindung zwischen Produzenten und Konsumenten hergestellt. Diese geringere Flexibilität ermöglicht dafür andererseits wieder größere Kontrolle. Zusätzlich wird in Push-Systemen häufig auf beiden Seiten einer Kommunikation entsprechend der Profile der Teilnehmer gefiltert, um einerseits unnötige Übertragungen zu vermeiden und andererseits nur vom Teilnehmer gewünschte Information zu übermitteln.

Push-Systeme benötigen eine spezielle Verteilungsinfrastruktur, um zu skalieren. Diese Infrastruktur sollte für Produzenten und Konsumenten möglichst transparent sein, d.h., von diesen verwendet, aber nicht wahrgenommen werden. Diese Infrastruktur muss vor Inbetriebnahme des Systems installiert und im Laufe der Systemlebensdauer gewartet werden.

Ein Push-System besteht aus drei Arten von Knoten (Produzent, Konsument, Verteilungsknoten), im Unterschied zum einheitlichen Knotentyp in Peer-to-Peer-Systemen.

7.2.3 Peer-to-Peer vs. Mobile Agents

Ein „Mobile Agent“ besteht aus Daten und Code. Er bewegt sich frei („aus eigener Entscheidung“) in einem Netzwerk, um eine Aufgabe für seinen Besitzer zu erfüllen. Ein Agent (im Folgenden wird immer impliziert, dass es sich um einen mobilen Agenten handelt) kann dazu mit anderen Agenten zusammenarbeiten und kann im Laufe seines Lebenszyklus „intelligenter“ werden, beispielsweise seine Auswahlstrategie zur Ermittlung des nächsten zu besuchenden Knotens verbessern.

Es können grob zwei Arten von Mobilität unterschieden werden:

- Schwache Mobilität: Code und Daten werden zwischen den Netzwerkknoten transferiert, d.h., der Agent wird vom Laufzeitsystem gestoppt und mit seinen persistenten Daten auf einen neuen Knoten transferiert und dort neu gestartet.
- Starke Mobilität: Code, Daten und Execution Stack werden zwischen den Netzwerkknoten transferiert, d.h., der Agent wird vom Laufzeitsystem gestoppt und mit seinem aktuellen Zustand auf einen neuen Knoten transferiert. Dort setzt der Agent genau an der Stelle seine Abarbeitung fort, an der er unterbrochen wurde.

Da starke Mobilität ungleich höhere Anforderungen an das Mobile-Agent-System stellt, implementieren kommerzielle Agentensysteme üblicherweise schwache Mobilität.

Agentensysteme und Peer-to-Peer-Systeme ähneln sich in den Bereichen Suche und Navigation: Bei Peer-to-Peer-Systemen muss entschieden werden, an welche(n) Knoten ein Such-/Update-Request weitergeleitet werden soll, wohingegen in einem Mobile-Agent-System bestimmt werden muss, wohin der Agent geschickt wird. In diesem Sinne könnte man Agenten als „aktive" Variante eines Peer-to-Peer-Systems sehen („active queries").

Auf Grund ihrer Eigenschaften bieten Agentensysteme zwar ein sehr hohes Maß an Flexibilität, dies allerdings zu einem Preis, der die praktische Einsetzbarkeit massiv beeinflusst. Sie benötigen nämlich auf jedem teilnehmenden Knoten ein Laufzeitsystem, das üblicherweise ziemlich umfangreich ist und den Agenten eine einheitliche Umgebung auf den unterschiedlichen Systemplattformen bieten muss. Des Weiteren stellt Security ein primäres Problem dar: Es muss sowohl das System bzw. die Plattform vor dem Agenten – der ja auch ein Virus oder ein Trojanisches Pferd sein könnte – als auch der Agent vor dem „gastgebenden" System geschützt werden, da dieses ja die Daten bzw. das Verhalten des Agenten verändern könnte.

Auf Grund der Ähnlichkeiten könnten Peer-to-Peer-Systeme in einigen Bereichen Agentensysteme ersetzen, da sie mehr auf verteiltes Datenmanagement abzielen und geringere Systemanforderungen als Agentensysteme stellen (eine Abfrage zu schicken, erfordert weniger Netzbandbreite, als den Code eines Agenten zu übertragen, die notwendige Security ist viel geringer, ebenso wie die Systemanforderungen).

7.2.4 Peer-to-Peer vs. Distributed Databases

Ein weiterer verwandter Ansatz zu Peer-to-Peer-Systemen sind verteilte Datenbanken („distributed databases" – DDBs). Wie bei Peer-to-Peer-Systemen geht es um verteiltes Datenmanagement, basierend allerdings auf einem völlig anderen Ansatz: Bei DDBs werden große Datenbanken auf physikalisch verteilte Netzwerkknoten aufgeteilt, um dadurch eine effizientere Durchführung von Abfragen durch Parallelisierung zu ermöglichen.

Im Unterschied zu Peer-to-Peer-Systemen steht allerdings die Gewährleistung der bekannten Transaktionseigenschaften (atomicity, consistency, isolation, duration – ACID) im Vordergrund. Um dies zu ermöglichen, existieren eine Vielfalt an Update-Strategien („*lazy* vs. *eager*") und spezielle Commit-Protokolle (Zwei-Phasen-Commit). Üblicherweise handelt es sich dabei allerdings um Ansätze mit zentraler Koordination.

Im Gegensatz dazu liegt der Schwerpunkt von Peer-to-Peer-Systemen auf der Daten-Verteilung. Dennoch kommen viele Ansätze, die auch in den Peer-to-Peer-Bereich Einzug gehalten haben, aus dem Bereich der DDBs, die sehr ähnliche Probleme zu lösen hatten, vor allem in den Bereichen verteilte Indizierungsstrukturen und deren Skalierbarkeit und lokale Autonomie der teilnehmenden Knoten. Als Beispiele für Ansätze im Bereich Skalierbarkeit seien hierzu nur die LH*-

Familie skalierbarer Hash-Index-Strukturen (Litwin u. Neimat 1997), Snowball (Vingralek et al. 1998), ein skalierbares Speichersystem für Workstation-Cluster oder Fat-Btree (Yokota et al. 1999), ein skalierbarer B-Baum für parallele Datenbanken genannt. Mariposa (Stonebraker et al. 1996), eine verteilte relationale Datenbank, wiederum versucht auch den Autonomie-Aspekt zu behandeln und basiert auf einem ökonomischen Modell.

Peer-to-Peer-Systeme müssen ebenfalls beide Bereiche, Skalierbarkeit und Autonomie, berücksichtigen und können daher Konzepte aus dem Gebiet der DDBs übernehmen bzw. anpassen, wodurch die Entwicklung schneller vorangetrieben werden kann.

7.2.5 Anwendungsbereiche

Nach dieser Gegenüberstellung stellt sich nun die Frage, wie denn die einzelnen Ansätze gegeneinander einzuordnen sind. Wie so oft ist keine absolut eindeutige Antwort möglich. Dennoch soll anhand Tabelle 7.1 eine grobe, anwendungsspezifische Klassifizierung versucht werden, die es ermöglichen soll, die Anwendbarkeit der einzelnen Paradigmen für konkrete Problemstellungen abzuschätzen.

Tabelle 7.1. Anwendungsbereiche verteilter Architekturen

Anwendungsfall	Architektur	Beispiel	Alternativen
Fallweise Suche	Suchmaschine	Andere Stadt: Wo ist die nächste Autovermietung?	Peer-to-Peer System, Mobile Agents
Benachrichtigung (Ereignis-Muster)	Event-basiertes System	Aktienkurse fallen unter einen Schwellwert	Push System
Systematische Suche (regelmäßig)	Peer-to-Peer System	Regelmäßige Suche nach Jobprofilen	Suchmaschine, Mobile Agents
Stetiger Informationsfluss	Push-System	Nachrichtenkanal	Event-basiertes System

Des Weiteren kann man diese Systeme, wie in Abb. 7.1 gezeigt, anhand der notwendigen Interaktionsinitiative klassifizieren.

Abb. 7.1. Interaktionsklassen

Bei Event-basierten Systemen und Push-Systemen geht die Initiative vom System aus. D.h., nach Definition bzw. Konfiguration übernimmt das System die Initiative und liefert selbsttätig kontinuierlich Informationen entsprechend der Konfiguration. Mobile Agents bzw. Peer-to-Peer-Systeme hingegen erfordern Aktivitäten seitens des Anwenders, bevor Aktionen gesetzt werden. Wird nun eine dieser Architekturen für eine verteilte Anwendung in Betracht gezogen, sollten die Kommunikationsmuster der Anwendung genau analysiert werden, um die am besten passende Architektur anwenden zu können.

7.3 Das Peer-to-Peer-Modell

Nach dieser Abgrenzung des Peer-to-Peer-Modells gegenüber verwandten Ansätzen soll dieser Abschnitt das eigentliche hinter Peer-to-Peer (P2P) stehende architekturelle Modell beschreiben und erklären.

Der P2P-Ansatz ist keineswegs neu, sondern war bereits im ursprünglichen Design des Internets (Routing, DNS etc.) vorhanden. Neu ist hingegen, dass dieser Ansatz nun auch auf anderen Abstraktionsebenen angewendet wird. Bezüglich P2P lassen sich folgende Abstraktionsebenen unterscheiden:

- **Netzwerkebene:** Grundlegende Routing-Dienste, die es ermöglichen, Requests in applikationsunabhängiger Weise über das physikalische Netzwerk zu routen.
- **Datenzugriffsebene:** Suche und Änderung von Ressourcen mit Hilfe applikationsspezifischer Zugriffsstrukturen.
- **Dienstebene:** Kombination und Erweiterung von Funktionalitäten der Datenzugriffsebene, um höherwertige Dienste zur Verfügung zu stellen. Die Bandbreite dieser Dienste kann von einfachem File-Sharing bis hin zu komplexen Geschäftsprozessen reichen.
- **Benutzerebene:** Gruppierung von Benutzern („Communities“) und Unterstützung von Benutzer-Interaktionen unter Verwendung der Dienstebene für Community-Management und Informationsaustausch.

Das P2P-Paradigma kann interessanterweise unabhängig auf jeder dieser Ebenen auftreten. Die Kombination dieser Ebenen in einem konkreten System und die Menge der auf den einzelnen Ebenen verwendeten P2P-Konzepte charakterisieren ein konkretes P2P-System. listet einige Beispiele für die Anwendung von P2P-Architekturen auf den unterschiedlichen Ebenen auf.

Tabelle 7.2. Anwendung des P2P-Paradigmas auf unterschiedlichen Systemebenen

Ebene	Applikationsdomäne	Dienst	Beispielsystem
Netzwerkebene	Internet	Routing	TCP/IP, DNS
Datenzugriffsebene	Overlay-Netzwerke	Ressorcen-Lokation	Gnutella, Freenet
Dienstebene	P2P-Applikationen	Nachrichtendienste, verteilte Bearbeitung	SETI@Home, Napster, Groove
Benutzerebene	Benutzer-Communities	Kollaboration	eBay, Ciao

Für die Netzwerkebene des Internets wurde bereits darauf hingewiesen, dass hier auf P2P-Ansätze, z.B. um Pakete zu routen, zurückgegriffen wird. Diese Funktionalität könnte theoretisch auch zum Auffinden von Ressourcen verwendet werden. Moderne Lokationssysteme wie Gnutella oder Freenet sind jedoch als so genannte Overlay-Netzwerke (Datenzugriffsebene) konzipiert und bilden somit eine höhere funktionale Ebene in Bezug auf die Unterstützung applikationsspezifischer Identifikationsmechanismen für Ressourcen, semantisches Routing und zusätzliche Dienste wie „Group-Membership", „Trust", oder Authentifizierung Overlay-Netzwerke sind vielleicht der grundlegende Beitrag von P2P-Systemen im Bereich verteilter Systeme.

Auf nächsthöherer Ebene werden Dienste in P2P-Manier angeboten. In Napster ist beispielsweise die Datenzugriffsebene (Suche) zentralisiert und nur die Dienstebene (Dateiübertragung) P2P. Da sehr viele soziale und ökonomische Prozesse im Grunde genommen auf P2P-Interaktionen fußen, zeigt sich dies auch in den auf Benutzerebene vorhandenen Systemen wie beispielsweise eBay oder Empfehlungssysteme wie Ciao (www.ciao.com). Diese Systeme sind sowohl auf Datenzugriffs- als auch Dienstebene zentralisiert, Benutzerinteraktionen jedoch folgen einem P2P-Muster.

Eine andere Möglichkeit der Klassifikation von P2P-Systemen wäre zum Beispiel auch die Betrachtung der generellen Anwendbarkeit: P2P-Applikationen (Gnutella, Freenet) versuchen ein relativ eng begrenztes Problem zu lösen, P2P-Plattformen wie JXTA (Gong 2001) hingegen stellen Architekturen, Dienste und Komponenten zur Entwicklung von P2P-Systemen zur Verfügung und P2P-Algorithmen wiederum stellen allgemeine, universell anwendbare Mechanismen bereit.

7.3.1 Charakteristische architekturelle Parameter

Ein P2P-System lässt sich entlang dreier Designdimensionen charakterisieren: Strukturiertheit, Hierarchiegrad und Kopplungsgrad. Die Position eines konkreten Systems in Bezug auf diese Achsen bestimmt im Wesentlichen alle Systemeigenschaften und legt zum Großteil auch die für die Implementierung des P2P-Systems möglichen Architekturen fest.

7.3.1.1 Strukturiertheit

In unstrukturierten P2P-Systemen halten Peers keine Information über die Ressourcen anderer Peers. Dies ist zum Beispiel in Gnutella der Fall, das Anfragen einfach so lange weiterleitet und Antworten liefert, bis die Lebensdauer einer Anfrage abläuft. Dieser Ansatz ermöglicht zwar einen extrem hohen Grad an Unabhängigkeit und Fehlertoleranz, dies aber auf Kosten von Effizienz und vorhersagbarem Systemverhalten.

In strukturierten P2P-Systemen hingegen speichern Peers lokal Wissen über die von anderen Peers verwalteten Ressourcen, wodurch eine zielorientierte Suche ermöglicht wird, dabei jedoch zusätzlicher Aufwand für die Verwaltung dieser Information notwendig wird. Ein Beispiel für die hier gemeinte Information sind Routing-Tabellen, die auf dem aktuellen Stand gehalten werden müssen.

7.3.1.2 Hierarchiegrad

Das Design eines P2P-Systems weist einen bestimmten Grad an hierarchischen Strukturen auf. Typische Modelle sind:

Zentralisiertes Modell

- Es existiert ein globaler Index an einer zentralisierten Stelle (möglicherweise repliziert).
- Der globale Index ist ein „*single point of failure*".
- Interaktionen nach der Indexabfrage geschehen direkt zwischen den einzelnen Peers.
- Beispiel: Napster (Napster homepage 2001, Dr. Scholl 2001)

Dezentrales (verteiltes) Modell

- Es existiert kein globaler Index, der an einer zentralen Stelle konzentriert wäre (kein „*single point of failure*").
- Peers werden nicht von einer zentralen Stelle koordiniert, sondern das globale Systemverhalten ergibt sich aus der Kombination der lokalen Interaktionen der Peers.
- Peers interagieren direkt miteinander, z.B. Gnutella (Gnutella Homepage 2001; Clip2 2001), über eine dynamisch aufgebaute Kette von Mediatoren, z.B. Freenet (Clarke et al. 2001; Freenet Project 2001), oder in einer virtuellen Baumstruktur, z.B. P-Grid (Aberer 2001; Aberer et al. 2002).

Hierarchisches Modell

- Mischung aus zentralisiertem und dezentralisiertem Modell: Normale Peers und hierarchische Super-Peers, die den globalen Index verwalten.
- Beispiel: FastTrack

7.3.1.3 Kopplungsgrad

In stark gekoppelten P2P-Systemen existiert zu jedem Zeitpunkt genau eine Gruppe, der alle teilnehmenden Peers angehören, und nur einzelne Peers können sich dieser Gruppe anschließen bzw. sie verlassen. In dieser Art von Systemen, wie beispielsweise Chord (Dabek et al. 2001), wird Peers beim Eintritt in die Gruppe eine statische, logische Identifikation zugewiesen, die die Rolle des Peers in Bezug auf die Gruppe genau festlegt, d.h., welche Daten er hält oder die Art und Weise wie Nachrichten behandelt werden. In diesen Systemen sind die für Informationen möglichen Schlüsselintervalle mit jenen für die Peer-Identifikation zur Verfügung stehenden identisch. Diese Systemstruktur beschränkt natürlich eindeutig die Möglichkeiten Peer-Populationen, die sich unabhängig von einander entwickeln, zu vereinigen bzw. zu trennen.

Lose gekoppelte Systeme hingegen bieten diese Möglichkeiten. Peers können zwar zu einem bestimmten Zeitpunkt eine bestimmte Rolle innehaben, diese Rolle und damit auch die logische Peer-Adresse können sich jedoch zeitlich dynamisch ändern. Gnutella ist ein typischer Vertreter für ein lose gekoppeltes P2P-System.

7.3.2 Weitere Kriterien

Weitere Kriterien, die für die Anwendbarkeit bzw. Klassifikation eines konkreten Systems in Betracht gezogen werden können, sind:

Skalierbarkeit des Systems
- Robustheit und Fehlertoleranz
- Sicherheitsaspekte („Vertrauen" in andere Peers, Authentizität etc.)
- Wie werden Updates behandelt (Effizienz, Konsistenz etc.)?

7.4 Beispiele für Peer-to-Peer-Architekturen

Im Folgenden werden einige bekannte bzw. technisch interessante Peer-to-Peer-Systeme exemplarisch beschrieben, um die zugrunde liegenden Konzepte und die Unterschiede zwischen den einzelnen Systemen zu verdeutlichen, die zum Teil entscheidenden Einfluss auf die Anwendbarkeit haben.

7.4.1 Napster

Napster (Napster 2001) ist das wohl bekannteste Peer-to-Peer-System. Es wurde als erstes Peer-to-Peer-System weit über die Grenzen der Informatik hinaus als Musiktauschbörse bekannt, dann wegen Copyright-Verstößen verurteilt und hat bis jetzt den Neustart nicht wieder geschafft.

Technisch gesehen handelt es sich bei Napster um ein relativ simples Peer-to-Peer-System: Der Napster-Server hält eine zentrale Datenbank der angebotenen MP3/WMA-Musikdateien, die Dateinamen mit IP-Adressen von Peers verknüpft.

Clients (man beachte die Terminologie) melden sich bei diesem Server an und schicken eine Liste von Dateien, die sie zur Verfügung stellen. Neubenutzer müssen dazu zuerst einen Account beim Napster-Server einrichten.

Jeder Client kann Suchanfragen an den Napster-Server stellen und erhält als Suchergebnis eine Liste an Clients, die der Suchanfrage entsprechende Dateien anbieten. Aus dieser Liste kann ein Client ausgewählt werden, um von diesem die gewünschte(n) Datei(en) herunterzuladen.

Abb. 7.2 zeigt die Architektur von Napster.

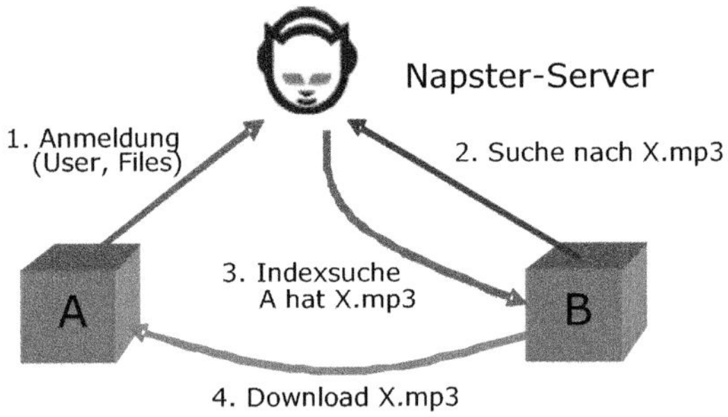

Abb. 7.2. Architektur und Kommunikationsmodell von Napster

Bei Napster handelt es sich also um kein reines Peer-to-Peer-System, sondern vielmehr um eine Kombination des Client-Server- und des Peer-to-Peer-Ansatzes. Das Kommunikationsprotokoll von Napster wurde nie publiziert. Es existieren lediglich Protokolldefinitionen, die „re-engineered" wurden (Dr. Scholl 2001). Auf Grund der zentralen Datenbank von Napster (auch wenn sie in Wirklichkeit auf vielen Servern repliziert war), stellt diese einen Flaschenhals dar, der die Skalierbarkeit von Napster erheblich beschränkt. Der Vorteil dieser Architektur ist allerdings, dass dies eine einfache Kontroll- und Steuermöglichkeit bietet, was in vielen verteilten Systemen notwendig ist bzw. gewünscht wird. Außerdem gibt es mit einer solchen Architektur geringere Probleme bezüglich der Konsistenz des (zentralen) Index als bei verteilten Indexansätzen.

Das Kommunikationsmodell von Napster existiert im Internet im Grunde in vielerlei Ausprägung, z.B.: Suche in einer Suchmaschine, die URLs auf die Treffer liefert (C-S-Teil) und danach Download der Treffer (P2P-Teil).

7.4.2 Gnutella

Gnutella ist eines jener zahlreichen Beispiele, die die Kapazität des Internets für die schnelle Verbreitung innovativer Ansätze belegen. Ursprünglich wurde Gnutella als „Quick-Hack" zum Austausch von Kochrezepten von Nullsoft-Entwicklern (Winamp) entwickelt und unter der GNU General Public License (GPL) als Free Software am Nullsoft-Web-Server platziert. Schon nach wenigen Stunden wurde Gnutella auf Anordnung von AOL (Besitzer von Nullsoft) wieder vom Web-Server genommen. Jedoch reichte diese kurze Zeit bereits aus, dass eine sehr große Anzahl an Benutzern Gnutella heruntergeladen hatte. Das Gnutella-

Protokoll wurde „reverse engineered" und bald gab es eine Anzahl an Gnutella-Clients, die sich seitdem großer Beliebtheit erfreuen.

Im Unterschied zu Napster gibt es in Gnutella keinen zentralen Server. Dadurch ist das System um einiges robuster als Napster, da der Ausfall eines Rechners die Systemeigenschaften nicht beeinflusst. Auch sind somit rechtliche Schritte wegen Copyright-Verletzung nicht mehr möglich. Gnutella ist weitgehend selbstorganisierend, d.h., Peers binden sich dynamisch an beliebigen Stellen ins Gnutella-Netzwerk ein. Dazu muss die Adresse mindestens eines Peers, der online ist, bekannt sein. Um dieses Henne/Ei-Problem zu lösen, sind in der Gnutella-Peer-Software Peers mit hoher Verfügbarkeit vorkonfiguriert, welche auf Anfrage Peer-Listen liefern, aus denen Peers kontaktiert werden können. Die Erstellung der Listen ist durch einfaches Mithören der Verkehrsdaten möglich. Insofern ist auch Gnutella in gewissem Sinne zentralisiert, wenn auch nur der Start-up eines Peers.

Nachrichten werden, basierend auf einem „Constrained Broadcast"-Ansatz, durch das Netz der Gnutella-Peers geroutet. Dabei halten sie typischerweise Verbindungen mit 4 anderen Peers aufrecht, die sich aber im Lauf der Zeit ändern können (im Zuge des Routings von Nachrichten lernt jeder Peer laufend neue Peers kennen). Gnutella-Protokoll-Pakete haben typischerweise eine Lebensdauer (TTL) von 7, welche von jedem Peer verändert, typischerweise um 1 verringert werden kann. Da die Struktur des Gnutella-Netzwerks ein zufälliger Graph ist, besitzt jedes Paket eine eindeutige Identifizierung, um Paket-Schleifen erkennen zu können. Um Verbindung zu anderen Gnutella-Peers aufnehmen zu können, muss mindestens ein anderer Peer bekannt sein. Für diesen „Bootstrap" gibt es, wie bereits erwähnt, spezielle Peers, die Listen von Gnutella-Peers anbieten. Dies ist jedoch nicht in der Gnutella-Protokoll-Spezifikation genormt (Clip2 2001). Das Gnutella-Protokoll umfasst die in Tabelle 7.3 angegebenen 5 Pakettypen.

Tabelle 7.3. Paket-Typen in Gnutella

Pakettyp	Beschreibung	Enthaltene Information
Ping	Ankündigung der eigenen Verfügbarkeit und Finden weiterer Peers	Keine
Pong	Antwort auf ein Ping	IP-Adresse und Portnummer des antwortenden Peers sowie die Anzahl und die Größe (in kB) der lokal zur Verfügung gestellten Information.
Query	Suchanfrage	Suchkriterium, minimale Netzwerk-Bandbreite, die antwortende Peers (Treffer) haben sollten;
QueryHit	Wird von Peers retourniert, welche die gewünschten Daten haben.	IP-Adresse, Portnummer und Netzwerkbandbreite des antwortenden Peers, Anzahl der Suchresultate und Treffer der Suche
Push	Datei-Download-Anfrage für Peers hinter Firewalls	Peer-Id, Index der angeforderten Datei, IP-Adresse und Port, an den die Datei geschickt werden soll.

Diese Nachrichtenarten werden von allen Gnutella-Peers mittels eines beschränkten Broadcast-Mechanismus verteilt: Empfängt ein Peer ein Paket, dann reduziert er zuerst dessen Time-to-live-Feld (TTL). Wenn die TTL dann noch größer als 0 ist und die eindeutige Identifikation des Pakets dem Peer noch unbekannt ist (Schleifen-Erkennung), dann wird das Paket an alle dem Peer bekannten Peers weitergeschickt. Zusätzlich überprüft der Peer, ob er selbst auf die Nachricht reagieren sollte. Beispielsweise mit einem *Pong* als Antwort auf ein empfangenes *Ping*. Wurde hingegen ein *Query*-Paket empfangen, dann überprüft der Peer seinen lokalen Speicher, ob passende Daten vorhanden sind. Ist dies der Fall, schickt er ein *QueryHit*-Paket. Alle Antwortpakete werden entlang des gleichen Pfades zurückgeschickt, auf dem sie empfangen wurden.

Abb. 7.3 zeigt eine einfache Gnutella-Interaktion zum Aufbau der dynamischen Gnutella-Netzwerkstruktur, wenn ein neuer Peer (*A*) sich in eine existierende Gnutella-Struktur einklinkt.

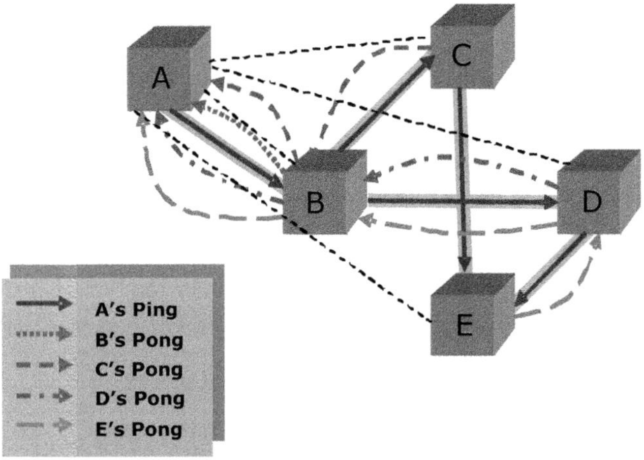

Abb. 7.3. Aufbau eines Gnutella-Netzwerks (Ping/Pong)

Der Ablauf ist dabei wie folgt (die breiten grauen Linien zeigen die bestehenden Verbindungen zu Beginn der Interaktion an): Peer *A* kontaktiert Peer *B* und sendet eine *Ping*-Nachricht. *B* antwortet mit einem *Pong* und leitet *A*'s *Ping* weiter, d.h., er leitet es weiter an alle ihm bekannten Peers, in diesem Fall *C* und *D*, die wiederum mit einem *Pong* antworten, usw. Nach einigen dieser Ping/Pong-Interaktionen „kennt" *A* die Peers *B*, *C*, *D* und *E* und ist in die Infrastruktur eingeklinkt.

Wenn *A* nun eine Suche startet und als Antwort ein *QueryHit*-Paket empfängt, versucht er zu dem in dem Paket angegebenen Peer eine direkte Verbindung aufzubauen und die gesuchte Datei herunterzuladen. Dies passiert mittels einer sehr stark vereinfachten HTTP-GET-Anfrage (Clip2 2001). Befindet sich der zu kontaktierende Peer hinter einer Firewall, dann kann eine solche Verbindung nicht hergestellt werden. Stattdessen schickt der Peer ein *Push*-Paket (entlang des Pfades, über den das *QueryHit*-Paket empfangen wurde, denn diese Verbindung existiert sicher, da sich der Ziel-Peer ja bereits im Gnutella-Netzwerk befindet) an den Peer hinter der Firewall, welcher dann von sich aus versucht, eine Verbindung mit dem anfragenden Peer herzustellen (was auf Grund der Firewall-Konfiguration üblicherweise möglich ist) und dem anfragenden Peer damit die Möglichkeit eines Downloads via HTTP GET ermöglicht. Sind allerdings beide Peers hinter Firewalls, dann ist ein Download nicht möglich.

Abb. 7.4 zeigt eine Suchinteraktion in Gnutella.

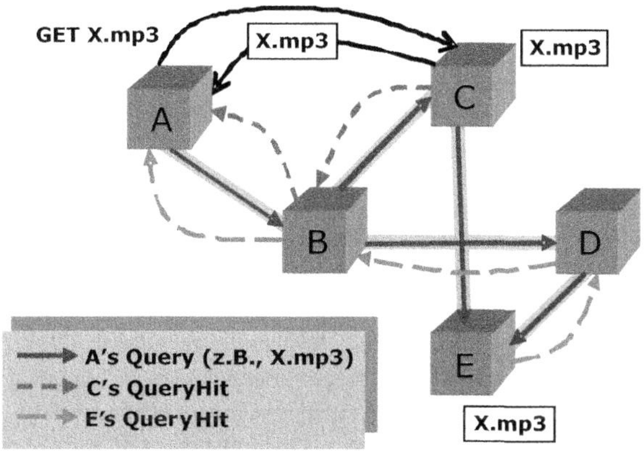

Abb. 7.4. Suche in Gnutella (Query/QueryHit/GET)

7.4.2.1 Netzwerklast

Aus Benutzersicht ist Gnutella ein einfaches, aber dennoch sehr effektives Protokoll: Die Trefferraten sind ziemlich hoch, es ist fehlertolerant in Bezug auf den Ausfall von Peers und es passt sich gut an Änderungen der „Peer-Population" an. Aus Netzwerksicht hingegen werden diese positiven Eigenschaften teuer bezahlt, denn Gnutella verwendet eine Form von „beschränktem Broadcast" und jeder Peer, der einen Request empfängt, durchsucht seine lokale Datenbank nach möglichen Treffern.

Wird beispielsweise eine typische Konfiguration mit einer TTL von 7 und durchschnittlich 4 Verbindungen *C* pro Peer zu Grunde gelegt, dann ergibt sich die Gesamtanzahl an Nachrichten (inklusive Antwortpakete), die von einem einzigen Gnutella-Paket verursacht werden, als:

$$2 * \sum_{i=0}^{TTL} C * (C-1)^i = 26240$$

Kürzlich durchgeführte Experimente (Sripanidkulchai 2001) zeigen, dass die durch Gnutella verursachte Netzwerklast bis zu 3,5 Mbit/s betragen kann (oder 353.296 Abfragen in 2,5 Stunden, wie ein anderes Experiment aus (Sripanidkulchai 2001) belegt). Um diese sehr hohe Netzwerklast zu verringern, schlägt der Autor dieser Studie vor, Caching einzusetzen. Seine Experimente zeigen nämlich, dass sehr populäre Daten ungefähr gleich häufig gesucht werden, während ab einem gewissen Grenzwert die Zugriffe einer Zipf-Verteilung folgen, d.h., die Wahrscheinlichkeit, dass die *i-beliebteste* Information gesucht wird, proportional zu $1/i^{\cdot}$ ist. Da auch Dokumente im WWW Zipf-verteilt sind und daher Caching sehr erfolgreich eingesetzt werden kann, argumentiert der Autor, dass dies auch auf Gnutella anwendbar wäre, und liefert den Beweis mit einem modifizierten Gnutella-Client, der Caching verwendet und dadurch die benötigte Bandbreite um Größenordnungen verringert.

7.4.2.2 Netzwerktopologie

Wie aus dem bereits Gesagten hervorgeht, ist das Gnutella-Protokoll sehr robust, aber auch sehr indeterministisch. Für Suchanfragen kann weder eine Erfolgsgarantie gegeben werden, noch kann die Suchdauer angegeben werden. Dies liegt zum Gutteil an der zufälligen Graphstruktur eines Gnutella-Netzwerks, für das kein exaktes mathematisches Modell existiert, mit dessen Hilfe obere Schranken berechnet werden könnten. Ebenso würde ein solches Modell es erlauben, strukturelle Eigenschaften des Graphen auszunutzen und somit effizienter zu suchen. Als erster Schritt in diese Richtung wurde versucht, die Struktur von Gnutella experimentell zu ermitteln (Jovanovic et al. 2001). Es zeigt sich dabei, dass Gnutella starke „Small World"-Eigenschaften (Kleinberg 1999) aufweist, die eine Grundvoraussetzung für die effiziente Suche in P2P-Graphen bilden. Auf den Begriff der „Small World"-Eigenschaften und seine Bedeutung für P2P-Systeme wird später im Abschnitt über Freenet näher eingegangen.

7.4.2.3 Free Riding

Neben technischen Problemen wird Gnutella auch von „sozialen" Problemen beeinträchtigt, die in der vollständig verteilten Infrastruktur und der Unabhängigkeit der Peers ihren Ursprung haben. „Free Riding" (Adar u. Huberman 2000) in Gnutella bezeichnet den Umstand, dass die meisten Gnutella-Peers zwar intensiv Daten suchen und Pakete routen, aber selbst kaum bis keine oder nur uninteressante Daten zur Verfügung stellen, auf die nicht zugegriffen wird („Trittbrettfahrer").

(Adar u. Huberman 2000) zeigen, dass 66% der Gnutella-Benutzer keine Dateien anbieten und beinahe 47% aller Antworten auf Suchanfragen von 1% der Peers geliefert werden. Dieses soziale Problem transformiert Gnutella in ein Client-Server-ähnliches System mit einem Backbone, d.h., obwohl Gnutella eigentlich dezentral designed ist und dahin gehend „optimiert" ist, wird es dem entgegengesetzt verwendet und arbeitet daher weniger effizient. Gnutella könnte dadurch mit technischen (schlechterer Durchsatz, Verwundbarkeit, geringere Ausfallssicherheit etc.) und legalen Problemen ähnlich Napster konfrontiert werden.

7.4.2.4 Reputation

Ein weiteres „soziales" Problem in Gnutella, das in Napster ein geringeres Problem war, ist der Bereich der Reputation von Peers: In einem P2P-System interagiert man laufend mit unbekannten Peers und hat keine Möglichkeit deren Reputation zu beurteilen, d.h., in welchem Ausmaß man einem Peer bzw. den von ihm zur Verfügung gestellten Dateien trauen kann. Solche Reputationsschemata lassen sich in quasi zentralisierten Infrastrukturen wie Napster, eBay oder Amazon relativ einfach realisieren, während in wirklich dezentralen P2P-Systemen aufwendigere, statistische bzw. spieltheoretische Ansätze angewandt werden müssen. (Aberer u. Despotovic 2001) sei stellvertretend als Beispiel genannt.

7.4.3 FastTrack

FastTrack (FastTrack 2003) kombiniert einige der Vorteile von Napster mit der Robustheit von Gnutella. FastTrack ist ein hierarchisches P2P-System, das wie Napster Peers in Gruppen unterteilt: jene, welche Indexinformation (und Daten) verwalten, und jene, die nur Daten zur Verfügung stellen. Im Unterschied zu Napster wird aber von der vollständig zentralisierten Indexhaltung abgegangen, indem der Index auf mehrere Peers verteilt wird. FastTrack unterscheidet folgende Arten von Peers:

- Ein Super-Super-Peer, der als zentraler Einstiegspunkt dient und Listen von Super-Peers zur Verfügung stellt.
- Super-Peers, die Indexinformation für an sie angebundene Peers verwalten und mit anderen Super-Peers interagieren (z.B. bei Suchvorgängen). Mehrere Super-Peers können mit einer Gruppe von Peers verbunden sein.
- Normale Peers, die wie in Napster ihre Ressourcen bei einem Super-Peer registrieren und an diesen Suchanfragen stellen. Die Übertragung gefundener Dateien erfolgt wie in Napster direkt zwischen den Peers ohne Zuhilfenahme eines Super-Peers.

Super-Peers werden unter den teilnehmenden Peers dynamisch ausgewählt (dies kann vom Benutzer allerdings auch explizit als unerwünscht verboten werden). Das derzeit wohl erfolgreichste P2P-System, Kazaa, basiert auf der Technologie von FastTrack.

7.4.4 Freenet

Freenet (Clarke et al. 2002, Clarke et al. 2001) ist ein dezentrales P2P-System für die Publikation, Speicherung und Replikation von Dateien sowie eine Suchinfrastruktur zum Auffinden gespeicherter Inhalte. Im Vergleich zu Napster benötigt Freenet keinen zentralen Server und vermeidet andererseits die ineffizienten Broadcasts von Gnutella.

Das zentrale Entwicklungsziel von Freenet war es, eine P2P-Infrastruktur zu schaffen, die die Anonymität von Autoren (oder Quellen) und Lesern gewährleistet. Das Design von Freenet macht es unmöglich, den Ursprung einer Datei oder das Ziel von Anfragen zu ermitteln. Außerdem ist es sehr schwierig bis unmöglich, für einen Peer festzustellen, welche Daten er gerade speichert, da Dateien nur verschlüsselt gesendet und gespeichert werden. Nach den Zielen der Designer von Freenet kann daher niemand rechtlich belangt werden, selbst wenn potenziell illegale Daten gespeichert oder verteilt werden („Free Speech").

Neben diesem sehr strikten Konzept von Anonymität implementiert Freenet noch ein weiteres sehr interessantes Konzept, nämlich ein adaptives Routing-Schema, das Anfragen effizient zu den physischen Lokationen (Peers) weiterleitet, an denen sie am wahrscheinlichsten erfolgreich sein werden, wenn die gesuchten Daten im Freenet-Netzwerk existieren. Um dies effizient zu ermöglichen, werden die Routing-Tabellen von Freenet-Peers dynamisch im Zuge von Suchanfragen und dem Einfügen von Dateien angepasst. Dadurch wird der Verbindungsgraph der Freenet-Peers, welcher ja durch die Routing-Tabellen definiert wird, immer den aktuellen Anforderungen angeglichen. Zur weiteren Effizienzsteigerung werden außerdem populäre Dateien dynamisch entlang der Suchpfade repliziert und damit die Trefferwahrscheinlichkeit erhöht bzw. werden Treffer „früher" erzielt und die Last wird besser verteilt.

Um sich ins Freenet-Netzwerk einklinken zu können, muss zumindest ein Freenet-Peer bekannt sein, der online ist. Wie in Gnutella ist dies notwendig, um das offensichtliche Start-up-Problem zu lösen. Danach allerdings arbeitet Freenet wie Gnutella vollständig dezentral. Nach dem Einklinken wird die beim Start-up leere Routing-Tabelle des Peers mit Informationen aus Suchabfragen und Antwortnachrichten gefüllt. Auf diese Weise „lernt" der Peer die Struktur des Freenet-Netzwerkes und kann zielgerichteter routen.

Die Routing-Tabelle eines Freenet-Peers speichert die Adressen der benachbarten Peers sowie die Schlüssel und Daten, die diese speichern. Tabelle 7.4 zeigt ein Beispiel einer Routing-Tabelle.

Tabelle 7.4. Routing-Tabelle in Freenet

Schlüssel	Daten	Adresse
8e47683isdd0932uje89	ZT38hwe01h02hdhgdzu	tcp/125.45.12.56:6474
456r5wero04d903iksd0	Rhweui12340jhd091230	tcp/67.12.4.65:4711
f3682jkjdn9ndaqmmxia	eqwe1089341ih0zuhge3	tcp/127.156.78.20:8811
wen09hjfdh03uhn4218	erwq038382hjh3728ee7	tcp/78.6.6.7:2544
712345jb89b8nbopledh		tcp/40.56.123.234:1111
D0ui43203803ujoejqhh		tcp/128.121.89.12:9991

Empfängt ein Peer nun ein Query, wird zuerst diese Routing-Tabelle konsultiert. Ist der entsprechende Schlüssel in der Routing-Tabelle enthalten, kann unmittelbar eine Antwort zurückgeschickt werden. Wenn nicht, wird die Anfrage an den Nachbar-Peer, der den Schlüssel mit der geringsten lexikographischen Distanz zur Anfrage hat, weitergeleitet, d.h. an den Peer, der Daten mit dem „ähnlichsten" Schlüssel speichert.

Antworten auf Suchanfragen werden entlang des Pfades der Suchanfrage zum Initiator zurückgesendet. Jeder Peer entlang dieses Pfades speichert die Antworten in seiner Routing-Tabelle, damit auf zukünftige Anfragen schneller reagiert werden kann. Die Routing-Tabelle in Freenet ist in diesem Sinne ein Cache für Suchtreffer. Wie jeder Cache hat auch die Routing-Tabelle nur eine beschränkte Größe und Einträge werden anhand einer LRU-Strategie („least recently used") aus dem Cache entfernt. Wie man an den letzten beiden Einträgen in Tabelle 7.4 sehen kann, wird auch noch eine zweite Strategie eingesetzt, um den Platz in der Routing-Tabelle möglichst optimal zu nutzen: Statt einen ganzen Eintrag zu entfernen und damit Routing-Information zu verlieren, kann ein Peer sich auch dafür entscheiden, nur das Datenfeld zu entfernen und die Routing-Information zu erhalten und dennoch Platz einzusparen.

Algorithmisch gesehen implementiert Freenet eine „*depth-first*"-Suchstrategie, da Anfragen immer an den Peer mit dem ähnlichsten Schlüssel geschickt werden (im Vergleich dazu implementiert Gnutella eine „*breadth-first*"-Strategie). Daher muss in Freenet auch die TTL von Nachrichten wegen des notwendigen „backtracking" substanziell größer sein, typischerweise 500. Um Zyklen im Routing von Suchabfragen zu erkennen, enthalten die Anfragen wie in Gnutella eindeutige Identifikationsnummern.

Abb. 7.5 zeigt die Such- und Reorganisationsstrategie von Freenet.

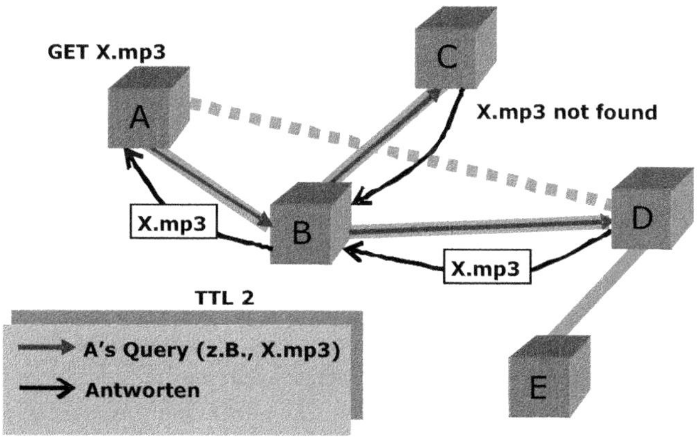

Abb. 7.5. Suche in Freenet

Peer *A* sendet eine Suchabfrage nach *X.mp3* (mit einer TTL von 2) an Peer *B*, welcher die Datei nicht lokal hat. Anhand des beschriebenen Routing-Algorithmus schickt Peer *B* die Abfrage weiter an Peer *C*, nachdem er die TTL dekrementiert hat. Peer *C* hat aber ebenfalls *X.mp3* nicht und meldet dies an Peer *B* zurück. Peer *B* dekrementiert die TTL wiederum (die TTL ist nun 0) und schickt die Abfrage weiter an Peer *D*, wo *X.mp3* gefunden wird. Peer *D* sendet die Treffernachricht und die gefundene Datei *X.mp3* zurück an Peer *B*. Peer *B* cached *X.mp3*, macht gegebenenfalls ein Update seiner Routing-Tabelle und sendet ebenfalls eine Treffernachricht und die Datei *X.mp3* zurück an Peer *A*, den ursprünglichen Initiator der Suche. Somit erhält Peer *A* sowohl die gewünschte Datei als auch neue Routing-Information über Peer *C*, d.h., es entsteht eine neue „Verbindung" im Freenet-Verbindungsgraphen (angedeutet durch die grauen Verbindungen).

7.4.4.1 Schlüssel in Freenet

Wird ein File in Freenet eingetragen, wird zuerst ein eindeutiger Schlüssel mit Hilfe eines kryptographisch sicheren Algorithmus berechnet. Schlüssel werden als Uniform Resource Identifier (URI) (Berners-Lee et al. 1998) in der Form *freenet:keytype@data* repräsentiert. Freenet kennt drei Arten von Keys: Keyword Signed Keys (KSK), Signature Verification Keys (SVK) und Content Hash Keys (CHK).

Keyword Signed Keys verwenden eine kurze, vom Benutzer angegebene Beschreibung zur Generierung eines Public/Private Key Pairs (asymmetrische Verschlüsselung, siehe Kapitel 9). Mit einer Hash-Funktion (siehe Kapitel 9) wird dann aus dem Public Key der eigentliche Dateischlüssel generiert. Die Datei selbst wird verschlüsselt, indem die Beschreibung des Benutzers als Schlüssel verwendet wird und mit Hilfe des Private Key signiert. Diese Art der Verschlüsselung bietet beschränkte Sicherheit, da so genannte „Dictionary Attacks" (Durchprobieren von Schlüsseln mit Hilfe eines Wörterbuchs) möglich sind. Um nun eine Datei in Freenet finden zu können, muss der Benutzer den genauen Wortlaut der Beschreibung kennen, z.B. /books/business/dilbert-principle. Dies ergibt sich aus der Verwendung einer sicheren Hash-Funktion. Da nach Anwendung der Hash-Funktion die Eingabedaten nicht mehr durch Anwendung einer Umkehrfunktion berechnet werden können (eine Hash-Funktion hat keine eindeutige Umkehrfunktion), kann auch keine Ähnlichkeitsbeziehung zwischen den aus der Anwendung der Hash-Funktion hervorgehenden Ergebnissen hergestellt werden. Damit liefern beispielsweise die Eingabedaten /books/business/dilbert-principle und /business/dilbert-principle so unterschiedliche Ergebnisse, dass nicht mehr festgestellt werden kann, dass der zweite String eigentlich ein Teilstring des ersten ist. Würde der zweite String als Suchbedingung angegeben, würde somit die durch /books/business/dilbert-principle beschriebene Datei nicht gefunden. Obwohl dies Anonymität und Sicherheit der Daten verbessert, wird die Suche für den Anwender ungleich schwieriger. Der Nachteil dieser Methode im Vergleich zu Gnutella ist offensichtlich.

Signature Verification Keys wiederum ermöglichen es dem Benutzer, Teilräume in Freenet zu generieren, d.h. Schlüsselbereiche, die nur vom „Besitzer" des Bereichs kontrolliert werden können. SVKs funktionieren sehr ähnlich wie KSKs, nur dass das Schlüsselpaar zufällig generiert wird. Der Sinn von SVKs ist, dass Benutzer, die dem „Besitzer" des Schlüsselraums vertrauen, auch den Dokumenten, die durch Schlüssel aus diesem Teilraum identifiziert werden, vertrauen können, weil nur der „Besitzer" Dokumente einfügen kann (dies setzt die Kenntnis des privaten Teilraum-Schlüssels voraus).

Content Hash Keys (CHK) werden durch hashen des Dateiinhalts erstellt und können somit verwendet werden, die Datei-Integrität zu überprüfen.

7.4.4.2 Updates in Freenet

Anders als Gnutella und fast alle anderen P2P-Systeme, die einfach jene Daten anbieten und finden, die gerade online sind bzw. in Indizes stehen und kaum saubere Update-Semantiken (im Sinne eines Konsistenzmodells) besitzen, bietet Freenet ein explizites Update-Protokoll und -Modell.

Nach Generieren eines Schlüssels, wie im vorangegangenen Abschnitt beschrieben, wird dieser mit einem „*hops-to-live*"-Zähler (HTL) in einer Einfügenachricht als Vorschlag an die Nachbarn des Peers geschickt. Jeder der Nachbarn überprüft, ob der vorgeschlagene Schlüssel bereits bekannt ist (lokaler Speicher, Routing-Tabelle). Ist dies der Fall, wird die unter diesem Schlüssel bereits gespeicherte Datei zurückgeliefert und der die Einfügeoperation initiierende Peer muss einen neuen Schlüssel vorschlagen. Tritt keine Kollision auf, so wird die HTL dekrementiert und der vorgeschlagene Schlüssel weitergeroutet, bis die HTL den Wert null erreicht. Damit wird sichergestellt, dass keine unter dem vorgeschlagenen Schlüssel gespeicherte Information bereits in Freenet existiert, und der Peer kann die Datei endgültig unter diesem Schlüssel in Freenet eintragen.

Diese Strategie verhindert, dass einmal in Freenet gespeicherte Daten überschrieben werden. Um nun Updates vorzunehmen, wird der indirekte Weg über SSKs genommen, die nicht auf die eigentliche Datei, sondern den Schlüssel für die Datei verweisen, welcher bei einem Update der Datei einfach vom „Besitzer" des Schlüssel-Teilraums entsprechend geändert wird.

7.4.4.3 Evaluation von Freenet

Da die Caching-Strategie von Freenet so definiert ist, dass ähnliche Daten auf den einzelnen Peers „geclustert" werden, kann angenommen werden, dass sich Peers in Bezug auf die gespeicherten Dateien immer weiter spezialisieren. Diese Annahme wird auch durch Simulationen bestätigt. Folgendes exemplarische Resultat aus den von den Entwicklern von Freenet durchgeführten Simulationen bestätigt dies: Es wurde ein Netzwerk von 1000 Peers angenommen, in dem jeder Peer 50 Daten und 200 Referenzen auf andere Peers speichern konnte. Als Ausgangstopologie wurde ein Ring angenommen, in dem jeder Peer mit seinem linken und rechten Nachbar und deren Nachbarn verbunden ist, d.h., mit den vier Nachbarn, deren Schlüssel am ähnlichsten sind, wie in Abb. 7.6. dargestellt.

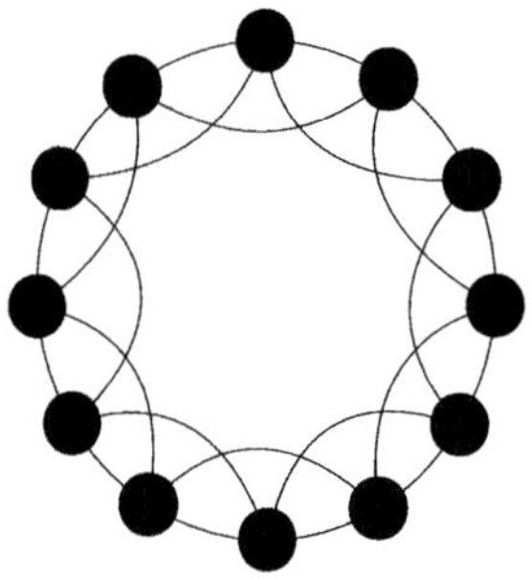

Abb. 7.6. Ringtopologie (regulärer Graph)

Ausgehend von dieser Situation wurden Einfügeoperationen durchgeführt mit einer HTL von 20. Nach jeweils 100 Einfügeoperationen wurden 300 zufällige Abfragen von zufälligen Knoten durchgeführt mit einer HTL von 500. Nach einigen Iterationen fällt die durchschnittliche Pfadlänge für Suchoperationen von ursprünglich 500 ziemlich dramatisch auf nur 6, d.h., im Schnitt müssen nur noch 6 Knoten befragt werden, um einen Treffer zu erhalten. Anders ausgedrückt besagt dies, dass Freenets Routing sich sehr gut selbst optimiert.

7.4.4.4 It's a small World – Small-World Properties

Die Erklärung für diese dramatische Verbesserung des Durchsatzes liegt in den Eigenschaften des sich ändernden Netzwerkgraphen der Peer-Verbindungen, der so genannte „*Small-World Properties*" aufweist. Das „Small-World"-Phänomen wurde erstmals von Stanley Milgram 1967 beschrieben. Milgram führte folgendes Experiment durch: Zufällig ausgewählte Personen in Nebraska sollten einen Brief an eine bestimmte ihnen unbekannte Person in Boston quer durch die USA ausliefern. Allerdings dürfte der Brief nur an eine Person weitergegeben werden, mit der man „per Du" war. Interessanterweise kamen 42 von 160 Briefen an und es waren im Schnitt nur 6 Übergaben notwendig, um die Zielperson zu erreichen. Diese ursprünglich soziologische Arbeit wurde dann in den Bereich der Informatik von Duncan Watts und Steven Strogatz übernommen und von Jon Kleinberg für P2P-Systeme anwendbar gemacht (Kleinberg 2000).

Bei „Small-World"-Graphen handelt es sich um Graphen, die starke Cluster-Eigenschaften haben, aber dennoch kurze Pfade zwischen allen Knoten aufweisen. Starkes Clustering bedeutet, dass Knoten, die mit einem bestimmten Knoten verbunden sind, auch sehr wahrscheinlich untereinander verbunden sind, wie dies zum Beispiel in sozialen Beziehungsnetzwerken der Fall ist. Kurze Pfade wiederum sind ein Merkmal zufälliger Graphen, in denen sich graphentheoretisch nachweisen lässt, dass immer Pfade der Länge $log(n)/log(k)$ (bei n Knoten und k Verbindungen pro Knoten) zwischen beliebigen Knoten existieren. Im Vergleich dazu ist die durchschnittliche Pfadlänge in einem regulären Graphen mit $n/2k$ um Größenordnungen höher. Logarithmischer Aufwand wiederum ist optimal, wenn es um Suchaufgaben geht.

Nun ist es aber unrealistisch anzunehmen, dass soziale Beziehungen einem zufälligen Graphen folgen. Vielmehr weisen sie starkes Clustering auf und einige Verbindungen zwischen den Clustern. Diese Struktur ist allerdings einem zufälligen Graphen sehr ähnlich und weist daher ähnlich positive Eigenschaften auf. Im Grunde genommen kann aus einem regulären Graphen durch einfaches „Umbiegen" einiger Verbindungen ein „Small-World"-Graph erzeugt werden, wie in Abb. 7.7 dargestellt.

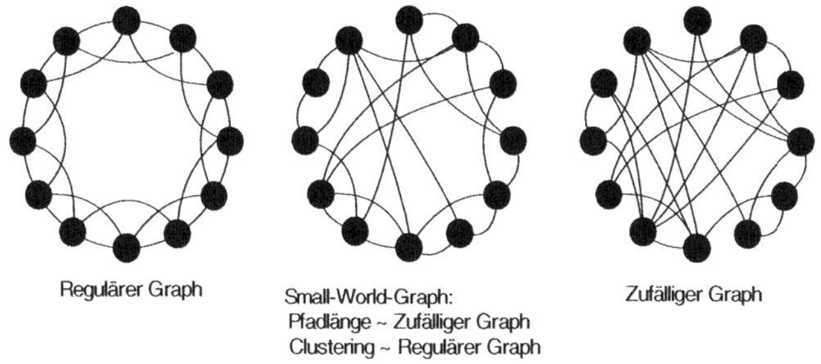

Abb. 7.7. „Small-World"-Graphen

Genau dieser Effekt erklärt die dramatische Verbesserung des Suchdurchsatzes des im letzten Abschnitt beschriebenen Freenet-Experiments. Der Freenet-Algorithmus tendiert dazu, Knoten, die ähnliche Daten speichern, zu clustern, aber da das Clustering nicht optimal ist, gibt es auch Verbindungen zwischen den Clustern, d.h., es handelt sich um einen „Small-World"-Graphen.

„Small-World"-Eigenschaften sind übrigens ganz generell die Begründung, warum dezentrale P2P-Systeme beinahe optimale Sucheigenschaften haben und sind somit natürlich auch auf Gnutella oder das im Folgenden beschriebene P-Grid-System anwendbar.

7.4.5 P-Grid

P-Grid (Aberer 2001, Aberer et al. 2002) ist ein auf einem virtuellen verteilten Suchbaum basierendes P2P-System. Bäume sind sehr effiziente Indizierungsstrukturen, die vor allem im nicht verteilten Bereich verwendet werden. Der Ansatz von P-Grid besteht nun, vereinfacht gesagt, darin, die Vorteile von Baumstrukturen auch im Falle der Verteilung des Baumes nutzbar zu machen und die notwendigen Reorganisationen, die im laufenden Betrieb auftreten, so gering als möglich zu halten (dies ist kritisch, da der Aufwand dafür sehr hoch sein kann).

Jeder in P-Grid teilnehmende Peer speichert Informationen über einen genau definierten Teil der Gesamtbaumstruktur, die durch die Kooperation der beteiligten Knoten entsteht, aber nirgends als Information per se gespeichert ist. Die Suche in P-Grid ist auf Grund der zugrunde liegenden Baumstruktur sehr effizient ($O(log(n)$ bei n teilnehmenden Peers). Dieser optimale Suchaufwand lässt sich sogar bei sehr unbalanzierten Verteilungen der Daten erreichen, die „degenerierte" Baumstrukturen zur Folge haben können (bis hin zu Strukturen, die linearen Listen ähneln und somit einen Suchaufwand von *O(n/2)* haben müssten) (Aberer 2002a, Aberer 2002b).

Im Gegensatz zu vielen anderen P2P-Systemen arbeitet P-Grid vollständig dezentral und benötigt keinerlei zentrales Wissen oder Koordination wie zum Beispiel Chord (Dabek et al. 2001), CAN (Ratnasamy et al. 2001) oder OceanStore (Rhea et al. 2001). P-Grid basiert völlig auf randomisierten Algorithmen und lokalen Interaktionen, aus denen sich ein deterministisches globales Verhalten ergibt. Des Weiteren basiert P-Grid auf den realistischen Annahmen, dass Peers häufig nicht verfügbar sind und die Online-Wahrscheinlichkeiten sehr niedrig sind.

Abb. 7.8 zeigt ein Beispiel für ein sehr einfaches P-Grid.

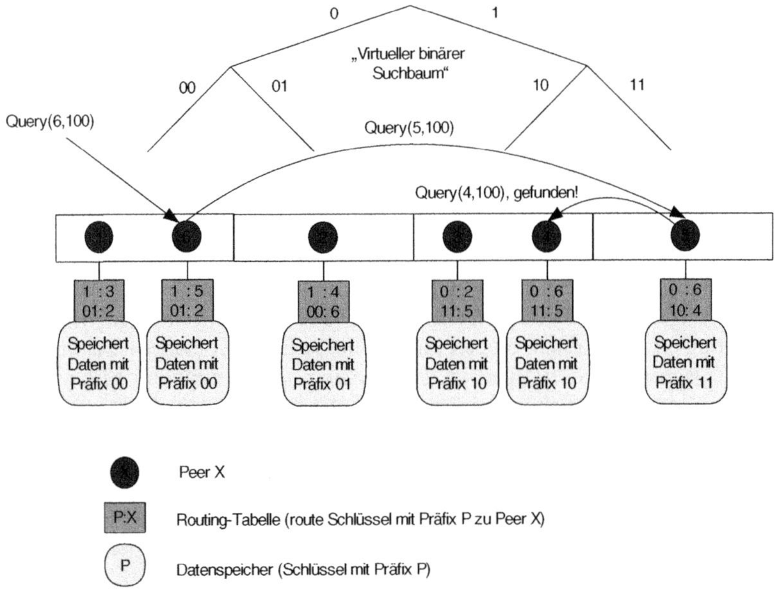

Abb. 7.8. Ein einfaches P-Grid

Die Position jedes Peers innerhalb eines P-Grid wird durch seinen „Pfad" festgelegt, d.h., den Binärstring, der die Teilmenge der Gesamtinformation im P-Grid definiert, für die ein Peer verantwortlich ist. In obiger Abbildung wäre beispielsweise der Pfad von *Peer4* „10". Dies bedeutet, dass dieser Peer verantwortlich ist für alle Informationen, deren Schlüssel mit „10" beginnen. Verantwortlichkeit bedeutet dabei, dass dieser Peer weiß, wo die entsprechende Information gespeichert ist, was nicht notwendigerweise impliziert, dass er diese Information auch selbst speichert. Dies bedeutet aber keinen Nachteil, da das Auffinden von Information das eigentliche Problem in P2P-Systemen ist. Sollte der Peer die Information nicht selbst speichern, kann sie einfach in einem einzigen weiteren Schritt zugegriffen werden. Des Weiteren bietet diese Vorgangsweise auch weitere Vorteile, da der Besitzer einer Information selbst bestimmen kann, wer darauf Zugriff hat beziehungsweise, ob die Ressource repliziert werden soll und welche Copyright- bzw. Privacy-Requirements er durchsetzen möchte.

Die Pfade der Peers partitionieren den Suchraum implizit und definieren so den virtuellen binären Baum. Wie aus Abb. 7.8 ersichtlich, können mehrere Peers für den gleichen Pfad verantwortlich sein. Zum Beispiel sind *Peer1* und *Peer6* beide für Schlüssel, die mit „00“ beginnen, verantwortlich. Dies macht aus mehreren Gründen Sinn: Durch die Replikation wird die Last auf die einzelnen Peers verteilt, es wird sichergestellt, dass die teilnehmenden Peers auch eine ausreichende Menge an Informationen halten, da durch zu weitgehende Spezialisierung der Baum zu tief werden würde und damit die Suchperformance abnähme, und die Daten trotz geringer Online-Wahrscheinlichkeiten verfügbar bleiben, das System also robuster und fehlertoleranter wird.

Da jeder Peer in der Lage sein muss, alle gestellten Suchanfragen (Queries) zu beantworten, besitzt jeder Peer eine speziell konstruierte Routingtabelle, um Queries in Richtung des für die Anfrage zuständigen Peers weiterzuleiten. Das Routing von P-Grid ist simpel, aber effizient: Für jedes Bit seines Pfades speichert jeder Peer mindestens einen Peer, der für die andere Hälfte des Suchbaumes auf dieser Ebene zuständig ist. Zum Beispiel leitet *Peer1* mit „1“ beginnende Queries an *Peer3* weiter, dessen Pfad mit „1“ beginnt. Entweder kann *Peer3* selbst die Anfrage beantworten oder er leitet sie weiter, abhängig von den weiteren Bits der Abfrage. Sollte *Peer1* hingegen ein mit „0“ beginnendes Query erhalten, dann könnte er selbst dafür verantwortlich sein oder das Query auf dieser Seite des Baums weiterleiten. Um dies zu entscheiden, überprüft er das nächste Bit des Queries, und sollte dieses Bit ebenfalls „0“ sein, ist er tatsächlich für dieses Query zuständig und durchsucht seinen lokalen Speicher auf passende Daten. Ansonsten wird das Query anhand der Routingtabelle an *Peer2* weitergeleitet, dessen Pfad mit „01“ beginnt. Routingtabellen sind in Abb. 7.8 als graue Quadrate dargestellt. In der Praxis enthalten Routingtabellen für jeden Teilpfad mehrere Referenzen, aus denen der Routingalgorithmus zufällig eine auswählt. Dadurch wird selbst bei geringer Online-Wahrscheinlichkeit der Peers erfolgreiches Routing gewährleistet.

Der P-Grid-Konstruktionsalgorithmus stellt sicher, dass die Routingtabellen der einzelnen Peers so konstruiert werden, dass immer mindestens ein Pfad zwischen zwei beliebigen Peers existiert und damit jedes beliebige Query, das an einen beliebigen Peer gestellt wird, beantwortet werden kann. Diese Eigenschaft muss „relativ“ in Bezug auf Replikation gesehen werden. In Abb. 7.9, welche diese Eigenschaft für das P-Grid aus Abb. 7.8 darstellt, existiert beispielsweise kein Pfad von *Peer3* zu *Peer6*, welcher die gleichen Daten hält wie *Peer1*. Dennoch ist dieser Teilbereich von *Peer3* aus erreichbar, da dieser dafür *Peer1* kennt.

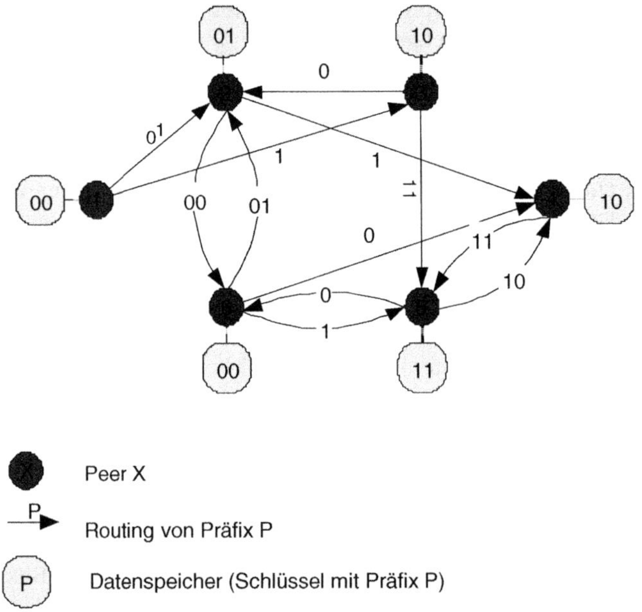

Abb. 7.9. Beispiel für ein P-Grid-Netzwerk

Zusätzlich garantiert dieser Algorithmus auch, dass eine genügend große Anzahl an Replikaten existiert und ein Peer auch eine bestimmte Anzahl seiner Replikate kennt. Des Weiteren enthalten die Routingtabellen mehrere Referenzen für jede Ebene des P-Grid-Baumes, aus denen der Routing-Algorithmus zufällig auswählt. All diese Maßnahmen stellen sicher, dass P-Grid-Routing verlässlich funktioniert.

Eine konkrete Suchabfrage läuft in P-Grid nun folgendermaßen ab: Eine Suchabfrage wird an einen beliebigen Peer gestellt. In Abb. 7.8 beispielsweise wird eine Abfrage nach „100" an *Peer6* geschickt. Da dieser Peer aber für Schlüssel mit Präfix „00" zuständig ist, kann er nur seine Routing-Tabelle nach dem längsten gemeinsamen Präfix mit der Anfrage überprüfen und die Anfrage weiterleiten. Der längste Präfix ist „1" und die Abfrage wird an *Peer5* weitergeleitet, welcher an dieser Stelle in der Routing-Tabelle von *Peer6* steht. Im Echtbetrieb würden für jede Ebene mehrere Peers in der Routing-Tabelle zur Auswahl stehen, aus denen zufällig ausgewählt werden würde. Um das Beispiel einfach und verständlich zu halten, wird hier darauf verzichtet.

Nach Erhalt der Anfrage führt *Peer5*, der für den Pfad „11" zuständig ist, die gleichen Schritte wie *Peer6* durch und leitet die Anfrage an *Peer4* weiter, da dieser den längsten gemeinsamen Präfix mit der Anfrage teilt. *Peer4* wiederum kennt keinen längeren gemeinsamen Präfix, was bedeutet, dass er entweder wissen muss, wo die Information mit Schlüssel „100" gespeichert ist und somit die Anfrage beantworten kann oder dieser Schlüssel nicht existiert. Diese Abfrage zeigt auch, warum der Suchaufwand in P-Grid dem eines binären Baumes entspricht. Der detaillierte Suchalgorithmus wird in (Aberer et al. 2002) beschrieben.

7.4.5.1 Abbildung von Textanfragen auf binäre Schlüssel

Bisher war immer von Binärschlüsseln die Rede, die zur Suche verwendet werden. Nun wird aber kaum jemand nach „100" suchen, sondern üblicherweise nach einem Text-String. Es muss daher eine Abbildungsfunktion auf die ursprüngliche Suchanfrage angewendet werden, welche Text-Strings auf Binär-Strings abbildet. Um den Aufbau des P-Grid optimal im Sinne der Balanciertheit des Baumes gestalten zu können, wurde für P-Grid eine spezielle präfixerhaltende Hash-Funktion verwendet, d.h., es gilt:

$$s_1 \textit{ ist\_Präfix\_von } s_2 \Rightarrow \textit{Schlüssel}(s_1) \textit{ ist\_Präfix\_von Schlüssel}(s_2)$$

Die Abbildungsfunktion basiert auf einer so genannten Trie-Struktur, welche aus einer Datenbank konkreter Gnutella-Suchabfragen konstruiert wurde. Die Details zur Abbildungsfunktion können in (Aberer 2002 et al.) gefunden werden.

7.4.5.2 Aufbau eines P-Grid

Nach Beschreibung der Zugriffs- und Routing-Strukturen sowie der Abbildung von Text-Strings auf binäre Anfragen bleibt nur noch ein Detail zu klären: Wie wird ein P-Grid aufgebaut? Da keine zentrale Koordination oder Kontrolle existiert, muss dies allein durch lokale Interaktionen geschehen. Die zu Grunde liegende Idee ist, dass Peers die Struktur des P-Grid systematisch aufbauen, wann immer sie mit anderen Peers (zufällig) interagieren (z.B., um eine Suchabfrage zu beantworten).

Dies geschieht mit Hilfe einfacher Mechanismen: Zu Anfang ist jeder Peer für alle Schlüssel „verantwortlich", da ja noch kein P-Grid existiert. Wenn nun zwei Peers interagieren, teilen sie den Suchraum in zwei Teile auf (und dementsprechend auch ihre Indexinformation) und jeder merkt sich die Adresse des jeweils anderen in seiner Routing-Tabelle. Das Gleiche geschieht, wenn sich zwei Peers treffen, die für den gleichen Pfad verantwortlich sind: Der Pfad wird um ein Bit verlängert, die Index-Daten werden ausgetauscht und die Routing-Tabellen angepasst.

Im Zuge der Konstruktion treten natürlich auch andere Fälle auf. Treffen sich beispielsweise Peers mit einem gemeinsamen Präfix, ist ein „Splitting" nicht möglich und so wird stattdessen Routing-Information ausgetauscht. Dadurch können neue Peers gefunden werden, die zur weiteren Verfeinerung des P-Grid kontaktiert werden können. Wenn hingegen der Pfad einer der beiden Präfix des anderen ist, kann sich der Peer mit dem kürzeren Pfad weiter spezialisieren.

Nicht immer macht es allerdings Sinn, den P-Grid-Baum weiter zu verfeinern. Jeder Peer sollte zumindest eine bestimmte Mindestanzahl an Daten für seinen Pfad indexieren, bevor weiter unterteilt wird. Wird diese Mindestanzahl nicht erreicht, so versucht der P-Grid-Konstruktionsalgorithmus die Datenmengen auszubalancieren oder die beiden Peers werden Replikate voneinander, so dies auf Grund ihrer Pfade möglich ist.

Dieser Algorithmus ermöglicht es den Peers, ein P-Grid völlig selbstorganisiert und ohne zentrale Koordination aufzubauen und dennoch Last und Speicherplatz fast optimal auszubalancieren. Die Details zum Konstruktionsalgorithmus können in (Aberer 2002 et al.; Aberer 2002a; Aberer 2002b) gefunden werden.

7.4.5.3 Updates in P-Grid

Bis vor kurzem wurden P2P-Systeme hauptsächlich zur Verwaltung und Verteilung von statischen, sich nicht ändernden („read-only") Dateien verwendet. Daher boten und bieten die meisten Systeme auch keinen Update-Mechanismus an, der auch dezentral und unter Berücksichtigung von Replikation, die zur Erhöhung von Skalierbarkeit bzw. Verfügbarkeit eingesetzt wird, funktioniert.

Die meisten Systeme bieten, wenn überhaupt, Update und Update-Semantiken nur implizit an. In zentralisierten Systemen wie Napster oder FastTrack wird beispielsweise ein zentraler Index verwaltet. Wenn nun ein Update geschieht, so bedeutet dies nichts anderes, als dass der Peer, der eine bestimmte Information speichert, diese ändert. Nachfolgende Suchanfragen würden also immer den aktuellen Stand widerspiegeln. Allerdings werden Updates in diesen Systemen nicht weiterpropagiert. Es kann also sehr leicht passieren, dass verschiedene Versionen ein und derselben Information unter demselben Indexeintrag auf unterschiedlichen Peers existieren, da in diesen Systemen von Peer zu Peer übertragene Daten automatisch wieder zur Verfügung gestellt werden. Das heißt wiederum, dass je nachdem wann gesucht wird und welcher Peer aus dem Suchergebnis ausgewählt wird, die Daten unterschiedlich sein können. Andere Systeme wie Freenet bieten wie bereits weiter oben beschrieben etwas bessere Update-Semantiken, sind aber diesbezüglich auch noch nicht zufrieden stellend. In Freenet werden Daten entlang des Antwortpfades repliziert, aber im Falle von Updates gibt es auch hier keine Vorkehrungen, die Replikate von der Änderung zu informieren.

Um nun saubere Update-Semantiken zu unterstützen, die die Voraussetzung für höherwertige Dienste jenseits des bloßen File-Sharing sind, wurde in P-Grid ein spezieller Update-Mechanismus inkludiert (Datta et al. 2002), der probabilistische Konsistenzgarantien bietet. Der Algorithmus wurde inspiriert durch die in (Karp et al. 2000) präsentierte, fundamentale Arbeit über „randomized rumor spreading" („Wie lange dauert es, bis jeder ein Gerücht kennt, wenn zufällige Verteilungswege und zufällige Strategien zu Grunde gelegt werden?").

Der P-Grid-Update-Algorithmus ist effizient (analytisch bewiesen und nicht nur durch Simulation) und basiert auf einem generischen Push/Pull-Gossiping-Schema, das besonders unsichere, replizierte Umgebungen berücksichtigt. Der Grundgedanke des Ansatzes ist, dass in der Push-Phase Replikate aktiv von Updates unterrichtet werden und Replikate, die offline waren, sich auf den aktuellen

Stand bringen, sobald sie wieder online sind (Pull-Phase). Der Algorithmus ist vollkommen dezentral, nutzt nur lokales Wissen aus und kann auch für andere Systeme verallgemeinert werden.

7.4.5.4 Dynamische Peer-Adressen

Obwohl gerne verschwiegen, ist die Unterstützung dynamischer, d.h. sich zeitlich ändernder IP-Adressen, beispielsweise bei der Verwendung von DHCP, ein ernstes Problem in vielen strukturierten P2P-Systemen. Bei diesen Systemen müssen Peers beispielsweise während des Routing-Prozesses aktiv kontaktiert werden, da üblicherweise keine permanenten Verbindungen aufrechterhalten werden (Effizienz). Wenn sich nun die Adressen der Peers ändern können, werden dadurch natürlich die Einträge in den Routing-Tabellen der Peers ungültig.

Dieses Problem tritt nicht bei Gnutella bzw. Napster auf, da bei Gnutella permanente Verbindungen aufrechterhalten werden und bei Napster die Adresse des Servers konstant ist. Das Problem tritt in diesen Systemen allerdings sehr wohl dann auf, wenn ein Peer einen anderen zwecks Download kontaktiert.

Um dieses Problem zu lösen, verwendet Freenet beispielsweise einen speziellen dynamischen DNS-Service (http://www.dynDNS.org/) und spezielle Clients, die die aktuelle Peer-Adresse immer wieder in den DNS eintragen. Dies ist zwar eine Lösungsmöglichkeit, allerdings außerhalb des jeweiligen P2P-Systems.

Für P-Grid wurde hingegen ein integrierter Service entworfen, der dieses Problem löst. Die Unterstützung dynamischer Adressen ist übrigens ein Beispiel für einen höherwertigen Dienst in P-Grid, der von der Verfügbarkeit eines sauberen Update-Mechanismus abhängt. Die zu Grunde liegende Idee ist simpel: Jeder Peer in P-Grid wird durch eine global eindeutige Identifikationsnummer, die ohne zentrales Wissen erzeugt wird, identifiziert. Diese IDs werden gemeinsam mit der aktuellen Peer-Adresse in P-Grid selbst gespeichert. Das zu lösende Problem bestand dann nur noch darin, nachzuweisen, dass dies auch bei häufig sich ändernden Adressen und häufigen Peer-Ausfällen funktioniert (es handelt sich hierbei ja gewissermaßen um ein „Henne-Ei"-Problem). Dieser Nachweis wurde in (Hauswirth et al. 2002) erbracht und in P-Grid inkludiert. Die Details des Algorithmus sind ebenfalls in (Hauswirth et al. 2002) zu finden. P-Grid ist momentan das einzige System, das dynamische IP-Adressen sauber und sicher unterstützt.

7.4.5.5 Reputation

In P2P-Systemen interagieren Peers immer wieder mit anderen Peers, die sie nicht kennen. Es kann dadurch auch keine Aussage über die Reputation dieser Peers getroffen werden, d.h., handelt es sich um einen Peer, der sich an die „Spielregeln" hält oder nicht. Dies wird üblicherweise mit Hilfe von Reputationsmanagement-Systemen gelöst. Für zentralisierte Umgebungen wie eBay existieren sehr gute Anätze, im dezentralen Fall hingegen sind die Probleme ungleich komplexer.

Ein gutes Reputationsmanagementsystem muss verhindern, dass Peers versuchen, die eigene oder die Reputation anderer in unstatthafter Weise zu beeinflussen. So muss beispielsweise verhindert werden, dass ein Peer seine eigene Reputation durch selbst generierte Positivmeldungen erhöht bzw. die anderer durch Falschmeldungen nach unten drückt.

Ein solches System zum Management von Reputation, basierend auf einem statistischen Ansatz, wurde in P-Grid inkludiert (Aberer u. Despotovic 2001). Auch diese Funktionalität wird erst durch die Update-Funktionalität von P-Grid ermöglicht.

7.4.5.6 Weitere Funktionalitäten

Neben den beschriebenen Funktionalitäten wurde P-Grid auch um eine Vielzahl anderer Dienste erweitert. So beschreibt (Cudré-Mauroux u. Aberer 2002) einen auf P-Grid basierenden, selbst-adaptiven Caching-Mechanismus zur effizienten Verteilung von Multimediadaten. Des Weiteren unterstützt P-Grid Substring-Suche (wie Kazaa oder Gnutella) im Unterschied zu anderen P2P-Systemen, die auf verteilten Hash-Bäumen („distributed hash trees", DHT) basieren (z.B. Chord, CAN etc.).

Der nächste Schritt zur Verbesserung von P-Grid wird die Einführung von Metadaten und die Unterstützung darauf basierender Suchmechanismen sein. Diese Funktionalität wird zum Teil von anderen Systemen wie Napster oder Kazaa bereits angeboten. Das Neue am Ansatz von P-Grid (Aberer et al. 2003) ist jedoch der Versuch, auch Semantiken selbst-organisierend zu machen. D.h., dass ausgehend von den lokalen Semantiken der einzelnen Peers, eine globale semantische Sicht in einem dynamischen Prozess entstehen soll, die wiederum globale, strukturierte Suche ermöglicht. Durch die Verwendung eines selbst-organisierenden Ansatzes müssen allerdings keine globalen semantischen Modelle vorgegeben werden, an die sich jeder Peer halten muss, sondern den Peers wird die Freiheit gegeben, ihre semantischen Strukturen selbst und an ihre Anforderungen angepasst zu bestimmen.

7.4.6 Weitere Systeme

Um den sich laufend ändernden P2P-Bereich besser auszuleuchten und einen Eindruck von der Vielzahl der derzeit diskutierten Ansätze zu vermitteln, seien hier noch weitere P2P-Systeme sowie verwandte Ansätze kurz angerissen. Alle beschriebenen Systeme lassen sich aber auf eine bereits der beschriebenen P2P-Architekturen zurückführen und unterscheiden sich nur im vorgesehenen Anwendungsgebiet bzw. speziellen Systemeigenschaften.

7.4.6.1 Farsite

Ziel des Projekts Farsite (Bolosky et al. 2000; Adya et al. 2002) ist es, ein verteiltes Dateisystem ohne Server zu entwickeln, das kein wechselseitiges Vertrauen der teilnehmenden Rechner voraussetzt. Es handelt sich also um eine vom bekannten File-Sharing-Ansatz abweichende P2P-Applikation, die versucht, die Illusion eines zentralen Fileservers aufbauend auf einem P2P-Ansatz zu vermitteln. Farsite soll einen globalen Namensraum für Dateien mit einem verteilten Verzeichnisservice zur Verfügung stellen und Verfügbarkeit und Vertraulichkeit durch verschlüsselte Datei-Replikate gewährleisten.

7.4.6.2 Chord

Chord (Dabek et al. 2001) ist ein dezentraler P2P-Verzeichnisdienst, der Schlüssel/Wert-Paare speichert. Der für die Speicherung des Werts zuständige Knoten wird durch Anwendung einer Hash-Funktion ermittelt, die sowohl den Schlüssel als auch die Peer-Identifikation mit einbezieht. Chord verwendet dazu allerdings zentralisiertes Wissen, ist in diesem Punkt also weniger flexibel. Routing-Tabellen werden durch Auffinden von Peers, die einen Präfix mit dem jeweiligen Peer teilen, befüllt. Dies ist über die verwendete Hash-Funktion einfach möglich.

7.4.6.3 OceanStore

OceanStore (Rhea et al. 2001) ist eine Internet-basierte, verteilte, globale Speicherinfrastruktur mit ähnlicher Ausrichtung wie Farsite, allerdings schon viel weiter gediehen. Im realen Einsatz soll das OceanStore-System aus möglicherweise Millionen kooperierender Peers bestehen und ein sicheres, verteiltes Dateispeichermedium anbieten, das Dateien fragmentiert und diese Fragmente verschlüsselt und stark repliziert auf den teilnehmenden Peers ablegt. Die starke Replikation ermöglicht hohe Datenverfügbarkeit und hohen Durchsatz. Fehlertoleranz wiederum wird durch Selbstüberwachung und Mechanismen wie „Erase Coding" unterstützt, was wiederum die automatische Reparatur bösartig oder durch Fehler veränderter Daten ermöglicht. Updates werden durch ein Byzantinisches Konsensprotokoll vor Angriffen geschützt. Zum Auffinden von Dateifragmenten wird Tapestry, ein selbst-organisierendes Routing- und Lokationssystem, verwendet. Die angewendete Routing-Methode ist „hashed suffix routing", ähnlich der Routing-Methode von P-Grid oder Chord.

7.4.6.4 CAN

CAN (Ratnasamy et al. 2001) unterscheidet sich von den bisher besprochenen Ansätzen insofern, als dass es topologisches Routing verwendet, d.h. einen mehrdimensionalen Raum als Abstraktion. Schlüssel werden als Koordinaten in diesem Raum angesehen, der in einzelnen Peers zugeteilte Teilräume gegliedert ist. Im Zuge des Aufbaus des CAN-Netzwerkes wird der mehrdimensionale Raum immer weiter unterteilt und Peers merken sich in ihren Routing-Tabellen, welche Peers für angrenzende Teilräume zuständig sind, wodurch ein einfacher Routing-Algorithmus ermöglicht wird.

7.4.6.5 Random Walker

Eine gänzlich andere Strategie wird bei „Random Walker“ (Lv et al. 2002) eingeschlagen. Hier wird ein „Gossiping“-Ansatz wie in Gnutella verwendet, allerdings wird versucht, zielgenauer zu sein und damit den Aufwand zu verringern. Zur Suche sendet ein Peer eine Anzahl „Random Walkers“ an seine Nachbarn. Kann ein empfangender Peer die Suchanfrage nicht erfüllen, wird die Anfrage (der „Walker“) nur an einen Nachbarn weitergeleitet, allerdings mit beträchtlich höherer TTL als in Gnutella. Ein „Walker“ überprüft zusätzlich in regelmäßigen Abständen beim Initiator der Suche, ob die ursprüngliche Anfrage bereits von einem anderen „Walker“ beantwortet werden konnte. Ist dies der Fall, kann der „Walker“ terminieren. Simulationen und Analyse haben gezeigt, dass dieses Modell die für Nachrichten notwendige Bandbreite im Vergleich zu Gnutella substanziell reduziert, allerdings werden die notwendigen Suchzeiten verlängert.

7.4.6.6 JXTA

Die bisher beschriebenen P2P-Systeme wurden anhand ihrer Systemeigenschaften klassifiziert und besprochen, um das Spektrum der verfügbaren Ansätze auszuloten und dem Leser einen ungefähren Überblick über die Vielzahl an Ansätzen im P2P-Bereich zu vermitteln. Bei den vorgestellten Systemen und auch den meisten anderen relevanten Systemen handelt es sich mit wenigen Ausnahmen im engeren Sinne um verteilte, dezentrale Indizes. OceanStore (Rhea et.al. 2001), als ein Beispiel für eine Ausnahme, legt den Schwerpunkt auf *deep archival storage*, d.h. sichere verteilte Speicherung von Daten, und das P2P-System Tapestry wird nur zum Auffinden der verteilt gespeicherten Inhalte verwendet. Es wurden einige theoretische Grundlagen, wie der „Small-World“-Begriff, erklärt, welche teilweise sehr starken Einfluss auf die möglichen Systemarchitekturen haben. Alle bisher besprochenen Ansätze sind proprietär, d.h. zueinander inkompatibel und betrachten „nur“ den Bereich von P2P-Datenmanagement, ohne die P2P-Metapher auch auf beliebige andere Dienste anzuwenden.

Um das P2P-Paradigma auch auf breiterer Basis zu unterstützen, wurde daher von Sun mit JXTA (Gong 2001; JXTA homepage 2003) eine Architektur vorgeschlagen, um sowohl Daten als auch Dienste in P2P-Philosophie zur Verfügung zu stellen. JXTA definiert eine Drei-Schichten-Architektur, eine Gruppe XML-basierter, genormter Protokolle, und einige grundlegende Abstraktionen wie Peer Groups, Pipes und Advertizements, um eine einheitliche Programmierplattform für P2P-Applikationen zu schaffen. Abb. 7.10 zeigt die Architektur von JXTA.

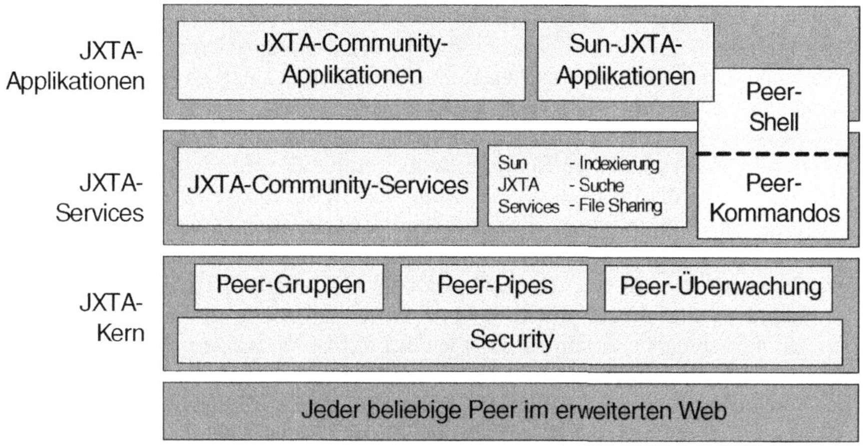

Abb. 7.10. Die JXTA-Architektur

Beim Design der JXTA-Architektur wurden drei primäre Ziele verfolgt: Interoperabilität und Unabhängigkeit von Software- und Hardwareplattformen. Der JXTA-Kern stellt Kommunikationsprimitive (Adressierung, Peer-Gruppen), Routing sowie eine Monitoring-Schnittstelle zur Verfügung. Darauf bauen dann die bekannten P2P-Dienste wie Indizierung, Suche und File-Sharing auf, welche wiederum als Grundlage für P2P-Applikationen dienen.

Während andere P2P-Systeme sich nicht um generell, anwendbare architekturelle Gesichtspunkte kümmern, was sicherlich einen Nachteil darstellt, aber auf Grund der „Jugend" des Bereichs verständlich ist, ist es genau dieser Gesichtspunkt, auf den sich JXTA fokussiert. Dies hat allerdings auch zur Folge, dass die in JXTA implementierten und damit dem Entwickler zur Verfügung stehenden Funktionalitäten zwar über ein sehr sauberes API mit sauberer „separation of concerns" zugreifbar sind, die implementierten P2P-Basistechnlogien wie z.B. Indizierung, Suche, Fehlertoleranz, Selbstorganisation etc. aber hinter den anderen vorgestellten P2P-Systemen zurückliegen. Im Moment stellt JXTA eine Referenzarchitektur dar, aber noch keine für die praktische Anwendung geeignete Programmierplattform. Nichtsdestotrotz sind die in JXTA vorgeschlagenen Ansätze für jeden interessant, der P2P-Applikationen entwirft. Sicherlich werden auch etliche in JXTA vorgeschlagene Ideen in andere P2P-Systeme Eingang finden.

7.5 Anwendungsdomänen

Nach Diskussion der dem P2P-Ansatz zu Grunde liegenden Prinzipien sowie repräsentativer Systeme und Architekturen stellt sich nun natürlich die Frage nach den möglichen Anwendungsgebieten für P2P-Architekturen und nach Entscheidungskriterien, wann und ob eine verteilte Applikation dem P2P-Paradigma folgend entworfen werden soll. Die Beantwortung dieser Frage ist keineswegs trivial. Zum einen existieren sehr gute Client-Server-Infrastrukturen, die von einer Vielzahl von Bibliotheken und Sprachen hervorragend unterstützt werden und von Programmieren gut verstanden werden. Zum anderen kann sich gerade in einem so neuen und daher sehr dynamischen Bereich wie dem der P2P-Systeme der aktuelle Stand jederzeit ändern.

Des Weiteren befinden sich viele derzeit vorgeschlagene P2P-Systeme noch in einem sehr experimentellen Stadium, wobei einige derzeit nur in Form von Modellen und Simulationen existieren. Zum Teil existieren keine oder nur unvollständige Implementierungen, die für einen Praxiseinsatz noch nicht geeignet sind. Nur wenige Systeme können schon jetzt den Anspruch von „industrial strength implementation“ erfüllen (z.B. FastTrack oder Gnutella in Form von Libraries).

Außerdem sind derzeit die konkreten Anwendungsfälle für P2P-Architekturen auf Grund fehlender Erfahrungen noch schwer abzuschätzen. Dennoch scheint sich abzuzeichnen, dass der Trend weg von Client-Server-basierten Systemen hin zu symmetrischeren Architekturen, wie beispielsweise P2P- oder Event-basierten Systemen, führt. Die Gründe hierfür liegen wohl zum Großteil in der Flexibilität dieser Architekturen, der besseren Nutzung derzeit brachliegender Ressourcen und in der Möglichkeit, Systeme besser zu entkoppeln und dadurch leichter wartbar zu machen. Die im Bereich Web-Services bereits sehr weit gediehene Entwicklung kann als Indiz dafür angesehen werden. Letztendlich ist ein aus Web-Services aufgebautes System nichts anderes als ein P2P-System auf Applikationsebene.

Für die Beantwortung der Frage nach den Anwendungsdomänen kann somit nur eine verallgemeinernde Antwort im Sinne einiger einfacher „Daumenregeln“ gegeben werden:

- Ist das zu entwerfende System so groß, dass ein Client-Server-Ansatz nicht mehr skaliert?
- Soll das System auf den von den Teilnehmern angebotenen Ressourcen aufbauen?
- Sollen die Teilnehmer sehr autonom sein können und sich jederzeit in das System einklinken bzw. es verlassen können?
- Ist der Anwendungsfall, der der Architektur zu Grunde liegt, inhärent P2P?
- Wie viel Kontrolle (Ressourcennutzung, Autorisierung etc.) ist notwendig?
- Soll das zu entwerfende System selbst-organisierend sein?

Dieser Fragenkatalog ist natürlich weit davon entfernt, vollständig zu sein, kann jedoch erste Anhaltspunkte geben, ob über eine P2P-Architektur nachgedacht werden sollte.

7.6 Abschließende Bemerkungen

Selten zuvor wurde so viel Wirbel um einen neuen Ansatz wie im Falle von P2P gemacht. Einiges davon mag berechtigt sein, doch ist es nun an der Zeit, systematisch die Nutzungsmöglichkeiten dieses neuen architekturellen Musters auszuloten und seine zu Grunde liegenden Prinzipien zu verstehen. Sicherlich ist dafür noch einiges an Forschungsarbeit und Entwicklung von Softwarekomponenten notwendig. Die möglichen Vorteile sind allerdings so viel versprechend, dass dieser Ansatz aufmerksam weiter beobachtet werden sollte.

Literatur

Aberer K (2001) P-Grid: A Self-Organizing Access Structure for P2P Information Systems. In: Proceedings of the Sixth International Conference on Cooperative Information Systems (CoopIS)

Aberer K, Despotovic Z (2001) Trust in a Peer-2-Peer Information System: In: Proceedings of the Ninth International Conference on Information and Knowledge Management (CIKM)

Aberer K, Hauswirth M, Punceva M, Schmidt R (2002) Improving Data Access in P2P Systems. IEEE Internet Computing, 6(1): 58–67

Aberer K (2002a) Scalable Data Access in P2P Systems Using Unbalanced Search Trees. In: Proceedings of the Workshop on Distributed Data and Structures (WDAS-2002)

Aberer K (2002b) Efficient Search in Unbalanced, Randomized Peer-To-Peer Search Trees. EPFL Technical Report IC/2002/79, http://www.p-grid.org//Papers/TR-IC-2002-79.pdf

Aberer K, Cudré-Mauroux P, Hauswirth M (2003) The Chatty Web: Emergent Semantics Through Gossiping. In: Proceedings of the Twelfth International World Wide Web Conference

Adar E, Huberman B (2000) Free Riding on Gnutella. Technical report, Xerox PARC, 9. September 2000 http://www.parc.xerox.com/istl/groups/iea/papers/gnutella/Gnutella.pdf

Adya A, Bolosky W J, Castro M, Cermak G, Chaiken R, Douceur J R, Howell J, Lorch J R, Theimer M, Wattenhofer R P (2002) FARSITE: Federated, Available, and Reliable Storage for an Incompletely Trusted Environment. In Proceedings of the 5th Symposium on Operating Systems Design and Implementation (OSDI '02)

Berners-Lee T, Fielding R, Masinter L (1998) Uniform Resource Identifiers (URI): Generic Syntax, Network Working Group, IETF RFC 2396, http://www.ietf.org/rfc/rfc2396.txt.

Bolosky W J, Douceur J R, Ely D, Theimer M (2000) Feasibility of a Serverless Distributed File System Deployed on an Existing Set of Desktop PCs. In: Proceedings of the International Conference on Measurement and Modeling of Computer Systems (SIGMETRICS 2000)

Clarke I, Miller S, Hong T, Sandberg O, Wiley B (2002) Protecting Free Expression Online with Freenet. IEEE Internet Computing, 6(1): 40–49

Clarke I, Sandberg O, Wiley B, Hong T (2001) Freenet: A Distributed Anonymous Information Storage and Retrieval System. In: Proceedings of Designing Privacy Enhancing

Technologies: International Workshop on Design Issues in Anonymity and Unobservability, LLNCS 2009, Springer Verlag 2001

Clip2 (2001) The Gnutella Protocol Specification v0.4 (Document Revision 1.2), 15. Juni 2001, http://www.clip2.com/GnutellaProtocol04.pdf

Cudré-Mauroux P, Aberer K (2002) A decentralized Architecture for adaptive Media dissemination. In: Proceedings of the IEEE International Conference on Multimedia and Expo (ICME 2002)

Dabek F, Brunskill E, Kaashoek M. F., Karger D, Morris R, Stoica I, Balakrishnan H (2001) Building Peer-to-Peer Systems With Chord, a Distributed Lookup Service. In: Proceedings of the 8th Workshop on Hot Topics in Operating Systems (HotOS-VIII)

Datta A, Hauswirth M, Aberer K (2003) Updates in Highly Unreliable, Replicated Peer-to-Peer Systems. In: Proceedings of the 23rd International Conference on Distributed Computing Systems (ICDCS 2003)

Dr. Scholl (2001) Napster protocol specification, 7. April 2001, http://opennap.sourceforge.net/napster.txt

FastTrack homepage (2003) http://www.fasttrack.nu/

Freenet Project (2001) Protocol Specs, http://www.freenetproject.org/doc/book.html

Gnutella homepage (2001) http://gnutella.wego.com/

Gong L (2001) JXTA: A Network Programming Environment. IEEE Internet Computing, 5(3):88–95

Hauswirth M, Datta A, Aberer K (2002) Handling Identity in Peer-to-Peer Systems. Technischer Bericht IC/2002/67, École Polytechnique Fédéral de Lausanne. http://www.p-grid.org/Papers/TR-IC-2002-67.pdf

Hong T (2001) Performance in Decentralized Filesharing Networks. Presentation auf der O'Reilly Peer-to-Peer Conference, San Francisco. 14.–16. Februar 2001

Jovanovic M, Annexstein F, Berman K (2001) Scalability Issues in Large Peer-to-Peer Networks – A Case Study of Gnutella. University of Cincinnati, Laboratory for Networks and Applied Graph Theory, http://www.ececs.uc.edu/~mjovanov/Research/paper.ps

JXTA homepage (2003) http://www.jxta.org/

Karp R M, Schindelhauser C, Shenker S, Vöcking B (2000) Randomized rumor spreading. In: IEEE Symposium on Foundations of Computer Science.

Kazaa homepage (2003) http://www.kazaa.com/

Kleinberg J (2000) The Small-World Phenomenon: An algorithmic Perspective. In: Proceedings of the 32nd ACM Symposium on Theory of Computing

Langley A (2001) The Freenet Protocol. http://www.freenetproject.org/index.php?page=protocol

Litwin W, Neimat M (1997) LH*s: A High-Availability and High-Security Scalable Distributed Data Structure. In: Proceedings of Research Issues in Data Engineering (RIDE)

Lv Q, Cao P, Cohen E, Li K, Shenker S (2002) Search and Replication in Unstructured Peer-to-Peer Networks. In: Proceedings of 16th ACM International Conference on Supercomputing (ICS'02)

Napster homepage (2001) http://www.napster.com/

Ratnasamy S, Francis P, Handley M, Karp R, Shenker S (2001) A Scalable Content-Addressable Network. In: Proceedings of the ACM SIGCOMM

Rhea S, Wells C, Eaton P, Gells D, Zhao B, Weatherspoon H, Kubiatowicz J (2001) Maintenance-free Global Data Storage. IEEE Internet Computing, 5(5): 40–49

Stonebraker M, Aoki P, Litwin W, Pfeffer A, Sah A, Sidell J, Staelin C, Yu A (1996) Mariposa: A Wide-Area Distributed Database System. VLDB Journal 5(1):48–63

Sripanidkulchai K (2001) The popularity of Gnutella queries and its implications on scalability http://www.cs.cmu.edu/~kunwadee/research/p2p/gnutella.html

Vingralek R, Breitbart Y, Weikum G (1998) Snowball: Scalable Storage on Networks of Workstations with Balanced Load. Distributed and Parallel Databases 6(2):117–156

Yokota H, Kanemasa Y, Miyazaki J (1999). Fat-Btree: An Update-Conscious Parallel Directory Structure. In: Proceedings of the 16th International Conference on Data Engineering (ICDE), pp 448-457

8 Komponentenmodelle

Komponentenmodelle bieten jene Bausteine, um das bisher Beschriebene auch tatsächlich programmtechnisch umsetzen zu können. Dieses Kapitel behandelt einen kurzen Abriss der Entwicklung von Komponentenarchitekturen und eine kurze Diskussion von drei bedeutenden Komponentenmodellen: CORBA, J2EE und .NET. Das Ziel dieses Kapitels ist es, einen Überblick über die Charakteristika der Komponentenmodelle zu vermitteln.

8.1 Einführung

Das Internet hat zweifelsohne den Wettbewerbsdruck auf die Unternehmen deutlich erhöht. Neue Trends und Herausforderungen durch den Einsatz von Internet--basierten Technologien wie E-Commerce oder Web-Services stehen in jeder IT-Abteilung auf der Tagesordnung. Der Druck, ständig neue und personalisierte Dienste (Services) anzubieten, steigt. Auf der Kundenseite wächst auch die Erwartung in gestiegene Servicequalitäten wie beispielsweise permanente Verfügbarkeit der Dienste stetig. Unternehmen wie beispielsweise Dell sind Pioniere in diesem Bereich und unterwerfen ihre Geschäftsmodelle diesen neuen softwaretechnischen Möglichkeiten. Softwaretechnologien, die diese Transformation unter anderem ermöglichen, sind Komponentenmodelle. Diese ermöglichen es, einfacher anpassbare und im Idealfall in kürzerer Zeit Software zu entwickeln und wieder zu verwenden.

8.2 Komponententechnologie

Die Komponententechnologie hat einen Hauch von „Industrialisierung“ in die Softwareindustrie gebracht, da eine der Hauptideen ist, Softwarekomponenten einmal von hoch spezialisierten Entwicklern erstellen zu lassen, um diese in weiterer Folge durch andere Entwickler zusammenbauen zu lassen. Die Analogie zu Fertigteilhäusern liegt auf der Hand. Sobald eine Komponente erfolgreich erprobt und eingesetzt wurde, kann sie im Idealfall für einen Bruchteil der Kosten in vielen Anwendungsfällen eingesetzt werden. Zumindest ist das die idealisierte Grundidee.

8.2.1 Komponenten und Objekte

Das Ziel der Objekttechnologien ist es, die Produktivität von Entwicklungsprojekten zu verbessern. Die Objektorientierung hat ihre Anfänge zwar bereits in den 1960er-Jahren, jedoch gelang ihr der Aufstieg in das Bewusstsein der Softwareentwickler erst in den 1980er-Jahren. Softwareobjekte, so die Befürworter dieses Ansatzes, sind wieder verwendbarer Quellcode mit feiner Granularität.

Der erste kommerzielle Erfolg der Objekttechnologie gelang durch die Benutzeroberfläche (GUI) bzw. durch den Desktop. Benutzeroberflächen wie bei Apple Macintosh, diversen Unix-Varianten sowie bei Windows führten dazu, dass der Umgang mit Objekten auch den Endbenutzern selbstverständlich erschien. Am Desktop begann Microsoft sich mit seinem Komponentenmodell COM (*Component Object Model*) zu etablieren. Ein wesentliches Merkmal des Desktop-Programmierparadigmas ist, dass diese Objekte *tightly-coupled* (eng gekoppelt) sind. Eine derartige Architektur verfügt über einen gemeinsamen Kontext (shared context), da sämtliche Objekte von demselben Betriebssystem verwaltet werden. Das Internet führt unter anderem dazu, dass vermehrt das *loosely-coupled* (lose gekoppelte) Paradigma (z.B. bei Web-Services) eingesetzt werden muss.

8.2.2 Verteilte Objektmodelle

Die Object Management Group (OMG) wurde 1989 mit dem Ziel gegründet, eine plattformübergreifende, objektorientierte Entwicklungsumgebung zu definieren (OMG, 2003). Im Laufe der Jahre wurden eine Vielzahl von Spezifikationen von der OMG definiert. Ein wesentlicher Kommunikationsmechanismus, der hier definiert wurde, ist das Internet Interoperability Protocol (IIOP). Die Spezifikationen sind besser bekannt als Common Object Request Broker Architecture (CORBA).

Im CORBA-Objektmodell verwenden jene Objekte, die miteinander in Verbindung stehen, einen Vertrag (*contract*), der in der Interface Definition Language (IDL) spezifiziert wird. Der Object Request Broker (ORB) ist ein Software-Bus, der es einem Client erlaubt, lokale Aufrufe durchzuführen. Diese Aufrufe werden in einem Standardformat zum Server übertragen. Serverseitig entpackt der ORB nun den Request des Clients und führt einen lokalen Aufruf des Zielobjekts durch. Zusammenfassend könnte man sagen, dass diese Prozedur einem *remote procedure call* (RPC) gleichkommt.

Die OMG verfolgt unter anderem das Ziel, mit den von ihnen definierten Standards die Komplexität und die Kosten des Softwareentwicklungsprozesses zu senken. Aus diesem Grund gilt es, hochgradig wieder verwendbare, portable und interoperable Komponenten miteinander zu verbinden. Die dafür entwickelte Object Management Architecture (OMA) bildet die Rahmenarchitektur für diese verteilten Anwendungen, jedoch keine detaillierte Spezifikation oder Implementierung. Abb. 8.1 gibt einen Überblick über die aktuelle Version der OMA (OMG, 2003). Die sehr allgemein gehaltene Architektur besteht aus fünf Bestandteilen, mit dem Object Request Broker (ORB) als zentralen Bestandteil, der für die Kommunikation verantwortlich zeichnet. Die Schnittstellen der *Applikationsobjekte* werden durch den Anwendungsentwickler erzeugt und sind demnach durch diesen zu beschreiben (mittels der Interface Definition Language, IDL). Die anderen Bestandteile verfügen über von der OMG standardisierte Schnittstellen. Tabelle 8.1 fasst die Aufgaben der Bestandteile zusammen.

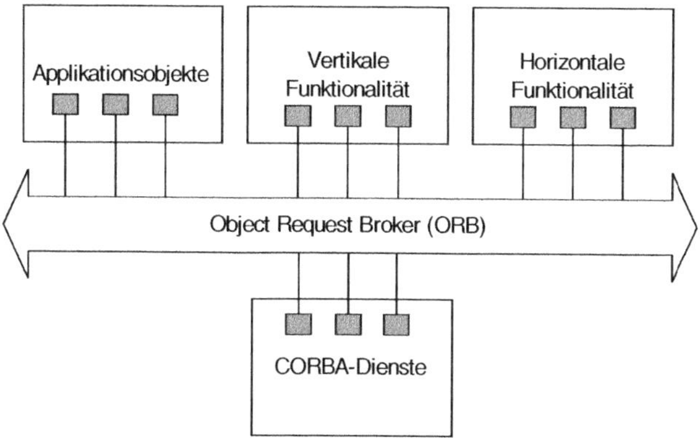

Abb. 8.1. Die Object Management Architecture der OMG (vgl. OMG 2003)

Tabelle 8.1. Bestandteile und Aufgaben der OMA

Bestandteil	Aufgaben
Object Request Broker (ORB)	Der ORB (oft als Objekt-Bus bezeichnet) ist die Kommunikationsplattform für alle verteilten Objekte. Er ist für die Transparenz und Interoperabilität der verteilten Objekte zuständig.
CORBA-Dienste	Stellt standardisierte Dienste für sämtliche verteilten Anwendungen zur Verfügung. Diese Dienste beinhalten unter anderem: Naming-Services, Event-Services, Lifecycle-Services, Access-Control-Services, Persistency-Services, Transaction-Services.
Horizontale Funktionalität	Stellt eine Menge von horizontalen (anwendungsunabhängigen) Funktionen bereit. Diese beinhalten unter anderem: Workflow-Management, Dokumentenmanagement, Druckdienste, Mailing-Dienste.
Vertikale Funktionalität	Stellen vom Anwender zur Verfügung gestellte Funktionalität dar. Diese sind abhängig von der Applikationsdomäne und beinhalten unter anderem Telekommunikation, Finanzdienstleistungen, Produktion, Gesundheitswesen usw.
Applikationsobjekte	Sind anwendungsspezifische Objekte, die vom Anwender zur Verfügung gestellt werden und dabei auch die anderen Dienste nutzen.

Die OMA wird im Laufe der nächsten Jahre zunehmend durch die Model Driven Architecture (MDA) abgelöst werden (vgl. OMG 2003).

Neben der CORBA-Architektur spielt Java in dem Bereich verteilter Objektmodelle in der Praxis eine wesentliche Rolle. Mit dem Java Development Kit (JDK) 1.1 wurde die Remote Method Invocation (RMI) (vgl. Sun RMI 2003) veröffentlicht, die es ermöglicht, Nachrichten zwischen Objekten auf verschiedenen Java Virtual Machines (JVM) zu versenden. Diese entfernten Aufrufe gestalten sich genauso wie lokale Aufrufe; mit anderen Worten: RMI ermöglicht Orts- und Zugriffstransparenz. Die Parameter zwischen den Methodenaufrufen erfolgen mittels Kopien auf Basis der Java-Objektserialisierung. Das Kommunikationsprotokoll für RMI ist das Java Remote Method Protocol (JRMP) und seit JDK 1.1.6 auch IIOP. CORBA verwendet zu diesem Zweck das IIOP. Vergleicht man nun Java und CORBA in dieser Beziehung, so kann man sagen, dass Java/RMI nur für die Kommunikation zwischen Java-Objekten gedacht ist, während CORBA nur das „entsprechende" ORB benötigt. Im Folgenden wird die RMI-Architektur dargestellt, da sie bei heutigen kommerziellen Informationssystemen eine wichtige Rolle spielt. Bei der RMI-Architektur spielen drei Schichten eine wesentliche Rolle: Stub/Skeleton-Schicht, Remote-Reference-Schicht und die Transportschicht. Die Stub/Skeleton-Schicht ist für die Vermittlung der Methodenaufrufe zuständig. Seit Java 2 wurde diese Schicht jedoch durch die Reflection API ersetzt und ist in der Praxis aus diesem Grund nicht mehr so häufig anzutreffen. Die Remote-Reference-Schicht bildet die lokalen Referenzen auf die entfernten Referenzen (auf einer entfernten JVM liegend) ab. Die Transportschicht ist für den Verbindungsaufbau zwischen den JVMs, das Management der Verbindungen sowie für die Verwaltung entfernter Objekte im jeweiligen Adressraum zuständig. Die Transportschicht unterstützt neben TCP/IP-Sockets auch das „Tunneln" mittels HTTP (HTTP-tunneling). Abb. 8.2 zeigt eine schematische Darstellung der RMI-Architektur.

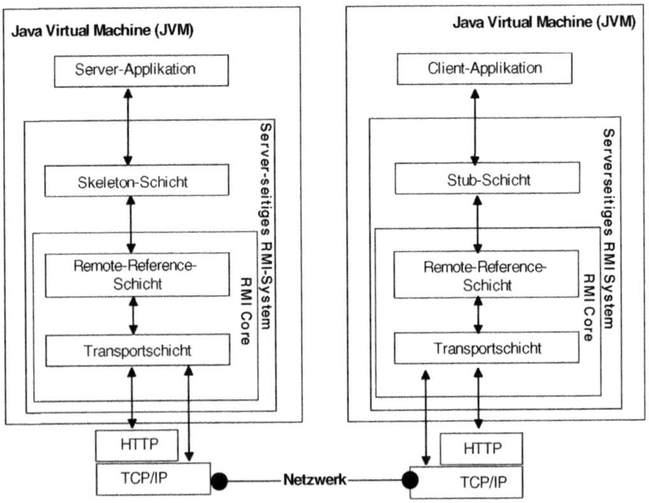

Abb. 8.2. Remote-Method-Invocation-Architektur (vgl. Sun RMI 2003)

Nach dem Überblick zum Thema RMI betrachten wir nun, bevor wir die aktuelle J2EE-Architektur (vgl. Sun J2EE 2003) behandeln, ein wesentliches Bauelement vom Java-basierten Objektmodell: Enterprise Java Beans (EJB). Die EJBs werden in so genannte *Container* eingebettet. Diese Container bieten im Grunde eine Umgebung für die dort eingebetteten EJBs und bieten diesen eine Reihe von *Diensten* an. Der wesentliche Vorteil dieses Container-Modells ist, dass sich der Anwendungsentwickler nicht mehr um die Integration der Dienste in die eigene Anwendung kümmern muss. Die wichtigsten EJB-Dienste werden in Tabelle 8.2 zusammengefasst und Abbildung 8.3 zeigt einen schematischen Überblick über die J2EE-Architektur.

Tabelle 8.2. Bestandteile und Aufgaben der EJB-Dienste

Bestandteil	**Aufgaben**
Transaktionsdienst (vgl. Sun JTA 2003)	Der Transaktionsdienst für flache, nicht geschachtelte Transaktionen wird von der Java Transaction API (JTI) zur Verfügung gestellt und kann vom Anwendungsentwickler konfiguriert werden.
Verteilungsdienst (vgl. Sun RMI 2003)	Der Verteilungsdienst ist für die transparente Kommunikation zwischen den Objekten mittels der Remote Method Invocation (RMI) zuständig.
Namens- und Verzeichnisdienst (vgl. Sun JNDI 2003)	Der Namens- und Verzeichnisdienst stellt den Zugriff auf externe Ressourcen mittels Java Naming and Directory Interface (JNDI) zur Verfügung.
Zugriffskontrolldienst und Sicherheitsdienst (vgl. Sun JAAS 2003)	Diese Dienste bieten Grundfunktionalität bezüglich der Sicherheit und des Zugriffs an. Der Dienst sieht die Definition von Rollen vor, die eine Menge von Rechten besitzen können.
Lebenszyklusdienst	Der Lebenszyklusdienst ist für die Aktivierung und Deaktivierung von Beans zwecks Erhöhung der Performanz zuständig. In weiterer Folge ist dieser Dienst für die Erzeugung, Ausführung und das endgültige Löschen von Bean-Instanzen verantwortlich.
Persistenzdienst (vgl. Sun JDBC 2003)	Der Persistenzdienst bietet die Möglichkeit der container-managed-persistence, d.h. das Speichern von Daten auf Dateisystemen, Datenbanken usw.

Verteilte Objekte waren zwar ein wesentlicher Schritt in der Entwicklung von Komponentenmodellen, waren aber nicht ausreichend, um die Eingangs erwähnten Vorteile auch tatsächlich vollständig zu verwirklichen. Verteilte Objekte, die mittels ORB kommunizieren, haben im Wesentlichen zwei Defizite, die in der Praxis oftmals dazu geführt haben, von CORBA Abstand zu nehmen: Erstens, die Objekte mit feiner Granularität können nicht effizient verteilt werden und zweitens, in den ORB-Produkten fehlt die Unterstützung, um verteilte Objekte effizient miteinander kommunizieren zu lassen.

Applikationen müssen über ein entsprechendes Design verfügen, um die verteilten Objekte effizient zu nützen. Oftmals leiden Applikationen, die allzu sehr auf verteilten Objekten basieren, unter mangelnder Performanz. Komponentenmodelle, die Transparenz der Objekte anbieten (z.B. DCOM, CORBA etc.), führen oftmals dazu, dass Entwickler die Auswirkungen ihres Designs bezüglich verteilter Objekte vernachlässigen. Objektorientierte Entwurfsmethoden laden gerade dazu ein, Objekte mit sehr feiner Granularität zu erzeugen, auch dann, wenn diese Objekte nicht im entfernten (*remote*) Zugriff stehen.

Ein weiterer wesentlicher Aspekt von verteilten Objektarchitekturen im Allgemeinen ist, dass man für die Nutzung eine Plattform (Middleware, Applikationsserver) für die Implementierung der Objekte benötigt. In vielen Fällen kann diese Plattform das Betriebssystem sein, jedoch im Internet braucht man auch verteilte Optionen über die Maschinengrenze hinaus. Dieser Umstand führte dazu, dass der Entwickler sich nicht nur um die Geschäftslogik zu kümmern hatte, sondern auch um die Plattform. Mit anderen Worten: Dienste wie Transaktionen, Sicherheit und Persistenz sind universell einsetzbar und notwendig, jedoch mussten sie als Teil der zu entwickelnden Applikation selbst ebenso implementiert werden. Die Kenntnisse, die für das Design und die Implementierung von Diensten wie Transaktionen, Sicherheit, Persistenz usw. notwendig sind, findet man eher bei Middleware-Entwicklern und nicht unbedingt bei der Mehrheit von Software-Entwicklern. Ausgehend von dem enormen Zeitdruck, dem sich Software-Entwickler heute gegenübersehen, ist es auch sehr zu empfehlen, auf Middleware-Produkten (z.B. Applikationsserver) von führenden Anbietern die eigene Applikationslogik aufzusetzen, um deren Dienste effizient zu nutzen.

8.3 Business-to-Business-Architekturen und Komponentenmodelle

Der Business-to-Business (B2B) ist das am raschesten wachsende Marktsegment für Komponentenmodelle wie J2EE (Java 2 Platform Enterprise Edition) von Sun Microsystems oder .NET von Microsoft. Der Vorgänger von J2EE, Enterprise Java Beans (EJB) (vgl. Danninger und Peter 2000), unterstützt entfernten Objektaufruf über einen einfachen Remote-Procedure-Call(RPC)-Mechanismus namens RMI (Remote Method Invocation). Das J2EE wurde für die Entwicklung, das Deployment und das Management von multi-tier Informationssystemen entwickelt und beinhaltet mehr als das EJB-Komponentenmodell. Es stellt eine Reihe von Plattformdiensten für EJB-Applikationen zur Verfügung, wie beispielsweise das Java Messaging Service (JMS) (vgl. Sun JMS 2003). Das JMS ermöglicht die Entwicklung von lose gekoppelten Informationssystemen für die J2EE-Plattform. Die Grundidee bei J2EE-Applikationen ist, dass diese auf einer gemeinsamen Infrastruktur von Diensten und Transportprotokollen sowie einer skalierbaren Ausführung aufbauen können. Diese Eigenschaften werden von so genannten *Applikationsservern* angeboten. Es gibt eine Vielzahl von Anbietern dieser Systeme: IBM (WebSphere), BEA (WebLogic), Sun (iPlanet Application Server), Oracle (9i) sind die bekanntesten davon.

Ein bekanntes Beispiel für eine B2B-Applikation ist die Abwicklung der *Buchung einer Geschäftsreise*. In diesem Fall werden ein Flug, ein Hotel und ein Mietwagen reserviert. Diese Aktivitäten müssen jedoch auch untereinander koordiniert werden. Jede dieser genannten Aktivitäten wird in der Regel von einem anderen Unternehmen angeboten (Reisebüro bzw. Fluglinie, Hotel, Mietwagen-Anbieter), sodass am Ende einer erfolgreichen Buchung (Geschäftsprozess) der Sitzplatz im richtigen Flugzeug, der Mietwagen am richtigen Flughafen sowie das Hotelzimmer am Tage der Ankunft im entsprechenden Ort reserviert wurde. Tritt bei einer der Aktivitäten ein Problem auf, muss es möglich sein, neue „Szenarien" zu buchen. Wird beispielsweise ein Flug nach London Heathrow gesucht, aber kein Platz mehr dafür bekommen, werden die Flughäfen London Gatwick oder London Stansted als Alternativen vorgesehen. Entsprechend der Verfügbarkeit von Flügen an die Alternativflughäfen müssen auch die Mietwagenreservierungen geändert werden. Dieses Beispiel verdeutlicht die Abhängigkeiten zwischen den einzelnen Aktivitäten dieses Geschäftsprozesses sowie die Notwendigkeit eines *gemeinsamen Kontexts* (*shared context*) zwischen den Applikationen (Aktivitäten) dieses Prozesses. Ein Informationssystem, das diesen Geschäftsprozess unterstützen soll, wird daher über eine *loosely-coupled* Architektur verfügen.

In den 1980er und 1990er Jahren war Electronic Data Interchange (EDI) als B2B-Plattform zwischen Geschäftspartnern, als Punkt-zu-Punkt-Lösung, verbreitet. EDI-Lösungen benötigen jedoch eigene Netzwerke (Virtual Private Networks) und proprietäre Software und inflexibles Vokabular. Dadurch sind EDI-Lösungen sehr teuer und schwer wartbar. Viele Klein- und Mittelbetriebe wurden von ihren Geschäftspartnern zu EDI-Lösungen praktisch gezwungen. Mittlerweile gibt es auch EDI-Lösungen im Internet, jedoch ändert dieser Umstand nichts an der geringen Flexibilität der Punkt-zu-Punkt-Verbindung der Partner.

Eine der zentralen Fragen, die für die Auswahl und das Design der entsprechenden Software-Architektur wichtig sind, ist die Frage des benötigten Kontexts. Während bei *tightly-coupled* Systemen der Kontext im gesamten Netzwerk der Systeme geteilt wird, wird bei *loosely-coupled* Systemen der Kontext nicht geteilt. Muss der Kontext über Unternehmensgrenzen hinaus geteilt werden, so wird dies beispielsweise mit Hilfe von Applikationsservern und Transaktionsmonitoren erreicht.

Die J2EE-Plattform unterstützt sowohl *tightly-coupled* als auch *loosely-coupled* Architekturen. Die hier eingesetzten Technologien sind JMS (Java Messaging Service) und EJB Version 2. Microsofts .NET Framework (Meijer und Szyperski 2001; Microsoft .NET 2003; Platt 2002; Richter 2002) konzentriert sich hingegen auf die *loosely-coupled* Architektur von Internet-basierten Systemen.

8.4 Architektur von J2EE und .NET

Dieser Abschnitt hat das Ziel, die Eigenschaften von J2EE und .NET zu diskutieren und gegenüberzustellen. Die J2EE ist kein Produkt, sondern eine Spezifikation. Man kann die J2EE-Spezifikationen, die im Wesentlichen einen Vertrag zwischen den Applikationen und den Containern, in denen diese ablaufen, als

Dokument (Sun 2003), aber auch als Referenzimplementierung aus dem Internet (z.B. `http://www.jboss.org`) laden. Mit anderen Worten: Das Ziel von J2EE ist es, einen Standard zu definieren, wobei die verwendeten Container durchaus von unterschiedlichen Herstellern sein können. Der Standardisierungsprozess, der in J2EE eingebunden ist, nennt man Java Community Process (JCP). Java bildet natürlich die Grundlage von J2EE. Der Quellcode wird von Software-Entwicklern in Java geschrieben und danach in einen Plattform-unabhängigen Bytecode übersetzt. Dieser Bytecode ist auf den Betriebssystemen ablauffähig, auf denen ein Java Runtime Environment (JRE) installiert ist. Diese JRE interpretiert den Bytecode und bringt die Applikation zur Ausführung. J2EE war ursprünglich als Architektur bzw. Umgebung für die Entwicklung von serverseitigen Java-Anwendungen konzipiert. In letzter Zeit wurden jedoch verstärkt Möglichkeiten für Web-Services integriert.

Eine J2EE-Applikation kommt in einem Container zur Ausführung. Dieser Container ist für Dienste wie Dienstqualität, Transaktion, Sicherheit und Persistenz zuständig. Die Applikationslogik wird mit Enterprise Java Beans (EJB) realisiert. Die Applikationslogik greift unter Verwendung von Java Database Connectivity (JDBC), SQL/J oder der Java Connector Architecture (JCA) auf Datenbanken zu. Die Verbindung zu anderen Web-Services bzw. zu Geschäftspartnern und der verwendeten Technologien wie SOAP, UDDI, WSDL, ebXML) geschieht durch die JAX (Java-XML API). Auf der Client-Seite kommen „thin-Clients" wie Web-Browser (unter Verwendung von Java Server Pages, JSP), mobile Endgeräte als auch „thick-Clients" (Java-Applikationen oder Applets) unter Zuhilfenahme vom Internet-ORB (IIOP) zur Anwendung.

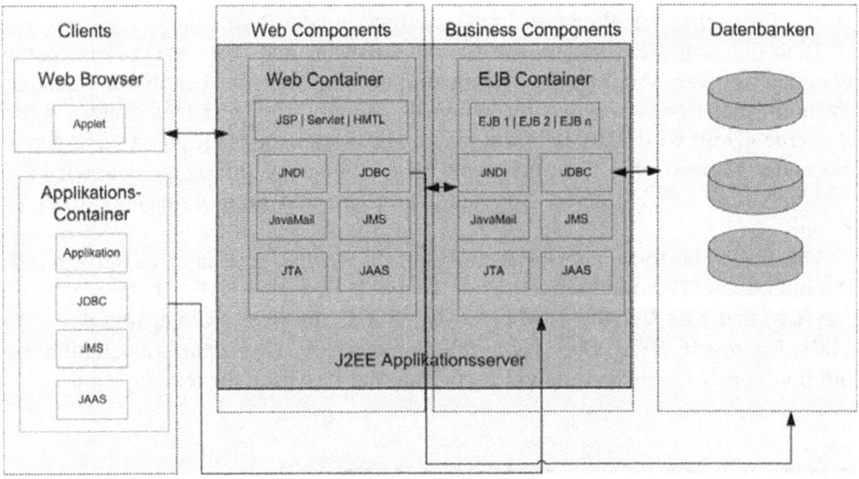

Abb. 8.3. J2EE-Applikationsserver und -Anwendungsarchitektur (vgl. Sun 2003)

Microsofts .NET besteht im Gegensatz zu J2EE aus einer Reihe von „Produkten", wie in Abb. 8.4 gezeigt wird. Mit anderen Worten: J2EE ist ein Standard (Vertrag), für den Produkte (Implementierungen) entwickelt werden, während hingegen .NET selbst eine Produktreihe ist. Microsoft .NET ist technologisch gesehen eine Weiterentwicklung der Microsoft DANN (vgl. Kirtland 1999) und Technologien wie des MS-SQL-Servers, des MS-Transaction Servers (MTS), COM (vgl. Box 1998), COM+ (vgl. Eddon und Eddon 2000) sowie der Microsoft Message Queue (MSMQ).

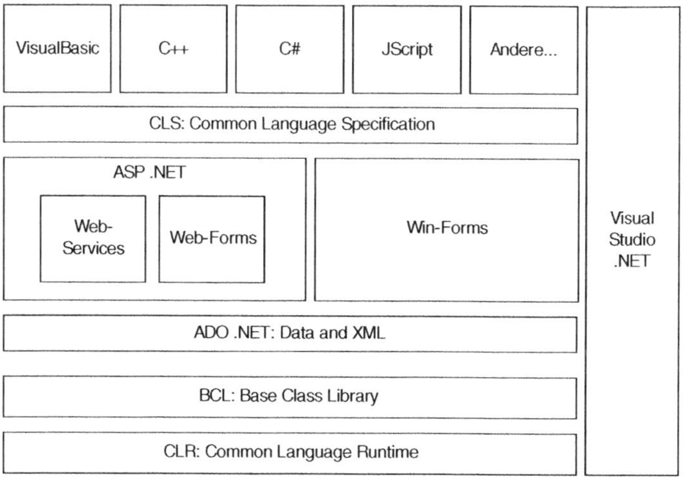

Abb. 8.4. Microsoft-.NET-Bausteine (vgl. Microsoft 2003)

Die oben dargestellten .NET-Bestandteile können wie folgt zusammengefasst werden (vgl. Beer et al. 2003; Thai und Lam 2002):

Die *Common Language Runtime* (CLR) ist als virtuelle Maschine für die Ausführung aller .NET-Framework-Applikationen zuständig. Sie bietet eine Reihe von Diensten, wie beispielsweise das Laden und die Ausführung von Code, Speicherverwaltung, Exception Handling, Zugriff auf Metadaten und die Umwandlung von Bytecode (Microsoft Intermediate Language, MSIL) in ausführbaren Maschinencode. Die *Base Class Library (BCL)* ist eine Klassenbibliothek, die Zugriff auf die Funktionen des Betriebssystems anbietet. *ADO.NET* ist die Weiterentwicklung der ActiveX Data Objects (ADO) mit Verbesserungen im Bereich des verbindungslosen Zugriffs. *ASP.NET* ist die Weiterentwicklung der Active Server Pages (ASP) für die Web-Applikationsentwicklung (mit Web-Forms) und für die Entwicklung von Web-Services. Die *Common Language Specification (CLS)* ist dafür verantwortlich, die bisher genannten Dienste jenen Sprachen, die vom .NET-Framework unterstützt werden, zur Verfügung zu stellen. Die CLS ist im Wesentlichen eine Sammlung von Regeln und Verträgen (*contracts*), die die Interoperabilität zwischen den jeweiligen Compilern und Bibliotheken gewährleisten. WinForms ist ein Programmiermodell und control set für Windowsapplikationen.

Visual Studio .NET bietet schließlich eine Werkzeugunterstützung für alle genannten Dienste an.

Eine .NET-Applikation ist, wie auch bei J2EE, eingebettet in einen (Web-Service) Container, der für Dienste wie Dienstqualität, Transaktion, Sicherheit und Persistenz zuständig ist. Die Applikations- und Datenlogik wird mit .NET Managed Components entwickelt. Diese Schicht realisiert die Anbindung an Datenbanken über Active Data Objects (ADO.NET) und COM Transaction Integrator. Die „thick-Clients", Web-Browser und die mobilen Endgeräte werden über die Active Server Pages (ASP.NET) realisiert. ASO.NET seinerseits erzeugt wiederum HTML, XHTML oder WML.

Die .NET-Komponenten können derzeit in C# oder Visual Basic implementiert sein. Im Prinzip funktioniert auch .NET mittels einer interpretierten Sprache. Der Quellcode wird in die Microsoft Intermediate Language (MSIL) übersetzt. Dieser Bytecode ist „Sprachen-neutral" und wie bei Java (JRE) benötigt man einen Interpreter für die Ausführung. Das .NET-Framework bietet als Interpreter die Common Language Runtime (CLR) (vgl. Gough 2002) an. Ein weiterer wesentlicher Aspekt des .NET-Frameworks ist, dass eine Reihe von Microsoft Produkten als .NET-Enterprise-Server angeboten werden: SQL-Server, Exchange-Server, Commerce-Server, Application-Server, Host-Integration-Server, Internet-Security- and Acceleration-Server, und BizTalk-Server. Tabelle 8.3. zeigt eine Übersicht über die eingesetzten Technologien in beiden Komponentenmodellen.

Tabelle 8.3. Übersicht über J2EE- und .NET-Technologien

Feature	J2EE	.NET
Technologie	„Standard" bzw. Referenzimplementierung	„Produktreihe"
Anzahl Middleware-Anbieter	ca. 30	Microsoft
Middleware-Funktionalität (z.B. Lastausgleich, Transaktionsmonitoring, Namens- und Verzeichnisdienst etc.)	Ja	Ja
Interpreter für Bytecode	JRE/JVM	CLR
Dynamische Webseiten	JSP	ASP.NET
Middle-Tier-Komponenten	EJB	.NET Managed Components
Datenbankanbindung	JDBC/SQL/J	ADO.NET
Web-Services (SOAP, WSDL, UDDI) Unterstützung	Ja	Ja
RPC-Mechanismus	RMI	SOAP
Repository/Registry	JNDI, LDAP	UDDI
Workflow	JMS-basiert	XLANG, BPEL4WS

Zusammenfassend kann man sagen, dass .NET aus einer *Laufzeitumgebung* besteht, die über folgende Funktionalität verfügt:

- Interoperabilität zwischen Programmiersprachen (die von .NET unterstützt werden (derzeit etwa C# und Visual Basic)
- automatische Speicherbereinigung (*garbage collection*)
- Sicherheitsmechanismen
- Versionierung

Zweitens verfügt .NET über eine umfangreiche *objektorientierte Klassenbibliothek*, mit zahlreichen Funktionen für GUI (für Desktops sind es Windows-Forms; für das Web sind es Web-Forms), Datenbankanbietung mittels ADO.NET, Collection-Klassen, Threads, Reflection usw. Drittens, und das darf nicht unerwähnt bleiben, stellt .NET auch eine Reihe von Entwicklungswerkzeugen zur Verfügung: Visual Studio .NET bietet eine Reihe von Werkzeugen für die .NET-Entwicklung und für die Entwicklung von Web-Services. Microsoft inkludiert nach und nach *sämtliche* ihrer Produkte (z.B. SQL-Server, BizTalk-Server, Passport-Server usw.) in die .NET-Plattform und bewegt sich damit als Gesamtheit in Richtung Applikationsserver. Mit anderen Worten: Die Aufgaben eines Betriebssystems erweitern sich (wieder einmal), und zwar um jene Aufgaben der Applikationsserver.

Im Gegensatz zu Java hat .NET das Ziel, verschiedene Programmiersprachen für eine „Plattform", nämlich für .NET, anzubieten. Das Ziel von Java hingegen ist es, eine Programmiersprache für verschiedene Plattformen anzubieten. Es gibt selbstverständlich einige Unterschiede zwischen den Ansätzen sowie der angebotenen Bibliotheken von Java und .NET, jedoch kann man heute durchaus ebenso eine Menge von architekturellen Gemeinsamkeiten sehen, die im Prinzip in die Richtung des verstärkten Einsatzes von Applikationsservern führen (auch wenn ein Applikationsserver als Betriebssystem verkauft werden sollte).

Literatur

Beer W, Birngruber D, Mössenböck H, Wöß A (2003) Die .NET-Technologie – Grundlagen und Anwendungsprogrammierung, dpunkt.Verlag, Heidelberg

Box D (1998) COM – Microsofts Technologie für komponentenbasierte Softwareentwicklung, Addison-Wesley

Danninger S, Peter I (2000) Enterprise JavaBeans, Addison-Wesley

Eddon G, Eddon H (2000) Inside COM+. COM+-Architektur und Programmierung, Microsoft Press

Gough J (2002) Compiling for the .NET Common Language Runtime (CLR), Prentice Hall PTR

OMG (2003) OMG Web. http://www.omg.org

Meijer E, Szyperski C (2001) What's in a Name? .NET as a Component Framework, http://research.microfot.com/users/cszypers/pub/Components.pdf

Microsoft .NET (2003) Microsoft .NET Framework. http://msdn.microsoft.com/netframework/

Kirtland M (1999) Designing Component-Based Applications. Build Enterprise Solutions with Microsoft Windows DNA, Microsoft Press

Platt DS (2002) Introducing Microsoft .NET, Microsoft Press

Richter J (2002) Applied Microsoft .NET Framework Programming, Microsoft Press

Sun JAAS (2003) Java Authentication and Authorization Service Documentation. http://java.sun.com/products/jaas/

Sun J2EE (2003) Java 2 Enterprise Edition Documentation. http://java.sun.com/j2ee

Sun JDBC (2003) Java Database Connectivity Documentation. http://java.sun.com/jdbc

Sun JMS (2003) Java Message Service Documentation. http://java.sun.com/jms

Sun JNDI (2003) Java Naming and Directory Interface Documentation. http://java.sun.com/jndi

Sun JSP (2003) Java Server Pages Documentation. http://java.sun.com/jsp

Sun JTA (2003) Java Transaction API Documentation. http://java.sun.com/jta

Sun RMI (2003) Java Remote Method Invocation Documentation. http://java.sun.com/rmi

Thai T, Lam H (2002) .NET Framework Essentials, O'Reilly

9 Security

Jedes verteilte System sollte bestimmte Sicherheitsmerkmale aufweisen, die es ermöglichen, die Vertraulichkeit, Integrität, Verfügbarkeit und Authentizität seiner Ressourcen zu gewährleisten und die Privacy („Privatheit") seiner Benutzer zu schützen. In welchem Ausmaß diese Eigenschaften für ein konkretes System relevant sind, unterscheidet sich natürlich von Anwendungsfall zu Anwendungsfall. In diesem Kapitel soll auf die architekturrelevanten Aspekte von Sicherheit eingegangen werden. Dabei soll es primär um Sicherheit in den oben aufgezählten Bereichen gehen und wie die dafür notwendigen bzw. verfügbaren Architekturen letztendlich die Architektur einer Anwendung beeinflussen. Nicht diskutiert werden Sicherheitsaspekte, die sich auf Sicherheit im Bereich von „Mission-Critical"-Systemen bzw. Echtzeitsystemen beziehen, beispielsweise Steuersysteme für Züge oder medizinische Anwendungen. Die dafür notwendigen Sicherheitsarchitekturen sind ausgesprochen vielfältig und uneinheitlich auf Grund der höchst unterschiedlichen Anforderungen. Des Weiteren gibt es in diesen Bereichen kaum Referenzarchitekturen. Da es sich außerdem um einen Softwarebereich handelt, der hauptsächlich für eine Gruppe von Spezialisten relevant ist, wird dieser Bereich im Folgenden nicht betrachtet.

9.1 Sicherheit im Software-Lebenszyklus

Der Designer eines verteilten Systems, das bestimmte Sicherheitseigenschaften aufweisen soll, muss Sicherheitsaspekte bereits in den frühen Phasen der Requirementsanalyse berücksichtigen (Sicherheit als wichtiges „Non-Functional Requirement"). Etliche Designentscheidungen, die auf Grund der Requirements getroffen werden und Sicherheit nicht a priori berücksichtigen, können bewirken, dass bestimmte Sicherheitseigenschaften, wie zum Beispiel Privacy oder Authentizität, in späteren Phasen gar nicht mehr, nicht mehr vollständig oder nur mit außerordentlich hohem Aufwand erreicht werden können.

Für jede Applikation sollte daher schon von Anfang an eine Definition der relevanten Sicherheitskriterien vorliegen. Ein darauf aufbauendes Design kann dann diesbezüglich evaluiert werden. Die übliche Vorgehensweise ist, aus den Requirements ein Sicherheitsmodell zu einwickeln, welches möglichst exakt festlegt, welche Bereiche bzw. Ressourcen im System welchen Sicherheitskriterien genügen müssen und gegen welche Art von Angriffen sie geschützt werden müssen. Bis zu einem gewissen Teil können Sicherheitskonzepte auch a posteriori noch in ein System aufgenommen werden, beispielsweise kann ein ungesichertes System durch Verwendung einer Firewall bis zu einem bestimmten Grad gesichert werden. Es sollte jedoch explizit darauf hingewiesen werden, das dies wirklich nur bis zu einem bestimmten Grad möglich ist und die oft gesehene Gleichung „Firewall = Sicherheit" mit großer Vorsicht zu betrachten ist. Wurde beispielsweise kein Benutzerauthorisierungsmodell in die Applikation inkludiert, ist dies auch mit einer Firewall auf saubere Art und Weise nicht mehr möglich, ohne die Applikation anzupassen. Mögliche Attacken und technische Möglichkeiten sie abzuwenden, werden im Folgenden diskutiert. Es sollte jedoch klar sein, dass dies auf Grund der beschränkten Länge dieses Kapitels nur im Überblick möglich sein kann und für einige wenige Anwendungsgebiete von Sicherheitsarchitekturen, da Sicherheit in allen Bereichen von Anwendungen eine Rolle spielt, angefangen von Betriebssystemsicherheit, Zugriffsrechten (Betriebssystem, Datenbanken oder Web, Netzwerk etc.) über Anwendungen (beispielsweise Informationssysteme und Datenbanken) bis hin zu Netzwerksicherheit oder elektronischen Bezahlsystemen, und all diese Bereiche in einem nicht primär auf Sicherheit fokussierten Buch natürlich nicht im Detail abgehandelt werden können. Vielmehr soll ein Verständnis für mögliche Bedrohungen, mögliche Gegenmaßnahmen und deren Auswirkungen auf die Systemarchitektur besprochen werden, da dies auf Grund der inzwischen notwendigen Internetanbindung fast jeglicher Applikation von großer Relevanz ist. Für weiter gehende und detaillierte Informationen sollte auf die ausgesprochen umfangreich vorhandene Fachliteratur im Bereich Sicherheit zurückgegriffen werden. Als repräsentative Beispiele seien hier (Barrett u. Silverman 2001; Bauer 2002; Garfinkel et al. 2002; Garfinkel et al. 2003; Norberg 2000; Northcutt et al. 2002; Schneier 1996; Scott et al. 1998; Zwicky et al. 2000) angeführt.

9.2 Kryptographische Grundlagen

Für nahezu jeden Bereich, mit Ausnahme einiger Autorisierungssysteme, stellt im weitesten Sinne Kryptographie in ihren unterschiedlichsten Ausprägungen die Grundlage dar. Kryptographie kann grob in drei Bereiche unterteilt werden: symmetrisch (die Kommunikationspartner teilen eine geheime Information), asymmetrisch (die Kommunikationspartner teilen keine geheime Information) und Einweg-Funktionen (Hash-Funktionen).

9.2.1 Hash-Funktionen

Hash-Funktionen dienen zur Berechnung von eindeutigen Bit-Mustern bestimmter, kurzer Länge aus unter Umständen sehr großen Daten. Die verwendeten Algorithmen, beispielsweise MD5 (Message Digest 5) (Rivest 1992) oder SHA (Secure Hashing Algorithm) (NIST-a 1994), stellen sicher, dass diese Berechnung nicht umkehrbar ist, d.h., aus dem Hash-Wert kann nicht auf die ursprünglichen Daten geschlossen werden, und der berechnete Wert ist eindeutig, d.h., dass nur eine extrem kleine Wahrscheinlichkeit besteht, dass zwei verschiedene Eingabedatensätze den gleichen Hash-Wert ergeben. Anders ausgedrückt ermöglichen es Hash-

Funktionen einen eindeutigen „Fingerabdruck" zu berechnen. Diese beiden Eigenschaften von Hash-Funktionen sind essenziell in weiten Bereichen der Informatik. Zum einen ermöglichen sie die eindeutige Identifizierung von Informationen und die Konstruktion effizienter Speicher-, Such- und Sortierverfahren und zum anderen ermöglichen sie effizientere Algorithmen durch ihre Datenkompressionseigenschaften. Es ist beispielsweise um ein vielfaches effizienter, einen mehrere Byte langen Hash-Wert einer mehreren 100 MB großen Videodatei elektronisch zu signieren, als die Datei selbst. Auch symmetrische und asymmetrische Kryptographie greifen in vielen Bereichen auf Hash-Werte zurück.

9.2.2 Symmetrische und asymmetrische Verschlüsselung

Sowohl symmetrische als auch asymmetrische Kryptographie werden in unterschiedlichsten Bereichen verwendet, beispielsweise zur Verschlüsselung von Dateien oder Kommunikationsverbindungen, für die elektronische Unterschrift oder im Bereich der Authentifizierung (Feststellung der Identität einer Entität ähnlich dem Konzept eines Personalausweises). Bei symmetrischen Kryptographieverfahren müssen alle Kommunikationspartner die gleiche geheime Information, den Schlüssel, besitzen, um Information ver- bzw. entschlüsseln zu können. Und genau dies stellt in mehrfacher Hinsicht ein grundlegendes Problem dieser Art von Algorithmen dar: Wie wird der Schlüssel sicher an alle Teilnehmer übermittelt und wie wird der Schlüssel von den Teilnehmern gesichert? Sollte der Schlüssel bei der Übermittlung abgefangen worden sein bzw. wurde der Schlüssel einem Teilnehmer gestohlen, ist eine gesicherte Informationsübermittlung nicht mehr möglich. Das Problem der Übermittlung des geheimen Schlüssels kann entweder durch Anwendung eines asymmetrischen Verschlüsselungsverfahrens für die Schlüsselübertragung (siehe unten) oder durch ein spezielles Schlüsselübermittlungsverfahren wie das Diffie-Hellman-Verfahren (Diffie u. Hellman 1976) bzw. das „Station-to-Station"-Protokoll (Diffie et al. 1992) gelöst werden. Der wohl bekannteste und am häufigsten verwendete symmetrische Verschlüsselungsalgorithmus ist wohl DES (Data Encryption Standard) (FIPS 1999).

Das Problem der Schlüsselübermittlung führte Mitte der 70er-Jahre zur Erfindung der asymmetrischen Kryptographie, welche dieses Problem nicht kennt. In diesen Verfahren werden zwei Schlüssel statt eines einzigen Schlüssels verwendet. Der so genannte „Public Key" ist öffentlich zugänglich, der „Private Key" jedoch muss geheim gehalten und ähnlich gesichert werden wie der geheime Schlüssel im Bereich der symmetrischen Kryptographie. Asymmetrische Verschlüsselungsverfahren werden auch als „Public-Key-Verschlüsselungsverfahren" bezeichnet.

Private und Public Key sind sehr große Primzahlen, die so miteinander verknüpft sind, dass Information, die mit einem dieser Schlüssel verschlüsselt wurde, nur mit dem jeweils anderen wieder entschlüsselt werden kann. Dieses einfache Prinzip löst das Problem der Schlüsselübermittlung, aber auch einige weitere Probleme im Bereich der Sicherheit. Das wohl bekannteste Public-Key-Verfahren ist das Rivest-Shamir-Adleman-Verfahren (RSA) (Rivest et al. 1978).

Um eine Nachricht z.B. mit RSA sicher zu übertragen, wird folgendermaßen vorgegangen: Der Sender verschlüsselt die Nachricht mit dem Public Key des Empfängers und übermittelt sie. Obwohl sowohl die verschlüsselte Nachricht als auch der Public Key öffentlich bekannt sein können, kann die Nachricht nur vom Empfänger, der als einziger den passenden Private Key besitzt, entschlüsselt werden.

Da asymmetrische Verfahren sehr rechenintensiv sind, werden in der Praxis sehr oft hybride Verfahren eingesetzt: Ein geheimer Schlüssel für ein symmetrisches Verfahren wie DES, welcher nur für eine Übertragung gültig ist, wird mit einem asymmetrischen Verfahren wie RSA oder einem Schlüsselübertragungsschema (siehe oben) übertragen und für die symmetrische Verschlüsselung der Nachricht verwendet (zweistufiges Verfahren).

Neben den hier genannten Verfahren gibt es noch eine Fülle anderer Verschlüsselungsverfahren wie beispielsweise IDEA, Blowfish oder den gerade in der Evaluierung befindlichen „Advanced Encryption Standard" (AES), der DES ersetzen soll.

Komponenten und Software, die auf kryptographischen Verfahren aufbauen, sind inzwischen Standardprodukte. Als Beispiele seien nur „Secure Socket Layer" (SSL), bekannt als Protokoll für sichere WWW-Verbindungen („https://...."), bzw. „Secure Shell" (SSH) (Barrett u. Silverman 2001) genannt.

9.2.3 Zertifikate und elektronische Unterschrift

Trotz sicherer Übertragungsmöglichkeiten ist mit reiner Verschlüsselung noch nicht das Problem der Authentizität gelöst: Wie kann man in einem Netzwerk sicher sein, dass das Gegenüber derjenige ist, welcher er behauptet zu sein, bzw. wie werden Public Keys verteilt, wobei sichergestellt wird, dass die verteilten Schlüssel wirklich der genannten Entität gehören? Für diese Problembereiche existieren zwei De-fakto-Standards: Zertifikate in Verbindung mit „Certification Authorities" (CA) oder das in PGP („Pretty Good Privacy") (Garfinkel 1994) verwendete „Web of Trust".

Ein Zertifikat kann als eine Art elektronischer Personalausweis betrachtet werden. Es bindet bestimmte Informationen wie Name, Adresse etc. und eben den Public Key an eine nachgewiesene (durch Pass oder ähnliche Dokumente) Identität. Diese Bindung wird durch eine Zertifizierungsstelle (CA) garantiert. Zertifikate werden von der Zertifizierungsstelle elektronisch unterschrieben und publiziert, d.h., sie sind auf elektronischem Wege abrufbar.

Was bedeutet es nun aber, wenn Information „elektronisch unterschrieben" wurde? Im Grunde genommen handelt es sich dabei um eine umgekehrte Anwendung eines Public-Key-Verfahrens. Statt die Information mit dem Public Key zu verschlüsseln, geschieht dies mit dem geheimen Private Key. Dadurch kann jeder die verschlüsselte Information wieder entschlüsseln, wenn er die Identität des Verschlüsslers und dessen Public Key kennt. Bei der elektronischen Unterschrift wird nun sowohl die Originalinformation als auch die verschlüsselte Information mit einem Hinweis auf die Identität, z.B. einem Zertifikat, das den Public Key enthält, verschickt. Dies ermöglicht es dem Empfänger, die Information wieder zu entschlüsseln und das Ergebnis mit der mitgeschickten Klar-Information auf Gleichheit zu untersuchen. Damit besteht für jedermann die Möglichkeit eindeutig zu unterschreiben. Die Qualität einer solcherart elektronisch durchgeführten Unterschrift steht einer tatsächlichen Unterschrift in nichts nach. Da häufig sehr große Datenmengen unterschrieben werden müssen, macht man üblicherweise den Umweg über den Hash-Wert der zu versendenden Information, welcher die Information eindeutig identifiziert und vom Empfänger zu Kontrollzwecken ebenfalls berechnet werden kann, und unterschreibt den Hash-Wert. Neben RSA ist der Digital Signature Standard (DSS) (NIST-b 1994) der bekannteste Standard für elektronische Unterschriften.

In Bezug auf Zertifikate bedeutet die elektronische Unterschrift, dass der Empfänger den Public Key der CA kennen muss und dieser auch vertraut. Nur, woher bekommt man den Public Key der CA? Um diesen potenziell endlosen Kreislauf zu unterbrechen, ist die einzige Möglichkeit, die Public Keys von CAs auf anderem Wege zu verteilen, also entweder via Diskette zu verschicken oder die Software bereits mit den Public Keys der CAs auszuliefern und gegen Veränderung zu schützen. Zweiteres geschieht beispielsweise im Falle von Internet-Browsern. Um die Public Keys (eigentlich handelt es sich um spezielle Zertifikate) weiterer CAs zu erhalten, wird das Prinzip der Zertifizierung auch auf CAs selbst angewendet: Erhält man Information mit einem Zertifikat, welches von einer bis dato unbekannten CA unterschrieben wurde, kann man das Zertifikat der CA selbst anfordern und, falls dieses von einer bereits bekannten CA unterschrieben wurde, akzeptieren und Zertifikate dieser CA in Zukunft akzeptieren und überprüfen. Dieses Prinzip wird „Cross Certification“ genannt. Der momentan am häufigsten verwendete Standard für Zertifikate ist X.509v3 (ITU-T 1988).

Neben dieser vor allem für kommerzielle Anwendungen sehr verbreiteten Architektur gibt es auch noch alternative Zertifizierungsmethoden, die auf anderen Ansätzen basieren. Die bekannteste ist wohl das in PGP verwendete „Web-of-Trust“. Dabei wird folgendermaßen vorgegangen: Um keine zentrale Zertifizierungsstelle zu benötigen, signieren PGP-Teilnehmer wechselseitig ihre Public Keys, d.h., sie generieren „Zertifikate“. Dies geschieht mehrmals und durch viele Benutzer (es gibt so genannte „Key-Signing-Parties“). Ob ein Benutzer jetzt einem PGP-Zertifikate vertraut bzw. glaubt, dass ein Public Key authentisch ist, hängt davon ab, ob er einen der Signierer kennt und diesem vertraut, oder ob er das Zertifikat oder den Key an vielen Stellen im Internet findet. Im zweiten Fall wird aus dem Auffinden der gleichen Information (des Public Key bzw. des Zertifikats) an vielen Stellen geschlossen, dass die Information korrekt ist. Viele PGP-Anwender publizieren ihren Public Key auch auf ihrer Website oder hängen ihn an jede E-Mail an, um eine größtmögliche Verbreitung zu bewirken und Betrug vorzubeugen. Im Vergleich zum Sicherheitskonzept mit CA ist das PGP-Konzept zwar einfacher zu handhaben, da es vollständig dezentralisiert arbeitet, es kann jedoch nicht der gleiche Grad an Vertrauen geschaffen werden, da es immer Möglichkeiten zum Betrügen des Systems gibt.

Es sei an dieser Stelle auch darauf hingewiesen, dass die hier beschriebenen Mechanismen neben sicherer Übertragung und Authentifizierung auch als Basis für andere Autorisierungsmechanismen verwendet werden können. Als Beispiel hierfür sei das Code-Security-Konzept der Programmiersprache Java genannt. Des

Weiteren sollte betont werden, dass in verteilten Anwendungen Zertifikate natürlich nicht auf Personen beschränkt sind, sondern die beschriebenen Konzepte natürlich auf jedwede elektronische Entität anwendbar sind.

9.2.4 Public Key Infrastructure

Ein im aktuellen Sprachgebrauch sehr häufig verwendeter sicherheitsrelevanter Begriff ist PKI, kurz für „Public Key Infrastructure“. Da es noch keine allgemein anerkannte, eindeutige Definition gibt, sei im Folgenden kurz die Definition der RSA-Laboratories, als dem führenden Unternehmen in diesem Bereich, im Überblick dargestellt.

Unter PKI werden häufig alle sicherheitsrelevanten Dienste und Protokolle für das Management von Public-Keys zusammengefasst, meist unter Verwendung einer Certification Authority und einer Registration Authority (RA-Registratur). Die Dienste, welche von einer PKI üblicherweise angeboten werden, sind:

- Schlüsselregistrierung: Ausfertigung eines Zertifikats für einen Public Key
- Zertifikat-Annullierung: Ein Zertifikat wird für ungültig erklärt, wenn beispielsweise der zugehörige Private Key kompromittiert wurde.
- Schlüssel-Selektion: Erlangung des Public Keys einer Entität
- „Trust Evaluation“: Bestimmung, ob ein Zertifikat gültig ist bzw. welche Operationen damit autorisiert werden.

9.3 Sicherheitsaspekte

Aus den bisher beschriebenen Mechanismen ergibt sich bereits eine implizite Sicherheitsarchitektur, welche die zur Verfügung stehenden Mittel sowie die möglichen Architekturen beschränkt. Durch die Verwendung von CAs wird bereits ein bestimmter Grad an Zentralisierung vorgegeben bzw. festgelegt, dass für die Überprüfung von Zertifikaten manchmal eine Online-Verbindung notwendig ist. In diesem Abschnitt soll aber vorerst noch auf die möglichen Bedrohungsszenarien und möglichen Lösungen dafür eingegangen werden, da diese ebenfalls bestimmende Faktoren für die Architektur eines Systems darstellen. Soll beispielsweise die Datenübertragung gesichert erfolgen, so legt diese Anforderung bereits fest, dass die Architektur eine Verschlüsselungsschicht wie z.B. SSL enthalten muss, und damit, dass zumindest ein Teil der Architektur geschichtet ist.

Was bedeutet Systemsicherheit nun konkret? Tabelle 9.1 stellt dazu die wichtigsten Sicherheitsaspekte im Überblick dar.

Tabelle 9.1. Was bedeutet Sicherheit?

Sicherheitsaspekt	Beschreibung	Mögliche Lösung
Vertraulichkeit	Verhindern, dass Daten abgehört werden, bzw. Schützen vertraulicher Daten vor unbefugtem Zugriff	Verschlüsselung, Autorisierungsschemata
Integrität	Unbefugtes Verändern von Daten verhindern	„Message Authentication Codes" (digital unterschriebene Hash-Werte)
Verfügbarkeit	Ununterbrochener Zugriff	Backup, Replikation, Firewall
Authentizität	Nachweis des Ursprungs von Daten	Digitale Unterschrift

Für eine Architektur, die Sicherheitsaspekte zu berücksichtigen hat, sind besonders diese vier Aspekte von Relevanz. Vertraulichkeit kann primär durch Verschlüsselung bzw. Zugriffskontrolle gewährleistet werden. Um zu verhindern, dass ein Angreifer Daten verändert, werden üblicherweise MACs (Message Authentication Codes) verwendet. Werden die Daten sowieso verschlüsselt, ist dies nicht mehr notwendig, da durch die Verschlüsselung automatisch die Integrität gewährleistet wird. Sehr oft geht es aber nur darum, die Integrität der Daten zu gewährleisten, ohne die Daten geheim halten zu müssen. In diesem Fall sind MACs die beste Lösung, da sie weit weniger ressourcenintensiv sind.

Verfügbarkeit bedeutet, dass der dauernde Zugriff auf ein Computersystem und seine Daten gewährleistet wird. Dies involviert sowohl Hardware als auch Software. Um dies zu gewährleisten, gibt es eine Vielzahl von Teilaspekten und Lösungen, die integriert werden müssen. Beispielsweise regelmäßige Sicherungen, aktive Replikation von Daten oder Verhinderung von unbefugten Zugriffen. Besonders wichtig bei Internetsystemen sind derzeit das (semi-)automatische Erkennen von Einbrüchen und die Verhinderung von „(Distributed) Denial of Service"-Attacken ((D)DOS). Da keine wirklich vollautomatisierten Lösungen existieren, werden diese Bereiche derzeit von speziell geschulten Administratoren abgedeckt, die von Analysewerkzeugen unterstützt werden. Von architektureller Seite kann derzeit wenig getan werden, diese Situation zu verbessern, außer sinnvolle Struktur- und Management-Richtlinien anzuwenden. Dabei sollte allerdings darauf hingewiesen werden, dass der zu erreichende Grad an Sicherheit sehr wohl von der verwendeten Architektur abhängt und dies in die architekturelle Planung auch einfließen sollte.

Die Mechanismen zur Gewährleistung von Authentizität wurden bereits in früheren Abschnitten dieses Kapitels erläutert.

Aus den Sicherheitsaspekten leiten sich nun direkt die möglichen Bedrohungen für ein System ab. Die am häufigsten auftretenden sind in Tabelle 9.2 dargestellt (es werden zum Teil die englischen Termini verwendet, wenn kein adäquater, gebräuchlicher, deutscher Ausdruck existiert).

Tabelle 9.2. Bedrohungen

Bedrohung	Beschreibung	Sicherheits-aspekt
Leakage	Eine nicht autorisierte Person versucht auf Informationen zuzugreifen, die für eine andere Person bestimmt sind oder einer anderen Person gehören.	Vertraulichkeit
Tampering	Nicht autorisierte Veränderung (Fälschung) von Information bzw. Programmen (dies inkludiert auch löschen).	Integrität, Authentizität
Diebstahl	Nicht autorisierte Benutzung von Ressourcen (Festplattenplatz, Netzwerkbandbreite etc.).	Verfügbarkeit
Antagonismus	Interaktionen mit dem System, die nicht in Vorteilen für den Angreifer resultieren, sondern den Systembetreiber behindern (Vandalismus, Denial of Service).	Verfügbarkeit

Diese Klassifizierung ist insofern unscharf, da einige Bedrohungen mehrere Sicherheitsaspekte betreffen können. Zum Beispiel beinhaltet Tampering auch das verändern von Programmen durch Viren oder das Einschleusen Trojanischer Pferde, die bekanntermaßen massive Auswirkungen auf die Verfügbarkeit haben können.

Nach dieser Klassifikation, die die Bandbreite der möglichen Bedrohungen widerspiegelt, listet Tabelle 9.3 zur weiteren Verdeutlichung die häufigsten Angriffe auf und gibt Beispiele dafür an.

Tabelle 9.3. Typische Angriffe

Angriff	Beschreibung/Beispiel
Abhören	Ein Angreifer versucht Information, die über das Netzwerk gesendet wird oder im Speicher steht, abzuhören. Schwer zu entdecken, da keine Spuren hinterlassen werden. Beispiel: Abhören von im Klartext übertragenen Kreditkarteninformationen (WWW oder Mail). Gegenmaßnahme: Verschlüsselung.
Maskerade	Ein Angreifer versucht durch Vorspiegelung einer anderen Identität Zugang zum System zu erhalten. Gegenmaßnahme: Authentifizierung.
Veränderung	Unautorisiertes Ändern von Netzwerknachrichten, beispielsweise das Ändern der „Rückantwortadresse" in Netzwerk-Paketen, um eine aufgebaute Verbindung zu übernehmen („Connection Hi-Jacking"). Gegenmaßnahme: Verschlüsselung.
Replaying	Gesendete Information wird gespeichert und später erneut gesendet. Beispiel: Speichern der Daten aus einer Login-Session und deren erneutes Senden zu einem späteren Zeitpunkt, damit Zugang zum System erreicht wird. Dabei muss der Inhalt der Daten nicht bekannt sein, d.h., die Daten können verschlüsselt sein. Gegenmaßnahme: Nicht veränderbaren Zeitstempel inkludieren (elektronisch unterschriebener Zeitstempel).
Denial of Service	DOS-Attacken machen ein System oder Teile für legitimen Gebrauch unbenutzbar, indem Ressourcen angefordert und nicht mehr freigegeben werden oder Ressourcen beschädigt oder ver-

	nichtet werden. Geschieht dies von verschiedenen Rechnern aus, spricht man von Distributed Denial of Service. DOS-Attacken sind im Grunde sehr einfach durchzuführen: Der Angreifer findet beispielsweise einen ressourcenintensiven Zugriff am Web-Server (auf Grund der langen Antwortzeit eines Scripts) und „bombardiert" den Web-Server mit legitimen Zugriffen. Durch Fälschung der Absenderadresse in den Netzwerkpaketen können diese Zugriffe nur schwer blockiert werden und erhöhen die Last des Web-Servers so, dass eine anderweitige Verwendung (andere Anfragen, Verwaltung) nicht mehr möglich ist. Gegenmaßnahme: Überwachung mit einer Firewall.
Social Engineering	Durch geschickte Argumentation im weitesten Sinne wird ein legitimer Benutzer dazu gebracht, sensitive Information weiterzugeben. Ein einfaches Beispiel dafür ist ein von einer Website gesendetes Textfenster, das einem Systemfenster nachempfunden ist, und somit nicht für jeden Benutzer als falsch ersichtlich ist, mit der Aufforderung sich mit Benutzername/Passwort neu einzuwählen, weil die Verbindung abgebrochen sei. Gegenmaßnahme: Benutzerschulung.
Exploits	Darunter versteht man das bekannte Ausnutzen von Sicherheitslücken/Bugs in Programmen. Gegenmaßnahme: Bugfixes einspielen, Abdrehen gefährlicher Dienste (z.B. FTP).
Data-driven Attacks	Viren und Trojanische Pferde. Gegenmaßnahme: Rücknahme von Zugriffsrechten, Benutzerschulung, Viren-Scanner.

Nützliche Ressourcen, um Angriffe möglichst gut abwenden zu können, sind die Informationslisten (Mail, WWW) der Softwarehersteller bzw. spezielle Informationsdienste wie CERT (Computer Emergency Response Team, http://www.cert.org/).

9.4 Architekturelle Aspekte

Gerade im Sicherheitsbereich gibt es auf Grund der Vielzahl an unterschiedlichen Angriffsmöglichkeiten eine unüberschaubare Anzahl an Ansätzen, was sich in einer sehr großen architekturellen Variabilität niederschlägt. Eine Architektur, die bestimmten Sicherheitsanforderungen genügt, kann durch leichte Änderungen auf Grund leicht geänderter Anforderungen völlig unverwendbar beziehungsweise unsicher werden. Beispielsweise kann gerade die Verteilung von bisher zentralisierten Funktionalitäten, wie es gerade im Bereich verteilter Systeme nicht selten vorkommt, ein komplettes Neudesign notwendig machen. Ein bekanntes Beispiel dafür sind beispielsweise Certification Authorities. Wird nur eine einzige CA verwendet, ist es einfach, Zertifikate für ungültig zu erklären. Wird diese Funktionalität hingegen auf mehrere Anbieter verteilt und werden Konzepte wie Replikation zur Erhöhung der Verfügbarkeit eingesetzt, so wird die „Certificate Revocation" um einiges komplexer und erfordert eine völlig neue Architektur, da neue und andere Sicherheitsaspekte berücksichtigt werden müssen.

Komponenten wie Certification Authorities werden auch als so genannte „Trusted Third Parties" (TTP) bezeichnet. Die hinter TTPs stehende Idee ist, dass bestimmte, wichtige Funktionalitäten, die hohes Vertrauen und hohe Verlässlichkeit voraussetzen, an eine externe Komponente ausgelagert werden, um dies zu gewährleisten. Dies kann mit der Funktion eines Notars verglichen werden. Da TTPs aber genauso wie ein Notar für unterschiedlichste Dinge zuständig sein können, gibt es auch dementsprechend viele unterschiedliche Arten von TTPs, die sich wiederum in ihrer Funktion wechselseitig beeinflussen können und deren Interaktionen und Abhängigkeiten wiederum Auswirkungen auf die Sicherheitsaspekte eines Systems haben.

Architekturell gesehen stellen TTPs immer eine Art von Zentralisierung mit allen damit verbundenen Vor- und Nachteilen dar. Wird anstelle einer TTP ein verteilter Ansatz gewählt, z.B. PGP statt einer CA, ändern sich die erzielbaren Sicherheitsgarantien, aber auch die Systemarchitektur. In anderen Bereichen wiederum ist eine solche Änderung überhaupt nicht möglich, sondern es *muss* eine TTP-basierte Architektur verwendet werden. Dies gilt beispielsweise für den Schutz des Copyright elektronischer Texte (Hauswirth et al. 2001).

Es ist somit schwer bis unmöglich, eine Standardsicherheitsarchitektur zu definieren. Da Sicherheitskonzepte abhängig von den Anforderungen des jeweiligen Anwendungsfalls selektiert und kombiniert werden müssen, soll dieser Abschnitt die Einbindung von Sicherheitsarchitekturen in Anwendungen anhand dreier Fallstudien exemplarisch darlegen.

9.4.1 Abhörsichere, authentifizierte Datenübertragung

Ein Standardanwendungsfall im Bereich verteilter Systeme ist die abhörsichere Übertragung von Daten zwischen zwei Kommunikationspartnern mit nachgewiesener Identität. Dies lässt sich mit den oben beschriebenen Funktionalitäten auf mehrere Arten erreichen. Der Einfachheit halber wird hier ein rein auf asymmetrischer Kryptographie basierendes Verfahren gezeigt. In der Realität eingesetzte Verfahren bedienen sich üblicherweise einer Mischung aus symmetrischen und asymmetrischen Verfahren, unter Umständen noch unter Zuhilfenahme spezieller Schlüsselaustauschverfahren.

Abb. 9.1 zeigt das Muster für den prinzipiell notwendigen Ablauf.

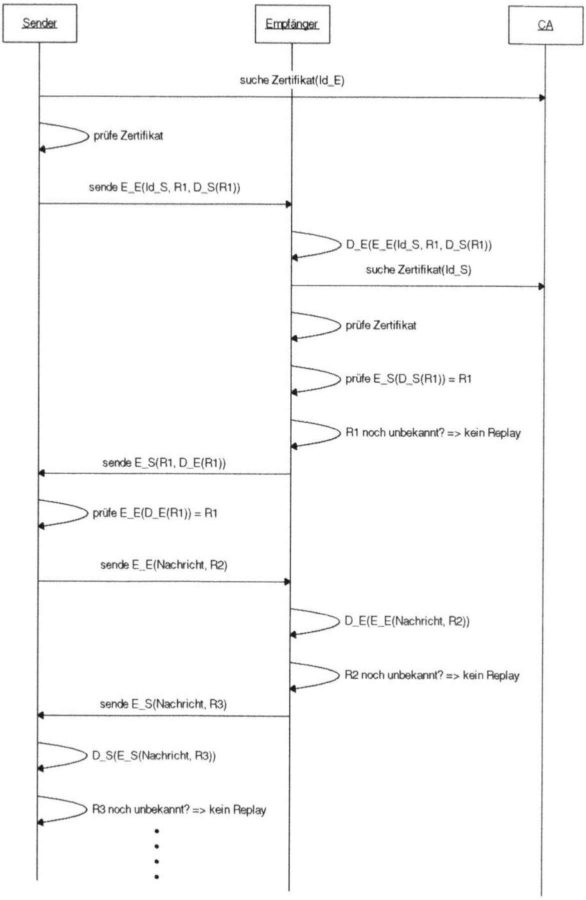

Abb. 9.1. Abhörsichere, authentifizierte Kommunikation

Um eine Nachricht sicher und authentifiziert an einen Empfänger übermitteln zu können, muss der Sender zuerst den Public Key des Empfängers ermitteln (unter der Annahme, dass Public-Key-Kryptographie verwendet werden soll). Dies geschieht durch Abfrage eines Verzeichnisses, zur Verfügung gestellt beispielsweise durch eine CA. Wird ein für die gesuchte Identifikation registriertes Zertifikat gefunden, überprüft der Sender zuerst die Gültigkeit des Zertifikats (Überprüfung der elektronischen Unterschrift der CA des Zertifikats). Ist dies erfolgreich, kann eine mit dem Public Key des Empfängers verschlüsselte Nachricht an den Empfänger geschickt werden.

Diese Nachricht enthält Information, um den Sender identifizieren zu können, eine Zufallszahl, und die elektronisch unterschriebene Zufallszahl. Der Empfänger besitzt als Einziger den passenden Private Key und entschlüsselt die Nachricht. Mit Hilfe der mitgeschickten Sender-Identifikation holt sich der Empfänger das Zertifikat des Senders, überprüft es und überprüft dann die vom Sender elektronisch unterschriebene Zufallszahl auf Übereinstimmung mit der mitgeschickten

Klartextversion. Ist dieser Test erfolgreich und die Zufallszahl dem Empfänger noch unbekannt, kann er der Identität des Senders und der Aktualität der Nachricht vertrauen und schickt eine entsprechende Antwort (ursprünglich gesendete Zufallszahl und Unterschrift derselben) als Bestätigung an den Sender, welche wiederum vom Sender überprüfbar ist.

Mit diesem Handshake können sich beide Kommunikationspartner der Identität ihres Gegenübers sicher sein und besitzen den zur sicheren Übertragung notwendigen Public Key ihres Kommunikationspartners. Von nun an können verschlüsselte Nachrichten ausgetauscht werden, die zur Sicherstellung der Aktualität jeweils eine Zufallszahl enthalten.

Dieser prinzipielle Ablauf bietet natürlich einiges an Platz für Optimierungen. Wenn beispielsweise die Zertifikate bereits aus früheren Interaktionen bekannt sind, entfällt die Interaktion mit der CA. Auch können Zertifikate einfach vom jeweiligen Kommunikationspartner übermittelt werden, ohne eine CA abfragen zu müssen. Es handelt sich bei einem Zertifikat ja um öffentliche Information, die durch die Unterschrift einer CA gesichert ist. Wird allerdings keine CA verwendet, kann aber auch die mögliche Annullierung eines Zertifikats nicht überprüft werden. Auch das auf Zufallszahlen basierende, im Beispiel verwendete „Challenge-Response"-Verfahren lässt sich dahin gehend vereinfachen, dass beispielsweise die Nachrichten mit dem aktuellen Datum versehen oder sicher „nummeriert" werden (dieser Mechanismus ist notwendig, um zu verhindern, dass eine Kommunikation „aufgezeichnet" und erneut „abgespielt" wird). Ebenso wird häufig nach dem Handshake zuerst ein geheimer Schlüssel ausgetauscht (gesichert durch Public-Key-Kryptographie), um im nachfolgenden Nachrichtenaustausch symmetrische Kryptographie verwenden zu können, die wesentlich effizienter und schneller ist.

9.4.2 Secure Socket Layer

Secure Socket Layer (SSL) (Netscape 1998) ist die am World Wide Web verwendete Standardarchitektur für sichere, authentifizierte Datenübertragung. SSL wurde inzwischen verbessert und als „Transport Layer Security" (TLS) in einem RFC genormt (Dierks u. Allen 1999). Unglücklicherweise sind SSL und TLS trotz der identischen Funktionsweise inkompatibel, da teilweise andere Algorithmen verwendet wurden. Da SSL aber der eingeführte Begriff ist, soll dieser im Folgenden als Synonym für TLS bzw. SSL verwendet werden. SSL ist eine konkrete Instanz der im vorangegangenen Abschnitt beschriebenen Architektur, verwendet jedoch einige bereits erwähnte Optimierungen. Obwohl SSL/TLS ursprünglich für Web-Applikationen gedacht war, können damit auch beliebige andere Applikationen realisiert werden.

Um SSL möglichst universell und einfach in existierenden Applikationen einsetzbar zu machen, wurde eine Schichtarchitektur gewählt, die transparent in existierende Protokollschichten eingefügt werden kann, ohne dass Änderungen in den verwendeten Applikationen notwendig werden. Abb. 9.2 zeigt diese Architektur.

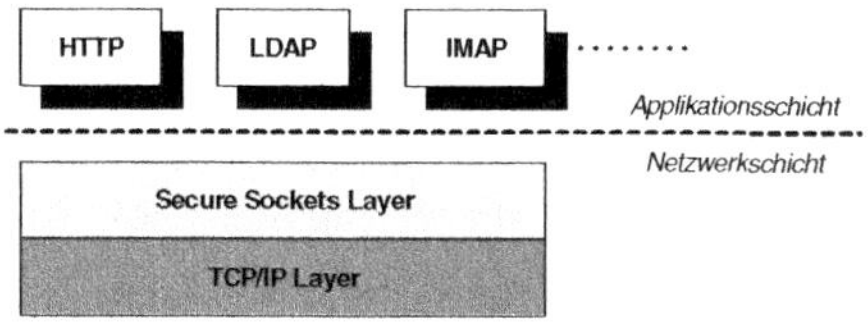

Abb. 9.2. Architektur für die Anwendung von SSL bzw. TLS

Wie aus der Abbildung ersichtlich, wurde einfach transparent eine zusätzliche Schicht zwischen eigentlicher Netzwerkschicht und Anwendungsprotokollen eingezogen, die sich nach oben hin wie die TCP/IP-Schicht verhält. Dadurch lässt sich SSL sehr einfach in bestehende Applikationen integrieren. In Abb. 9.2 werden nur die architekturellen Aspekte von SSL gezeigt. Implizit angenommen wird die Verfügbarkeit einer Certification Authority als „Trusted Third Party".

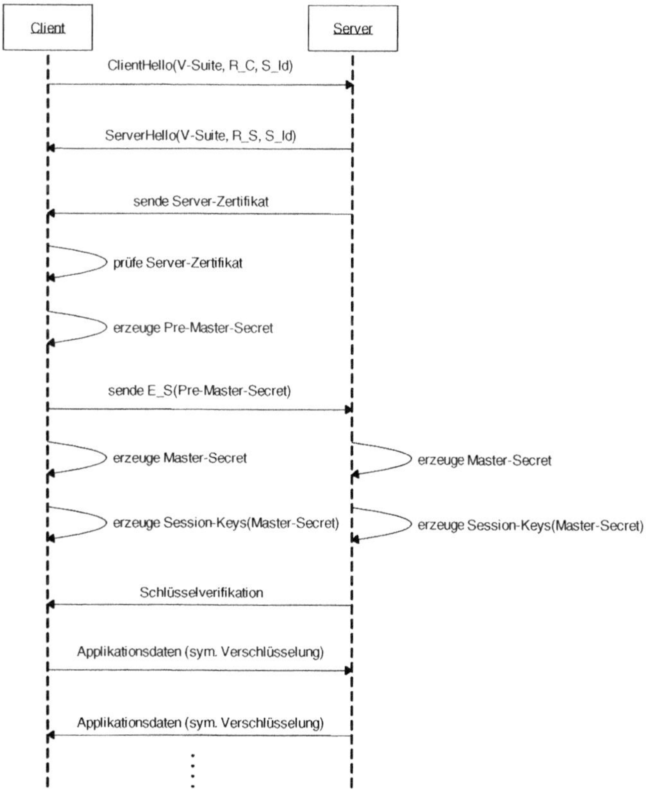

Abb. 9.3. Ablauf einer sicheren, authentifizierten Datenübertragung

Abb. 9.3 zeigt dazu den prinzipiellen Ablauf einer sicheren und authentifizierten Datenübertragung mit Hilfe von SSL.

Da SSL vor allem am World Wide Web verwendet wird, werden in Abb. 9.3 auch die Kommunikationspartner entsprechend benannt: Client (Web-Browser) und Server (Web-Server). Das SSL-Protokoll besteht aus zwei Phasen: Verbindungseinrichtung und Übertragung der verschlüsselten Applikationsdaten. Beim Verbindungsaufbau sendet der Client neben administrativen Daten wie der verwendeten SSL-Version die Liste seiner unterstützten Verschlüsselungsprotokolle (V-Suite), eine Zufallszahl (R_C) und eine Sitzungsidentifikation (S_Id), welche notwendig ist, um Verbindungen eindeutig zu identifizieren, wenn Protokolle, die keine Sitzungssemantik besitzen (zum Beispiel HTTP), über SSL verwendet werden sollen.

Aus den vom Client unterstützten Verschlüsselungsarten wählt der Server eine aus und schickt seine Auswahl gemeinsam mit einer Zufallszahl und der Sitzungsidentifikation an den Client zurück. Danach wird zusätzlich das Zertifikat des Servers geschickt, damit der Client die Identität des Servers verifizieren kann. Die in Abb. 9.3 dargestellte Interaktion stellt den Standardfall dar, in dem nur der Server authentifiziert wird. In SSL kann aber auch zusätzlich der Server ein Client-Zertifikat verlangen. Des Weiteren sind auch anonyme Sitzungen möglich.

Nach erfolgreicher Authentifizierung des Servers generiert der Client eine weitere Zufallszahl, das so genannte Pre-Master-Secret, verschlüsselt sie mit dem Public Key aus dem Zertifikat des Servers und schickt es an diesen (asymmetrische Kryptographie). Im Gegensatz zu den in den Hello-Nachrichten als Klartext übertragenen Zufallszahlen ist das Pre-Master-Secret daher nur für den Server entschlüsselbar und lesbar. Mit Hilfe des geheimen Pre-Master-Secret und den Zufallszahlen R_C und R_S erzeugen sowohl Client als auch Server mittels identischer Operationen das so genannte Master-Secret, das als Ausgangspunkt weiterer Schlüssel dient (Verschlüsselung der Applikationsdaten, MACs etc.).

Nach Abschluss dieser Verbindungseinrichtungsphase können nun in der zweiten Phase Applikationsdaten mit den generierten Schlüsseln verschlüsselt und übertragen werden. Da es sich dabei um generierte, geheime und nur den beiden Kommunikationspartnern bekannte Schlüssel handelt, kann nun die weit weniger Ressourcen benötigende symmetrische Kryptographie verwendet werden. SSL ist also ein typischer Vertreter eines kryptographisch hybriden Kommunikationsprotokolls.

9.4.3 Firewalls

Firewalls stellen derzeit ein zentrales Konzept zur Sicherung von verteilten Anwendungen dar. Üblicherweise dienen sie dazu, ein internes Netzwerk vom Internet abzuschirmen, indem durch die Anwendung von benutzerdefinierten Regeln entschieden wird, ob eine Verbindung bzw. deren Inhalt zugelassen wird oder nicht. Das verallgemeinerte Prinzip einer Firewall ist in Abb. 9.4 dargestellt.

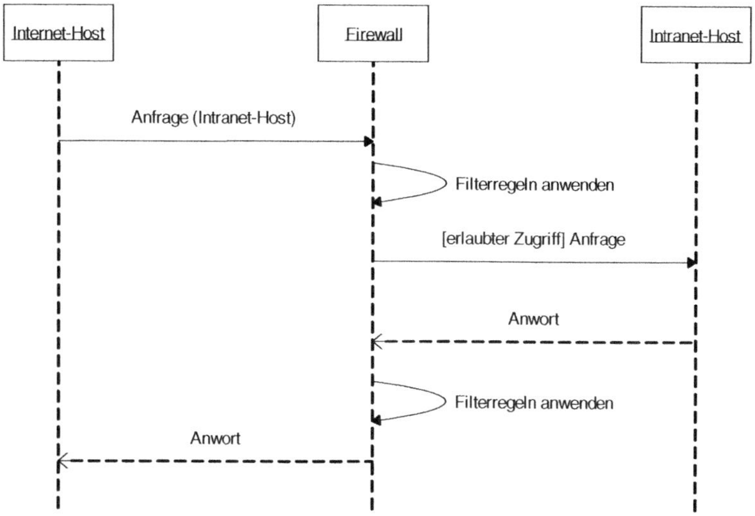

Abb. 9.4. Prinzip einer Firewall

Vom Internet kommende Anfragen werden dabei durch die Firewall getunnelt, welche benutzerdefinierte Regeln anwendet (z.B. Zugriff nur auf bestimmte IP-Adressen und Ports erlaubt) und auf Grund dessen entscheidet, ob ein Paket weitergeleitet wird oder nicht. Auch bei Rückantworten wird wieder die Firewall zwischengeschaltet und es kann wiederum gefiltert werden. Die in Abb. 9.4 dargestellte Interaktion kann auch symmetrisch auf Anfragen, die vom Intranet ausgehen, angewendet werden.

Implizit wird in dem allgemeinen Muster von Abb. 9.4 eine bestimmte Architektur angenommen, nämlich, dass sich sowohl die vom Internet aus zugreifbaren Rechner als auch die nicht zugreifbaren Rechner in einem gemeinsamen Intranet befinden. Obwohl möglich und häufig angewendet, hat diese Architektur einen entscheidenden Nachteil: Wird ein zugreifbarer Rechner (der Einfachheit halber sei im Folgenden angenommen, es handle sich um den Web-Server) kompromittiert (Einbruch), hat der Angreifer Zugang zum gesamten Intranet. Wird der Web-Server, um dies zu verhindern, außerhalb der Firewall platziert, ist zwar das Intranet besser gesichert, aber der Web-Server, welcher ein Primärziel für Attacken ist, ist wiederum vollständig ungesichert.

Um dies zu beheben, wird derzeit eine mehrstufige Architektur favorisiert. Dabei wird das Intranet in zwei durch eine interne Firewall getrennte Bereiche aufgeteilt: Im internen Netz befinden sich nur von außen nicht zugreifbare Rechner und im durch die interne Firewall davon getrennten Perimeter-Netzwerk befinden sich die Rechner, auf welchen jene Dienste laufen, die vom Internet aus zugreifbar sein sollen. Um nun auch das Perimeter-Netzwerk zu schützen, wird zusätzlich noch eine externe Firewall zwischen Perimeter-Netzwerk und Internet zwischengeschaltet. Diese Konfiguration ermöglicht sehr flexible Konfigurationen und bietet größeren Schutz. Um den Schutz noch weiter zu erhöhen, könnten sogar noch weitere Firewall-Hierarchien eingeführt werden, nach dem Prinzip, je mehr tere Firewall-Hierarchien eingeführt werden, nach dem Prinzip, je mehr Dämme zu überwinden sind, desto sicherer ist man.

Trotz des Schutzes, den Firewalls bieten, darf ihre Verwendung nicht mit garantierter Sicherheit gleichgesetzt werden. Leider können Firewalls sehr wohl umgangen werden oder bieten vor bestimmten Angriffsszenarien keinen Schutz. Beispielsweise zeigt die Erfahrung, dass die meisten Attacken aus dem zu schützenden Netzwerk selbst kommen und meist von frustrierten oder unehrlichen Mitarbeitern begangen werden. Dies kann auch durch die beste Firewall-Architektur nicht behoben werden.

Des Weiteren dienen Firewalls sehr häufig dazu, die Nichtbehebung von Sicherheitsproblemen zu rechtfertigen, da argumentiert wird, dass dies auf Grund der Firewall nicht mehr notwendig sei. Dies ist leider als Irrglaube zu klassifizieren, der zusätzlich noch die Aufmerksamkeit von wirklichen potenziellen Problemen wie Sicherheitslücken durch Bugs, unnötig laufende Dienste, schlechte Planung oder nicht vorhandene Security-Policy ablenkt. Es sollte auch betont werden, dass auch eine Firewall gewartet und unbedingt überwacht werden muss.

Wie trügerisch das von Firewalls vermittelte Sicherheitsgefühl sein kann, zeigt sich auch mit dem Auftreten neuer Technologien, die Firewalls „löchrig" werden lassen können. Ein sehr gutes Beispiel dafür ist die Einführung von SOAP (Simple Object Access Protocol, siehe Kapitel 5) auf breiter Basis. Die SOAP zugrunde liegende Idee, Applikationszugriffe über Port 80 zu tunneln, macht es den momentan üblichen Firewalls, die auf Netzwerkebene Pakete filtern, unmöglich, Angriffe zu erkennen: Üblicherweise ist Port 80 geöffnet, um Zugriffe auf den Web-Server zu erlauben. Mit SOAP dienen HTTP (Port 80) und der Web-Server aber als Schaltstellen, über die Applikationssemantik transportiert wird, d.h., Zugriffe auf beliebige Applikationen möglich sein können, was derzeit jenseits jeglicher Filterkapazität von Firewalls ist. Die Folgen sind offensichtlich.

9.5 Abschließende Bemerkungen

Sicherheit ist ein hoch relevanter und sensibler Bereich, der in Zeiten der globalen Vernetzung unbedingt in verteilten Applikationen berücksichtigt werden sollte. Derzeit gibt es nur für einige Bereiche Standardarchitekturen. Im Grunde genommen sollte jede Applikation einer Sicherheitsanalyse unterzogen werden, um die sicherheitstechnischen Anforderungen genau zu erfassen und adäquat zu behandeln. Abhängig vom Applikationsbereich und den notwendigen Anforderungen gibt es aber Analysemodelle, die es ermöglichen, das Sicherheitsprofil einer Applikation gut zu erfassen und entsprechende Maßnahmen zu treffen. Als ein Beispiel für ein solches Modell sei hier exemplarisch (Hauswirth et al. 2001) angeführt, welches auf den Bereich E-Commerce mit elektronischen Gütern zugeschnitten ist.

Literatur

Barrett D J, Silverman R (2001) SSH, The Secure Shell: The Definitive Guide. O'Reilly & Associates

Bauer M D (2002) Building Secure Servers with Linux. O'Reilly & Associates

Diffie W, Hellman (1976) New directions in cryptography. IEEE Transactions on Information Theory 22: 644-654

Diffie W, van Oorschot P C, Wiener M J (1992) Authentication and authenticated key exchanges. Designs, Codes and Cryptography 2 :107–125

Dierks T, Allen C (1999) The TLS Protocol Version 1.0. Network Working Group, RFC 2246, http://www.ietf.org/rfc/rfc2246.txt

FIPS (1999) Data Encryption Standard (DES). Federal Information Processing Standards Publication PUB 46-3.

Garfinkel S (1994) Pretty Good Privacy. O'Reilly & Associates

Garfinkel S, Spafford G, Russell D (2002) Web Security, Privacy and Commerce. O'Reilly & Associates

Garfinkel S, Spafford G, Schwartz A (2003) Practical Unix & Internet Security. O'Reilly & Associates

Hauswirth M, Jazayeri M, Schneider M (2001) A Phase Model for E-Commerce Business Models and its Application to Security Assessment. In: Proceedings of the 34th Hawaii International Conference on System Sciences (HICSS)

Netscape Communications Corporation (1998) Introduction to SSL. http://developer.netscape.com:80/docs/manuals/security/sslin/contents.htm.

ITU-T (1988) Recommendation X.509: The Directory Authentication Framework. International Telecommunications Union (ITU-T, früher CCITT)

NIST-a (1994) Announcement of Weakness in the Secure Hash Standard. National Institute of Standards and Technology

NIST-b (1994) FIPS Publication 186: Digital Signature Standard (DSS). National Institute of Standards and Technology

Norberg S (2000) Securing Windows NT/2000 Servers for the Internet: A Checklist for System Administrators. O'Reilly & Associates

Northcutt S, Zeltser L, Winters S, Fredrick K, Ritchey R W (2002) Inside Network Perimeter Security: The Definitive Guide to Firewalls, Virtual Private Networks (VPNs), Routers, and Intrusion Detection Systems. New Riders Publishing

Rivest R L (1992) RFC 1321: The MD5 Message-Digest Algorithm. Internet Activities Board

Rivest R L, Shamir A, Adleman L M (1978), A method for obtaining digital signatures and public-key cryptosystems. Communications of the ACM 21(2): 120–126

Schneier B (1996) Applied Cryptography: Protocols, Algorithms, and Source Code in C. John Wiley & Sons

Scott C, Wolfe P, Erwin M (1998) Virtual Private Networks. O'Reilly & Associates

Zwicky E D, Cooper S, Chapman D B, Russel D (2000) Building Internet Firewalls. O-Reilly & Associates

10 Push- und Event-Architekturen

Dieses Kapitel stellt zwei Architekturfamilien zum aktiven Verteilen von Information vor. Push-Systeme dienen der effizienten, zeitgerechten Verteilung großer, vorklassifizierter Informationsmengen an eine große Anzahl an Benutzern. Event-Architekturen oder auch Event-basierte Systeme (EBS) hingegen unterrichten Benutzer vom Auftreten bestimmter Ereignisse bzw. Ereignismuster in einem verteilten System.

10.1 Push-Systeme

Das im Internet dominierende Kommunikationsmodell ist das vom World Wide Web bekannte Request/Reply-Schema (Anfrage/Antwort-Schema): Ein aktiver Client initiiert Interaktionen und „pulled" Information vom Server. Dies bedingt, dass der Client wissen muss, *wo*, d.h. auf welchem Server, und *wann* interessante Informationen verfügbar sind. Dadurch obliegt es dem Benutzer, Informationen zu finden und regelmäßig auf Verfügbarkeit bzw. Änderung zu prüfen. Dieses Interaktionsmuster ist adäquat, solange nicht regelmäßig nachgefragt werden muss, z.B. für die Suche in Google oder der Abfrage eines elektronischen Fahrplans. Ist jedoch kontinuierlicher Informationsfluss notwendig, versagt dieses Muster, die permanente Abfrage nach Änderungen („Polling") geht häufig ins Leere und verbraucht unnotwendigerweise Ressourcen. Request/Reply bewirkt sozusagen ein „synchrones" Interaktionsmuster, wohingegen Push-Systeme „asynchronen" Informationsaustausch ermöglichen, d.h. Information wird nur dann verteilt, wenn sie auch tatsächlich verfügbar wird.

Schon in der Frühzeit des Internets versuchte man daher, asynchronen Informationsaustausch zu ermöglichen. Usenet News und vor allem E-Mail sind zwei immer noch höchst relevante Beispiele dafür. Bei diesen Systemen wird Information ohne unnötiges „Pollen" genau dann verteilt, wenn sie verfügbar wird. Sie wird aktiv an die Teilnehmer eines Systems verteilt, also „gepushed". Allgemein formuliert verbirgt sich folgendes allgemeine Modell hinter all diesen Push-Systemen: Ein Informationsanbieter klassifiziert Information und kündigt ihre Verfügbarkeit an. Interessenten können diese Information abonnieren und sobald neue Information verfügbar wird, wird sie an alle Subskribenten verteilt. Das Interaktionsschema des WWW wird sozusagen „auf den Kopf gestellt".

Abb. 10.1 stellt die beiden Modelle gegenüber.

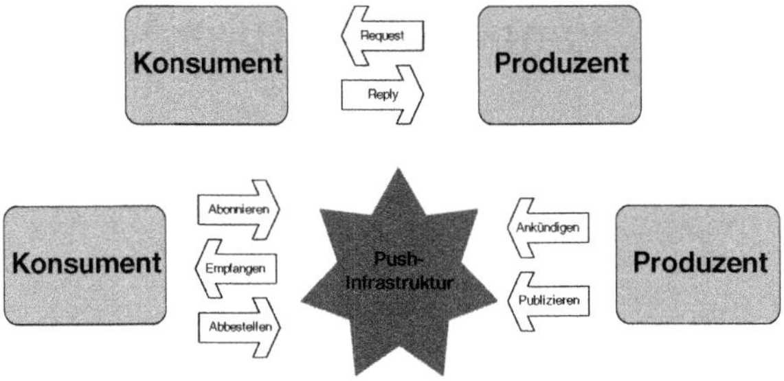

Abb. 10.1. Pull-Modell versus Push-Modell

Das erste Push-System wurde 1995 von Netscape in die Version 1.1 des Netscape Navigator integriert (Netscape 1995). Dabei wurden zwei Konzepte unterstützt: *Server Push* und *Client Pull*. Bei Ersterem sendet der Web-Server einen speziellen Dokumententyp und belässt die Verbindung zum Client geöffnet, um später weitere Daten senden zu können, die der Browser dann anzeigt. Da für jeden Client eine Verbindung offen gehalten werden muss, skaliert dieser Ansatz natürlich nicht. Beim zweiten Ansatz enthält das an den Browser gesendete Dokument bzw. der HTTP-Header eine *Refresh*-Direktive mit einem Time-out und einem nach dem Time-out zu ladenden URL. Dies ist zwar nur die Annäherung einer Push-Funktionalität, skaliert aber dafür für große Benutzeranzahlen.

Wie bereits erwähnt liegt der primäre Anwendungsbereich von Push-Systemen dort, wo es darum geht, große Informationsmengen von Informationsquellen an eine große Anzahl an Benutzern zu verteilen. Typische Anwendungsfälle sind daher Mitarbeiterinformationssysteme in Firmen, jedwede Art von Nachrichtendienst (Börse, Nachrichten, Wetter, elektronische Zeitung, Nachrichtenagentur etc.), Tourismusinformationssysteme, „Distance Education" oder effiziente Software-Verteilung.

Grundsätzlich können diese Anwendungsdomänen auch mit einer Mischung aus existierenden Technologien, beispielsweise WWW in Kombination mit E-Mail, unterstützt werden. Diese hybriden Architekturen leiden aber sehr oft unter anderem unter der mangelhaften Integration, ungenügender Skalierbarkeit und Sicherheitsproblemen. Daher sollte für etliche Anwendungsdomänen einer Push-Architektur der Vorzug gegeben werden.

10.1.1 Komponentenmodell für Push-Systeme

In seiner einfachsten Form besteht ein Push-System aus Produzenten und Konsumenten (*Empfänger*), die über *(Informations-)Kanäle* miteinander verbunden sind. Ein Empfänger subskribiert je nach Interessenslage einen Kanal und empfängt die Informationen, die der Produzent auf diesen Kanal sendet. Im Vergleich zu einem Client-Server-System wird hier die Verbindungsaufbauphase durch eine einmalige Subskriptionsphase (pro Kanal) ersetzt.

In der Praxis wird die Funktionalität des Produzenten von zwei getrennten Komponenten übernommen, um die Aufgaben des Sendens und des Kanal- und

Subskriptionsmanagements sauber vom eigentlichen Anbieten von Information zu trennen: Ein *Sender* übernimmt den ersten Teil dieser Aufgaben, so dass der *Informationsquelle* nur noch die Aufgabe zufällt, den Sender mit Informationen und Regeln, wie beim Senden zu verfahren ist (Kanal, Restriktionen etc.), zu versorgen.

Vor dem Verteilen der Informationen an die für einen Kanal subskribierten Empfänger, kann der Sender noch eigene, von der Informationsquelle oder von der Empfängern definierte lokale Filter anwenden, beispielsweise um frühzeitig unnötige Übertragungen auszuschließen. Natürlich können auch die Empfänger noch zusätzliche, empfängerseitige Regeln anwenden und Informationsangebote nur dann annehmen, wenn es die verwendeten Filterregeln erlauben.

Um nun dieses einfache Modell für eine große Anzahl an Empfängern skalierbar zu machen, muss im Informationsverteilungsprozess ein *Transportsystem* zwischengeschaltet werden, das aber sowohl für Sender als auch für Empfänger und auch in Bezug auf Kanäle transparent sein muss, das heißt, Sender und Empfänger nehmen ihre Interaktionen als direkt und unmittelbar wahr.

Abb. 10.2 stellt dieses Komponentenmodell grafisch dar.

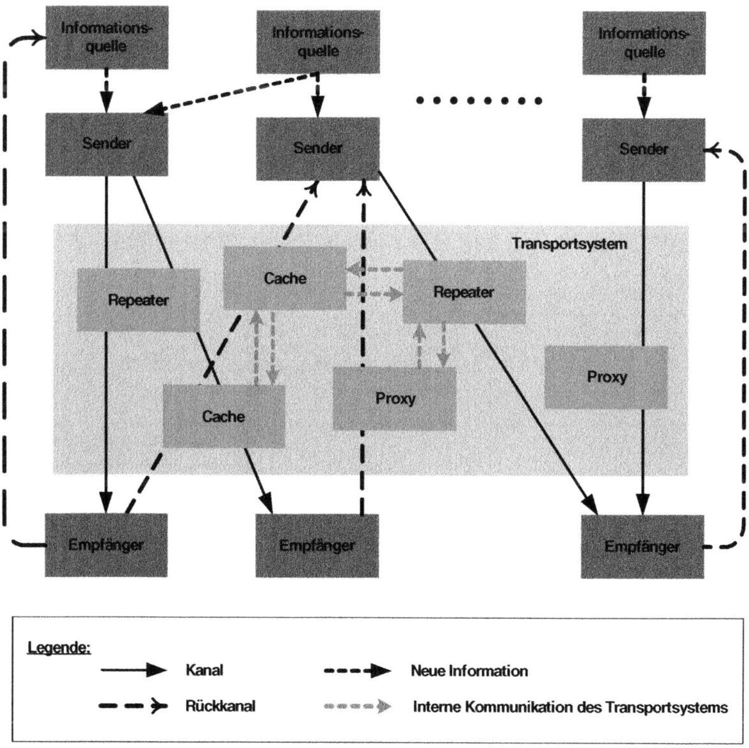

Abb. 10.2. Komponenten eines Push-Systems

Die Interaktion all dieser Komponenten im vollständigen Push-System-Modell ist nun wie folgt: Eine Informationsquelle liefert neue Informationen für einen bestimmten Kanal an einen Sender, welcher Filter anwendet, um das Datentransfervolumen zu verringern. Der Sender wiederum sendet die Daten an eine Anzahl von *Repeater* („Verstärker", „Wiederholer" oder „Multiplikatoren"), für die die Filter erfolgreich waren (Repeater sollen das System skalierbar machen). Die Repeater verteilen dann die Daten weiter an weitere Repeater bzw. die Empfänger. Durch die Repeater wird die Verteilungslast auf eine größere Anzahl an hierarchischen Komponenten verteilt und obliegt nicht allein den Sendern, was entscheidend für die Skalierbarkeit von Push-Architekturen ist.

Jeder Sender kann eine Anzahl an Kanälen senden und jeder Empfänger kann von mehreren Kanälen (also auch Sendern) empfangen. In Abb. 10.2 durchqueren einige der Pfeile, die Kanäle bzw. *Rückkanäle* (vom Empfänger zum Sender oder zur Informationsquelle) darstellen, die Komponenten des Transportsystems, um zu verdeutlichen, dass diese Komponenten aus Skalierbarkeitsgründen notwendig sind, aber in Bezug auf die Kanäle und den Verteilungsprozess transparent sind. Diese Art der Transparenz ist notwendig, um die gleiche Art von Interface und Interaktionen zwischen Sendern und Empfängern zu ermöglichen, egal welche Transportsystemstruktur verwendet wird. Die weiteren Komponenten des Transportsystems (*Proxy, Cache*) und ihre Bedeutung und Funktionalität werden in der weiter unten folgenden Diskussion des Transportsystems beschrieben.

Abb. 10.3 zeigt den bisher informell beschriebenen Ablauf einer typischen Interaktion.

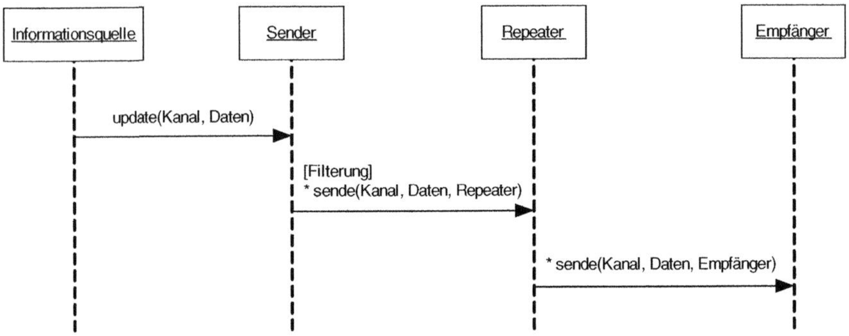

Abb.10.3. Informationsverteilung über einen Kanal

Nach dieser grundsätzlichen Dekomposition der Push-Architektur in ihre Komponenten werfen wir im Folgenden einen genaueren Blick auf die Aufgaben der einzelnen Komponenten.

10.1.1.1 Kanal

Ein Kanal ist ein logischer Konnektor zwischen einem Sender und einem Empfänger und legt die gültigen Protokolle zwischen diesen Komponenten fest, darunter die beiden wichtigsten, das Kanalzugriffsprotokoll, welches definiert, wie Sender und Empfänger Daten austauschen, und das Subskriptionsprotokoll. Kanäle ermöglichen *n:m*-Verbindungen zwischen Sendern und Empfängern, das heißt, ein Sender kann über einen Kanal (virtuell) mit *m* Empfängern und ein Empfänger (virtuell) mit *n* Sendern verbunden sein.

Kanäle sind ein wesentliches Unterscheidungsmerkmal zu Event-basierten Systemen (jedoch können Kanäle in EBS emuliert werden). Das Kanalkonzept ermöglicht bereits eine grobe Informationsklassifizierung, was EBS nicht unterstützen. Durch diese Vorgruppierung wird das Informationsübertragungsvolumen auf einfache Art und Weise gesenkt, da unnötige Übertragungen ausgeschlossen werden können. Die Empfänger eines Kanals haben ja durch ihre Subskription explizit ihr Interesse an den Daten des Kanals bekundet. Zusätzlich kann Übertragungsvolumen durch die Anwendung von Filtern noch weiter reduziert werden.

Ein Kanal legt auch implizit die Eigenschaften und Funktionalitäten der über ihn verteilten Daten fest:

Informationsart: Welche Art von Information wird über den Kanal verteilt? Zum Beispiel: Finanznachrichten, Wetter oder Software-Updates.

Datenformat: Was sind die gültigen Datenformate (z.B. HTML, GIF, Text, oder Java-Programme) und welche Semantik haben diese Daten (statisch, ausführbar etc.)?

Personalisierung/Filterung: Welche Möglichkeiten der Anpassung durch den Benutzer sind möglich?

Gültigkeit: Die Information auf einem Kanal kann permanent oder transient sein. Für die Informationen muss außerdem eine „Expiration"-Strategie vorgesehen werden, um z.B. das Übertragen nicht mehr gültiger Daten zu verhindern bzw. nicht unnötig viel Speicherplatz auf den Empfängern oder Repeatern zu verbrauchen.

Update-Strategie: Wird bei der Verteilung neuer Information alte Information überschrieben, erfolgen Updates inkrementell oder ist sowohl alte als auch neue Information weiter verfügbar? Zusätzlich hat die Wahl der Zeitpunkte, an denen neue Information verteilt wird (oder anders ausgedrückt, Updates erfolgen), Auswirkungen auf die Genauigkeit der Daten, den Netzwerkverkehr und die Skalierbarkeit.

„Scheduling"-Strategie: Diese Kanaleigenschaft legt das Zeitverhalten der am Kanal gesendeten Informationen fest. Die prinzipiellen Möglichkeiten sind zeitbasiert bzw. inhaltsbasiert. Ein zeitbasierter Kanal überträgt nicht wiederholbare „Live"-Information ähnlich einem Fernsehkanal. Welche Information man erhält, hängt also vom Zeitpunkt des Zugriffs bzw. Empfangs ab. Inhaltsbasierte Kanäle hingegen liefern Inhalte zeitunabhängig aus. Das heißt, unabhängig davon, wann der Empfänger auf den Kanal zugreift, steht ihm im Prinzip das gleiche Informationsangebot zur Verfügung (es handelt sich hierbei um eine nicht ganz korrekte Unterscheidung, da auch bei informationsbasierten Kanälen ein gewisser Zeitfaktor eine Rolle spielt). Natürlich sind auch Mischformen dieser beiden prinzipiellen Strategien möglich.

Operationsmodus: Empfänger müssen nicht immer online sein. Ein Kanal sollte dies durch passende Synchronisationsprotokolle kompensieren.

Bezahlung: Möglicherweise muss für die über einen Kanal verteilte Information bezahlt werden. Die Kanaldefinition legt das Bezahlungsschema fest, beispielsweise pauschal, „Pay-per-View", zeitabhängig oder volumenabhängig.

Für weitere Kanaleigenschaften sei auf (Reed u. Jones 1997) verwiesen. Etliche dieser Eigenschaften können übrigens mit Hilfe von sender- bzw. empfängerseitigen Filtern modelliert bzw. realisiert werden.

Neben den eigentlichen Kanälen (*1:m*) sollte auch die Möglichkeit der Kommunikation in die Gegenrichtung bestehen (*Rückkanal*). Ein Empfänger sollte die Möglichkeit haben, Information an den Sender bzw. die Informationsquelle zu kommunizieren. Da dies üblicherweise nicht sehr oft notwendig ist, sind die Anforderungen dafür ungleich geringer und konzeptuell außerhalb der Push-Architektur (ein passender Vergleich wäre die Hotline eines Fernsehsenders). Einen Rückkanal kann es pro Kanal, für eine Anzahl an Kanälen oder für alle Kanäle eines Senders geben.

10.1.1.2 Sender

Ein Push-System beinhaltet mindestens einen Sender, der Kanäle anbietet und auf diesen Information an die Subskribenten der Kanäle verteilt. Für kleinere Anwendungsfälle, z.B. Informationsverteilung auf einem kleineren Intranet, genügt üblicherweise ein dezidierter Broadcaster. Für große Anwendungen, die Kanäle für tausende von über das Internet verteilten Subskribenten anbieten, ist eine spezielle Verteilungsinfrastruktur, das Transportsystem, notwendig, um skalierbar zu sein.

Der Sender selbst kann im Prinzip auch verteilt sein. Ein Kanal könnte auch von einer Anzahl von Sendern gleichzeitig betreut werden, die sich untereinander mit Update-Mitteilungen auf dem Laufenden halten und sich die Sendelast untereinander aufteilen.

Die primären Komponenten des Senders sind die Subskriptionsverwaltung, die Kanalverwaltung, die Datenspeicherungskomponente, eine Komponente, die es den Informationsquellen ermöglicht, Daten einzuspielen, und die eigentliche Übertragungskomponente, die für die Verteilung der Informationen an die Subskribenten zuständig ist und als wichtigste Aufgabe den zeitlichen Ablauf der Verteilung steuert.

10.1.1.3 Empfänger

Der Empfänger besteht aus zwei primären Komponenten: Kanalzugriff und Benutzerinterface. Die Kanalzugriffskomponente ist für den Empfang von Daten und deren Speicherung zuständig, steuert den zeitlichen Ablauf, löscht alte Information in Einklang mit der Konfiguration eines Kanals und dem Benutzerprofil und interagiert mit dem Sender. Das Benutzerinterface hingegen ermöglicht es dem Benutzer, auf die übertragenen Informationen flexibel zuzugreifen und administrative Aufgaben wahrzunehmen (Subskription, Abbestellen, Verwaltung der Benutzerprofile, Erstellung und Verwaltung von Filtern usw.).

Wie findet der Empfänger nun Kanäle, die er subskribieren kann? Das Finden von Kanälen kann auf mehrere Arten implementiert werden: Der Empfänger kann beispielsweise ein Kanalverzeichnis abfragen oder einen speziellen Programmkanal anbieten, der in der Grundeinstellung automatisch abonniert wird. Neben Standardkanälen können in einem Push-System auch spezielle Wartungskanäle existieren, um beispielsweise aktuelle Versionen der Empfänger-Software zu verteilen und zu installieren. Push-Systeme können auch generell zur Verteilung und Installation von Software verwendet werden. Dies setzt Push-Architekturen in Verbindung mit „Configuration Management"-Systemen wie zum Beispiel (Hall et al. 1997; Hall et al. 1999) voraus. Zu einem gewissen Grad sind Push-Systeme auch mit Mobile-Code-Systemen verwandt, da Kanäle ja auch ausführbaren Code verteilen können. In Analogie zu (Java-)Applet kann ein Push-System also „Pushlets" – Code, der vom Empfänger ausgeführt werden soll – transportieren.

10.1.1.4 Transportsystem

Wird ein Push-System im großen Maßstab eingesetzt, muss ein Transportsystem für die notwendige Skalierbarkeit sorgen, und zwar sowohl in Bezug auf die Empfängeranzahl als auch in Bezug auf die Größe der zu verteilenden Daten. Das Transportsystem dient der Senkung des Bandbreitenverbrauchs und soll die Verfügbarkeit sowie die Antwortzeiten des Systems verbessern.

Ein zentrales Designprinzip für das Transportsystem ist die durchgehende Unterstützung von transparentem Zugriff in Bezug auf die oben beschriebenen Komponenten. Diese Art von Transparenz lässt sich in realen Systemen aber nur bis zu einem gewissen Ausmaß erreichen. Es sollte jedoch angestrebt werden, den Grad an Transparenz so hoch als möglich zu halten, da dies die Implementierung, die Verwaltung und die Wartung des Systems vereinfacht.

Die Komponenten, aus denen das Transportsystem aufgebaut ist, können als so genannte „Base Distribution-Components" (BDCs), also Verteilungskomponenten, modelliert werden. Eine BDC ist eine generische Komponente, die sich für einen Sender wie ein Empfänger verhält und für einen Empfänger wie ein Sender. Ausgehend davon stellt auch die Implementierung von BDCs, sobald Sender und Empfänger als Software vorliegen, nur noch einen beschränkten zusätzlichen Aufwand dar. Wurden Sender und Empfänger sauber und modular entworfen, lässt sich durch Kombination dieser beiden Komponenten eine BDC konstruieren (unter Weglassung einiger für die BDC nicht notwendiger Subkomponenten wie GUI). Für die speziellen Aufgaben einer BDC muss dann nur noch ein beschränktes Maß an zusätzlichem Code hinzugefügt werden.

Wie aus Abb. 10.2 ersichtlich, kann eine BDC in mehreren Ausprägungen existieren, die für die speziellen Anwendungsfälle optimiert sind:

Repeater: Ein Repeater erhält neue Daten eines Kanals, sobald diese verfügbar werden, speichert sie lokal und bietet Empfängern genau die gleichen Daten und Funktionalitäten an wie der ursprüngliche Sender. Er bringt den Kanal sozusagen „näher" an den Empfänger heran.

Cache: Auch in einem Push-System sind Caches von Vorteil. Sie laden Kanalinhalt aber nur nach Anfrage („on-demand repeater") durch Empfänger.

Proxy: Ein Proxy ermöglicht den Zugriff auf Kanäle, wenn Sender, aber auch Repeater und Caches, nicht direkt mit einem Empfänger kommunizieren können, weil beispielsweise ein Empfänger sich hinter einer Firewall befindet.

Aus Effizienzgründen sollte ein Empfänger einen Kanal möglichst immer von einem „nahen" Repeater subskribieren bzw. den Kanalinhalt erhalten, um unnötige Verzögerungen und unnötigen Bandbreitenverbrauch zu vermeiden. Das Finden eines passenden Repeaters sollte vom Push-System unterstützt werden. Dazu können spezielle Protokolle wie zum Beispiel das Service Discovery Protocol (Honton 1997) verwendet werden.

Wenn in diesem Abschnitt von Empfänger-Sender-Interaktionen die Rede war, so bedeutet dies im praktischen Betrieb üblicherweise Empfänger-BDC-Interaktion. Um die Beschreibungen der der Push-Architektur zugrunde liegenden Konzepte jedoch nicht unnötig aufzublähen und zu verkomplizieren, sei dies als gegeben vorausgesetzt und im Begriff Empfänger-Sender-Interaktion implizit enthalten.

10.1.1.5 Der Broadcasting-Begriff in Push-Systemen

Bisher wurde der zentrale Begriff des Sendens oder passender „Broadcasting" eher informell und implizit verwendet. Die Realisierung des Broadcasting ist aber in einem Push-System von zentraler Bedeutung und wird daher hier genauer dargestellt.

Im Unterschied zu lokalen Netzen (LANs) gibt es auf Internetebene keine geeignete Broadcasting-Möglichkeit, um eine Nachricht automatisch an alle Benutzer zu schicken wie beispielsweise in einem Ethernet-LAN. Diese einfache Art von Broadcasting-Funktionalität könnte auf Internetebene auf Grund der Vielzahl an Benutzern, der heterogenen Internetinfrastruktur und des zusätzlichen Datenaufkommens niemals skalieren. Auch Multicasting, d.h. ein auf eine Gruppe von Internet-Benutzern beschränkter Broadcast, würde aus ähnlichen Gründen nicht funktionieren und würde außerdem spezielle Infrastrukturen wie beispielsweise MBone (Kumar 1995) voraussetzen, die den wenigsten Anwendern zugänglich sind. Auch andere Ansätze, wie die Verwendung spezieller Protokolle, zum Beispiel RTP (Schulzrinne et al. 1996) oder NSTP (Day et al. 1997), wurden erst teilweise oder gar nicht umgesetzt und sind nur einem beschränkten Segment spezialisierter Benutzer zugänglich.

Unter diesen Gegebenheiten haben sich drei Klassen von Broadcasting-Ansätzen herausgebildet:

Client Pull: In regelmäßigen Intervallen oder zu bestimmten Zeitpunkten kontaktiert der Empfänger den Sender und überprüft, ob seine Sicht der Daten im Kanal noch immer konsistent ist oder ob neue Daten angefordert werden müssen. Dieser Ansatz stellt das Konzept des Broadcasting im Grunde genommen auf den Kopf, da die Initiative nicht mehr vom Sender, sondern vom Empfänger ausgeht, was dem Push-Begriff eigentlich widerspricht. Dennoch basiert die Mehrzahl der verfügbaren Push-Systeme auf diesem Ansatz, da er bekanntermaßen sehr gut skaliert (es handelt sich ja um das gleiche Interaktionsmuster wie das des World Wide Web). Andererseits hat dieses Schema einige nicht zu vernachlässigende Nachteile. Datenkonsistenz und Korrektheit wird durch die Dauer des Intervalls bzw. den Zeitpunkt des Zugriffs bestimmt und lässt sich dadurch nur bis zu einem gewissen Grad gewährleisten. Konsistenz kann nur durch kurze Intervalle gewährleistet werden, was durch unnötige Zugriffe wieder zu einer nicht unbeträchtlichen Erhöhung des Netzwerkverkehrs führt. Andererseits wird sich bei etlichen Kanälen der Inhalt nicht mit einer hohen Frequenz ändern, was Intervalle zwischen zehn Minuten und einem Tag angebracht erscheinen lässt. Sind die Konsistenzanfragen außerdem nicht groß, fällt der zusätzliche Netzwerkverkehr nicht ins Gewicht. Der bleibende Nachteil dieses Ansatzes ist allerdings die zeitgerechte Notifikation. Trotz dieser potenziellen Probleme ist „Client Pull" auf Grund der architekturellen Einfachheit und der Robustheit des Ansatzes eine für die Praxis durchaus relevante Architektur.

Server Push: Hier schickt der Sender Information aktiv an subskribierte Empfänger. Dies löst zwar das Problem der Datenaktualität, wirft dafür aber in anderen Bereichen große Probleme auf. Das mehrfach auftretende Hauptproblem ist Skalierbarkeit. Die Empfänger beispielsweise sequenziell zu kontaktieren skaliert nur für kleine Benutzerzahlen. Es wäre zu zeitaufwendig und würde ebenfalls die Empfänger mit unterschiedlichen Sichten der Kanaldaten versorgen, abhängig von ihrer Stelle im Verteilungsprozess. Des Weiteren wird ein zentrales Subskriptionsverzeichnis benötigt, was beim „Client-Pull"-Ansatz klarerweise nicht zwingend notwendig ist. Zusätzlich müssen die Empfänger immer online sein, um nichts zu verpassen. Dieses Problem muss mit Sendewiederholungen kompensiert werden, was wiederum die Last des Senders und die Komplexität seiner Implementierung erhöht und die Skalierbarkeit weiter verringert. All diese Probleme müssen (und können) durch die Verwendung eines guten Transportsystems abgefangen werden. Im Vergleich zum „Client-Pull"-Ansatz ist „Server-Push" weniger skalierbar, bietet dafür aber höhere Konsistenz und Datenaktualität.

Hybride Ansätze: Diese Ansätze versuchen die Vorteile des „Server-Push"-Ansatzes (Konsistenz) mit den Vorteilen des „Client-Pull"-Ansatzes (Skalierbarkeit) zu kombinieren: Die Empfänger werden von der Verfügbarkeit neuer Daten mittels „Server-Push" informiert (kleine Datenmengen) und die eigentlichen Daten werden dann vom Empfänger heruntergeladen („Client-Pull"). Auch bei diesem Ansatz sollte ein Transportsystem eingesetzt werden, nur sind die dafür notwendigen Ressourcen um Größenordnungen geringer als bei „Server-Push", da nur kleine Datenmengen aktiv verteilt werden. Dieser Ansatz wird beispielsweise in Minstrel (Hauswirth 1999a) verwendet.

10.1.2 Ein Anwendungsszenario für Push-Systeme

Nach Beschreibung der technischen Konzepte von Push-Systemen soll in diesem Abschnitt ein Anwendungsszenario für Push-Architekturen entwickelt werden, um zu vermitteln, wann Push-Architekturen bevorzugterweise eingesetzt werden sollten. Abb. 10.4 zeigt das typische Szenario einer Nachrichtenagentur.

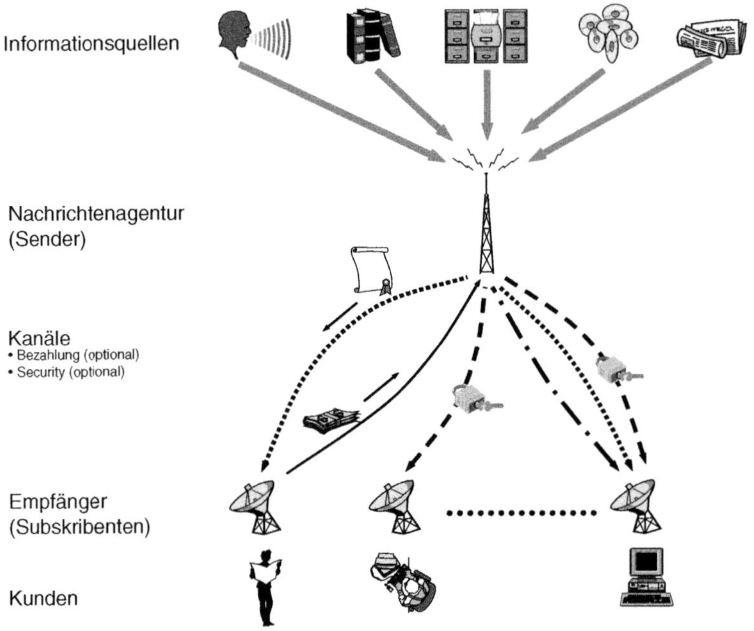

Abb. 10.4. Anwendungsszenario für Push-Systeme: Nachrichtenagentur

Eine Nachrichtenagentur kauft oder erhält Informationen von bzw. aus verschiedensten Quellen, beispielsweise von Reportern oder aus Zeitungen, Datenbanken und Bibliotheken oder von Firmen, beispielsweise den Betreibern von Börsen. Diese Basisinformation kann editiert oder kombiniert werden. Als Produkt verkauft eine Nachrichtenagentur dann diese kategorisierten Informationseinheiten und verteilt sie über Informationskanäle an ihre Subskribenten. Jeder Informationskanal ist mit bestimmten Informationskategorien verknüpft, sodass die Kunden die relevante Information einfach finden und den entsprechenden Kanal subskribieren können. Typische Kategorien sind Lokalnachrichten, Landesnachrichten, Weltnachrichten, Finanznachrichten, Wetter und Sport. Jede Information kann mit mehreren Kategorien verknüpft sein und kann über mehrere Kanäle verteilt werden.

Die Kunden der Nachrichtenagentur verwenden spezielle Software, die den Zugriff auf die Kanäle ermöglicht, die Subskriptionen und das Profil des Kunden verwaltet und mit dem Sender der Nachrichtenagentur interagiert.

Da die Nachrichtenagentur eine große Anzahl an Kanälen anbietet und eine Vielzahl an Kunden zu versorgen hat, ist ein spezielles Transportsystem vonnöten, das es ermöglicht, dieses Verkehrsaufkommen effizient zu bewältigen. Das Transportsystem ist transparent für Sender und Empfänger und wird daher in Abb. 10.4 nicht explizit gezeigt.

Zusätzlich haben die Geschäftsmodelle der Nachrichtenagentur Auswirkungen auf die Infrastruktur. Beispielsweise wird die Nachrichtenagentur ihre Informationen nur gegen Bezahlung weitergeben. Es müssen also ein Bezahlmechanismus und Vorkehrungen gegen unerlaubten Zugriff auf die Daten getroffen werden. Dies kann durch Integration von existierenden Bezahlsystemen und Sicherheitsinfrastrukturen ermöglicht werden. Des Weiteren müssen sich Kunden der Authentizität der Daten sicher sein, weshalb die Daten von der Nachrichtenagentur elektronisch unterschrieben und gegen Veränderung gesichert sein sollten (Mechanismen und Systeme für die Bereiche Sicherheit und elektronische Bezahlung sind in Kapitel 9 bzw. Kapitel 11 zu finden).

Da die anfallenden Daten unterschiedlichste Formate haben können, werden auch entsprechende Anforderungen an die Verteilungsinfrastruktur gestellt. Die auftretenden Datenformate lassen sich in drei Klassen einteilen:

Statisch: statische, nicht veränderliche Daten wie HTML-Text, Bilder, Audiodateien etc.

Ausführbar: Code (unter Umständen mit Daten), der zur Ausführung auf Empfängerseite bestimmt ist.

Streaming: Daten mit Echtzeit-Charakteristiken, zum Beispiel Real-Time-Audio oder -Video. Diese Informationsart muss nicht zur Gänze empfangen werden, bevor sie angezeigt werden kann. Stattdessen kann eine Verbindung mit Echtzeit-Charakteristiken aufgebaut werden und der Empfänger verarbeitet die empfangene Information, sobald sie verfügbar ist.

Die Nachrichtenagentur kann ein Push-System für die Verteilung von statischen und ausführbaren Inhalten verwenden. Für Streaming-Daten müssen spezielle Infrastrukturen verwendet werden. Diese Art von Daten wird von Push-Systemen nicht unterstützt.

Ausführbarer Code kann für verschiedenste Anwendungsfälle benutzt werden, beispielsweise, um die empfängerseitige Verarbeitung von neuen Datenformaten zu ermöglichen, spezielle Anwendungen zu unterstützen wie beispielsweise interaktive Fragebögen, oder die Empfängersoftware selbst auf dem neuesten Stand zu halten. Dies wirft jedoch komplizierte Sicherheitsfragen auf, da ausführbarer, mobiler Code immer Risiken birgt. Empfangener Code muss authentifiziert werden (Überprüfung des Ursprungs) und sollte in einer Systemumgebung wie beispielsweise (Hauswirth et al. 2000) ausgeführt werden, die den Empfänger vor böswilligem Code schützt.

10.1.3 Mögliche Anwendungsfälle

Einige der im Bereich verteilter Informationssysteme auftretenden Probleme lassen sich effektiv mit einer Push-Architektur lösen. Es sind dies unter anderem:

Auffinden von Information: Trotz sehr guter Suchmachinen haben viele Benutzer Probleme für sie relevante Information zu finden, da die effiziente Verwendung von Suchmaschinen immer noch sehr stark von den Computer-Fähigkeiten eines Benutzers abhängt (welche Schlüsselwörter werden bei der Suche verwendet; Intuition etc.). In einem Push-System kann dieses Problem durch Kanäle umgangen werden. Dieses Prinzip funktioniert ähnlich wie bei Fernsehkanälen. Zusätzlich können neue Kanäle über existierende Kanäle angekündigt werden.

Zeitgerechte Verfügbarkeit von Information: Bei Web-basierten Systemen muss der interessierte Empfänger regelmäßig nachfragen, ob neue Information verfügbar ist. In Push-Systemen hingegen wird der Benutzer davon automatisch unterrichtet.

Authentizität von Information: Die Feststellung der Identität des Informationsanbieters und die Überprüfung der Integrität der verteilten Information sind in einem Push-System auf Grund der Subskriptionsphase leicht möglich (Austausch von zusätzlicher sicherheitsrelevanter Information).

Benutzeranpassung: In einem Push-System kann der Empfänger explizit seine Interessen in einem Profil spezifizieren, wodurch die Art und das Format der verteilten Informationen exakt den Wünschen des Benutzers angepasst werden kann.

Reduzierung des Verkehrsaufkommens: Benutzer, die auf der Suche nach bestimmter Information sind, können ein nicht unbeträchtliches Verkehrsaufkommen verursachen. Da Push-Systeme Information vorgruppiert anbieten, kann dieser Aufwand verringert werden. Des Weiteren kann das Transportsystem zur effizienteren Nutzung von Bandbreiten und Netzwerkinfrastruktur beitragen.

Unterstützung von Mobilität: Mobile Anwender (PDAs, Laptops) können Kanalinformation speichern und offline verwenden. Sobald wieder eine Online-Verbindung verfügbar wird, können die Kanäle wieder synchronisiert und der Anwender auf den neuesten Stand gebracht werden. Auf Grund des Interaktionsmusters von Push-Systemen wird dies implizit unterstützt.

Treten diese oder ähnliche Anforderungen im Zuge des Designs eines verteilten Informationssystems auf, sollte in Betracht gezogen werden, eine Push-Architektur zu verwenden.

10.1.4 Abschließende Bemerkungen

Dieser Abschnitt sollte die grundlegenden Konzepte und Anwendungsszenarien von Push-Systemen erklären. Auf Grund des zur Verfügung stehenden Platzes wurde nicht auf konkrete Systeme sowie auf Aspekte wie „Pay Channels" und Sicherheitsaspekte eingegangen. Ausführliche Information zu diesen Bereichen und eine Gegenüberstellung von Push-Systemen kann in (Hauswirth 1999a; Hauswirth 1999b) gefunden werden.

10.2 Event-basierte Systeme

Eng verwandt mit Push-Systemen sind „Event-based Systems" (EBS). Man könnte Push-Systeme als eine Sonderform eines EBS und umgekehrt betrachten. EBS sind in bestimmten Bereichen bereits im praktischen Einsatz. Als zwei Beispiele dafür seien TIBCO/Rendezvous (TIBCO 2003) und JEDI (Cugola et al. 2001) genannt. In diesem Abschnitt soll nun auf die Gemeinsamkeiten und Unterschiede von Push-Systemen und EBS eingegangen werden.

10.2.1 Grundlagen Event-basierter Systeme

Event-basierte Systeme ermöglichen eine vollkommen neue Strategie, wie verteilte Applikationen entworfen und implementiert werden können. Während herkömmliche Methoden noch sehr stark an das Konzept des „vorhersehbaren" Datenaustauschs angelehnt sind, stellt in EBS der asynchron auftretende Event (Ereignis) das zentrale Entwurfskonzept dar. Events unterschiedlicher Bedeutung können jederzeit auftreten und abhängig vom aktuellen Zustand des Gesamtsystems, seiner Komponenten und der zeitlichen Abfolge der Events reagiert das System darauf. Insofern ist ein EBS von der zu Grunde liegenden Konzeption einem Echtzeitsystem nicht unähnlich. Die fundamentalen Unterschiede zwischen einem EBS und einem Echtzeitsystem sind allerdings, dass in einem EBS keine harten Deadlines für die Reaktion auf Events existieren, das Nichtreagieren auf Events beim geeigneten Design folgenlos bleibt und bei EBS ein stärkerer Schwerpunkt auf dem Verteilungsaspekt bzw. der flexiblen Definition von Events und Event-Mustern liegt.

In einem EBS interagieren die beteiligten, verteilten Komponenten dadurch, dass sie Events erzeugen und empfangen, ohne dass eine direkte Verbindung zwischen ihnen existiert. Vielmehr kann jede Komponente Events erzeugen und an die EBS-Infrastruktur übergeben, welche dann für die Verteilung des Events sorgt. Andere Komponenten können ihr Interesse an bestimmten Events, bestimmten Event-Klassen oder bestimmten Event-Mustern bei der EBS-Infrastruktur registrieren und werden notifiziert, sobald passende Ereignisse oder Muster auftreten.

Ein Event in einem EBS ist im weitesten Sinne als „Nachricht ohne direkten Empfänger" zu verstehen: Eine Event-Quelle erzeugt eine Nachricht (einen Event), die Informationen über die Event-Klasse und weitere Parameter enthalten kann, und die EBS-Infrastruktur leitet diese Nachricht dann an alle Interessenten weiter. Analoges gilt für Event-Muster. Beispielsweise könnte eine Komponente in einem auf einem EBS basierenden Börseninformationssystem wünschen notifiziert zu werden, falls die Aktie einer Firma unter einen bestimmten Wert fällt, aber nur wenn vorher die neuesten Quartalsergebnisse publiziert wurden oder eine Gewinnwarnung ausgesprochen wurde. Komplexere Muster sind denkbar, jedoch hängt der Grad der Unterstützung solcher Muster natürlich vom verwendeten System und den zur Verfügung stehenden Ressourcen ab, da die Unterstützung komplexer Event-Muster bei vielen teilnehmenden Komponenten und entsprechender Event-Frequenz sehr schnell zu extrem hohen Aufwänden führen kann. Daher werden Event-Muster derzeit in fast allen Infrastrukturen nur beschränkt unterstützt.

Des Weiteren bieten die meisten EBS Möglichkeiten zur Klassifizierung und Registrierung von Event-Klassen, um Routing und Subskription zu optimieren. Es hat beispielsweise keinen Sinn, einen Event zu subskribieren, für den es in einem verteilten System keinen Produzenten gibt.

Eine Event-basierte Architektur unterstützt also sehr effizient die Interaktion von lose gekoppelten Komponenten, das heißt, es gibt keine definitiven Aussagen über die Anzahl der Teilnehmer, ihre möglichen Interaktionen oder die auftretenden Ereignisse. Das EBS zu Grunde liegende architekturelle Modell ist gut erforscht für Netzwerke bis zu mittlerer Größe. Für große, heterogene Netzwerke wie das Internet hingegen sind EBS noch Bestandteil aktiver Forschung, da etliche der in kleineren Netzen getroffenen Annahmen für das Internet nicht angewendet werden können.

10.2.2 Vergleich Event-basierter Systeme mit Push-Systemen

Push-Systeme und EBS sind eng verwandt. In der Tat ist es nicht immer einfach, eine klare Trennlinie zu ziehen und zu entscheiden, ob eine Architektur Event-basiert oder eher ein Push-System ist. Dennoch existieren einige Eigenschaften, die eine Unterscheidung ermöglichen, wie dies in Tabelle 10.1 dargestellt ist.

Tabelle 10.1. Vergleich: Event-basierte Systeme versus Push-Systeme

	Push-Systeme	**Event-basierte Systeme**
Anwendungsbereich	zeitgerechte Datenverteilung	Event-Notifizierung
Teilnehmerrollen	Asymmetrisch	symmetrisch
Ankündigungsstrategie	einfache Ankündigungen (Kanal)	ausdrucksstarke Ankündigungssprache
Subskription	einfache Subskription (Kanal)	ausdrucksstarke Subskriptionssprache
Event-Frequenz	niedrig bis mittel	hoch
Event-Anzahl	niedrig bis mittel	hoch
Informationsgröße	groß bis sehr groß	klein
Produzenten-Konsumenten-Verbindung	statische Kanäle und statische Produzenten	dynamische Bindung an Produzenten
Event-Gruppierung	Kanal	Event-Muster
Filterung	Reduktion des Datenübertragungsvolumens	Reduktion der Event-Anzahl

Während Push-Systeme der zeitgerechten Informationsverteilung dienen, stellen EBS die Verteilung von Events und die Notifikation in den Mittelpunkt. Die Rollenverteilung in Push-Systemen ist so, dass zwei asymmetrische Rollen existieren: „Event"-Produzenten (Sender) und „Event"-Konsumenten (Empfänger). In EBS hingegen kann jeder Teilnehmer Events produzieren und konsumieren. Dadurch werden die Ankündigungs- und Subskriptionsstrategien maßgeblich beeinflusst: Da es in Push-Systemen das Konzept des Kanals gibt, ist die Bindung zwischen Produzenten und Konsumenten relativ statisch und es genügt eine einfache Ankündigungs- bzw. Subskriptionsstrategie auf der Basis von Kanälen, deren Eigenschaften ja über längere Zeit konstant bleiben. Es kann angenommen werden, dass Produzenten einen Kanal über längere Zeit senden und die Empfänger nicht laufend ihre Subskriptionen ändern, sobald ein für den Benutzer zufrieden stellendes Profil erreicht wurde. In EBS hingegen ist die Bindung zwischen Produzenten und Konsumenten höchst dynamisch und ändert sich laufend. Dadurch muss es aber auch komplexere und ausdrucksstärkere Mechanismen zur Definition und Subskription von Events geben (sowohl für Produzenten als auch für Konsumenten).

Die Anzahl und Frequenz von Events in Push-Systemen wird durch die zur Übertragung der (großen) Inhalte in Anspruch genommene Bandbreite limitiert und ist daher relativ moderat im Vergleich zu EBS, in denen relativ kleine Informationseinheiten ausgetauscht werden und auch deshalb ein viel höherer Durchsatz an Events möglich ist. Dadurch ist auch die Anwendung von Filtern mit anderen Zielen behaftet: In Push-Systemen wird versucht, die zur Informationsübertragung notwendige Bandbreite zu minimieren, während EBS versuchen dadurch die Anzahl an Events zu verringern, um das Routing zu optimieren.

Diese Gegenüberstellung zeigt die enge Verwandtschaftsbeziehung dieser beiden Paradigmen. Welches der beiden zur Anwendung kommen sollte, hängt letztlich vom zu lösenden Problem und den durch die Umgebung und den Benutzer definierten Anforderungen ab.

10.3 Abschließende Bemerkungen

Obwohl Push-Systeme nach einem kurzen Höhenflug wieder ziemlich von der Bildfläche verschwunden sind und für EBS bei weitem noch nicht alle möglichen praktischen Anwendungsfälle ausgelotet wurden, handelt es sich in beiden Fällen doch um interessante Architekturen für die Konstruktion von verteilter Software. In der praktischen Anwendung wird dies allerdings leider zu selten berücksichtigt und des Öfteren ist das Resultat eine komplexe Architektur, die bei Verwendung eines dieser beiden Paradigmen hätte vermieden werden können.

Eine sehr gute Sammlung von Links und Artikeln zu den Bereichen EBS und Push findet sich in (Buchmann 2003).

Literatur

Buchmann A (2003) Event-based Middleware. In: IEEE Distributed Systems Online. http://dsonline.computer.org/middleware/em/EM.htm

Cugola G, Di Nitto E, Fuggetta A (2001) The JEDI Event-based Infrastructure and its Application to the Development of the OPSS WFMS. IEEE Transactions on Software Engineering 27(9)

Day M, Patterson J F, Mitchel D (1997) The Notification Service Transfer Protocol (NSTP): infrastructure for synchronous groupware. In: Proceedings of the Sixth International World Wide Web Conference

Hall R S, Heimbigner D, van der Hoek A, Wolf A L (1997) An Architecture for Post-Development Configuration Management in a Wide-Area Network. In: Proccedings of the 17th International Conference on Distributed Computing Systems (ICDCS)

Hall R S, Heimbigner D, Wolf A L (1999) A Cooperative Approach to Support Software Deployment Using the Software Dock. In: Proceedings of the 21st International Conference on Software Engineering (ICSE)

Hauswirth M (1999a) Internet-Scale Push Systems for Information Distribution: Architecture, Components, and Communication. Dissertation. Technische Universität Wien

Hauswirth M, Jazayeri M (1999b) A Component and Communication Model for Push Systems. In: Proceedings of the ESEC/FSE 99 – Joint 7th European Software Engineering

Conference (ESEC) and 7th ACM SIGSOFT International Symposium on the Foundations of Software Engineering (FSE-7)

Hauswirth M, Kerer C, Kurmanowytsch R (2000) A Secure Execution Framework for Java. In: Proceedings of the 7th ACM Conference on Computer and Communication Security

Honton C (1997) Service Discovery Protocol. Internet Draft. http://www.ietf.org/internet-drafts/draft-honton-sdp-02.txt

Kumar V (1995) MBone: Interactive Multimedia On The Internet. Macmillan Publishing

Netscape (1995) An exploration of dynamic documents. Netscape Communications Corporation, http://home.netscape.com/assist/net_sites/pushpull.html

Reed D, Jones K (1997) Pushing push: advancing the features of channel communication. In: Proceedings of the W3C Workshop on Push Technology, Boston, USA. http://www.intermind.com/materials/pushing_push.doc

Schulzrinne H, Casner S, Frederick R, Jacobson V (1996) RTP: A Transport Protocol for Real-Time Applications. IETF, Network Working Group, RFC 1889. http://www.ietf.org/rfc/rfc1889.txt

TIBCO Software Inc. (2003) TIBCO homepage. http://www.tibco.com/

11 Electronic Payment

Elektronische Bezahlsysteme, oder E-Payment-Systeme („E-Payment"), stellen eine wesentliche Voraussetzung für E-Commerce dar und haben damit wesentlichen Anteil an der Erfolgsgeschichte des Internets. Wie in der realen Welt müssen auch via Internet gehandelte Güter bezahlt werden. Eine Möglichkeit dies zu tun besteht darin, existierende Infrastrukturen wie Kreditkarten oder Bezahlung per Nachnahme zu nutzen. Vor allem die Zahlung über Kreditkarte hat sich zum Standard für die Bezahlung via Internet entwickelt. Dabei wird üblicherweise einfach die notwendige Kreditkarteninformation in einem Web-Formular eingetragen und sicher (SSL, siehe Kapitel 9) an den Verkäufer bzw. das von ihm verwendete Bezahlungssystem übertragen.

Nichtsdestotrotz handelt es sich hierbei nicht um eine optimale Lösung. So kann sich ein Verkäufer nie sicher sein, ob wirklich der Eigentümer der Kreditkarte eine Transaktion durchgeführt hat, da er keinen sicheren Nachweis (elektronische Unterschrift) erhält. Des Weiteren sind diese aus der realen Wirtschaft genommenen Systeme schlecht mit der elektronischen Infrastruktur integriert und erfordern daher zusätzlichen Einsatz und Ressourcen. Aus diesen und weiteren Gründen wurden E-Payment-Systeme entwickelt, die den speziellen Anforderungen von E-Commerce-Anwendungen Rechnung tragen.

Trotz der existierenden Vielfalt an vorgeschlagenen Systemen gibt es derzeit noch keinen breiten Standard für E-Payment. Die Gründe dafür liegen in den komplexen, teilweise widersprüchlichen Anforderungen dieses Bereichs: Bezahlen soll einerseits sicher, aber auch anonym sein, zum anderen aber soll die Möglichkeit bestehen, Missbrauch aufzudecken, die Sicherheit soll hoch sein, die Transaktionskosten jedoch niedrig usw. Auf Grund dieses Profils scheint es absehbar, dass sich nur ein Mix aus unterschiedlichen Ansätzen, die für bestimmte Bereiche optimal sind, durchsetzen wird.

E-Payment kann als eine sicherheitsrelevante Anwendung mit speziellen Anforderungen betrachtet werden und verwendet viele der bereits in Kapitel 9 beschriebenen Methoden und Mechanismen. Dementsprechend geht dieses Kapitel nur mehr auf die speziellen Anforderungen von E-Payment ein und setzt die Verfügbarkeit entsprechender Sicherheitsinfrastrukturen voraus.

Ziel dieses Kapitels ist es, einen Überblick über den E-Payment-Bereich zu geben, der es dem Leser ermöglichen soll, die Eigenschaften eines konkreten Systems zu erfassen und über dessen Anwendbarkeit zu entscheiden. Des Weiteren sollen die wichtigsten Konzepte und die relevante Terminologie eingeführt werden, um das leichtere Verständnis weiterführender Literatur zu ermöglichen.

11.1 E-Payment-Szenario

Um die nachfolgenden Beschreibungen zu motivieren und leichter verständlich zu machen, wird zuerst ein Standardszenario für E-Payment, wie in Abb. 11.1 dargestellt, definiert. Es gibt einen Überblick über die an einem E-Payment beteiligten Parteien und ihre prinzipiellen Interaktionen.

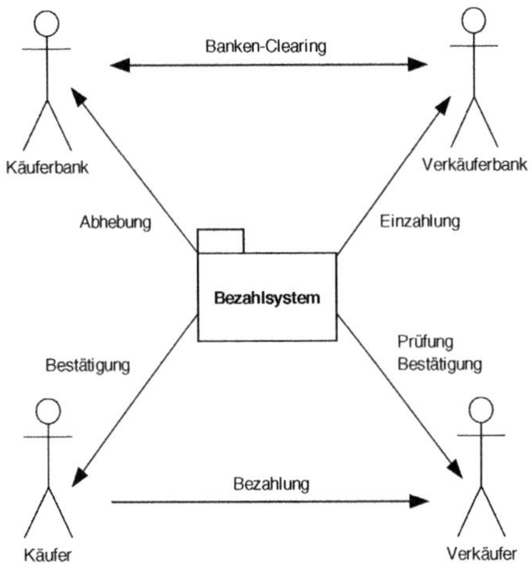

Abb. 11.1. E-Payment-Szenario

Wie aus Abb. 11.1 ersichtlich ist, besteht das Szenario aus zwei Ebenen, nämlich der Käufer-Verkäufer-Ebene, auf der die Bezahlung zur Erlangung eines Gutes oder Dienstes initiiert wird, und der Banken-Ebene, die diesen elektronischen Bezahlvorgang auf „reelles Geld" abbildet. Die Schnittstelle zwischen diesen beiden Ebenen stellt das Bezahlsystem her, indem es bestimmte, für die Bezahlung notwendige Dienste anbietet. Das Bezahlsystem ist abhängig vom verwendeten Bezahlungsinstrument.

In diesem Szenario bezahlt der Käufer an den Verkäufer einen bestimmten Betrag. Unabhängig davon, welche Partei die Bezahlung initiiert, muss der Käufer Bezahlinformation an den Verkäufer übermitteln. Dabei handelt es sich um Information, die vom jeweiligen *Bezahlungsinstrument* abhängig ist. Im Falle einer Kreditkartentransaktion wären dies Kreditkartenfirma, -nummer, -ablaufdatum und Rechnungsbetrag, bei einem anderen System wiederum elektronische „Münzen". Mit dieser Information versucht der Verkäufer eine Autorisierung des Käufers vom Bezahlsystem zu erhalten. Im Falle einer Kreditkarte wäre dies die Rückfrage bei der Kreditkartenfirma, im Falle elektronischer Münzen die Überprüfung ihrer Gültigkeit. Gelingt dies, kann der Betrag vom Käuferkonto abgebucht und auf das Verkäuferkonto eingezahlt werden. Dies kann als die eigentliche Bezahlungstransaktion angesehen werden. Wie dieser Vorgang abläuft, wird durch das so genannte Banken-Clearing definiert. Nach Abschluss der Bezahlungstransaktion benachrichtigt das Bezahlungssystem den Käufer und den Verkäufer („Rechnung"). Dies kann sowohl explizit als auch implizit erfolgen.

Obwohl in Abb. 11.1 das E-Payment-System als zentrale Komponente dargestellt ist, impliziert dies nicht notwendigerweise eine zentralisierte Architektur. Vielmehr bedeutet es, dass alle für den Bezahlungsvorgang notwendigen Interaktionen über das E-Payment-System ablaufen. Diese Interaktionen können zwar auf einem Server zentralisiert sein, aber abhängig vom verwendeten System genauso gut mehrere Server involvieren oder aber direkt zwischen den beteiligten Parteien ablaufen, womit es sich dann um ein dezentralisiertes Bezahlsystem handeln würde.

11.2 Klassifikationsparameter

Ein E-Payment-System kann mit Hilfe einiger wesentlicher Systemparameter charakterisiert werden: Handelt es sich um ein Online- oder Offline-System, basiert es auf Kredit (*credit*) oder Schuld (*debit*), welche Bezahlungsinstrumente werden verwendet und für welche Beträge ist das System ausgelegt?

In einem *Offline-System* sind Käufer und Verkäufer online, haben aber keine Verbindung zur Bank-Ebene (über das Bezahlsystem). Da dadurch keine Autorisierung möglich ist, werden Offline-Systeme hauptsächlich zur Bezahlung sehr kleiner Beträge (<1 Euro) eingesetzt und Betrug lohnt sich daher nicht wirklich. Bei allen anderen Systemen, die auch für hohe Beträge ausgelegt sind, handelt es sich momentan fast zur Gänze um Online-Systeme, um höheren Sicherheitsanforderungen zu entsprechen.

Basiert das Bezahlsystem auf *Schuld*, so bedeutet dies, dass bezahlte Beträge mehr oder weniger sofort vom Käufer zum Verkäufer transferiert werden. Ein Beispiel dafür ist die Bezahlung via Bankomat-Karte, welche eine so genannte „Debit Card" ist. Bei *Kredit-basierten* Bezahlsystemen hingegen werden Bezahlvorgänge „kumuliert", d.h. entweder ab einer bestimmten Summe oder nach Ablauf einer Frist in einer einzigen Transaktion überwiesen.

Die von einem Bezahlsystem unterstützten *Bezahlungsinstrumente* sind die im Bezahlsystem möglichen Arten zu bezahlen. Bargeld oder Schecks sind Beispiele für Bezahlungsinstrumente. Die von elektronischen Bezahlsystemen zusätzlich und neu zur Verfügung gestellten Mittel sind *elektronisches* oder *digitales Geld* und *elektronische Schecks*. Alle elektronischen Bezahlungsinstrumente sind einer dieser beiden Klassen zuzuordnen.

Des Weiteren unterscheidet man so genannte *Micro-Payment-* und *Macro-Payment-Systeme*, abhängig von der Höhe der transferierten Geldbeträge. Micro-Payment-Systeme werden für die Bezahlung sehr kleiner Beträge (<1 Euro) eingesetzt. Bei diesen Systemen liegt das Hauptaugenmerk auf niedrigen Transaktionskosten und hohem Durchsatz: Da nur geringe Beträge bezahlt werden, müssen auch die Transaktionskosten sehr gering sein, sodass diese keinen zu hohen Anteil an den bezahlten Summen ausmachen. Die Anforderung nach hohem Durchsatz (Transaktionen pro Minute) erklärt sich hingegen aus den vorgesehenen Anwendungsgebieten, beispielsweise Bezahlung von Web-Seiten, in denen es zu sehr hohen Bezahl-Frequenzen kommen kann. Um dies zu erreichen, nehmen Micro-Payment-Systeme geringere Sicherheitsgarantien in Kauf. Hohe Sicherheit bedeutet immer höheren Aufwand (Verschlüsselung, transaktionale Integrität etc.) und limitiert somit den Durchsatz und erhöht die Kosten. Aus diesem Grund sind Micro-Payment-Systeme auch meist als Offline-Systeme konzipiert. Nichtsdestotrotz hat die Verwendung niedrigerer Sicherheitsstandards seine Berechtigung, da man davon ausgehen kann, dass sich Betrug bei so geringen Beträgen nicht lohnt: Man müsste sehr lange und sehr viel betrügen bzw. stehlen, bevor der Aufwand die Risiken (Strafverfolgung) rechtfertigt. *Macro-Payment-Systeme* hingegen decken die Bereiche ab, in denen höhere Beträge involviert sind und die Verhinderung von Betrug und Diebstahl daher höhere Kosten rechtfertigt. Des Weiteren werden hohe Beträge seltener bezahlt, womit auch geringerer Durchsatz und nicht vernachlässigbare Transaktionskosten toleriert werden können.

11.3 Bezahlungsinstrumente

Elektronische Bezahlungsinstrumente sind entweder *Geld-basiert* oder *Scheck-basiert*. Bei Ersteren wird versucht die Semantik von Geld insofern abzubilden, als dass Geld in elektronische Geldscheine (häufiger wird der Begriff *(elektronische) Münzen* verwendet) umgetauscht wird und mit dieser elektronischen Repräsentation genauso wie mit echtem Geld durch „physischen" Transfer bezahlt wird. Dies bildet zwar die Funktionalität sehr gut ab, wirft aber auch etliche Probleme auf, die mit normalem Geld in dieser Form nicht existieren, wie zum Beispiel die einfache Möglichkeit des Kopierens der (elektronischen) Münzen und damit deren mehrfache Verwendung. Darauf wird im weiteren Verlauf dieses Kapitels noch näher eingegangen werden.

Bei Zweiteren wird wiederum versucht die Semantik von Schecks abzubilden: Der Käufer erstellt eine (elektronische) Anweisung, welche es dem Verkäufer ermöglicht, den Betrag vom Käuferkonto auf sein Konto zu transferieren.

Da Bezahlungsinstrumente wesentlich die Architektur eines verteilten Systems und die möglichen Sicherheitsgarantien beeinflussen, soll im Folgenden etwas näher auf sie eingegangen werden.

11.3.1 Kreditkarten

Obwohl Kreditkarten schon zu den „antiquierten" Bezahlsystemen zählen, sind sie derzeit das wohl am häufigsten verwendete Bezahlungsinstrument im Internet. Auf Grund ihres hohen Verbreitungsgrades wird sich daran so bald wohl auch nichts ändern. Mit elektronischen „Erweiterungen", SET – Secure Electronic Transaction (siehe weiter unten in diesem Kapitel), wird außerdem versucht die marktbeherrschende Rolle beizubehalten und zu festigen.

Der Ablauf einer Kreditkarten-Transaktion ist in Abb. 11.2 dargestellt.

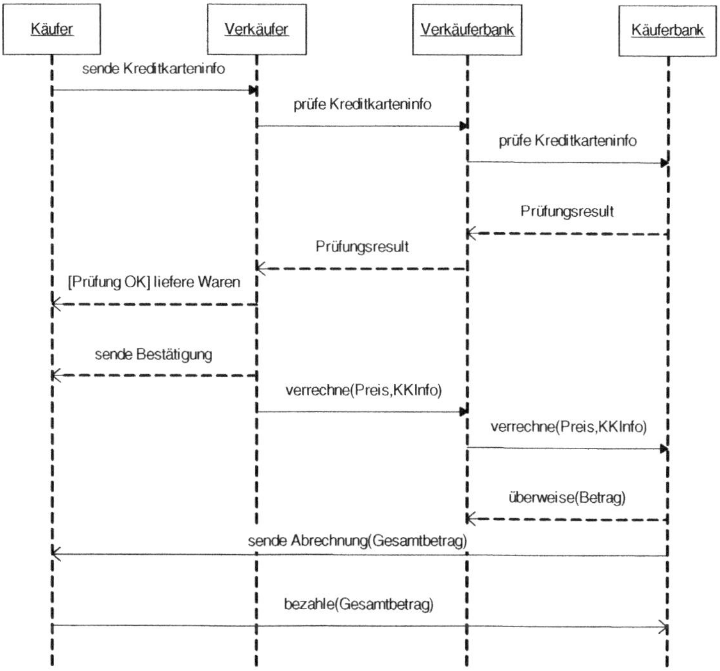

Abb. 11.2. Bezahlung mit Kreditkarte

Im ersten Schritt teilt der Käufer dem Verkäufer die notwendigen Kreditkartendaten mit (Kreditkartenfirma, Kreditkartennummer, Gültigkeit, Betrag). Diese Daten werden dann vom Verkäufer zur Prüfung an seine Bank weitergeleitet und von dieser mit der Kundenbank überprüft. Ist die Überprüfung erfolgreich, kann der Verkäufer die Auslieferung der bezahlten Ware initiieren und eine Bestätigung an den Käufer übermitteln. Der Kaufpreis wird der Käuferbank verrechnet, welche dann den Betrag an die Verkäuferbank auf das Konto des Verkäufers überweist. In fixen Intervallen wird dann der Käufer von seiner Bank zur Bezahlung des in diesem Zeitraum kumulierten Gesamtbetrags aufgefordert und dieser bezahlt diesen Betrag (der Käufer hatte also während dieses Intervalls Kredit bei seiner Bank, daher der Name Kreditkarte).

Wie bereits erwähnt ist dies derzeit die am häufigsten verwendete Bezahlmethode im Internet, da sich der Ablauf (oder Teile davon) sehr einfach in Computerinteraktionen übersetzen lässt und die im Hintergrund notwendige Finanzinfrastruktur bereits vorhanden ist und zum Großteil ohnehin bereits Computerunterstützt ist (Interbank-Clearing). Nichtsdestotrotz hat dieses System einige Probleme: Kreditkartendaten sind relativ leicht zu beschaffen und zu missbrauchen, da die Identität des Käufers nicht nachweisbar ist oder ein Verkäufer Kreditkartendaten betrügerisch ausnutzt. Alle anderen Teile dieses Ablaufs inklusive der Daten können mit existierenden Sicherheitsinfrastrukturen effizient gesichert werden (Verschlüsselung, duale elektronische Unterschrift etc.).

11.3.2 Elektronisches Geld

Mit elektronischem Geld wird versucht die Semantik von reellem Geld in Computersysteme zu übertragen. Elektronisches Geld besteht aus speziell gesicherten Datenpaketen („Münzen"), die von einer Ausgabestelle („Broker", üblicherweise eine Bank) generiert („gemünzt") werden und im Austausch gegen reelles Geld erworben werden können. Mit diesen elektronischen Münzen kann der Käufer dann bei Händlern, die diese Art von Münzen akzeptieren, bezahlen. Händler wiederum können erhaltenes elektronisches Geld wieder über Banken oder Broker in reelles Geld eintauschen.

Elektronisches Geld hat ähnliche Probleme wie sein physisches Pendant: Elektronische Münzen können gestohlen oder schlimmer noch durch Computerprobleme verloren werden, ohne dafür Ersatz erhalten zu können, und gefälscht werden (Kopieren und mehrfache Verwendung). Des Weiteren existieren viele unterschiedliche elektronische Währungen, die zueinander inkompatibel sind, oder anders ausgedrückt, man muss entweder einen Händler finden, der eine bestimmte Währung akzeptiert, gegen Spesen umtauschen oder unterschiedliche Währungen kaufen und zur Verfügung haben.

Abb. 11.3 stellt eine typische Bezahltransaktion mit elektronischem Geld dar.

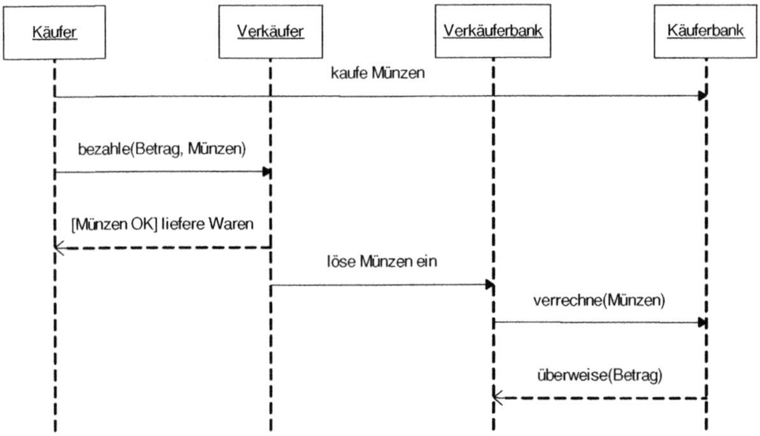

Abb. 11.3. Bezahlung mit elektronischem Geld

Um mit elektronischen Münzen bezahlen zu können, muss der Käufer sie von einer Ausgabestelle (der Einfachheit halber wird angenommen, dass es sich dabei um die Bank des Käufers handelt) gegen Bezahlung erwerben. Mit diesen Münzen kann der Käufer dann Güter bei einem Verkäufer bezahlen, indem er ihre elektronische Repräsentation an den Verkäufer übermittelt. Diese Übermittlung sollte gesichert sein, um Verlust oder Diebstahl zu vermeiden. Der Verkäufer wiederum überprüft die Gültigkeit der empfangenen Münzen und übermittelt die gewünschten Waren an den Käufer, falls diese Prüfung positiv ausfällt.

Die vom Käufer erhaltenen Münzen kann der Verkäufer entweder selbst verwenden oder wieder in reelles Geld umtauschen. Dazu schickt der Verkäufer die

Münzen an seine Bank, die eine dem Gegenwert der Münzen entsprechende Geldüberweisung von der Käuferbank anfordert.

Dieses Schema stellt nur den Standardablauf dar, der allen Systemen, die auf elektronischem Geld basieren, zu Grunde liegt. Im Detail können diese Systeme sehr stark voneinander abweichen, beispielsweise in Bezug darauf, wann die Waren geliefert werden oder in der Art und Weise, wie die Gültigkeit der Münzen überprüft wird (online/offline bzw. zentralisiert/dezentralisiert in den unterschiedlichsten Variationen).

11.3.3 Elektronische Schecks

Elektronische Schecks sind das elektronische Pendant zu den seit Jahrzehnten verwendeten Papier-Schecks. Ein elektronischer Scheck ist eine Informationseinheit, die im Wesentlichen die gleichen Informationen enthält wie sein reelles Gegenstück: Schecknummer, Identifikation des Scheckinhabers, Identifikation des Empfängers, Kontonummer, Betrag, Währung, (elektronische) Unterschrift etc.

Der Ablauf einer Bezahltransaktion mit elektronischen Schecks ist der Bezahlung mit Papierschecks nachempfunden und in Abb. 11.4 dargestellt.

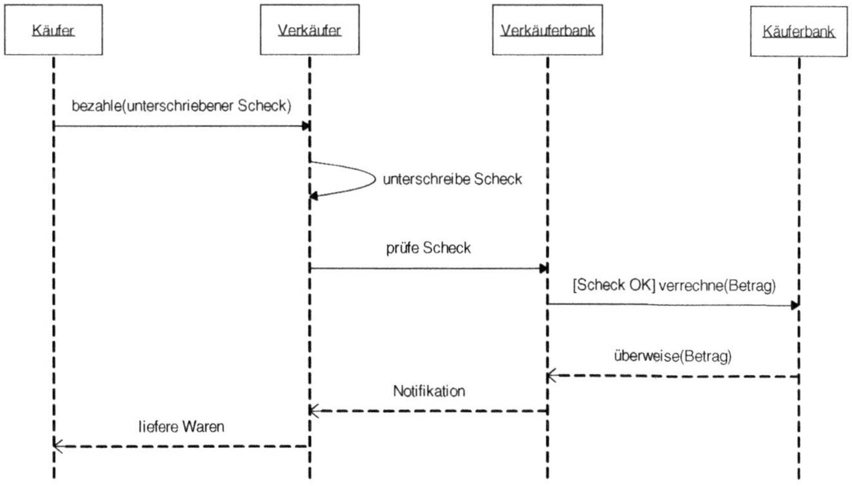

Abb. 11.4. Bezahlung mit einem elektronischen Scheck

Um für Waren zu bezahlen, füllt der Käufer einen elektronischen Scheck aus, unterschreibt ihn und übermittelt ihn an den Verkäufer. Dieser wiederum unterschreibt ihn ebenfalls („Endorsement“) und sendet ihn zur Prüfung an seine Bank. Wird der Prüfvorgang erfolgreich abgeschlossen, wird der im Scheck definierte Betrag vom Konto des Käufers auf das Konto des Verkäufers überwiesen und der Verkäufer von der Bezahlung in Kenntnis gesetzt, was diesen wiederum veranlasst, die bezahlten Waren an den Käufer zu liefern.

11.4 Sicherheitsanforderungen

Elektronische Bezahlsysteme benötigen eine Vielzahl an Sicherheitskonzepten, um ähnliche Sicherheitsniveaus zu erreichen wie reelle Bezahlsysteme. Dabei ist eine Vielzahl an Anforderungen zu beachten, die sich teilweise widersprechen. Konkrete Systeme und Implementierungen müssen daher in bestimmten Bereichen Abstriche machen, um andere, gewünschte Eigenschaften zu erreichen.

Die wichtigsten Kriterien sind dem Bereich der *Bezahlungstransaktionssicherheit* zuzuordnen. Dieser Bereich umfasst die folgenden Kriterien:

- **Anonymität:** Wie im reellen Zahlungsverkehr sollte es nicht notwendig sein, die Identität des Käufers zu enthüllen. Einer der unbestreitbaren Vorteile von Bargeld ist es, dass ein Käufer eine Ware kaufen kann, ohne seine Identität preisgeben zu müssen und nur der Verkäufer weiß, was gekauft wurde.
- **Rückverfolgbarkeit des Ursprungs:** Es sollte nicht möglich sein zurückzuverfolgen, von wo aus eine Bezahltransaktion ausging. Dies bedeutet, es sollte beispielsweise nicht möglich sein herauszufinden, von welcher IP-Adresse aus eine Bezahlung durchgeführt wurde, da sich dadurch der Benutzerkreis stark einschränken ließe und dadurch die Anonymität des Käufers nicht länger geschützt wäre.
- **Verknüpfung von Transaktionen:** Das Bezahlungssystem sollte sicherstellen, dass unabhängige Bezahlvorgänge nicht miteinander in Beziehung gesetzt werden können. Ansonsten könnten Käuferprofile erstellt werden.
- **Vertraulichkeit der Transaktionsdaten:** Es muss genau festgelegt sein, welcher Transaktionsteilnehmer wann welche Daten sehen darf. Die betroffenen Informationen müssen selektiv gesichert und zugänglich sein. Wird dies nicht gewährleistet, können wiederum Profile erstellt werden und mit Hilfe statistischer Analysen beispielsweise auf die Identität des Käufers geschlossen werden. Zusätzlich handelt es sich bei diesen Daten häufig um vertrauliche Daten, die nur einem bestimmten Personenkreis zugänglich sein sollten.
- **Nichtabstreitbarkeit von Kommunikation:** Dieses Kriterium gewährleistet, dass im Fall von Problemen kein Teilnehmer der Bezahltransaktion abstreiten kann, bestimmte Nachrichten generiert oder geschickt zu haben. Dieses Kriterium steht in klarem Widerspruch zu den bereits genannten, ist jedoch unbestreitbar gleich wichtig, um legale Probleme zu verhindern.
- **Datenaktualität:** Mehr noch als andere Bereiche müssen Bezahlsysteme gegen Replay-Attacken abgesichert sein. Ansonsten könnte ein Angreifer oder Teilnehmer an der Bezahltransaktion die ausgetauschten Nachrichten aufzeichnen und erneut „abspielen", was einer erneuten Bezahlung gleichkäme. Selbst wenn der dadurch entstandene finanzielle Schaden kompensiert oder abgewendet werden kann, stellt dies doch eine massive Behinderung der Systemfunktion dar (vgl. Antagonismus, Kapitel 9).

Zusätzlich zu diesen Anforderungen müssen auf elektronischem Geld basierende Bezahlsysteme weitere Anforderungen erfüllen:

- **Schutz vor Mehrfachverwendung:** Im Unterschied zu reellem Geld können elektronische Münzen einfach kopiert und mehrfach für die Bezahlung verwendet werden („double spending", „exactly once semantics"). Dies muss vom Bezahlsystem verhindert bzw. erschwert oder unattraktiv gemacht werden und kann auf unterschiedlichste Arten geschehen, muss allerdings mit größter Sorgfalt und unter Abwägung aller Kriterien und Anforderungen durchgeführt werden, da sonst schwerwiegende Sicherheits- und Skalierbarkeitsprobleme die Folge sein können. Beispielsweise würde eine zentrale Registrierung aller ausgegebenen Münzen nicht skalieren und extrem hohe Verfügbarkeit der Infrastruktur voraussetzen, dezentrale Architekturen wiederum haben ein „window of vulnerability".
- **Schutz vor Fälschung:** Wie reelles Geld müssen auch elektronische Münzen vor Fälschung geschützt werden. Würden beispielsweise elektronische Münzen unverschlüsselt übertragen werden, könnte jedermann die enthaltene Information zur Generierung gefälschter Münzen verwenden.
- **Schutz vor Diebstahl:** Elektronische Münzen können wie reelles Geld gestohlen werden. Wird beispielsweise nur die die Münze repräsentierende Information gesichert, nicht aber die Übertragung während des Bezahlvorgangs, kann die Münze entwendet werden. Da Münzen anonym sein sollten, kann der Dieb die gestohlenen Münzen relativ gefahrfrei ausgeben. Dies kann zwar durch Schutzsysteme gegen Mehrfachverwendung verhindert werden, erfordert aber a posteriori höheren Aufwand.

Zusätzlich zu diesen Kriterien müssen Bezahlsysteme noch die üblichen Anforderungen an sichere verteilte Systeme erfüllen, wie beispielsweise hohe Verfügbarkeit, Ausfallssicherheit, Überwachung der Systemaktivität zur Entdeckung missbräuchlicher Verwendung etc.

11.5 Beispiel-Architekturen

Da eine Vielzahl an E-Payment-Architekturen existiert, deren Beschreibung genug Stoff für ein eigenes Buch böte, werden im Folgenden zwei Beispiele für typische Architekturen beschrieben, welche sich zum Teil recht einfach verallgemeinern lassen. Es werden ein Bespiel für ein Macro-Payment-System (SET) und ein Vertreter des Micro-Payment-Ansatzes (Millicent) beschrieben. Viele der in diesen Architekturen auftretenden Probleme und die verwendeten Lösungen finden sich auch in anderen Ansätzen wieder. Für eine tiefer gehende Beschreibung von Konzepten und Ansätzen sowie umfangreicher Klassifikationen und Erläuterungen von Bezahlsystemen sei auf (Hassler 2001) verwiesen.

11.5.1 Secure Electronic Transaction

Secure Electronic Transaction (SET 2003) wurde von Visa und MasterCard als offener Standard zur Abwicklung sicherer Kreditkartentransaktionen entwickelt und ist ein typisches Beispiel für ein Macro-Payment-System, das auch für die Bezahlung hoher Beträge geeignet und hinreichend sicher ist. Um auch für die Verwendung außerhalb der USA zugelassen zu sein und dennoch hohen Sicherheitsanforderungen zu genügen, verwendet SET zwar starke kryptographische Algorithmen, kann aber nicht zur Verschlüsselung beliebiger Daten verwendet werden.

SET stellt die Integrität der Bezahldaten, ihre sichere Übertragung und die Authentizität von Käufer, Verkäufer und Bezahlsystem sicher. Durch die Verwendung einer so genannten dualen Signatur gewährleistet SET, dass der Verkäufer keinen Einblick in die Bezahlinformation erhält und die Bank wiederum nichts über den Inhalt der zu bezahlenden Bestellung in Erfahrung bringen kann. Des Weiteren wird durch die in SET verwendete Sicherheitsarchitektur verhindert, dass Transaktionsdaten verknüpft werden können, aber trotzdem die Nichtabstreitbarkeit der Kommunikation gewährleistet ist. Außer Anonymität, welche für Kreditkartentransaktionen ohnehin nicht gewünscht wird, erfüllt SET alle oben für die Transaktionssicherheit definierten Kriterien in einem hohen Maß.

Für die Bezahlung sendet der Käufer eine Nachricht an den Verkäufer, deren prinzipielle Struktur und Inhalt in Abb. 11.5 dargestellt ist. Diese Nachricht wird dann vom Verkäufer mit etwas Zusatzinformation an das Bezahlsystem (Bank) weitergeleitet, um die eigentliche Bezahlung durchzuführen.

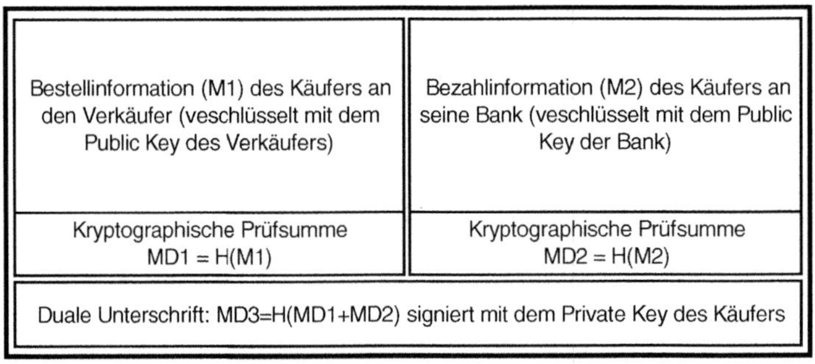

Abb. 11.5. Struktur einer SET-Nachricht

Die tatsächliche Struktur und der Inhalt einer SET-Nachricht weichen etwas von Abb. 11.5 ab, da die Abbildung aus Gründen der besseren Verständlichkeit von einigen kryptographischen Spezifika abstrahiert, die auf architektureller Ebene nicht von Relevanz sind.

Die Struktur einer SET-Nachricht erklärt sich wie folgt: Die Bestellinformation des Käufers an den Verkäufer wird mit dem Public Key des Verkäufers verschlüsselt und die notwendige Information für die Bezahlung (Betrag, Kreditkartennummer, Gültigkeit, Verkäufer etc.) mit dem Public Key der Bank. Damit ist der Inhalt der Bestellung nur dem Verkäufer, die Bezahlinformation wiederum nur der Bank des Käufers zugänglich. Von jeder dieser beiden Teile wird eine kryptographische Prüfsumme (mit einer Hash-Funktion) generiert. Die Verknüpfung dieser Hash-Summen wird wiederum nach Anwendung einer weiteren Hash-Funktion mit dem Private Key des Kunden signiert (duale Unterschrift).

Mit Hilfe dieser Information können sowohl Verkäufer als auch Bank die Korrektheit und Authentizität aller Daten nachweisen, ohne den gesamten Inhalt der Nachricht zu kennen: Der Verkäufer kann mit Hilfe des Public Key des Kunden die digitale Unterschrift entschlüsseln und erhält damit MD3. Nun kann er MD3 aus den in der Nachricht enthaltenen Daten selbst berechnen und überprüfen, ob diese Prüfsumme mit der entschlüsselten übereinstimmt. Ist dies der Fall, dann kann sich der Verkäufer sicher sein, dass die Nachricht vom Käufer stammt und die Bestell- und Bezahldaten der Nachricht unverändert sind. Nun kann der Käufer die Bestelldaten entschlüsseln und gleichzeitig die Nachricht an die Bank weiterleiten, die die gleichen Prüfungen durchführt und bei erfolgreichem Ausgang dieser Prüfungen den zu bezahlenden Betrag auf das Konto des Verkäufers überweist.

11.5.2 Millicent

Für viele Anwendungen, bei denen es um die Bezahlung kleiner Beträge (bis zu einem Euro) geht, sind Macro-Payment-Systeme wie SET nicht geeignet, da auf Grund der angewendeten Sicherheitsmaßnahmen die Transaktionskosten zu hoch wären und die Durchführung von Transaktionen zu lange dauern würde. In vielen Bereichen ist es aber notwendig, kleine Beträge schnell und kostengünstig bezahlen zu können. Aus diesem Grund wurden Micro-Payment-Systeme wie Millicent (Glassman et al. 1995) entwickelt, das als exemplarischer Vertreter dieser Klasse von Bezahlsystemen im Folgenden besprochen wird.

Millicent ist ein Micro-Payment-System, das auf dem Konzept von elektronischem Geld, in Millicent *Scrip* genannt, basiert. Eine Einheit Scrip repräsentiert einen festgelegten, unteilbaren Wert und kann nur bei einem bestimmten Verkäufer oder Broker zur Bezahlung verwendet werden. Der Wert eines Scrip ist in der das Scrip repräsentierenden Information enthalten, welche durch einfache Mechanismen vor Veränderung gesichert ist.

Ein *Broker* ist in Millicent für die Abwicklung von Realgeld-Transaktionen von Käufern und Verkäufern zuständig (Umtausch von Realgeld in Scrip und umgekehrt) und dient als Scrip-Zwischenhändler. Die weitere Aufgabe bedarf etwas näherer Erläuterung: In Millicent generiert („münzt") jeder Verkäufer beziehungsweise Broker seine eigene Währung. Um nun beispielsweise bei einem Verkäufer etwas bezahlen zu können, muss der Käufer verkäuferspezifisches Scrip zur Verfügung haben. Dies könnte er natürlich beim Verkäufer gegen reelles Geld kaufen und dann damit bezahlen, was wiederum ein Bezahlsystem voraussetzt, üblicherweise eine Art Konto. Auf Grund der potenziell unbeschränkten Anzahl an Verkäufern müsste der Käufer eine große Anzahl solcher Konten haben und verwalten. Um diesen potenziell sehr hohen Aufwand zu verringern, verwendet Millicent Zwischenhändler (Broker). Ein Broker kauft von unterschiedlichsten Verkäufern große Mengen Scrip, das er als Zwischenhändler an Käufer weiterverkauft. Käufer brauchen dann nur noch bei einem oder einigen wenigen Brokern Konten.

Die Millicent zu Grunde liegende Architektur ist in Abb. 11.6 für einen kompletten Bezahlvorgang dargestellt. Im ersten Schritt kauft der Broker große Mengen Verkäufer-Scrip von einem Verkäufer zu einem günstigen Preis und bezahlt dafür mit reellem Geld. Käufer wiederum kaufen größere Mengen Broker-Scrip bei einem Broker, bei dem sie später Verkäufer-Scrip (oder aber auch Scrip für andere Broker) kaufen wollen. Will nun ein Käufer bei einem bestimmten Verkäufer bezahlen und hat noch kein für diesen Verkäufer passendes Scrip, kauft er das notwendige Verkäufer-Scrip bei seinem Broker und bezahlt dafür mit Broker-Scrip. Der Preis dafür ist höher als jener, den der Broker bezahlte, wodurch der Broker für seine Dienstleistung als Zwischenhändler entlohnt wird.

Zur eigentlichen Bezahlung sendet der Käufer passendes Scrip an den Verkäufer, dieser überprüft lokal die Gültigkeit und retourniert gegebenenfalls neues Verkäufer-Scrip an den Käufer, falls der zu bezahlende Betrag geringer war als der Wert des vom Käufer gesandten Scrip. Dies ist notwendig, da Scrip nicht unterteilbar ist. Nach erfolgter Bezahlung werden die bezahlten Waren an den Käufer geliefert.

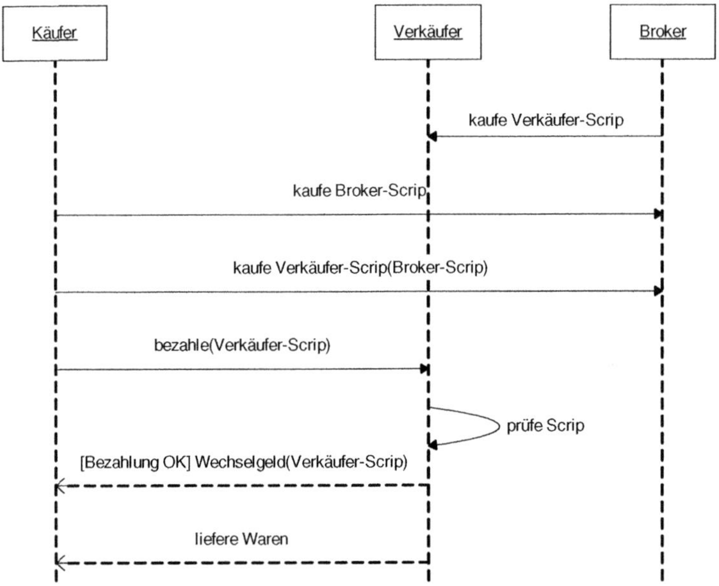

Abb. 11.6. Funktionsweise von Millicent

Wie bereits beschrieben nehmen Micro-Payment-Systeme wie Millicent generell geringere Sicherheitsgarantien in Kauf, um die Transaktionskosten niedrig zu halten. Dies ist möglich, da nur geringe Beträge bezahlt werden und sich Betrug daher kaum auszahlen würde, da er über lange Zeiträume hinweg begangen werden müsste, um profitabel zu sein, was wiederum das Risiko der Entdeckung stark erhöht. Millicent kann je nach Anforderungsprofil in drei Varianten mit unterschiedlichen Sicherheitsstufen verwendet werden:

- *Scrip in the clear*: Hier wird Scrip ohne jede Sicherung verwendet und übertragen. Diese Variante ist zwar relativ unsicher, da Scrip gestohlen werden kann, ermöglicht aber den höchsten Transaktionsdurchsatz.
- *Private and secure*: In dieser Variante wird Scrip über einen sicheren Kanal übertragen (symmetrische Verschlüsselung) und damit Vertraulichkeit und Privacy gewährleistet.
- *Secure without encryption*: Diese Variante liegt zwischen den beiden Extremen. Sie ist relativ sicher (signierte Nachrichten), bietet allerdings keine Privacy.

In Millicent kann die Gültigkeit von Scrip im Unterschied zu vielen anderen Systemen lokal vom Zahlungsempfänger (Verkäufer) überprüft werden. Um die Mehrfachverwendung von Scrip zu erkennen, enthält jedes Scrip eine eindeutige Identifikation. Da mit Verkäufer-Scrip nur bei einem bestimmten Verkäufer bezahlt werden kann, kann dieser lokal überprüfen, ob ein bestimmtes Scrip bei ihm schon zur Bezahlung verwendet wurde. Dieser Ansatz skaliert recht gut, im Unterschied zu Systemen, die eine globale Datenbank für diesen Zweck unterhalten.

Des Weiteren ist Scrip nur für eine bestimmte Zeitspanne gültig. Wird dieser Zeitrahmen überschritten, verfällt Scrip ohne Kompensation und wird nicht mehr akzeptiert. Um dies zu verhindern, kann Scrip, das abzulaufen droht, allerdings gegen länger gültiges eingetauscht werden, wobei wiederum Fälschung bzw. Mehrfachverwendung erkannt werden würden.

11.6 Rechtliche Aspekte

Neben den beschriebenen funktionalen Aspekten sind bei der Verwendung von Bezahlsystemen aber auch unbedingt rechtliche Aspekte zu beachten. Viele im Bereich der nicht elektronischen Wirtschaft genau geregelte Bereiche sind im E-Commerce noch als rechtliche Grauzonen anzusehen. Dies ist vor allem für den Einsatz von elektronischen Bezahlsystemen von höchster Relevanz. Einige der zu klärenden Fragen sind:

- Wo und von wem sind Steuern abzuführen?
- Welche Richtlinien sind bei der grenzüberschreitenden Bezahlung zu beachten (Meldung bei der Nationalbank etc.)?
- Wie ist es um Verbraucherrechte bestellt? Welches Recht kommt zur Anwendung?
- Produkte, die in einem Land legal erworben werden können, sind in einem anderen Land möglicherweise illegal.

Diese und ähnliche rechtliche Fragen sind unbedingt im Vorfeld des Systemdesigns abzuklären.

Literatur

Glassman S, Manasse M, Abadi M, Gauthier P, Sobalvarro P (1995) The Millicent Protocol for Inexpensive Electronic Commerce. In: Proceedings of the Fourth International World Wide Web Conference (Boston, Massachusetts, USA). Published as World Wide Web Journal, 1(1). O'Reilly & Associates, November 1995

Hassler V (2001) Security Fundamentals for E-Commerce. Artech House, Boston, London

SET Secure Electronic Transaction LLC (2003) SET Specification Books. http://www.setco.org/set_specifications.html

Sachverzeichnis

GPSR Compliance

The European Union's (EU) General Product Safety Regulation (GPSR) is a set of rules that requires consumer products to be safe and our obligations to ensure this.

If you have any concerns about our products, you can contact us on ProductSafety@springernature.com

In case Publisher is established outside the EU, the EU authorized representative is:

Springer Nature Customer Service Center GmbH
Europaplatz 3
69115 Heidelberg, Germany

Batch number: 10105467

Printed by Printforce, the Netherlands